BIBLIOTECA DE PSICOLOGÍA, PSIQUIATRÍA Y PSICOANÁLISIS
*dirigida por Ramón de la Fuente*

# LA SEXUALIDAD HUMANA

Traducción de
HÉCTOR LIBERTELLA RIESCO

# LA SEXUALIDAD HUMANA

*Un estudio comparativo de su evolución*

Compilador
HERANT A. KATCHADOURIAN

FONDO DE CULTURA ECONÓMICA

MÉXICO

Primera edición en inglés,      1979
Primera edición en español,     1983
    Tercera reimpresión,        1993

Título original:
*Human Sexuality. A Comparative and Developmental Perspective*
© 1979, The Regents of the University of California
Publicado por University of California Press, Berkeley
ISBN 0–520-03654-9

D. R. © 1983, FONDO DE CULTURA ECONÓMICA
D. R. © 1992, FONDO DE CULTURA ECONÓMICA, S. A. DE C. V.
Carretera Picacho-Ajusco 227; 14200 México, D. F.

ISBN 968-16-1369-4

Impreso en México

# INTRODUCCIÓN

EN ESTE libro, un grupo de biólogos e investigadores del comportamiento considera el problema de la evolución de la sexualidad humana desde perspectivas que son, a la vez, alternativas y complementarias.

Resulta difícil presentar consideraciones más amplias sobre este tema, por cuanto no existen estudios específicos de la sexualidad humana y su evolución. La información es escasa y se encuentra diseminada en varios terrenos, y los datos que se consiguen son sumamente desiguales en sus alcances y su calidad.

Hasta la fecha no se ha emprendido una investigación exhaustiva y empírica sobre el desarrollo de la sexualidad en la niñez y la adolescencia. Las famosas opiniones de Freud sobre la sexualidad infantil y la evolución psicosexual se derivaron de sus estudios sobre adultos. Kinsey llamó la atención sobre la sexualidad infantil al reconsiderar un puñado de investigaciones que se habían realizado antes de 1950. Pero, como Freud, también Kinsey trabajó sobre todo con adultos.

La bibliografía psicológica sobre el desarrollo infantil muestra claramente un descuido general de la sexualidad. Lo poco que se ha trabajado sobre la evolución sexual no puede compararse de ningún modo, con la intensa actividad de la investigación emprendida en áreas como el desarrollo cognoscitivo. Y aunque los sociólogos han demostrado su preocupación por temas tales como los papeles sexuales, por lo común han sabido eludir las implicaciones de tales temas en la sexualidad. Pero ahora estamos empezando a descubrir incongruencias en la escasa atención que los investigadores de prestigio han prestado a la sexualidad, y en la a menudo inconsciente preocupación popular por el tema del sexo.

Nuestros conceptos científicos o académicos de los seres humanos a menudo nos sugieren estatuas con los órganos genitales cubiertos, o carentes de ellos. La ignorancia sobre este aspecto tan fundamental de la vida humana es, naturalmente, mala, pero

7

todavía es peor el hecho de que tales vacíos arrojen dudas sobre nuestras creencias de otros aspectos del comportamiento, dado que, en un análisis final, todo comportamiento es integrado e indivisible. Sea que estemos hablando del cuerpo, de la mente o del alma, la sexualidad nos obliga a pensar en cada uno de esos casos como un hecho biológico, psicológico y moral. Los pueblos y las culturas han prestado mucha atención al hecho de admitir o reprimir el sexo, pero pocos parecen haber aprendido algo sobre él. Los nuestros, al menos, no lo hicieron.

Un requisito indispensable para comprender cualquier clase de comportamiento es la investigación de su génesis. Nunca alcanzaremos un conocimiento a fondo de la sexualidad, sea ésta normal o anormal, si no estudiamos su evolución desde sus orígenes. Un tipo de trabajo serio y medular sobre esta cuestión seguramente habría sido difícil de realizar en tiempos pasados, y de algún modo todavía hoy es problemático. Pero en condiciones sociales normales, es lógico esperar una participación y una actividad más decisivas a cargo de los investigadores responsables. Si bien no existen todavía especialistas en la evolución sexual del ser humano, ciertamente hay muchas personas cuyos conocimientos son aplicables en este terreno, y sus descubrimientos deberán ser coordinados y unidos.

Este es, justamente, el propósito central del presente libro. Aquí hemos recopilado colaboraciones de especialistas en los campos de la primatología, la biología, la fisiología, la psicofisiología, la psicología evolutiva, la psicología social, la psiquiatría y la antropología. La tarea impuesta: enfocar el problema de la evolución sexual desde una perspectiva multidisciplinaria, poniendo atención sobre todo en los temas de la identidad genérica y los papeles sexuales.

La sexualidad es cuestión demasiado compleja para que se la pueda abordar en su totalidad de una sola mirada. Por lo tanto, deliberadamente hemos tratado de excluir las consideraciones de muchos aspectos importantes. Por ejemplo, no nos dedicamos aquí al estudio de la estructura y el desarrollo del sistema reproductivo, a la fisiología de la respuesta sexual, o, para el caso, a muchos aspectos del comportamiento sexual. Algunos se preguntarán, incluso, si muchas y muy abundantes porciones de este libro tienen algo que ver con el "sexo". La respuesta depende de si se acepta o no la premisa según la cual el sexo va más allá de la simple manipulación y conjugación de los genitales. De hecho, muchos estudiantes del comportamiento humano ya tienen en claro, desde hace tiempo, que el tema de la sexualidad supera a aquello que entendemos meramente por "sexo", y el consenso público también parece marchar en esta dirección, cada vez más decididamente. Más allá de la reproducción, más allá del placer orgásmico, la sexualidad impregna nuestros pensamientos y nuestras creencias en un sinnúmero de direcciones, algunas veces sin que lo percibamos. La mutua interpretación de los aspectos sexuales y no sexuales en nuestra vida es de tal naturaleza que resulta difícil, si no imposible, distinguir claramente entre uno y otro.

Un concepto tan amplio y general sobre la sexualidad es muy necesario, pero naturalmente también problemático. Su necesidad parece evidente si aceptamos las premisas ya formuladas sobre su naturaleza omnipresente. Y resulta problemático en distintas direcciones. Para los investigadores de la sexualidad humana, un tipo de conceptualización tan amplio puede tener efectos paralizantes. Si el sexo impregna todo lo demás, ¿cómo podríamos empezar a estudiarlo sin tomar en cuenta todo lo que se refiere a la vida misma? En un nivel más personal, existe la necesidad de una visión más diferenciada, por la cual restrinjamos nuestra percepción de lo que es sexual sólo a ciertos tipos de comportamientos socialmente catalogados como tales. A aquéllos para quienes la sexualidad va mezclada de angustia y vergüenza, les resulta especialmente importante evitar que el sexo contamine y manche otros aspectos de la vida.

Es evidente que el comportamiento reproductivo y la sexualidad aparecen grandemente influidos por el sexo del individuo; es decir, si se trata de un macho o una hembra. Pero quizá no sea tan obvio que los significados psicológicos y culturales de ser masculino o femenino también son decisivos cuando se trata de ver cómo sentimos y cómo nos comportamos sexualmente.

La necesidad de comprender mejor este tipo de problemas va más allá de la curiosidad académica. Para todo fin práctico, cada uno de nosotros pertenece a un sexo o al otro, se comporta siguiendo determinados patrones de lo que significa ser masculino o femenino, y se dedica a una variedad de experiencias sexuales. Descartando la cuestión de cómo estos factores influyen en el resto de nuestras actividades y de nuestra vida, queda todavía mucho por decir en pro de nuestra comprensión de cómo se influyen mutuamente.

Atendiendo a la necesidad de ofrecer una amplia visión multidisciplinaria sobre los conceptos de evolución sexual, identidad genérica y roles sexuales, este volumen fue programado como unidad autónoma que puede ser leída independientemente del resto. Este volumen es parte del Programa Especial de Estudios en el Proyecto sobre Desarrollo Sexual Humano. Elizabeth J. Roberts, directora ejecutiva, describe de esta manera los antecedentes y objetivos del proyecto:

Este proyecto nacional se inició en 1974 para: *1)* estimular un nuevo tipo de pensamiento y desarrollar nuevos programas que aumenten la comprensión pública del tema de la sexualidad humana; *2)* establecer foros y programas para discutir la variedad de complejos problemas personales y sociales que supone el tema; y *3)* considerar las formas en que se puede mejorar el aprendizaje sexual en nuestra sociedad, estableciendo políticas y prioridades sociales y educacionales. El proyecto se basa en la creencia de que la sexualidad y las formas en que la expresamos no son totalmente innatas, sino que la masculinidad y la femineidad se forman sobre una compleja red de comportamientos, papeles y actitudes que en gran medida son aprendidos, desarrollados y limitados por la familia, la sociedad y la cultura. El proyecto se ha centrado en la importancia del aprendizaje infantil para el desarrollo sexual, y en su influencia sobre el comportamiento y las relaciones sexuales. Atendiendo a esta preocupación, nuestra esperanza es disminuir la importancia de esa clásica y limitada visión del sexo considerado como actividad aislada o fuente de problemas sociales o personales, y remplazarla por una visión que subraye su potencial positivo y su significación más amplia en toda nuestra vida.

Las actividades de investigación y planificación del proyecto se iniciaron como respuesta a las preocupaciones y temas considerados por la Comisión Nacional de Crecimiento Demográfico y el Futuro Americano. Los estudios emprendidos por esta comisión se centraron sobre la importancia de la sexualidad en la vida cotidiana, y revelaron que tanto la ignorancia como la mitología sobre la sexualidad están extendidas por toda nuestra sociedad. La comisión indicó que este tipo de ignorancia contribuye a la falsa imagen que el ser humano tiene de sí mismo, a las difíciles relaciones entre hombres y mujeres, y a las irresponsables y falsas decisiones sobre el comportamiento sexual. A pesar de la preocupación de todo el país por el "sexo", existen pruebas de que millones de norteamericanos de todas las edades necesitan ayuda para poder entender su sexualidad.

Pero ese tipo de conocimiento no vendrá fácilmente. El término es impreciso, su contenido apenas está definido, y los problemas que toca acarrean una gran carga emocional. La sexualidad humana es un proceso evolutivo, una experiencia personal y una expresión del comportamiento. Mientras la palabra *sexualidad* frecuentemente aparece asociada a la palabra "sexo" y evoca breves y pasajeras experiencias (aisladas del resto de la vida), el significado profundo de la sexualidad en nuestras vidas no se limita al dormitorio, a la noche ni a ninguna parte específica del cuerpo. Nuestra sexualidad es parte de nuestra identidad básica; se expresa en nuestro estilo de vida, en nuestros papeles masculinos o femeninos, en los modos que tenemos de expresar nuestro afecto, y también en nuestro comportamiento erótico. Nuestra sexualidad y la forma en que la expresamos no son totalmente innatas. Tampoco nos convertimos en seres sexuales súbitamente y por completo, en la pubertad. Al contrario, la evolución sexual es un proceso lento, que dura toda la vida, que comienza en la primera infancia y continúa hasta la vejez. El modo como los niños se desarrollan a temprana edad repercute sobre la forma como experimenten y expresen posteriormente su sexualidad. Lo que se aprende, cómo se aprende, y quiénes son los maestros, pueden ser elementos diferentes en todo el ciclo de una vida; pero de lo que podemos estar seguros es de que el conocimiento sobre la sexualidad avanza. La información y la actitud que afectan nuestro desarrollo sexual vienen de una multitud de raíces y medios formales y no-formales, intencionales o casuales: padres, maestros, amigos, los medios de difusión, las medidas sanitarias, las actividades durante el ocio, los canales del tacto, la vista, la conversación, las lecturas. Este proceso de desarrollo es justamente el que merece ser explorado ante todo, y ésta es la principal preocupación del Proyecto sobre Desarrollo Sexual, y el motivo de sus investigaciones.

Los colaboradores de este volumen se reunieron en un encuentro patrocinado por el proyecto y subsidiado por la Carnegie Corporation. La reunión, que tuvo lugar en la Universidad de Stanford en enero de 1977, contó con un número adicional de participantes (los que aparecen en la lista adjunta, en el Apéndice de este libro).

Las discusiones de este encuentro se planearon según líneas disciplinarias específicas, que también aparecen reflejadas en la organización y la estructura de este volumen. Se presentan cinco perspectivas centrales: evolucionista, biológica, psicológica, sociológica y antropológica. Cada área está formada por tres colaboraciones, hechas por lo general por especialistas de la misma disciplina. La primera de estas colaboraciones es, en todos los casos, el documento sobresaliente que representa los hallazgos más notables y los puntos de vista más destacados en el campo en cuestión. La colaboración siguiente puede ser, o bien una respuesta a los asuntos tratados en el primer artículo, o bien un enfoque diferente que complementa los temas expuestos en aquélla. La colaboración final de cada una de esas tríadas (escrita por las personas que dirigieron respectivamente cada una de las áreas de la reunión) responde a las dos primeras colaboraciones, agrega nuevas consideraciones y señala el camino a nuevas posibilidades de investigación en el campo respectivo. En todos los casos, la propuesta y recomendación para nuevas técnicas de investigación son el resultado de las discusiones mantenidas entre los autores de cada sección.

Dada la variedad de especialidades que estas colaboraciones debían cubrir, no podían ser consideradas a un mismo nivel. Por lo tanto, el presente volumen está dividido en cinco partes. En cada una de ellas, los tres autores presentan colectivamente la problemática específica de su área.

El volumen se completa con dos colaboraciones adicionales. Un capítulo trata de ofrecer el contexto general para discutir los problemas del sexo y los géneros, enfocando las cuestiones terminológicas. El otro se dedica a los modelos para el análisis del comportamiento sexual.

Dada la extensión y la diversidad de los puntos de vista aquí presentados, sólo podemos adelantar que éstos no suponen una visión integrada y coherente de la materia tratada. Los vacíos e incoherencias que se descubran en este volumen serán el resultado inevitable de la complejidad del tema, y un reflejo de nuestro nivel medio de conocimientos. El discurso sobre este tipo de problemas por lo general se ve perjudicado por una babel de hablas seudo-científicas, decenas de metodologías, una profusión de falsas creencias, presunciones y, en concreto, viejos prejuicios. Sin embargo, para el estudiante cauteloso, para el que sabe discernir, también hay elementos muy valiosos que pueden percibirse en medio del aparente caos.

Una ventaja específica de este volumen es que cada uno de sus colaboradores posee impecables antecedentes profesionales en su respectivo campo de trabajo, y puede hablar con toda solvencia y autoridad sobre los temas tratados. Los puntos de vista que proponen son, por supuesto, exclusivamente suyos, y vale la pena escucharlos.

## AGRADECIMIENTOS

He sido responsable de la dirección del Programa de Estudios Especiales del Proyecto sobre el Desarrollo Sexual Humano. Los fondos para este Programa han sido otorgados por la Carnegie Corporation de Nueva York, un subsidio que se hace mucho más significativo si tenemos en cuenta la vasta y distinguida nómina de contribuciones que esta institución realizó en favor de la investigación y desarrollo de la infancia.

Fui eficazmente ayudado, para planear y realizar la reunión de la que provienen los materiales de este libro, por Elizabeth J. Roberts. Muchos detalles logísticos me fueron proporcionados por John A. Martin. También contribuyeron en la planeación muchos colegas de la Universidad de Stanford: Robert Sears, Albert Hastford, Alberta Siegel y Julian Davidson. Carol King, quien me ayudó a compilar el volumen, fue mucho más allá del simple desciframiento de la sintaxis, y colaboró muchísimo para dar organización y claridad al libro.

Agradecemos y reconocemos los permisos otorgados por:

P. M. Bentler, para reproducir "El desarrrollo del papel sexual femenino en los varones: una teoría", de su monografía publicada en *Archives of Sexual Behavior* (vol. 5), 1976.

*American Anthropologist*, para reimprimir extractos de "Prácticas de cazadores de cabezas de los Asmat de la Nueva Guinea Holandesa", por G. Zegwaard, que apareció por primera vez en dicha publicación (vol. 61), 1959.

*Archives of Neurology and Psychiatry*, para reproducir un extracto de "Impresión y establecimiento del papel genérico", de John Money, J. G. Hampson y J. L. Hampson, que apareció por primera vez allí (vol. 77, pp. 333-336), Copyright 1957, American Medical Association.

*Archives of Sexual Behavior*, para reproducir "La variedad de interacciones heterosexuales y homosexuales observadas entre *Macaca arctoides* cautivos" (véase fig. 1), en "El comportamiento macho-hembra, hembra-hembra, y macho-macho en el mono Stumptail, con especial atención al orgasmo femenino", por S. Chevalier-Skolnikoff, que apareció allí (vol. 3) en 1973.

*The Counseling Psychologist,* para reproducir "Los mecanis-
mos-promedio para la adquisición de la sexualidad", tomado de
"Patrones de adquisición directos e indirectos en la madurez",
por Jean Lipman-Blumen y Harold J. Leavitt, que apareció en
aquel periódico (vol. 6) en 1976.

Duxbury Press, para reimprimir un extracto de "Encubri-
miento de la ovulación, cuidado paterno y evolución social
humana", de R. D. Alexander y K. M. Noonan, tomado de
*Evolutionary Theory and Human Social Organization* (1978),
editado por N. A. Chagnon y W. G. Irons.

# I. LA TERMINOLOGÍA DEL GÉNERO Y DEL SEXO

HERANT A. KATCHADOURIAN

DE HECHO, la sexualidad se ha convertido hoy en uno de los temas más enigmáticos y conflictivos para los investigadores del comportamiento humano. Quizá no sea igualmente obvia la confusión terminológica que caracteriza al discurso técnico sobre la sexualidad. Mi propósito es examinar aquí las inconsecuencias de vocabulario y destacar la pluralidad de significados que aparecen asociados, en nuestra terminología sexual, a algunas palabras claves.

No se trata de un ejercicio de exégesis que pretenda resolver todas las diferencias de uso y de significado: naturalmente, un consenso de ese tipo sería imposible. Sin embargo, la clarificación de la terminología adquiere su importancia por lo menos en dos sentidos. Ante todo, por la obvia necesidad de una comunicación entre las disciplinas y en el seno de ellas mismas. Segundo, lo que es más importante, porque dado que el lenguaje refleja al pensamiento, no se puede esperar claridad conceptual si existe ambigüedad lingüística. Del mismo modo, tampoco se puede discutir la terminología sin considerar los conceptos que las palabras se supone que representan; de aquí la razón de ciertas inexactitudes cuando se trata de problemas generales.

Dada la escasez de conocimientos en el campo de la sexualidad, su terminología específica nunca atrajo mucha atención. Históricamente, muy pocos han dicho algo de importancia de modo que la comunidad científica pudiera prestarles atención. Pero esta situación ha cambiado notablemente en las últimas décadas, y el estudio riguroso de la sexualidad, con sus derivados psicosociales, ha hecho que este campo casi se incorporara al área de las disciplinas del comportamiento.

En el presente estudio, nuestro interés no vendrá centrado exclusivamente en la sexualidad, sino en sus *derivados psicosociales*. Aunque exista el riesgo de introducir otra palabra más, parece válido tomar en cuenta la utilidad potencial de esta designación para incluir términos como *identidad genérica, rol genérico, rol sexual, identidad del rol sexual,* etcétera.

La mención a la identidad genérica, y términos tales como *derivados psicosociales,* no implican que estas características sólo sean determinadas por factores psicosociales, y no por factores biológicos. Lo que sí es psicosocial en ellos, en este contexto, son sus manifestaciones y su expresión, más que sus derivaciones. Cualesquiera que sean los factores biológicos y no biológicos que determinan la identidad genérica y los roles sexuales, estas entidades se manifiestan siempre como aspectos psicosociales de un individuo dado. En otras palabras, aunque la identidad genérica y el papel sexual se apoyan por definición en el sexo biológico de la persona y tienen, naturalmente, determinantes biológicos más allá de la anatomía genital, estos conceptos sólo pueden ser entendidos como fenómeno psicológico y social.

### LOS MÚLTIPLES SIGNIFICADOS DEL SEXO

La palabra sexo, que viene del latín *sexus* forma parte desde hace mucho tiempo del vocabulario castellano. La *Enciclopedia del idioma,* por ejemplo, incluye una referencia que se remonta al siglo xv. Pero en nuestros días, la palabra ha acumulado una diversidad de connotaciones. Definido formalmente, el sexo remite primariamente a la división de los seres orgánicos identificados como macho y hembra, y a las cualidades que los distinguen. Pero los múltiples usos y derivados (sexos, sexuado, sexual, sexualmente, sexualismo, sexualista, sexualidad, sexualizar) incluyen tantos significados que la palabra ha terminado por hacerse imprecisa. Tal como se los usa normalmente, estos diferentes significados podrían agruparse bajo dos grandes categorías: el *sexo* como característica biológica o de la personalidad, y el *sexo* como comportamiento erótico.

En el primer sentido, la palabra sexo, de modo general y un poco menos ambiguo, refiere al macho o a la hembra como seres determinados por características estructurales y funcionales. Así pues, el sexo es un hecho biológico que por lo común tiene una presencia imperativa entre los seres humanos, y una dicotomía que es mutuamente excluyente: una persona es macho o hembra y sólo debe ser una cosa o la otra. Para decirlo más específicamente, cuando hablamos así del sexo, a menudo lo calificamos de *sexo biológico*. Pero ni aun esta diferenciación llega a aislar una entidad autónoma, sino en todo caso una entidad con un cierto número de componentes discretos. Es importante diferenciar estos componentes, puesto que en condiciones patológicas la aberración puede incluir un aspecto, pero no el otro. Reunidos bajo la expresión *sexo biológico* tenemos los siguientes elementos:

1) Sexo genético, revelado por el número de cromosomas (46XX o 46XY en las personas) o la presencia de cromatina sexual (cuerpo de Barr).
2) Sexo hormonal: el equilibrio andrógino-estrógeno.
3) Sexo gonádico: la presencia de testículos u ovarios.
4) Morfología de los órganos internos de reproducción.
5) Morfología de los genitales externos (Money, 1965).

A esta lista se podría agregar el dimorfismo somático que se establece definitivamente al final de la pubertad, incluyendo las características sexuales secundarias.

Aquí se ha descrito la secuencia de la maduración normal, aunque en cualquier etapa del proceso pueden sobrevenir cuadros anormales: la pauta normal de cromosomas sexuales puede presentarse anormal; el equilibrio hormonal puede invertirse; la estructura gonádica puede ser incoherente o mixta; los órganos sexuales internos o externos pueden ser contradictorios con el sexo genético; los cambios propios de la pubertad pueden no ocurrir en el periodo previsto (Federman, 1968).

En un individuo biológicamente normal (y la mayor parte de la gente es normal en este aspecto) el sexo biológico supone una serie específica y coherente de características. Las anormalidades, aunque escasas, tienen gran importancia para nuestra comprensión del desarrollo sexual.

Basada en estas evidencias biológicas, la palabra sexo es empleada, sin embargo, en otros sentidos. Por ejemplo, es muy usada como variable demográfica y como índice de *status* social y jurídico. Usos tales como tipología sexual, identidad sexual y papel sexual son otros de los ejemplos posibles. Y lo mismo ocurre con el *sexismo*, la expresión más reciente incorporada a este vocabulario, por influjo de palabras como *racismo*.

De este modo, en la primera categoría de sentido, *sexo* designa ciertos aspectos de los individuos, pero no necesariamente referidos a quién es uno, sino también a cómo se comporta, o a cómo esperamos que se comporte. Tal comportamiento no siempre es sexual tomado en el sentido de erótico; de aquí que se justifique la división entre esta categoría de significados y aquélla en la que *sexo* pertenece casi específicamente al comportamiento erótico. Esta diferenciación, sin embargo, es débil, ya que el sentido de *erótico* en sí mismo es complejo y problemático, y las dos categorías de significados están estrechamente relacionadas.

La expresión *comportamiento sexual* se vuelve problemática cuando la consideramos más allá de su uso informal y cotidiano. *Comportamiento sexual* comúnmente se refiere a lo que la gente "hace" sexualmente ("practicar el sexo"). Actividades tales como el coito o la masturbación pueden ser incluidas inmediatamente en esta categoría. Pero, ¿cómo considerar las fantasías sexuales o el orgasmo nocturno? La gente da diferentes niveles de significado erótico a este tipo de hechos. Aquí el problema básico no pertenece específicamente a la esfera sexual, porque se refiere también a lo que entendemos por *comportamiento*. La fantasía sexual puede ser erótica, pero, ¿se trata de un "comportamiento"?

Para eludir esta dificultad, algunos hacen referencia a la *experiencia sexual*, suponiendo que la experiencia incluye los sentimientos y los pensamientos privados, mientras que el comportamiento puede ser limitado a la actividad "exterior", a la observable. Pero, otra vez, en este caso se plantean nuevas y fundamentales cuestiones acerca de lo que es "interno" o "externo" en el comportamiento, e incluso si este tipo de distinciones realmente tiene algún sentido.

Aun si estamos de acuerdo en los temas fundamentales que se refieren al comportamiento, todavía tendremos dificultad para definir cuáles tipos de comportamiento deben ser considerados "sexuales", y sobre qué bases. Las definiciones que se apoyan en las pruebas fisiológicas del orgasmo o la excitación sexual son muy valiosas, pero excluyen vastas zonas de actividad que también podrían ser consideradas sexuales, tales como la fantasía sexual, que no ofrece manifestaciones fácilmente discernibles de excitación sexual. Y aún más: la prueba fisiológica incluiría manifestaciones tales como erecciones reflejas en los niños, cuya naturaleza erótica es discutible.

Kinsey comprendió esta dificultad, pero por razones metodológicas definió al comportamiento sexual como el comportamiento que conduce al orgasmo. Esta definición redujo el sexo a seis "salidas" principales: la masturbación, los sueños sexuales, las caricias, el coito, las actividades homosexuales y los contactos animales. La gran mayoría de los orgasmos pertenecían o eran obtenidos mediante una u otra de estas categorías. Este enfoque proporciona una base empírica, pero restringe la realidad a aquello que puede ser rápidamente contado y cuantificado.

Por el contrario, Freud percibió el comportamiento sexual en términos mucho más amplios, mucho más allá de lo que comúnmente se entiende por sexual. El enfoque de Freud hace de la sexualidad una cuestión más de interpretación que de observación. El problema ahora ya no se refiere a cuáles categorías del comportamiento son sexuales y cuáles no, sino más bien al comportamiento particular en una situación dada, si éste es sexualmente motivado. En este sentido, cualquier clase de comportamiento puede ser erotizado sin ser concebido conscientemente como sexual de parte de la persona, o reconocido como tal por los demás. En la visión de Reich, todo el cosmos aparece erotizado.[1]

En la primera categoría de significados, el *sexo* hace referencia primariamente a las características morfológicas y de la personalidad, pero también al comportamiento. En la segunda categoría, mientras el sexo refiere primariamente al comportamiento erótico, el término también tiene aspectos físicos y de la personalidad en su asociación con lo erótico, tal como ocurre con palabras como *sexy*.

En ambas categorías, en las que "sexo" se emplea tanto en forma descriptiva como adjetival, el nivel de precisión con que la palabra designa una entidad varía enormemente. Por ejemplo: *cromosoma sexual* denota una entidad específica y nada ambigua; *hormona sexual* es, básicamente, un nombre incorrecto, pero el uso cotidiano lo ha definido lo bastante para que su significado sea claro para los científicos; *papeles sexuales* y *comportamiento sexual* son expresiones más ambiguas, y pueden tener diferentes significados para diferentes personas.

Finalmente, la distinción entre *sexualidad* y *sexo* merece algunos comentarios. Formalmente definida, la sexualidad es la

[1] La naturaleza del comportamiento sexual y de la inclinación o preferencia sexual aparece tratada más extensamente en el capítulo de Katchadourian y Martin, en este mismo volumen.

cualidad de ser sexual, la posesión de capacidad sexual y la capacidad para los sentimientos sexuales. Pero en su uso común este término recibe significados adicionales. Sea lo que fuere, el *sexo*, la *sexualidad* en todos los casos parece implicar algo más. Desde el punto de vista de un biólogo, "existe el sexo básico, que depende del tipo de glándula sexual, y la sexualidad, que depende de las diferentes estructuras, funciones y actividades asociadas a las glándulas sexuales" (Berrill, 1976). Un uso antiguo de la expresión, citado por el *Oxford English Dictionary*, define la sexualidad como lo que caracteriza a los elementos reproductores del macho y de la hembra: los gametos (óvulos y esperma), que a su vez determinan el sexo del individuo. En este sentido, un hombre tiene sexo, y el esperma tiene sexualidad.

Por oposición, los puntos de vista de Beach sobre la sexualidad colocan a ésta como "emergente" en la evolución del *Homo sapiens*. En este sentido, la relación entre la sexualidad humana y el acoplamiento de otras especies puede compararse a la relación existente entre el lenguaje humano y las formas de comunicación entre los animales (Beach, 1974).

Otros escritores son a menudo poco claros cuando se refieren a la *sexualidad*, pero de todos modos en su uso corriente la palabra parece representar siempre algo más que *sexo*. Para algunos, la sexualidad incluye más que las funciones genitales, el coito u otros "comportamientos sexuales". Algunos emplean la palabra para sugerir la presencia de componentes no genitales, interpersonales, sutilmente emocionales del erotismo. Algunos parecen usarla porque les parece más refinada, más correcta. Todo este tipo de consideraciones probablemente han contribuido a hacer de la palabra *sexualidad* un componente infaltable en los títulos de libros de texto publicados en este campo (Gagnon, 1977; Goldstein, 1976; Katchadourian y Lunde, 1975; McCary, 1973).

Parece legítimo emplear *sexualidad* en su sentido más amplio y como término que engloba muchas cosas, si tenemos en cuenta que representa una abstracción, y que lo que quiere decir esta palabra representa más bien el cuadro teórico o las creencias de valor de quien la usa. La cuestión del significado estricto sigue siendo, de todos modos, problemática.

### IDENTIDAD GENÉRICA Y SEXUAL

En su sentido más primitivo, la *identidad sexual* es sinónimo del sexo de un individuo, determinado por el hecho generalmente inequívoco y biológico de ser macho o hembra. Pero la palabra tiene también un significado más sutil y ambiguo, a saber, la identidad sexual como característica fundamental de la personalidad. En este sentido se le usa como sinónimo de *identidad genérica*.

*Identidad* proviene de la palabra latina *idem*, y las definiciones del diccionario refieren a la persistencia de una individualidad y a la mismidad inalterable de una persona o cosa a través del tiempo y en diferentes circunstancias. La idea central que subyace al concepto de identidad es tan importante que se pueden encontrar innumerables referencias bajo diferentes formas.

Entre los filósofos, John Locke y David Hume se dedicaron a esta cuestión.[2] Al término del último siglo, los psicólogos sociales comenzaron a dar importancia al concepto del "yo" como fundamental para el desarrollo de la personalidad. Las opiniones de William James son particularmente interesantes, al diferenciar entre el yo material, el social, el espiritual y el puro yo, como componentes de la personalidad (James, 1892).[3]

En las dos últimas décadas, el concepto de identidad ha ganado una notable popularidad gracias a los trabajos de Erik Erikson. Esta popularidad quizá se deba en parte al modo como Erikson liga la formación de la identidad con el periodo de la adolescencia, etapa de la vida que ha sido objeto de mucha atención social y profesional desde el decenio de 1950.

La concepción de Erikson de la "identidad del ego" es difícil de resumir sin peligro de reducirla, e incluso en su forma original el significado de *identidad* sigue siendo poco claro. Erikson distingue entre *identidad*, que se caracteriza por rubros tales como el nombre de una persona y su situación en un ambiente dado; *identidad personal*, que supone un "sentido subjetivo de existencia continua y una memoria coherente"; e *identidad psicológica*, que "todavía tiene características más ambiguas, a

---

[2] Para sus escritos más representativos en este aspecto, y comentarios adicionales sobre otros filósofos, véase Perry, 1975.

[3] Para una visión general sobre la obra de otros científicos sociales en esta área, véase Hall y Lindzey (1970).

veces subjetivas u objetivas, individuales o sociales" (Erikson, 1968b).

En términos sencillos, la *identidad* se refiere a la individualidad de una persona, como respuesta a la pregunta "¿Quién soy yo?" Pero lo que Erikson quiere decir con *identidad del ego* es mucho más complejo. Esta expresión incluye el sentido consciente de la identidad individual, el esfuerzo inconsciente por conservar una continuidad del carácter personal, algunos aspectos de "síntesis del ego", y el mantenimiento de una solidaridad interna con los ideales y la identidad de un grupo. El problema de la identidad no se resuelve permanentemente durante el periodo de la adolescencia. Lo que ocurre en ese periodo es, a lo sumo, una clarificación y un replanteo de soluciones obtenidas mucho antes, y la suficiente consolidación para que la persona disponga de cierta identidad aun cuando otros aspectos ·de la personalidad vayan siendo refinados en etapas sucesivas del ciclo vital.

La irrupción del sentido de identidad personal progresa así en múltiples frentes, incluyendo por supuesto el desarrollo cognoscitivo. Dos componentes importantes son la autocatalogación y la catalogación que los demás hacen de nosotros. Ambos elementos son de particular importancia para la identidad sexual, puesto que entre los primeros marbetes que se aplican a una persona está el de su pertenencia a un sexo o a otro.[4]

Esta relación entre identidad y personalidad todavía no está clara. En un sentido, la identidad parecería ser una faceta o parte de la personalidad. Sin embargo, en su sentido más amplio, la identidad se convierte prácticamente en un sinónimo de la personalidad.

Sin querer resolver este problema fundamental, podríamos suponer que, sea cual fuere la identidad, la identidad sexual de todos modos forma parte de ella. Quizá la identidad sexual deba incluir todo lo que es sexual en una persona: funciones fisiológicas, tipo e intensidad de los comportamientos sexuales, la propia percepción como ser sexual, y la que otros tienen de uno, y todo lo demás que tenga que ver con el hecho de ser hom-

---

4 Véanse los comentarios de Sears sobre la autocatalogación, en este mismo volumen.

bre o mujer. ¿O acaso la identidad sexual es sólo una parte o un aspecto más diferenciado de esta totalidad?

Las propias concepciones de Erikson no son del todo claras en este aspecto. La expresión *identidad sexual* aparece sólo en una versión del cuadro epigenético de Erikson, junto con su opuesto, la *difusión bisexual*. El problema de la identidad sexual es el antecedente, durante la adolescencia, de la crisis específica de esa etapa de la juventud, que es la de Intimidad contra Aislamiento (Erikson, 1959). En versiones posteriores, la *identidad sexual* es remplazada por la *polarización sexual* (Erikson, 1968b). A diferencia de lo que ocurre con otros términos, los que se refieren a la identidad sexual no son considerados en detalle por Erikson, pero una de las implicaciones más claras es que la identidad sexual incluye la definición de orientación sexual o "polarización" en un eje heterosexual-homosexual, como modo de evitar la confusión en esta opción.

Erikson no ha elaborado los antecedentes de la identidad sexual durante las cuatro etapas precedentes del ciclo vital, ni tampoco explicó sus derivaciones más allá de la primera juventud. Habría sido interesante saber, por ejemplo, qué piensa Erikson acerca de lo que ocurre en la primera infancia cuando, según Money y otros, la "puerta de la identidad genérica" comúnmente se cierra para siempre. Del mismo modo, sería muy útil poder comparar el esquema de Money y Ehrhardt sobre los componentes secuenciales e interaccionales de la diferenciación en la identidad genérica (Money y Ehrhardt, 1972) con el modelo epigenético de Erikson. Lamentablemente, estamos bajo demasiada presión para buscar referencias y comparaciones específicas de estos y otros autores sobre sus mutuas opiniones.[5]

Otros consideran la identidad sexual en términos mucho más globales. Por ejemplo, Sandra Bem atribuye a la tradicional concepción de la personalidad sana o ideal un concepto de identidad sexual que posee tres componentes básicos: *1)* preferencia sexual por miembros del sexo opuesto; *2)* identidad del papel sexual dividida como masculino o femenino, según el

---

[5] Se puede observar la desesperación de Stoller con la palabra *identidad* por una nota a pie de página en la que comenta con evidente aprobación la conclusión de un colega, en el sentido de que "el término 'identidad' casi no sirve más que como una bella vestimenta para ocultar vaguedades, ambigüedad, tautologías, falta de información clínica y pobreza de explicaciones" (Stoller, 1968, p. X).

sexo de cada uno; y 3) identidad genérica, seguridad en la percepción del propio sexo como masculino o femenino (Bem, en preparación). Otros autores usan la expresión *identidad sexual* en sentido mucho más reducido, a menudo como sinónimo de papel sexual o de identidad genérica, como reflejos de la masculinidad y la femineidad.

La preocupación por el tema de la masculinidad o la feminidad es mucho más antigua que la moderna atención puesta por los científicos. En la filosofía y la religión chinas, el principio masculino (*yang*) y el principio femenino (*yin*) se atribuyen no solamente a los hombres y a las mujeres, sino a todo lo que existe, incluidos los objetos inanimados, los espíritus y los sucesos. La doctrina, que se funda en el texto taoísta, el *Tao-Te-King*, es la típica manifestación del dualismo chino, que sostiene que todo lo que existe está constituido por la interacción de dos modos de energía opuestos pero complementarios. El yang es masculino, procreador, brillante, solar, celestial, activo y positivo. El yin es femenino, fértil, lunar, terrestre, pasivo y negativo. El yin y el yang están presentes en distintos grados e interactúan en cada ser humano, pero los hombres son predominantemente yang y las mujeres yin. Y dado que el bien y el mal son opuestos y deben ser tomados primordialmente en cuenta en toda doctrina dualista, los *shen* (o espíritus buenos) son yang por carácter, mientras que los *kwei* (o malos espíritus) son yin (Noss, 1963). De todos modos, esta cosmovisión bipolar en su formulación más antigua y clásica, no representaba una lucha entre las fuerzas primarias del bien y del mal. Al contrario, "el yang y el yin eran fuerzas esencialmente iguales en la dinámica incesante de un universo impersonal" (Thompson, 1969).

Aunque en este contexto el yin y el yang no pueden ser comparados con los aspectos de la identidad sexual, algunos escritores contemporáneos han usado estos dos conceptos o algunos similares para representar los puntos de vista del hombre y de la mujer, y los han ubicado como constitutivos, en diferentes grados y niveles, en cada uno de los individuos de uno y otro sexo. El concepto jungiano del ánimo y el ánima viene al caso en esta cuestión.

Jung concebía el ánimo y el ánima como figuras arquetípicas pertenecientes a la conciencia individual, pero enraizadas en el inconsciente colectivo. El *ánima* representa los componentes femeninos en la personalidad del hombre, y al mismo tiempo la imagen que él tiene de la naturaleza femenina en general; en otras palabras, el arquetipo de lo femenino. Del mismo modo, el *ánimo* representa los componentes masculinos en la personalidad de la mujer y también la imagen que ella tiene de la naturaleza masculina. Normalmente, las características tanto masculinas como femeninas se encuentran en todo individuo, pero la persona expresa exteriormente el conjunto de características que se consideran más apropiadas para su respectivo sexo, y que no confundan la autoimagen ideal formada (Jung, 1969).

Jung distinguió entre la personalidad exterior, a la que llamó *persona*, y la personalidad interior, a la que llamó *ánima* o alma. Comparando las personas de hombres y mujeres, Jung afirmó que la realidad lógica y objetiva prevalece en la actitud exterior del hombre, o al menos es considerada como ideal, y que los sentimientos prevalecen en la actitud exterior o idea de la mujer. "La actitud consciente de la mujer en general es mucho más exclusivamente personal que la del hombre. El mundo de la mujer está hecho de madres y padres, hermanos y hermanas, maridos e hijos... El mundo del hombre es la nación, el Estado, los negocios, etc. Su familia es simplemente un medio para alcanzar un fin..." (Jung, 1953, p. 208).

Pero en el alma, estas relaciones cambian de signo: el hombre siente y la mujer refleja. "Así como el ánima produce humor, el ánimo produce *opinión*." El hecho de conocer estos procesos psíquicos íntimos nos permite usarlos conscientemente como funciones, según Jung. Mientras el ánima o el ánimo sea inconsciente, allí será siempre proyectado "puesto que todo lo inconsciente es proyectado", y la vida sigue su camino en esta inevitable oposición. En tales casos, el alma se proyecta en un objeto real y correspondiente —un miembro del sexo opuesto— con el que se establece una relación de casi absoluta dependencia (Jung, 1953, pp. 195-209).

La concepción de Freud sobre la identidad sexual quedó incluida dentro de su teoría global sobre la sexualidad. Aunque no se internó en el concepto de identidad sexual en cuanto tal, sus preocupaciones sobre los conceptos de masculinidad y femineidad han impregnado muchos de sus escritos.[6]

6 En el índice de la monumental colección de escritos psicológicos de Freud, existen referencias a la *sexualidad* en más de 80 asociaciones con otros conceptos, pero la identidad no aparece en ninguna de ellas. Para

El concepto de bisexualidad es fundamental para la visión génica freudiana: "Desde que me familiaricé con la noción de bisexualidad, la he considerado como factor decisivo, y sin tomar en cuenta la bisexualidad, pienso que sería muy difícil llegar a comprender las manifestaciones sexuales que de hecho se observan en hombres y mujeres" (Freud, 18:220). Según Stoller, el concepto de bisexualidad mantuvo su condición central y quedó relativamente intacto en todo el pensamiento psicoanalítico de Freud (Stoller, 1974).

Freud creía que la bisexualidad era parte de la "base" biológica subyacente en las funciones psicológicas. Al comienzo de este siglo, la similitud básica de la ontogenia del sistema reproductor en ambos sexos ya se había establecido, y ya se esbozaban paralelos con la bisexualidad psíquica. En una extensa nota de pie de página, Freud se refiere a un buen número de concepciones que sostienen que se pueden encontrar elementos masculinos y femeninos en todos los individuos, si bien en distintas proporciones (Freud, 7:143). Freud también supuso que, como universal de tipo biológico, la bisexualidad tenía influencias sobre el terreno psicológico. En su pensamiento, como lo destaca Stoller, la bisexualidad se convirtió en un referente de

> la homosexualidad manifiesta; el placer tanto en la relación homosexual como en la heterosexual; la identificación con aspectos del sexo opuesto; comportamiento génico mixto sin connotaciones eróticas, tales como el afeminamiento; la amistad; la capacidad de ciertas células o tejidos para cambiar de apariencia o de función (o ambas cosas) típicas de un sexo al de otro; la indiferenciación embriológica; restos de tejidos del sexo opuesto en el adulto; una "fuerza" innata que puede influir sobre el comportamiento dirigiéndolo hacia el del sexo opuesto. El principio de la bisexualidad era la "base" del comportamiento, y su manifestación psicológica —la homosexualidad— era el nido a partir del cual crecía la psicopatología. Se sintió más que conforme con tal uso; pensó que era correcto. No ver que todos estos elementos pertenecían a una misma familia habría sido desechar un concepto muy poderoso (Stoller, 1974, pp. 392-393).

Sin embargo, Freud también pareció preocupado por el po-

referencias más específicas sobre la masculinidad y la femineidad en los escritos de Freud, véase Freud, 24:317.

tencial de los conceptos biológicos y la terminología dominante en el psicoanálisis. En un discurso de 1913 sobre las relaciones entre psicoanálisis y biología, escribió:

A pesar de todos nuestros esfuerzos por evitar que las consideraciones y la terminología biológicas dominen el trabajo psicoanalítico, no podemos dejar de usarlos, incluso en la descripción de los fenómenos que estudiamos... hablamos, también, de impulsos y atributos mentales 'masculinos' y 'femeninos', aunque, dicho estrictamente, las diferencias entre los sexos pueden no reclamar una caracterización específicamente psíquica (Freud, 13:182).

En otro contexto, después de referirse a los atributos intelectuales "masculinos" en un paciente, agrega que "estas distinciones son más convencionales que científicas" (Freud, 18: 147-172).

Freud escribió la primera exposición importante sobre su concepción de la bisexualidad en sus *Tres ensayos sobre la teoría de la sexualidad* (vol. 7), en 1905, cuando estaba abocado al problema de la homosexualidad. Otro documento importante sobre lo génico aparece también en relación con la homosexualidad —esta vez en el caso de una discusión sobre una mujer homosexual (Freud, 18:147-172). En sus *Nuevas aportaciones al psicoanálisis* (vol. 22), Freud escogió la "femineidad" como uno de sus principales tópicos, y apoyó sus observaciones principalmente sobre dos trabajos anteriores: *Algunas consecuencias psíquicas de la distinción anatómica entre los sexos* (1925) y *La sexualidad femenina* (1931).[7]

Los psicólogos de orientación más empírica y experimental también se han preocupado desde hace mucho por el tema de la masculinidad y la femineidad. A fines del siglo XIX, las diferencias sexuales empezaban a ser consideradas por los profesionales y hacia el decenio de 1920 aparecerían con cierta regularidad estudios formales en el campo de la literatura psicológica.[8]

Lewis Terman y Catherine Miles emprendieron un estudio empírico que fue pionero, en el que crearon un cuestionario-

[7] Para mayor estudio de los conceptos de Freud sobre los genes y la bisexualidad, véase Stoller, 1972, 1974.

[8] Para una revisión de esta literatura inicial, véase Johnson y Terman, 1940.

tipo "Test de masculinidad-femineidad". Aunque en *Sexo y personalidad* no usan expresiones como *identidad génica* o *identidad sexual*, los autores se enfrentan a esta cuestión. En la introducción a su libro, Terman cuenta que la idea de crear un Test de masculinidad y femineidad se le ocurrió en 1922 en relación con su trabajo con niños talentosos, y con respecto a sus intereses, prácticas y conocimiento de los juegos.

La expectativa que subyace en este tipo de *tests* masculinidad-femineidad no se refiere necesariamente a que estas dimensiones de la personalidad y sus manifestaciones consistan en alternativas mutuamente excluyentes, sino más bien a si las combinaciones de características se distribuyen irregularmente entre hombres y mujeres. Como el propio Terman señaló, "Aunque prácticamente todo atributo supuesto como característico de un sexo ha sido cuestionado, sin embargo los cuadros compuestos producidos por la opinión de la mayoría nos ofrecen una aceptable claridad" (Terman y Miles, 1936). Estos *tests*, por supuesto, tratan simplemente de identificar las diferencias existentes entre los dos sexos, sin pretender revelar cómo se producen estas diferencias.[9]

Desde el trabajo pionero de Terman se ha venido produciendo una vasta literatura psicológica en este terreno. En su generalidad, este tipo de literatura se dedica a la psicología de las diferencias sexuales, incluyendo un amplio número de variables, que se escalonan desde la sensibilidad táctil hasta las funciones intelectuales, los rasgos de la personalidad, las pautas de socialización, etcétera (Maccoby y Jacklin, 1974). Un enfoque más específico se circunscribe a la personalidad y a las características del comportamiento, y se han desarrollado distintos tipos de escalas e inventarios para la diferenciación de los sexos.

En la mayoría de estos *tests*, la masculinidad y la femineidad se perciben implícitamente como bipolares y unidimensionales. Como lo destacó Constantinople (1973), lo unidimensional de la masculinidad-femineidad es francamente insostenible, mientras este tipo de *tests* no intenta medir una característica unitaria. Además, según el tipo de comportamientos computados, se pueden deducir diferentes juicios sobre el nivel relativo de masculinidad-femineidad en una persona. El aspecto de bipola-

---

[9] Para una revisión y crítica de los inventarios sobre la masculinidad y femineidad, véase *Constantinople*, 1973.

ridad implica que la masculinidad y la femineidad se encuentran en los extremos opuestos de un continuo, en el que la masculinidad, en un extremo, no sólo representa la total ausencia de femineidad, sino también su opuesto absoluto. Sea posible o no resolver este tipo de cuestiones al gusto de cada uno, sin embargo existen hoy ciertas resistencias a considerar un asunto de tal complejidad como puro y simple continuo bipolar (Carlson, 1972). Más aún, en las investigaciones actuales, la masculinidad y la femineidad han sido consideradas no como polos opuestos sino como dos dimensiones ortogonales que representan, ambas, los caracteres positivos del comportamiento, en una coexistencia óptima en la persona ideal con una identidad sexual andrógina (Bem, en preparación). Para hacer mayor hincapié en esta cuestión, algunos han recurrido al antiguo concepto del Yang y el Yin (Cox, 1976).

La expresión *identidad del rol sexual* es usada, a menudo, en el mismo sentido que *identidad genérica.*[10] Se la usa al menos para definir la noción de identidad como "lo que incluye factores tanto cognoscitivos como afectivos que reflejan la autoevaluación y la evaluación que otros tienen de una persona como adecuada a su condición de hombre o mujer" (Constantinople, 1973).

La palabra *género* se deriva del latín *genus*, que significa nacimiento u origen, y de aquí que represente cierto tipo. Ante todo, es un término de gramática que representa la subclasificación de ciertas palabras (comúnmente nombres y pronombres) como masculinas, femeninas o neutras. Las expresiones *rol genérico* e *identidad genérica* son de origen reciente. John Money, el primero que empleó el término *rol genérico*, lo hizo público en 1955 (Money, 1973). Robert Stoller informa que se llegó a la expresión *identidad genérica* en una serie de discusiones que sostuvo con Ralph Greenson. Stoller usó formalmente la expresión en 1963 en una monografía presentada al XXIII Congreso Internacional Psicoanalítico (Stoller, 1964). Money también confirma que Stoller dio origen a la expresión *identidad del núcleo génico* (Money, 1973).

La introducción del término *identidad genérica* encuentra su justificación en las preocupaciones de Stoller, en el sentido de

10 La expresión *identidad del rol sexual* aparece por primera vez en 1956, en un artículo de Harry Levin y Robert Sears publicado en *Child Development*.

que *identidad sexual* era una expresión ambigua puesto que podía referirse tanto a las actividades sexuales como a las fantasías. Dado que *sexo* tenía fuertes connotaciones biológicas, Stoller propuso que se lo usara para "referirse al sexo del macho o de la hembra y a los componentes biológicos que determinan si una persona es macho o hembra". A continuación explicó que

la palabra *sexual* tendrá connotaciones de anatomía y fisiología. Obviamente, esto deja sin cubrir enormes áreas del comportamiento, sentimientos, pensamientos y fantasías que están en relación con los sexos y que sin embargo no tienen, primariamente, connotaciones biológicas. Es para algunos de estos fenómenos psicológicos para los que debe emplearse la palabra *género*: podemos hablar del sexo masculino o del sexo femenino, pero también podemos hablar de la masculinidad y la femineidad sin hacer necesariamente referencia a la anatomía o a la fisiología. Por tanto, mientras *sexo* y *género* parecen prácticamente sinónimos en el uso corriente, e inextricablemente unidos en la vida cotidiana... las dos esferas (sexo y género) no se ligan inevitablemente en relación de uno a uno, sino que pueden funcionar casi de manera independiente (Stoller, 1968, pp. vii-ix).

El concepto de identidad genérica ha resultado muy útil para hacer hincapié en los componentes psicosociales de la sexualidad. El contraste entre "varonidad" y "hembridad" como reflejos del sexo biológico, y "masculinidad" y "femineidad"* para sus aspectos no biológicos, han permitido profundizar y refinar las discusiones sobre el tema.

La separación del sexo biológico y del género adquiere proporciones dramáticas en la autopercepción de los transexuales. Esto queda certificado en las palabras de Jan (antes James) Morris, quien escribe:

Para mí el género no es físico, sino insustancial. Tal vez es alma, talento, gusto, un cierto ambiente, como uno siente, es luz y sombra, es música interior, es el salto en puntas de pie o el intercambio de miradas, es más verdaderamente la vida y el amor que cualquier combinación de genitales, ovarios y hormonas. Es lo esencial de uno mismo, la psique, el fragmento de unidad. Macho y hembra son sexos, masculino y femenino son géneros, y aunque las

---

* En el original inglés, "maleness" y "femaleness", en contraposición a "masculinity" y "feminity". [Ed.]

creencias tienden a identificarlos, están lejos de ser sinónimos. Como escribió C. S. Lewis, "El género es una realidad, una realidad mucho más importante que el sexo. El sexo, de hecho, es simplemente la adaptación a la vida orgánica de una polaridad fundamental que divide a todos los seres creados. El sexo femenino es simplemente una de las cosas que tienen género femenino; existen muchas otras, y lo Masculino y lo Femenino nos encuentran en planos de realidad donde la expresión macho o hembra simplemente carecería de sentido" (Morris, 1974).

Lamentablemente, la expresión *identidad genérica*, tan vaga como su propia concepción, no ha sido suficientemente estudiada hasta el día de hoy. En su primera argumentación importante sobre este asunto, Stoller comentó que "mientras el trabajo de nuestro equipo de investigación se ha familiarizado con la expresión *identidad genérica*, sin embargo no estamos obligados a sacar patente de propiedad sobre esa expresión, o a defender el concepto como si fuera uno de los grandes hallazgos del mundo científico. Es una expresión de trabajo. Sabemos que, aunque tiene que ver con otra esfera de sentimientos, pensamientos y comportamientos diferente de la incluida en esta expresión, digamos con la *actividad sexual*, los dos términos son contiguos y a veces aparecen inextricablemente enlazados. Con la palabra *género* difícil de ser definida, y con la *identidad*, que constituye todavía un desafío para los teorizantes, no es necesario que insistamos en lo intocable de la expresión *identidad genérica*" (Stoller, 1968). Casi una década después, el significado preciso de esta expresión tampoco ha avanzado mucho (Stoller, 1976).

Money, Ehrhardt y Green intentaron sistematizar los usos de este término, aunque sus documentos también parecen mezclados y llenos de ambigüedades y diferencias. Así definen Money y Ehrhardt la *identidad genérica*:

*Identidad genérica*: la mismidad, unidad y persistencia de la individualidad de cada uno en tanto macho, hembra, o ambivalente, en diferentes grados, especialmente tal como se la experimenta en la conciencia de sí mismo y en el comportamiento; la identidad genérica es la experiencia privada del rol genérico, y el rol genérico es la expresión pública de la identidad genérica (Money y Ehrhardt, 1972).

No está claro de qué se trata la identidad genérica cuando se la experimenta en la autoconciencia y el comportamiento. ¿Es posible experimentar el comportamiento fuera de la autoconciencia? Si dejamos de lado la palabra *comportamiento*, entonces la identidad genérica se puede entender más fácilmente: sería la autopercepción que cada uno tiene sobre su "individualidad como macho, hembra o ambivalente". A su vez, Richard Green define la *identidad genérica* de este modo:

> La identidad sexual —a menudo llamada identidad genérica— es un aspecto fundamental de la personalidad. Puede considerarse que incluye tres componentes: *1)* la convicción básica del individuo, en el sentido de ser macho o hembra; *2)* el comportamiento del individuo, que culturalmente aparece asociado con los hombres y las mujeres (masculinidad y femineidad); y *3)* las preferencias del individuo para hacer pareja con hombres o mujeres (Green, 1974).[11]

Ahora la identidad sexual parece incluir algunas cosas más. Ante todo, es una "convicción básica", lo cual puede significar que se trata de la continuidad de una autopercepción. Pero Green también le atribuye una liga cultural con el *comportamiento* y la *preferencia en la orientación sexual*. En sí, no sorprende que las definiciones puedan diferir, pero lo curioso es que Money, Ehrhardt y Green han sido colaboradores durante mucho tiempo, y han desarrollado sus definiciones a partir de un tipo de trabajo que tenía procedimientos e información clínica muy similares.[12]

Las discrepancias en el significado se hacen mayores si incluimos aquí a otros autores. Por ejemplo, mientras Green acepta la expresión *identidad genérica* como sinónimo de *identidad sexual*, Lief parece hacer una distinción entre ambas, aunque esta distinción no sea del todo clara. Para Lief, la *identidad sexual* "puede ser definida como el sentimiento íntimo de varonidad o hembridad de la persona, mantenido a lo largo del tiempo". A continuación se aboca separadamente a la *identidad genérica*, y aunque no define la expresión como tal, nos dice

---

11 Green también hace referencia a tres "fases de desarrollo" que constituyen la identidad sexual: 1) identidad del núcleo morfológico; 2) comportamiento del rol genérico; y 3) orientación hacia su pareja sexual (Green, 1975).

12 Ehrhardt retoma este asunto en el capítulo que le corresponde en este volumen.

que, con raras excepciones, "el desarrollo de la sexualidad conduce a un sentido seguro de la varonidad o hembridad, que comúnmente se completa hacia los tres años de edad". Luego, Lief habla de la homosexualidad como "un caso especial de desequilibrio en la identidad genérica; los homosexuales no tienen dudas acerca de su varonidad o su hembridad (identidad sexual)" (Lief, 1976).

Hooker, quien ha estudiado la identidad sexual y las pautas sexuales en homosexuales hombres, define la *identidad genérica del hombre* como una referencia a "*todo aquello* que distingue a hombres de mujeres; incluyendo pautas de habilidad, ocupación, vestimenta y adornos, gestos, conducta, expresión emocional, fantasías eróticas y comportamiento sexual". En cuanto al desequilibrio en la identidad genérica de los homosexuales, Hooker informa que "para la mayoría de los individuos estudiados por mí aparentemente no existe correspondencia entre un sentido consciente de la identidad genérica y un papel preferente o predominante en la actividad sexual. Salvo para una pequeña minoría, la pauta sexual no puede ser categorizada en términos de papel predominante, y la conciencia de la masculinidad o la femineidad no parece tener una relación clara con las pautas sexuales particulares" (Hooker, 1965).

El desarrollo del sentido del niño en tanto hombre o mujer a veces nos remite a la expresión *identidad del núcleo genérico*. Stoller dice: "Para la época de la etapa fálica se establece en la persona normal un sentido inalterable de la identidad genérica, el núcleo de la identidad genérica («Soy hombre», «soy mujer»)" (Stoller, 1954). "La identidad del núcleo genérico es el sentido de varonidad o el sentido de hembridad... un estado psicológico, una parte de la identidad: no es estrictamente sinónimo de la pertenencia a un sexo determinado, sino más bien de la convicción de que uno pertenece a un sexo". La identidad del núcleo genérico se "produce" por tres componentes: la anatomía genital externa; las relaciones padres-infantes; y una "fuerza biológica" hipotética (Stoller, 1976).

El *núcleo* también fue usado para definir uno de los componentes de la identidad genérica. Green hace referencia a la *identidad del núcleo morfológico*, concebida como "la primitiva autoconciencia del individuo en el sentido de ser anatómicamente macho o hembra..." (Green, 1974). En este volumen,

Luria también usa la palabra *núcleo* para describir la identidad genérica que se establece en la primera infancia.

Los desequilibrios de la identidad genérica han sido especialmente importantes para estudiar la identidad sexual, ya que manifiestan la posibilidad de una discrepancia entre el sexo biológico y la autopercepción de una persona sobre si es hombre o mujer.[13] Tales desequilibrios pertenecen a dos categorías generales. Ante todo está el hermafroditismo o la intersexualidad, en que existe una falla en la diferenciación sexual anatómica, falla que puede ser de diferentes grados. El segundo grupo es biológicamente normal, hasta donde esto pueda ser determinado, pero la identidad genérica no es congruente con el sexo biológico. De aquí que los individuos pertenecientes a este grupo sean considerados como transexuales o tener una identificación genérica invertida.

Un término más reciente es la *disforia genérica*, entidad descriptiva para ciertas condiciones que tienen como común denominador el rechazo del sexo biológico propio, y el deseo persistente en el sujeto de mostrarse, actuar, pensar y sentir como si fuera del sexo opuesto. El término *disforia* (por oposición a *euforia*) designa la insatisfacción hacia el propio sexo biológico impuesto. Dado que este tipo de personas son infelices, no con su género, sino con la incongruencia entre éste y su sexo biológico, nuevamente estamos en presencia de una denominación fallida.

El síndrome de la disforia genérica ha ganado importancia, como entidad médica, debido a la viabilidad de la transformación radical del sexo por medio de la cirugía, las hormonas y la reeducación (Laub y Gandy, 1973). Los que atienden a este tipo de individuos se enfrentan con un problema de diagnosis diferencial. Necesitan hacer distinciones entre: *a*) psicóticos que tienen la ilusión de ser miembros del sexo opuesto; *b*) hombres "afeminados" y mujeres homosexuales "masculinas"; *c*) travestistas; *d*) casos de intersexualidad biológica; *e*) transexuales.

Tales condiciones también fueron categorizadas por Money como casos de transposición del rol genérico en los que ocurre una transposición "total" (pero "episódicamente" en el

---

[13] Las primeras publicaciones en este terreno se remontan a muchas décadas atrás. Véase, por ejemplo, Hampson, 1955; Hampson, Hampson y Money, 1955; Hampson y Money, 1955. La tesis para el doctorado de John Money sobre el hermafroditismo es de 1952.

travestismo, y "crónicamente" en el transexualismo). Cuando el bisexualismo es episódico se caracteriza por una transposición "parcial", y lo mismo ocurre con el homosexualismo cuando es crónico. Ese tipo de transposiciones también puede ser "opcional", y tienen lugar episódicamente en las transposiciones recreacionales del rol, y crónicamente en las transposiciones ocupacionales del rol (Money, 1973).

### LOS ROLES SEXUALES GENÉRICOS

Dado que los conceptos están estrechamente relacionados y que existe un uso habitualmente promiscuo de los términos, un buen número de cuestiones que se discute bajo los rubros de *identidad sexual* y *genérica* podría encontrarse también bajo las denominaciones de *rol sexual* o *rol genérico*. Aunque algunos autores han tratado de definir específicamente el *rol sexual*, muchos usan esta expresión de manera lo bastante amplia para incluirla o hacerla sinónimo de *identidad genérica* o expresiones vecinas. Por ejemplo, una amplia bibliografía de investigación sobre los roles sexuales compilada para el Instituto Nacional de la Salud Mental de los Estados Unidos incluye estudios descriptivos de diferencias sexuales computadas y observadas en las características de la personalidad, el funcionamiento cognoscitivo y problemas similares; estudios sobre el origen de las diferencias sexuales y el desarrollo de los roles sexuales; estudios sobre la manifestación de los roles sexuales en el mundo del trabajo, de la familia y de las instituciones educativas; compilaciones históricas sobre el *status* relativo de los sexos en diferentes culturas; el proceso de socialización y desarrollo de los roles sexuales; y una serie de cuestiones metodológicas y aspectos de investigación en este terreno (Astin y otros, 1975).

En la argumentación que sigue trataremos de apoyarnos en un análisis un tanto restrictivo de lo que consideramos como roles sexuales, e intentaremos subrayar aquellos aspectos que permitan diferenciar este concepto del de identidad genérica, aunque ambos estén íntimamente ligados.

### EL CONCEPTO DE ROL

Tanto la palabra como la noción de *rol* tuvieron su origen en el teatro. La palabra latina *rotula* significa un pequeño rollo de madera. El papiro que contenía el libreto destinado al actor estaba enrollado o envolvía este rodillo, y de aquí nace su alusión al *rollo*. El rol del actor, por lo tanto, viene definido por el libreto que él debe representar en la obra de teatro. Extendiendo el significado, se podría decir que la gente representa determinados "roles" en la vida.[14] Como en el caso de los actores, el concepto de rol nos permite distinguir roles particulares, tales como el de médico, en relación con otras posiciones personales del individuo en la vida, como el de esposo o padre. Napoleón Bonaparte, en el rol de emperador es diferente, por supuesto, de Marlon Brando en el rol de Napoleón como emperador.

Cada persona colocada en un contexto social desempeña múltiples roles que varían tanto en su grado de estabilidad a lo largo del tiempo como en los límites en que marcan o definen la autopercepción de la persona y su posición pública. Esos roles varían, por supuesto, también en su grado de coherencia y en otras dimensiones.

El concepto de rol fue introducido en las ciencias sociales en los años 20 por George H. Mead y los sociólogos de la Universidad de Chicago. Desde entonces, el concepto de rol ha sido una de las preocupaciones de la sociología, de la psicología social y de la antropología cultural. Se ha convertido, además, en puente conceptual para poder unir el comportamiento individual a la organización social. El concepto de rol tiene un lugar prominente en los análisis de los sistemas sociales de Parsons, como asimismo en los esfuerzos de Linton para unir cultura y estructura social, y en la teoría del autodesarrollo de Mead. Este concepto de rol incluso ha sido aplicado en muchos otros sentidos (Gross, Mason y McEachern, 1958; Sarbin y Allen, 1954).

Dada la variedad de sus usos, no sorprende que el concepto de rol haya sido objeto de diferentes interpretaciones y de definiciones ambiguas. Los investigadores han destacado repetida-

---

14 El *Oxford English Dictionary* tiene una referencia que data de 1692 y dice: "Los métodos de gobierno y la organización de la sociedad humana deben conservarse en función del rol y la situación conferidos a cada persona."

mente este hecho. Por ejemplo, Neiman y Hughes, quienes hicieron una revisión de la literatura sobre este tema entre 1900 y 1950, subrayaron la proliferación aparentemente inútil de definiciones y usos (Nieman y Hughes, 1951). Para algunos, este tipo de discrepancias en el significado ha terminado por hacer inútil el concepto de rol (Borgatta, 1960). Otros han tratado de acercarse al tema con más ánimo y de desarrollar un lenguaje más sistemático para el análisis de los roles (véase el capítulo 4 en Gross y otros, *op. cit.*).

Los sociólogos definen al rol como la "posición" de un individuo, con lo que señalan el "lugar" de un "actor" o de una clase de actores en un sistema de relaciones sociales. Dicha posición es independiente de cualquier connotación particular, e incluye un grupo más o menos explícito de responsabilidades y prerrogativas. El *rol* es, pues, el conjunto de expectativas sociales según las cuales el que ocupa una posición dada debe comportarse frente a los que ocupan otras posiciones. Los roles se convierten, en este caso, en otro conjunto de normas o roles compartidos en el espacio del comportamiento.

En el sentido antes indicado, los roles son definidamente un tipo de expectativas sociales. Aunque este tipo de concepciones parece ser compartido por la mayoría de los sociólogos, existen otros que lo conciben como un elemento descriptivo de lo que en realidad hace una persona, más que de lo que se espera que haga. Entre los no-sociólogos y en la opinión común, este último ejemplo tendría un uso prevaleciente. Tal distinción entre el comportamiento y las expectativas sociales podría conservarse extendiendo simplemente el uso de la palabra *rol* de manera general, incluso evitando hablar de *expectativas del rol, comportamiento del rol* o *representación del rol*, según el significado en cada caso particular. La expresión *desempeñar un rol* tal vez deba evitarse, puesto que connota un elemento de apariencia o simulación.

En términos más sencillos, los *roles sexuales* son aquéllos determinados por el sexo. Existe otra distinción, entre *roles sexuales biológicos*, que hacen referencia a "sentimientos, comportamientos e impulsos (que dependen funcional e históricamente del estímulo gonádico y el reconocimiento social como persona sexualmente madura)", y *roles sexuales sociales*, que refieren a las "funciones diferenciales, el *status* y los hechos de la personalidad que caracterizan a los dos sexos en un contexto cultural dado" (Ausubel, 1958, p. 447).

Las sociedades disponen de diferentes sistemas de división del trabajo, y el sexo ha sido un factor decisivo al determinar la diferenciación y la estratificación sociales resultantes. Linton escribió en 1936: "La división y atribución del *status* en relación con el sexo parece ser una cosa básica en todos los sistemas sociales. Todas las sociedades imponen diferentes actitudes y tipos de actividades a hombres y a mujeres". Los teóricos sociales, incluidos Karl Marx y Herbert Spencer, han sugerido que la división económica del trabajo comenzara por la división de de tareas entre los sexos. Los antropólogos han producido una vasta literatura sobre los roles sexuales, e incluso han aumentado su interés por este tema en los últimos años.[15]

El uso de la expresión *roles sexuales* en relación con los roles sociales es bastante claro. Pero también se usa *rol sexual* para hablar de los hechos de la personalidad y de los comportamientos sexuales determinados fuera de los roles sociales. Aunque el término los incluye, no se restringe específicamente a conceptos tales como la respuesta erótica y las interacciones. En este sentido deberá aclararse su relación con la identidad genérica. Otro motivo de ambigüedad es el contenido erótico que se imputa a los diferentes significados del *rol sexual*. De modo general, el término no tiene connotación erótica cuando se refiere a distintos roles ocupacionales, o a sus análogos sociales. En el otro extremo, están los roles sexuales en las interacciones sexuales. Tales distinciones tienen validez limitada.

Money sacó la conclusión de que la tipología de los roles sexuales incluye "todo lo que sea sexualmente dicotomizado, como los empleos, la vestimenta, la etiqueta y la recreación, sin tomar en cuenta el erotismo o los mismos órganos sexuales como entidades autónomas", todo lo cual constituye una carga demasiado pesada para un simple y solitario término. Fue Money el que introdujo la expresión *rol genérico* "de manera que no confundiéramos el sexo de los genitales y sus actividades con los roles sexuales no-eróticos y no-genitales, y con las actividades que aparecen cultural e históricamente prescritas". La expresión *rol genérico* incluye

15 Uno de los primeros clásicos en este terreno es Mead, 1935. Véase también Mead, 1961, y para consultar esta literatura, D'Andrade, 1966; Brown, 1976; Lipman-Blumen, 1975; y Astin y otros, 1975.

todo aquello que una persona dice o hace para demostrarse a sí misma que posee el *status* de hombre o de mujer, respectivamente. Esta categoría incluye la sexualidad, pero no se restringe a ella en el sentido erótico. El rol genérico es valorado en función de los siguientes elementos: maneras generales, porte y conducta; preferencias lúdicas e intereses recreativos; temas casuales de conversación en reuniones espontáneas y comentarios al azar; contenido de los sueños, imaginaciones cotidianas y fantasías; respuesta a preguntas indirectas y a *tests* proyectivos; prueba de prácticas eróticas y, finalmente, las propias respuestas personales a las preguntas directas (Money, Hampson y Hampson, 1955).

Gracias al uso de una expresión tan general (que, sin embargo, no tomaba en cuenta todos los aspectos a que alude el *rol sexual*), Money creyó que el *rol genérico* podría "unir lo que percibe y almacena el observador con lo que la persona sabe y siente sobre sí misma, como hombre o mujer". De este modo, el rol genérico incluiría también la identidad genérica, y no habría necesidad de dividirlos en dos términos separados (Money, 1973). Pero como la *identidad genérica* siguió empleándose en la literatura, a continuación Money redefinió la expresión *rol genérico* de manera más restringida para reflejar con mayor precisión la persistencia de esta dicotomía. Las dos expresiones venían ahora a representar las dos caras de la moneda de la identidad. Una de esas caras es la definición de Money y Ehrhardt de la identidad genérica antes mencionada; la otra cara es la siguiente definición del *rol genérico*:

> Todo lo que una persona dice o hace para comunicar a los demás o a sí misma el grado en el que es hombre, o mujer, o bien ambivalente; incluye la excitación sexual y la respuesta, pero no se restringe a esos elementos; el rol genérico es la expresión pública de la identidad genérica, y la identidad genérica es la experiencia privada del rol genérico (Money y Ehrhardt, 1972).

La atención sobre el comportamiento, más que sobre la expectativa social, es el uso más común fuera de la literatura sociológica. Por ejemplo, Sears dice:

> Por motivos metodológicos, el rol genérico debe ser reducido a formas precisas del comportamiento cuya presencia o ausencia puede percibirse en un marco naturalista o bien experimental (Sears, 1965).

Este es sólo un ejemplo en que el lenguaje de la sociología de los roles sexuales difiere del de la psicología de estos mismos roles. En el uso psicológico, el *comportamiento* típico sexual se define como "comportamiento del rol apropiado para el género del niño" y la *tipología sexual* como "el proceso evolutivo por el que se establecen los componentes del comportamiento de uno u otro rol genérico" (Sears, 1965). Walter Mischel considera a los comportamientos típicos sexuales, en términos de la teoría del aprendizaje social, como "comportamientos que obtienen típicamente cierto tipo de recompensas para un sexo en lugar del otro. En otras palabras, los comportamientos típicos sexuales tienen consecuencias que varían de acuerdo con el sexo (Mischel, 1966).

La tipología sexual es una expresión muy importante en la literatura psicológica.[16] Lo que otros quieren decir cuando se refieren a *identidad genérica* o *rol sexual* aparece a menudo englobado en la expresión *comportamiento de tipo sexual.* Por ejemplo, los términos *identidad genérica* y *rol sexual* no aparecen en el índice de la amplia revisión de la psicología de las diferencias sexuales compilada por Maccoby y Jacklin, pero existe todo un capítulo sobre "tipología sexual" que trata de las pautas de comportamiento masculino femenino (Maccoby y Jacklin, 1974). Maccoby subraya que prefiere reservar la expresión *roles sexuales* para "definir sociológicamente un conjunto de expectativas del comportamiento". La tipología sexual también aparece tratada en detalle por Mischel en el *Carmichael's Manual of Child Psychology* (Mischel, 1970).

El comportamiento del rol sexual es la contrapartida de la identidad del rol sexual. Como lo destaca Kagan, "Los conceptos de rol sexual, tipología sexual e identidad del rol sexual están estrechamente relacionados" (Kagan, 1964). Las diferencias exactas entre estos términos permanecen oscuras. Más aún, la coincidencia de estas dos expresiones en un mismo término produce confusión para aquéllos que quieren separar *identidad* y *rol* como dos elementos diferentes.

Por último, existe una potencial fuente de confusiones en el término *estereotipo*, como por ejemplo en "estereotipo del rol sexual". En su sentido originario, la palabra hace referencia

---

[16] La primera referencia a la "tipología cultural del sexo" aparece en 1946 en *Child Development,* en un artículo firmado por George Bach.

a un disco o sello que produce impresos en serie. Su sentido
derivado se extiende luego a cualquier elemento que no pueda
distinguirse con características individuales. En biología, una
respuesta estereotipada es la reacción imprevista de comportamiento asumida por un organismo frente a los estímulos ambientales. En términos más corrientes, los estereotipos son expectativas fijadas de antemano sobre las características y los
comportamientos supuestamente manifestados por los miembros
de una clase dada. Son presupuestos que pueden ser verdaderos
para algunos, pero no para todos. Por ejemplo, si se sostiene la
concepción de que la mayoría de las mujeres de los Estados
Unidos no trabaja fuera de casa, estaríamos en presencia de
un estereotipo, puesto que esa situación es falsa. Pero la concepción de que las mujeres llevan sobre sí la responsabilidad
del cuidado de los niños, más que los hombres, es verdadera y
por tanto no es un estereotipo del rol sexual, aunque esa
disparidad no represente necesariamente una situación ideal.

Muchas veces se ha señalado la influencia profunda de los
estereotipos sobre el rol sexual. Maccoby y Jacklin (1974) subrayan estas influencias al hacer una evaluación de la literatura
sobre las diferencias sexuales. Hubo intentos de analizar los
efectos perjudiciales de tal estereotipo del rol sexual en la práctica psicoterapéutica (Broverman y otros, 1970; American
Psychological Association, 1975). Siempre que los estereotipos
promuevan medias verdades o falsedades, desde luego son
malignos. Desde otro punto de vista, como lo ha destacado
Jeanne Block, los estereotipos "pueden haber codificado también
ciertas verdades discernidas culturalmente y repetidamente va-
lidadas" (Block, 1976), y por lo tanto no pueden ser descartados
categóricamente como "mitos". Cualquiera que sea el sentimiento
que tengamos hacia ellos, debemos enfrentarnos a los estereotipos como partes de la verdad o como una contaminación de
la verdad.

REFERENCIAS

American Psychological Association, 1975. Informe de la fuerza de
trabajo sobre las tendencias sexuales y la estereotipación de los roles
sexuales en la práctica psicoterapéutica. *Am. Psychol.* c0:1169-1175.
Astin, H. S., Parelman, A., y Fisher, A. 1975. *Sex roles: A research*

*bibliography*. Rockville, M.: National Institute of Mental Health.

Ausubel, D. P. 1958. *Theory and problems of child development*. Nueva York: Grune and Stratton.

Bach George, R. 1946. "Father-fantasies and father-typing in father-separated children". *Child Dev.* 17:63-80.

Beach, F. A. 1974. "Human sexuality and evolution". En *Reproductive Behavior*, ed. W. Montagna and W. A. Sadler. Nueva York: Plenum Press.

Bem, S. L. "Beyond androgyny: Some presumptuous prescriptions for a liberated sexual identity". En *Psychology of women: Future directions of research*, ed. J. Sherman y F. Denmark.

Berrill, N. J. 1976. "Sex and sexuality". En *Encyclopaedia Britannica*, 15a. ed.

Bloc, J. H. 1976. Issues, problems, and pitfalls in assessing sex differences: A critical review of *The psychology of sex differences*. *Merrill-Palmer Quart.* 22:283-308.

Borgatta, E. F. 1960. "Role and reference group therapy." En *Social science theory and social work research*, ed. L. Logan. Nueva York: National Association of Social Workers.

Broverman, I. K.; Broverman, D. M.; Clarkson, F. E.; Rosenkrantz, P. S., y Vogel, S. 1970 "Sex-role stereotypes and clinical judgments of mental health". *J. Consult. Clin. Psychol.* 34:1-7.

Brown, J. 1976. "An anthropological perspective on sex roles and subsistence". En *Sex differences: Social and biological perspectives*. ed. M. S. Teitelbaum. Nueva York: Anchor Books.

Cameron, Norman. 1950. "Role concepts in behavior pathology". *Am. J. Sociol.* 55:464-467.

Carlson, R. 1972. "Understanding women: Implications for personality theory and research". *J. Social Issues.* 28:17-32.

Constantinople, A. 1973. "Masculinity-femininity: An exception to a famous dictum?" *Psychol. Bull.* 80:389-407.

Cox, S. 1976. *Female psychology: The emerging self*. Chicago: Science Research Associates.

D'Andrade, R. G. 1966. "Sex differences and cultural institutions". En *The development of sex differences*, ed. E. E. Maccoby. Stanford: Stanford University Press.

Erikson, E. 1959. "Identity and the life cycle". *Psychol. Issues*, núm. 1.

——. 1968a. "Identity: Psychosocial". En *International encyclopedia of the social sciences*, ed. D. L. Sills. Nueva York: Macmillan.

——. 1968b. *Identity: Youth and crisis*. Nueva York: W. W. Norton.

Federman, D. D. 1968. *Abnormal sexual development*. Filadelfia: W. B. Saunders.

Freud, S. 1957-1964. *The standard edition of the complete psychological works of Sigmund Freud*, ed. James Strachey. Londres: Hogarth Press.

Gagnon, J. 1977. *Human sexualities.* Glenview, Ill.: Scott, Foresman.

Goldstein, B. 1976. *Human sexuality.* Nueva York: McGraw-Hill.

Green, R. 1974. *Sexual identity conflict in children and adults.* Nueva York: Basic Books.

————. 1975. "Sexual identity: Research strategies". *Arch. Sex. Behav.* 4:337-352.

Gross, N.; Mason, W. S., y McEachern, A. W. 1958. *Explorations in role analysis,* Nueva York: Wiley.

Hall, C. S., y Lindzey, G. 1970. *Theories of personality,* 2ª ed. Nueva York: Wiley.

Hampson, J. G. 1955. "Hermaphroditic appearance in hyperadrenocorticism". *Johns Hopkins Bull.* 96:265-273.

Hampson, J. L.; Hampson, J. G.; y Money, J. 1955. "The syndrome of gonadal agenesis (ovarian agenesis) and male chromosomal pattern in girls and women: Psychologic studies". *Johns Hopkins Bull.* 97:43-53.

Hampson, J. G., y Money, J. 1955. "Idiomathic sexual precocity". *Psychosom. Med.* 17:43-53.

Hooker, E. 1965. "An empirical study of some relations between sexual patterns and gender identity in male homosexuals". En *Sex research: New developments,* ed. J. Money. Nueva York: Holt, Rinehart and Winston.

James, W. 1892. *Psychology.* Nueva York: Henry Holt.

Johnson, W. B., y Terman, L. H. 1940. "Some highlights in the literature of psychological sex differences". *J. Psychol.* 9:327-336.

Jung, C. G. 1953. *Two essays on analytical psychology,* trad. R. F. C. Hull. Nueva York: Pantheon Books.

Jung, E 1969. *Animus and Anima.* Nueva York: Springer.

Kagan, J. 1964. "Acquisition and significance of sex typing and sex role identity". En *Review of child development research,* vol. 1, ed. M. L. Hoffman y L. W. Hoffman. Nueva York: Russell Sage Foundation.

Katchadourian, H., y Lunde, D. 1975. *Fundamentals of human sexuality,* 2a. ed. Nueva York: Holt, Rinehart and Winston.

Laub, D. R. y Gandy, P., eds., 1973. *Proceedings of the second interdisciplinary symposium on gender dysphoria syndrome.* Stanford: Division of Plastic Surgery.

Levin, H., y Sears, R. 1956. "Identification with parents as a determinant of doll play aggression". *Child Dev.* 27:135-153.

Lief, H. I. 1976. "Introduction to sexuality". En *The sexual experience,* ed. B. J. Sadock, H. I. Kaplan, y A. M. Freedman. Baltimore: Wilkins and Wilkins.

Linton, R. 1936. "Status and role". En *The study of man.* Nueva York: Appleton-Century-Crofts.

Lipman-Blumen, J. 1975. "Changing sex roles in American culture: Future directions for research". *Arch. Sex. Behav.* 4:433-446.

Maccoby, E. E., y Jacklin, C. N. 1974. *The psychology of sex differences*. Stanford: Stanford University Press.

McCary, J. 1973. *Human sexuality*. 2a. ed. Nueva York: Van Nostrand.

Mead, G. 1934. *Mind, self, and society*. Chicago: University of Chicago Press.

Mead, M. 1935. *Sex and temperament in three primitive societies*. Nueva York: Morrow.

———. 1961. "Cultural determinants of sexual behavior". En *Sex and internal secretions*, 3a. ed. vol. 2, ed. W. C. Young. Baltimore: Wilkins and Wilkins.

Mischel, W. 1966. "A social learning view of sex difference in behavior". En *The development of sex differences*, ed. E. E. Maccoby. Stanford: Stanford University Press.

———. 1970. "Sex-typing and socialization". En *Carmichael's manual of child psychology*, vol. 2, ed. P. H. Mussen. Nueva York: Wiley.

Money, J. 1965. "Psychosexual differentiation". En *Sex research: New developments*. Nueva York: Holt, Rinehart and Winston.

———. 1973. "Gender role, gender identity, core gender identity: Usage and definition of terms". *J. Am. Acad. Psychoanal.* 1:397-403.

Money, J., y Ehrhardt, A. 1972. *Man and woman, boy and girl*. Baltimore: Johns Hopkins Press.

Money, J.; Hampson, J. G.; y Hampson, J. L. 1955. "An examination of some basic sexual concepts: The evidence of human hermaphroditism". *Johns Hopkins Bull.* 97:301-319.

Morris, J. 1974. *Conundrum*. Nueva York: Harcourt Brace Jovanovich.

Nieman, J. N., y Hughes, J. W. 1951. "The problem of the concept of role: A re-survey of the literature". *Soc. Forces* 30:141-149.

Noss, J. B. 1963. *Man's religions*, 3a. ed. Nueva York: Macmillan.

Oakley, A. 1972. *Sex, gender and society*. Londres, Temple, Smith.

Parsons, T. 1951. *The social system*. Glencoe, Ill.: Free Press.

Perry, J., ed. 1975. *Personal identity*. Berkeley: University of California Press.

Sarbin, T. R., y Allen, V. L. 1954. Role theory. En *The handbook of social psychology*, 2a. ed., G. Lindzey y E. Aronson. Reading, Mass.: Addison-Wesley.

Scott, W. R. 1970. *Social processes and social structures*. Nueva York: Holt, Rinehart and Winston.

Sears, R. R. 1965. "Development of gender role". En *Sex and behavior*, ed. F. A. Beach. Nueva York: Wiley.

Stoller, R. J. 1964. "A contribution to the study of gender identity". En *The sexual experience*, ed. B. J. Sadock, H. I. Kaplan, y A. M. Freedman. Baltimore: Wilkins and Wilkins.

Stoller, R. J. 1968. *Sex and gender*. Nueva York: Science House.

——. 1972. "The 'bedrock' of masculinity and femininity: Bisexuality". *Arch. Gen. Psychiatry* 26:207-212.

——. 1974. "Facts and fancies: An examination of Freud's concept of bisexuality". En *Women and analysis*. ed. J. Strouse. Nueva York: Dell.

Stoller, R. J. 1976. "Gender identity". En *The sexual experience*, ed. B. J. Sadock, H. I. Kaplan, y A. M. Freedman. Baltimore: Wilkins and Wilkins.

Terman, L. M., y Miles, Catherine. 1936. "Sex and personality: Studies in masculinity and femininity", 1a. ed. Nueva York: McGraw-Hill.

Thompson, L. G. 1969. *Chinese religion: An introduction*. Belmont, Calif.: Dickinson.

# II. ANÁLISIS DEL COMPORTAMIENTO SEXUAL HUMANO

Herant A. Katchadourian y John A. Martin

Uno de los problemas más graves a los que se enfrenta el estudio científico sobre el sexo es la carencia total de consenso entre los investigadores, en el sentido de mostrar con precisión y claridad qué es lo que constituye, exactamente, el comportamiento sexual. Las conceptualizaciones sobre el sexo varían desde el punto de vista más o menos estrecho que considera al sexo como un conjunto de fenómenos específicos y observables sobre la actividad física, hasta la vasta noción de un cosmos cargado eróticamente, tal como aparece en los escritos de Wilhelm Reich. Quizá el contraste mayor lo ofrezcan, por un lado, el concepto freudiano general de la libido, entidad psicológica que desafía la operacionalización del comportamiento, y por otro la opinión de Kinsey en el sentido de que el orgasmo, entidad fisiológica, es la mejor medida del comportamiento sexual.

El sexo es complejo, pero también son complejas la mayoría de las formas del comportamiento humano y animal. En años recientes se ha hecho un esfuerzo considerable por parte de las ciencias del comportamiento para esclarecer los complejos fenómenos de la conducta, de manera que la investigación empírica se vea facilitada. Las suposiciones acerca de los fenómenos del comportamiento se determinan y formalizan claramente, y luego se les simplifica de manera que se conserven solamente las características esenciales de estos complejos procesos. Intentaremos aportar nuevas clarificaciones sugiriendo aquí que los componentes esenciales de la sexualidad humana pueden caracterizarse de manera bastante sencilla, e ilustrarse esquemáticamente. Por supuesto, no pretendemos decir que la imposición de esta clase de modelo de trabajo sea definitiva para comprender la "esencia" de la sexualidad en un sentido filosófico profundo.

NOTA: Los autores desean agradecer a la Dra. Helena C. Kraemer sus comentarios y sugerencias sobre una versión anterior de este ensayo.

Para nuestros propósitos más inmediatos definiremos el *comportamiento* como aquella actividad claramente discernible de un organismo o individuo, incluyendo tanto los fenómenos observables como los informes verbales que se refieren a estados y experiencias subjetivas. Suponemos que, en todos los casos en que el comportamiento posee un componente erótico consciente, en la forma de una excitación psicológica (con o sin concomitantes fisiológicos), entonces este tipo de comportamiento será definido como "sexual". Esta definición es evidentemente frágil, pero si aspiráramos a una definición más sustancial, naturalmente, terminaríamos distrayéndonos de nuestro propósito, y tal vez sin ninguna esperanza de llegar a conclusiones más sólidas.

Como modelo conceptual general, es posible resumir las características esenciales de la organización del comportamiento sexual en una persona dada, y en un periodo particular de su vida, con dos elementos de información: la "dirección" del apetito sexual, y la "magnitud" de ese comportamiento. Además, sugerimos que tanto la dirección como la magnitud pueden ponerse en escala de manera que se registren variables continuas, $x$ e $y$, respectivamente. Entonces será posible representar la variabilidad en la organización sexual en un plano cartesiano coordenado que incluya pares ordenados $(x, y)$, de manera que cada par ordenado represente la intersección de un valor dado para la dirección y un valor dado para la magnitud.

## LA DIRECCIÓN DEL APETITO SEXUAL

Supongamos que debemos compilar una lista con todas las características posibles de todos los objetos posibles de apetito sexual. Supongamos, además, que debemos construir una forma geométrica de manera que cada característica aparezca representada por una de las dimensiones que integran nuestro cuadro. Si nuestra lista estuviera completa, sería posible, al menos en teoría, caracterizar cada objeto sexual posible con un punto definido en algún lugar del cuadro. Los puntos próximos en este espacio multidimensional deberían, por lo tanto, representar los objetos que son similares, al menos a lo largo de alguna dimensión. La noción de dirección tal como la usamos aquí, se apoya en la creencia de que existe cierto grado de homogeneidad en los atributos preferidos de las elecciones sexuales de cualquier individuo dado. Por lo tanto suponemos que, para cualquier individuo, la carga de su apetito sexual va dirigida, por decirlo así, hacia un grupo particular de objetos en este espacio multidimensional —esto es, hacia objetos que son similares a lo largo de una o más dimensiones críticas. La dirección de la preferencia sexual es la que refiere a ese vector del interés sexual.

El número de características posibles de los objetos sexuales es, naturalmente, muy grande. Aunque queremos evitar la tentación de establecer dicotomías, es más sencillo pensar este tipo de características como nucleadas en pares opuestos. Alguno de estos pares representa grandes diferencias: por ejemplo, si el objeto vive o no, si es humano o no. Otros son relativamente triviales, tales como gordo o flaco, claro u oscuro. La especificación de tales dimensiones depende tanto del análisis teórico como de la investigación empírica: y algunas dimensiones son, por supuesto, más notables que otras. Los escritos de Havelock Ellis, Sigmund Freud, Harry Stack Sullivan y Alfred Kinsley dan alguna idea de cuáles podrían ser las dimensiones más importantes.

Quizás en su nivel básico, la distinción debería hacerse entre el impulso sexual que va "hacia adentro" y el que va "hacia afuera". El término *autoerótico* fue acuñado por Ellis, quien lo definió como "el fenómeno de la emoción sexual espontánea generada en ausencia de un estímulo externo procedente, directa o indirectamente, de otra persona" (Ellis, 1905, vol. 1, p. 161). La base del autoerotismo, para Ellis, era pues el *origen* del impulso sexual y su generación espontánea en ausencia de un estímulo exterior proporcionado por otra persona, más que la naturaleza de la expresión sexual resultante.

La comprensión común de este término se remite al modo de la expresión sexual y no al origen del impulso sexual. Así, cualquiera que sea la fuente de la excitación, actividades tales como la fantasía sexual, el orgasmo nocturno y la masturbación son consideradas como autoeróticas puesto que no requieren interacción con otra persona. Para subrayar aún más esta distinción, Kinsey acuñó el término *sociosexual* para caracterizar actividades sexuales tales como las caricias, el coito y las relaciones homosexuales que suponen interacción humana y "dependen de la confluencia de capacidades, intereses y deseos de los individuos, y de la disposición de uno de ajustarse al otro" (Kinsey, 1953, p. 250).

La distinción entre la "dirección autoerótica y psicosexual del impulso sexual es válida hasta cierto punto, pero resulta ambigua si profundizamos un poco más en la cuestión. Supongamos que varios adolescentes se masturban en grupo. ¿Supone este hecho un componente psicosexual considerable, aunque los individuos no se toquen unos a otros? O cuando una persona se interna en fantasías sexuales ajenas al coito al que simultáneamente está, de hecho, entregada, ¿es en este caso el hecho del coito menos autoerótico que la masturbación con un objeto inanimado?

Dado este tipo de consideraciones, sería más realista pensar en las actividades sexuales como en una mezcla de variables en una constante de autoerotismo y psicosexualidad, más que como polos opuestos. En este sentido, todo comportamiento sexual puede ser considerado como un compuesto que incluye componentes del yo y dimensiones interpersonales. Los segundos pueden localizarse al nivel de la fantasía, pero no por eso son menos "reales" y significativos. La distinción entre autoerotismo y sexualidad con pareja no debe ser completamente descartada, sin embargo. El modelo de una continuidad presupone todavía la existencia de extremos: un episodio de masturbación que tenga el motivo predominante de la descarga sexual, con poca o casi ninguna imaginería erótica, aún está en agudo contraste frente a un hecho de coito interpersonal entre amantes que están tan absorbidos uno en el otro que "pierden" su identidad durante el acto.

El concepto de la dirección del impulso sexual desempeña un papel todavía más elaborado en los enunciados de Freud. Para éste, la dirección tiene dos componentes: la elección del objeto sexual y la elección del fin sexual.* Todos los comportamientos sexuales reflejan necesariamente estas dos elecciones, que por lo tanto constituyen la base de la clasificación freudiana de los comportamientos sexuales (Freud, 1905).

El paradigma sexual de Freud para la expresión normal de la sexualidad del adulto era el acto heterosexual, en que el objeto elegido es un adulto del sexo opuesto (que no sea

---

* Sigmund Freud, *Una teoría sexual*, en *Obras completas*, vol. I, pp. 767, ss. Editorial Biblioteca Nueva, Madrid, 1948.

pariente cercano), y el fin sexual es el coito. Las desviaciones a esta norma incluyen elecciones aberrantes de objetos o de fines. En el primer caso, la otra posibilidad de objeto podría ser un adulto del mismo sexo (homosexualidad), un niño (pedofilia), un pariente cercano (incesto), animales (zoofilia), objetos inanimados (fetichismo), o un cadáver (necrofilia). En la segunda categoría de fines desviados, en lugar de intentar el coito el individuo puede preferir observar a los demás en ámbitos eróticos (voyeurismo), exponerse a sí mismo (exhibicionismo), causar dolor (sadismo), o sufrirlo (masoquismo). Cuando tanto la elección del objeto como la del fin son desviaciones, la primera define esta desviación.

Kinsey consideró estas distinciones como insostenibles cuando se las emplea para caracterizar a las personas más que a los comportamientos. Por lo tanto, decididamente podemos calificar un acto dado como heterosexual u homosexual según el sexo de los miembros de la pareja. Pero denominar así a los individuos (de una manera o la otra) no era tan significativo para Kinsey, porque descubrió que los comportamientos homosexuales y heterosexuales coexistían en un gran segmento de la población. Por lo tanto, Kinsey esbozó una escala de siete categorías sobre el binomio homosexual-heterosexual, que variaba desde el grupo 0 (personas que mostraban características exclusivamente heterosexuales en su expresión), hasta el grupo 6, con historias exclusivamente homosexuales (Kinsey, 1948).

El informe de Kinsey en el sentido de que sólo la mitad de todos los hombres podía ser incluida en el grupo 0 provocó gran alboroto, pero ni esto ni la validez específica de las investigaciones de Kinsey son objeto de nuestro artículo. Importa más su propuesta de construcción de una constante entre individuos normales, en cuanto a las direcciones heterosexuales u homosexuales en su elección de objeto. Para Pomeroy, uno de los aportes fundamentales de Kinsey es esta escala heterosexual-homosexual (Pomeroy, 1972). Para Robinson, esta escala fue "evidentemente la manifestación más patética de la ingenuidad filosófica de Kinsey", puesto que desde un punto de vista teórico una gradación de siete partes y una de tres partes (heterosexual, bisexual, homosexual) no difieren mucho. En ambos casos la presunción se apoya en el hecho de que "en cierto momento las diferencias de grado se hacen diferencias de clase" (Robinson, 1976, pp. 73-74). La definición de Kinsey del comportamiento sexual era estrictamente conductista. Para Kinsey, la identidad sexual está incorporada a la naturaleza y magnitud de los diversos actos físicos y sociosexuales de la persona. Esta concepción no toma en cuenta la viabilidad que puede asumir la *gestalt* de la sexualidad en una persona, más que la suma de sus actos. Además, va en dirección contraria a la concepción freudiana de que una persona puede ser homosexual "latente" aun sin haber cometido nunca un acto homosexual.

La decisión de Kinsey de catalogar actos más que personas puede tener un efecto saludable, puesto que toda etiqueta tiende a estereotipar y deshumanizar a la gente. Pero esto no resuelve el tema de la identidad sexual. Las escalas heterosexual-homosexual de Kinsey pueden ser fácilmente reducidas a tres categorías aplicables a la gente: heterosexual, bisexual, homosexual, como hemos sugerido antes. Por lo tanto, tarde o temprano debemos considerar el tema de qué es lo que define sexualmente a una persona en un sentido totalizador e integral. Paul Robinson, que hizo muchas de las observaciones ya mencionadas sobre la concepción de Kinsey, compara los puntos de vista de Kinsey con el empirismo radical de David Hume: "Tal como Hume había disuelto el yo en una serie de momentos discretos de conciencia, así Kinsey disolvió la identidad sexual en una serie de orgasmos discretos" (Robinson, 1976, p. 68).

Harry Stack Sullivan emplea también la noción de continuidad al teorizar sobre la sexualidad humana, y esto puede considerarse como una prolongación de la concepción de Kinsey (Sullivan, 1953). Sullivan emplea la expresión *necesidad de intimidad*, que puede compararse al concepto de dirección. Sugiere que la manifestación de la intimidad, integrada con el apetito sexual, puede categorizarse según la distancia entre uno mismo y la pareja elegida en la intimidad personal. El *continuo* de Sullivan presupone que el individuo va progresando por fases específicas de evolución desde la niñez a la preadolescencia y a la adolescencia, hasta alcanzar la identidad sexual del adulto. El individuo *autofílico*, cualquiera que sea la razón, nunca alcanzó a asimilar completamente las vicisitudes de la fase preadolescente y por lo tanto, si tiene capacidad para la excitación o la intimidad, el objeto de esta excitación/intimidad se concentra dentro de sí mismo, o en la personificación de sí mismo. El *isofílico* ha pasado por la fase preadolescente, pero no ha ido más allá de ésta, y por lo tanto elige como objeto a miembros de su mismo sexo. El *heterofílico* ha atravesado la etapa preadolescente, ha llegado a la primera etapa crítica adolescente, y elige, por tanto, como objeto a la clase de persona que esencialmente sea más distinta de su propio ser, un miembro del sexo opuesto. Esté o no ligado al desarrollo desde la niñez a la primera adolescencia este pasaje de la autofilia a la isofilia y a la heterofilia, que sugiere Sullivan, su tipología es valiosa para definir la dimensión de la dirección sexual.

## LA MAGNITUD DE LA EXPERIENCIA SEXUAL

La observación cotidiana y la experiencia indican que la gente varía mucho, y en diferentes momentos de su vida, en la "cantidad" de comportamiento sexual que manifiesta. Tal variación al parecer refleja la disponibilidad de oportunidades y las diferencias en el nivel de necesidad o fuerza motivadora. La noción de magnitud, que superficialmente parece fácil de entender, sin embargo resulta difícil de precisar. La cantidad de comportamiento sexual, considerada en una dirección definida del apetito sexual, parece fácil de entender como generalidad. Pero en términos específicos, ¿qué constituye la cantidad? ¿La frecuencia del orgasmo? ¿La frecuencia del contacto? ¿El número de parejas? ¿Los grados de la capacidad de fantasía? ¿La intensidad de la excitación? Todos estos elementos parecen de importancia.

En términos más formales, estas mismas nociones pueden ser fácilmente discernibles por parte de los teóricos sexuales. El concepto freudiano de la libido tiene un aspecto fluido pero cuantitativo, ya se le vea en términos biológicos o como metáfora para los hechos psicológicos. La libido se ajusta a un modelo "hidráulico" sujeto a cambios y transferencias.

Existe una dificultad para enfrentarse en términos cuantitativos al modelo de sexualidad propuesto por Freud: no pudo definir explícitamente una "unidad" del comportamiento sexual que fuera computable. Kinsey trató de remediar esta omisión tomando al orgasmo como la unidad, y pudiendo por lo tanto computar los comportamientos que conducen a este hecho discreto y discernible. Para describir cuánta "cantidad" de sexo ejercía una persona, Kinsey combinó todas las actividades que llevaban al orgasmo en un periodo dado de tiempo, y las consideró como la "descarga total de sexo" en esa persona. Como bien sabía Kinsey, este enfoque deja fuera una infinidad de manifestaciones de la sexualidad que no culminan en el orgasmo o aun en el contacto físico. Sin embargo, la concepción de la libido en Freud es tan difusamente presente que resulta imposible cuantificarla aun en términos hipotéticos. La dimensión de la magnitud es evidentemente problemática, pero la noción general de *cantidad* de comportamiento sexual puede establecerse, por lo menos, con alguna validez de sentido común.

## La representación del modelo

Cuando las dimensiones de la dirección y la magnitud se emplean para caracterizar la organización sexual humana, gran parte de la complejidad y riqueza de la experiencia sexual humana aparece simplificada drásticamente, e incluso, quizá de alguna manera, trivializada. El modelo podría, por supuesto, haber incluido tres dimensiones o treinta. Al haber decidido limitar el modelo sólo a estas dos dimensiones, hemos supuesto implícitamente un número de cosas referentes a la naturaleza de la experiencia sexual humana.

La teoría y la investigación previas sobre este asunto han demostrado fehacientemente, como hemos dicho antes, que la dirección y la magnitud son elementos decisivos. No existen otras dimensiones descriptivas de la sexualidad humana que hayan merecido una atención tan intensa y concentrada de parte de la literatura científica y teórica. Sin embargo, dado que no existen argumentos explícitos, que sepamos de que estas dos dimensiones sean de hecho las dimensiones críticas de la sexualidad humana, podemos decir que la validez del modelo, los límites en que este modelo puede distinguir a un individuo de otro, y los límites dentro de los cuales ambos factores se alteran con otras variables de interés psicológico de una manera predecible, están sujetos a una investigación empírica. Nuestra opinión es, simplemente, que la teoría y la investigación previas indican, de hecho, que la inclinación y la magnitud constituyen, al menos en un nivel rudimentario, dimensiones necesarias e irreductibles para la caracterización de la organización sexual en un individuo dado.

Como hemos dicho antes, el modelo se presta naturalmente a una representación esquemática. En el primer diagrama, el

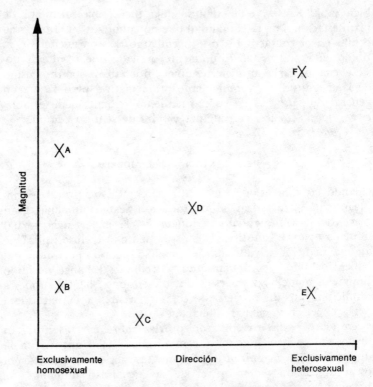

GRÁFICA 1. *Diagrama esquemático de la clasificación de cinco individuos hipotéticos en las dimensiones de Dirección y Magnitud.*

eje $x$ (horizontal) representa la inclinación, y el eje $y$ (vertical) la magnitud. Los puntos marcados pueden considerarse como promedios de personas medidas en edades similares. El diagrama permite comparaciones entre diferentes personas en ambas dimensiones. Así, se puede ver fácilmente que $A$ y $B$ son casi exclusivamente homosexuales en su organización, pero que $A$ tiene una magnitud mayor de comportamiento sexual. $D$ es casi el punto medio en la inclinación, pero tiene una descarga mayor que $E$ exclusivamente heterosexual. La comparación de variables *exógenas* de interés sería entonces posible entre subgrupos de individuos por la dirección ($A$ y $B$ como opuestos a $E$ y $F$) o por la magnitud ($B$, $C$ y $E$ como opuestos a $A$, $D$ y $F$).

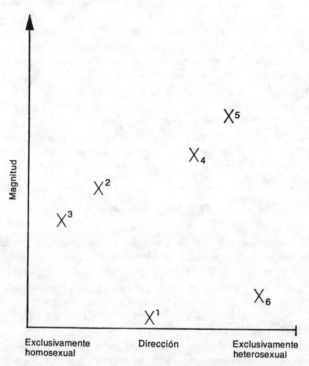

GRÁFICA 2. *Otra versión del modelo, que representa seis puntos en la vida de un individuo hipotético.*

De otra manera, el curso de desarrollo de la organización del comportamiento sexual de una persona dada puede representarse introduciendo una tercera dimensión de tiempo, $z$. El tiempo es sólo una de las muchas posibles extensiones del modelo; las extensiones particulares se indican según la naturaleza del problema que se investiga. Para este ejemplo particular, el modelo ofrece conjuntos triples ordenados $(x, y, z)$, siendo $z$ un índice de la etapa en la vida del individuo, o de su edad. Las gráficas de tres dimensiones son, por supuesto, difíciles de diseñar en dos dimensiones, y también de visualizar. De todos modos, la versión tridimensional del modelo puede representarse en dos dimensiones si consideramos solamente una persona a la vez. La gráfica 2 representa seis puntos en la vida de un individuo hipotético. En el primer punto (rotulado "1"), el individuo aparece con magnitud más bien baja, y en dirección está casi a la mitad de la escala. En los puntos 2 y 3 se va convirtiendo crecientemente en homosexual en dirección y la magnitud del comportamiento surge y luego decrece levemente. Los puntos 4 y 5 se caracterizan por un incremento firme y paulatino en la magnitud, y por una tendencia hacia la heterosexualidad. El último punto (el 6) está un poco más cerca del final heterosexual de la dimensión de dirección, pero la magnitud del comportamiento se ha reducido notablemente. Con información suficiente se podrían dar detalles adicionales para ofrecer un cuadro más o menos completo del curso que sigue la vida sexual de un individuo.

### El valor del modelo

Lo que hemos propuesto hasta aquí es un modelo puramente descriptivo de la organización del comportamiento sexual humano. Este tipo de modelo descriptivo puede ser útil por sí mismo y en sí mismo cuando se trate de buscar un pilar teórico para las discusiones sobre el comportamiento sexual, en la medida en que se coincida en su valor heurístico y en su generalidad. De todos modos, el valor real de este modelo reside en la posibilidad de su aplicación a problemas empíricos.

Veamos el siguiente ejemplo: supongamos a un investigador que se interesa por identificar un conjunto de variables de importancia para el *desarrollo* del comportamiento sexual. Este problema podría entonces definirse como un problema de predicción, en el que se intenta especificar un conjunto de pronósticos de desarrollo para la variable dependiente $(x, y)$. Supongamos que el investigador ha decidido de antemano que todos los pronósticos posibles podrían organizarse en cinco categorías constantes en el cuadro de dos dimensiones bipolares cruzadas (lo que hace cuatro categorías), y una quinta categoría que emana de las cuatro anteriores.

La primera dimensión podría incluir la distinción entre variables y constantes —esto es, entre elementos de pronóstico que son, ambos, aspectos más o menos universales de la evolución humana, y que también contribuyen más o menos universalmente al desarrollo del comportamiento sexual— y aquellos que varían considerablemente entre los individuos. La presencia de un pene en el hombre es buen ejemplo de una constante.

El tamaño del pene es buen ejemplo de una variable, puesto que el tamaño genital varía entre los individuos y esta variación afecta el desarrollo sexual.

La segunda dimensión podría distinguir aquellas variables y constantes que son fundamentalmente biológicas de aquellas cuya naturaleza es psicosocial. Así como la presencia del pene en el hombre es una constante biológica, y el tamaño del pene una variable biológica, del mismo modo el hecho de su erección por parte de un adulto es una constante psicosocial, pero las actitudes sexuales particulares y el grado de tolerancia del adulto o los adultos responsables de la erección individual son una variable psicosocial.

La última categoría de elementos de pronóstico se ejemplifica por el rol sexual y la identidad genérica —elementos de pronóstico que afectan la organización del comportamiento sexual tanto directa como indirectamente. El efecto es directo en el mismo sentido en que las variables en las primeras cuatro categorías de pronósticos afectan en su desarrollo la organización sexual de manera directa, e *indirecto* en el sentido de que estos pronósticos son, a su vez, ellos mismos *predecibles* por parte de algunos de los que pertenecen a las primeras cuatro categorías. Estos pronósticos, por lo tanto, merecen recibir especial atención en la investigación que se derive de este hipotético modelo de desarrollo. El rol sexual y la identidad genérica son, por supuesto, sólo dos ejemplos de pronósticos en esta quinta categoría: existen otros pronósticos que podrían desempeñar el mismo papel en el modelo.

En el ejemplo presente, pues, el modelo dinámico puede ser gráficamente representado por la gráfica 3. Notemos que el papel de la identidad genérica y los roles sexuales en el modelo aparece ilustrado por el hecho de que los cuadros rotulados "constantes y variables biológicas y psicológicas" conducen al cuadro rotulado " $(x, y)$ " por medio de los cuadros rotulados "Rol sexual/Identidad genérica". Notemos también que el diagrama permite la posibilidad de que el sistema opere separadamente para los dos sexos. Con suficiente información a mano, el investigador podría emplear múltiples técnicas de regresión para identificar cuáles elementos de pronóstico, de entre los elegidos para su estudio, contribuyen significativamente, cuando se los combina entre sí, para el desarrollo de la organización del comportamiento sexual.

También se pueden investigar las variantes de este modelo propuesto. Para completar la gráfica 3, otro conjunto de flechas que lleva del cuadro " $(x, y)$ " a los cuadros "Rol sexual/Identidad genérica" debe ser incluido de manera que se refleje el sistema de retroalimentación entre ellas. Al suponer un modelo que no es recurrente —es decir, un modelo cuya causalidad es bidireccional (Duncan, 1975)— sobrevienen formidables problemas lógicos y metodológicos, pero de ningún modo es insuperable este tipo de problemas.

Queremos destacar aquí una cuestión muy sencilla. Dada una apropiada realización empírica del modelo, éste puede ser empleado en una gran variedad de contextos específicos para contestar infinidad de preguntas también específicas sobre la sexualidad humana.

La organización del comportamiento sexual

GRÁFICA 3. *Representación de la relación entre elementos de pronóstico.*

Ahora debemos hacer nuevamente hincapié en algo que dijimos al principio de este trabajo. No estamos tratando de sugerir que, con nuestro modelo, hemos englobado todo lo que *debe* decirse sobre el comportamiento sexual humano. Definitivamente, la sexualidad es un aspecto de la experiencia humana demasiado rico, complejo y variado para ser elucidado de una sola vez. Como las sombras en la caverna de Platón, la magnitud y la inclinación pueden decirnos, potencialmente, muchas cosas sobre el comportamiento sexual, pero no pueden decirnos *todo*, simplemente porque no son la *realidad* de ese comportamiento. Pero en tanto nosotros, como científicos del comportamiento, estemos encadenados, y nuestra visión limitada al mundo de las sombras, debemos atenernos a todo lo que esa visión nos revele, hasta que aparezca algo mejor.

Existen muchos precedentes, y en una gran variedad de terrenos, de resúmenes y simplificaciones de procesos complejos. La simple caracterización binaria de la función cardiaca como "presión sanguínea" quizá sea una de las más conocidas.[1] Mientras la simple reducción de la presión sanguínea a sístole/diástole no puede considerarse de ningún modo como representación adecuada de la función cardiovascular, sin embargo nos dice mucho sobre el corazón y sobre la persona cuya función cardiaca es analizada. Por lo tanto, este modelo relativamente sencillo, y la técnica de medición extremadamente sencilla desarrollada para aplicar el modelo, han demostrado ser útiles valiosos de diagnóstico e investigación. Del mismo modo, aunque el índice IQ no puede *definir* la inteligencia ni el funcionamiento cognoscitivo en sentido profundo, el número sencillo que es el registro obtenido en cualquier prueba de IQ constituye, para educadores e investigadores, un medio poderoso por el que se pueden predecir algunos aspectos de la capacidad cognoscitiva y la asimilación. Tanto la presión sanguínea como el IQ son muy usados: los dos sistemas se basan en un número relativamente pequeño de suposiciones simplificadas sobre la naturaleza de los procesos que tratan de captar por un modelo.

Y ambos sirvieron para sus respectivos propósitos, al menos hasta que llegaron otros métodos más refinados y otras técnicas más específicas. El electrocardiograma ofrece mucha más información sobre el funcionamiento del corazón que la simple presión sanguínea; del mismo modo, la gran cantidad de prue-

---

[1] Existen, por supuesto, muchas distinciones funcionales entre los dos modelos. La principal de ellas es que la función de la sístole y la de la diástole no son consideradas dimensiones ortogonales, como lo son las de la *magnitud* y la *dirección*.

bas que se usa comúnmente en los centros de *test* psicológico, ofrece una medida mucho más clara y concreta sobre el funcionamiento cognoscitivo que la simple prueba de IQ. Sin embargo, aun con el electrocardiograma y el nuevo conjunto de *tests* psicológicos sobre la inteligencia, la presión sanguínea y el IQ todavía son bastante útiles en muchos marcos, y todavía son muy usados. Nuestro modelo de comportamiento sexual seguramente será tan limitado como lo son la presión sanguínea y el IQ, pero también, como ellos, podrá ser útil para su propósito hasta que aparezca algo mejor que lo remplace.

## REFERENCIAS

Duncan, Otis D. 1975. *Introduction to structural equation models.* Nueva York, Academic Press.

Ellis, Havelock. 1905. *Studies in the psychology of sex.* vol. 1. Filadelfia: F. A. Davis.

Freud, Sigmund. 1964. Three essays on the theory of sexuality (originally published in 1905). En *The standard edition of the complete psychological works of Sigmund Freud,* vol. 7, ed. J. Strachey. Londres, Hogarth Press.

Kinsey, Alfred C.; Pomeroy, Wardell B., y Martin, Clyde E. 1948. *Sexual behavior in the human male.* Filadelfia: Saunders.

Kinsey, Alfred C.; Pomeroy, Wardell B.; Martin, Clyde E.; y Gebhardt, Paul H. 1953. *Sexual behavior in the human female.* Filadelfia: Saunders.

Pomeroy, W. B. 1972. *Dr. Kinsey and the Institute for Sex Research.* Nueva York: Harper and Row.

Robinson, Paul A. 1976. *The modernization of sex.* Nueva York: Harper and Row.

Sullivan, H. S. 1953. *The interpersonal theory of psychiatry.* Nueva York: Norton.

## Primera Parte

# LAS PERSPECTIVAS EVOLUCIONISTAS

*En los últimos años ha habido un considerable crecimiento del interés sobre el tema de la evolución en el comportamiento humano. Aparte de los biólogos y antropólogos, prácticamente todos los estudiosos del comportamiento y la cultura humanos perciben la necesidad de una perspectiva evolucionista en sus esfuerzos por comprender y explorar la naturaleza humana. El tema no es arcano, ni objeto esotérico de culto académico. La comprensión más exacta de cómo llegamos a ser lo que somos hoy día puede tener importancia vital para nuestra comprensión de cómo nos comportamos y cómo podemos actuar en nuestras vidas individuales y colectivas.*

*Estos temas son especialmente significativos en el terreno de la sexualidad en general y de la identidad genérica y los roles sexuales en particular. A pesar de los esfuerzos de la modernidad, y de las revoluciones sexuales, sin embargo puede decirse que las pautas de conducta en estos campos tienen una tradición antigua.*

*De manera que, para comenzar desde el principio, la primera parte de este volumen se dedica a la perspectiva evolucionista. Se hace aquí especial hincapié no en el comportamiento humano individual, sino, en qué podemos aprender acerca de la filogenia de la sexualidad humana al examinar el comportamiento de nuestros primates contemporáneos, los parientes más cercanos a nosotros.*

*Jane Lancaster, que realizó el primer trabajo de esta serie, es una antropóloga especialista en el estudio de los primates. Comienza su colaboración con un examen de los prejuicios que deformaron las primeras concepciones sobre el papel desempeñado por los machos y las hembras en la organización social y en el apareamiento. Las principales esferas de su interés son el orgasmo en el primate hembra, los ciclos de la sexualidad entre los primates, y la relación de dominio en el éxito reproductivo. Sus conclusiones, que nacen de una revisión de los descubrimientos más recientes, arrojan nueva luz sobre las pautas de compor-*

*tamiento sexual en los primates, las cuales son en realidad más variadas y complejas que la simple actividad de coito entre los adultos, para fines de reproducción. La sexualidad parece ser un agente importantísimo de interacción social entre los primates, tal como ocurre entre los hombres. En este tipo de interacciones, las hembras revelan ser más autónomas y activas sexualmente de lo que se creía al respecto: son unas y otros, y no solamente los machos, los que buscan activamente pareja para acoplarse, satisfacción como respuesta y apego sexual. Aunque muchas de las pruebas son todavía fragmentarias, ahora es posible rastrear el comportamiento sexual humano, siguiéndolo mucho más allá de lo que se acostumbraba.*

*En su réplica a la colaboración de Jane Lancaster, Richard Alexander considera el tema desde el punto de vista de un biólogo evolucionista. Él coincide en que la sexualidad de la hembra entre los primates es más compleja, y la elección femenina un factor mucho más importante de lo que se creía al determinar el comportamiento sexual y social. Pero Alexander ofrece también otras interpretaciones para algunas de las conclusiones de Lancaster sobre las funciones del orgasmo, el predominio masculino, el sexo como mecanismo integrativo y la prohibición del incesto. Su ponencia hace una cuidadosa distinción entre las funciones de los "mecanismos próximos" (tales como el placer y el dolor) y la "función última" de la reproducción.*

*Frank Beach enfoca estos temas desde otra perspectiva, la del psicólogo comparativo. Su punto de vista es el de un distinguido investigador de la sexualidad que ha desempeñado esta tarea durante casi cuarenta años. Por lo tanto, son muy sabias y valiosas sus observaciones sobre el uso y el abuso de los modelos animales para comprender el comportamiento humano. Para Beach, la regla central es que el análisis intraespecífico debe preceder a las generalizaciones interespecíficas, y el propio análisis intraespecífico presupone el conocimiento de las causas y consecuencias, pero también el de las pautas externas de respuesta. Dentro de este esquema de trabajo, Beach replica a los temas propuestos por Lancaster y Alexander.*

H.A.K.

# III. EL SEXO Y EL GÉNERO EN LA PERSPECTIVA EVOLUCIONISTA

JANE B. LANCASTER

MUCHOS científicos orientados hacia la biología tratan de aprovechar el conocimiento previo de la biología y el comportamiento de los primates para comprender las bases del desarrollo de la conducta humana. Este tipo de información fue considerado muy útil para el análisis de la evolución del comportamiento sexual humano y de los roles sexuales, tanto con respecto a las similitudes y continuidades entre el comportamiento humano y el animal, como referidas a adaptaciones presumiblemente grandes que separan a los hombres de otras especies. Las anotaciones que siguen, tomadas de resúmenes recientes en los campos de la psicología, la psiquiatría, la antropología y la biología, ilustran los tipos de interés y los usos que dan a la información sobre el comportamiento de los primates en la literatura actual que se dedica a la evolución de las pautas del comportamiento humano:

La información primatológica, etnográfica y psiquiátrica sugiere la hipótesis de que el predominio masculino facilita el comportamiento copulatorio macho-hembra, mientras que el predominio femenino lo inhibe (Abernethy, 1974, p. 813).

...el peso de las pruebas que están a mano apoya la teoría de que el orgasmo femenino es una característica limitada esencialmente a nuestra propia especie (Beach, 1974, p. 359).

Sólo necesitamos suponer que el sistema de reproducción de los pueblos más aptos era competitivo y jerárquico. La pertenencia de la información sobre los primates no se apoya tanto en los modelos de nuestra primitiva organización social como en los datos que nos ofrece sobre el biograma de los primates, de muchos de cuyos aspectos nosotros somos herederos (Fox, 1972, p. 305).

NOTA: Quedo agradecida a las siguientes personas por sus valiosos comentarios y críticas en las primeras etapas de este trabajo: Lyn Bromley, Frances Burton, Suzanne Chevalier-Skolnikoff, Glenn Hausfater, Chet Lancaster, Thelma Rowell, Don Symons, S. L. Washburn y Adrienne Zihlman.

La pauta humana de la reproducción no tiene símil con el de ningún otro primate. El sistema humano se caracteriza por la ausencia del ciclo del celo en la mujer, y por la ausencia de las variaciones periódicas que parecen caracterizar la reproducción en los primates... Las similitudes de importancia en la vida social de los primates más desarrollados, tales como la convivencia en grupos bisexuales durante el periodo de un año completo, no pueden ser atribuidas a similitudes no existentes en los sistemas de acoplamiento (Lancaster y Lee, 1965, p. 513).

En el lenguaje de la sociobiología, dominar significa tener prioridad de acceso a las necesidades de la vida y de la reproducción. Esta no es una definición circular: es el documento de una fuerte correlación observada en la naturaleza. Con raras excepciones, el animal agresivamente superior desplaza al subordinado de la comida, de la cópula y de los nidos. Sólo queda por establecer si este poder muestra de hecho la capacidad genética de los animales que la poseen. La prueba de esta cuestión es absolutamente clara (Wilson, 1975, p. 287).

Las ventajas reproductivas que otorga el dominio se conservan aun en las sociedades más complejas (Wilson, 1975, p. 288).

Estas conclusiones, escritas hacia fines del decenio de 1960 y principios del de 1970, se basan sobre todo en la información obtenida durante los sesentas en la primera ronda de estudios sobre el comportamiento de los primates. El aspecto básico de todas las conclusiones precedentes es que ya son anticuadas. La primatología es un campo que cambia velozmente, y los primeros estudios sufrieron influencias de técnicas, selección de grupos de estudio y duración del periodo de trabajo inadecuado, que deformaron la observación de muchas categorías de comportamiento, y especialmente de aquellas referidas a los roles que desempeñan ambos sexos en la organización social del grupo, y los roles de los individuos en el sistema de acoplamiento (J. Altmann, 1974; Bernstein, 1976; Sade, 1972; Wrangham, 1974).

Este capítulo resume la información reciente obtenida sobre todo de estudios de campo de larga duración, y desarrollada con el uso de técnicas cuidadosas mediante muestras del comportamiento de todos los individuos de un sistema social. Esta nueva información tiene implicaciones de importancia para la comprensión del rol del comportamiento sexual en las sociedades integradas de primates, la importancia del orgasmo en el comportamiento sexual del primate femenino, los roles que desempeñan el predominio y la preferencia personal en la selección de parejas en las sociedades de primates, y el problema de la prohibición del incesto. La parte final del capítulo aborda las implicaciones para la evolución del comportamiento sexual humano.

### El orgasmo en el primate hembra

Considerando que el orgasmo sexual en la hembra humana fue para muchos un mito o una aberración, que fue muy poco entendido aun por parte de los fisiólogos antes de la publicación pionera de la *Human Sexual Response* de Masters y Johnson (1966), no sorprende que se conociera aún menos sobre las respuestas sexuales de las hembras primates. En la primera publicación sobre el tema, Zumpe y Michael (1968) pusieron sus observaciones sobre la reacción de acoplamiento que se produce en los monos *rhesus* femeninos, que ocurre durante el momento en que el macho eyacula montado sobre la hembra, y a menudo un momento antes de su eyaculación. Esta reacción (un reflejo espasmódico en el brazo) aparece asociada con otras respuestas femeninas que incluyen el mirar hacia atrás en el momento de la eyaculación, chasquear los labios, o flexiones pélvicas poseyaculatorias. Un análisis cuadro por cuadro de un filme de 16 mm reveló que el comienzo de la reacción espasmódica sucedía cuando el macho todavía estaba empujando, y que esto parecía desencadenar el espasmo eyuculatorio del macho.

En obras experimentales posteriores, la reacción espasmódica fue disminuida por ovariectomía o tratamiento con progesterona, y reactivada por estrógeno. En hembras con una frecuentación normal de machos, la reacción espasmódica ocurrió invariablemente durante el momento eyaculatorio del macho, pero en aquellas que no tuvieron contacto con machos durante varias semanas, la reacción espasmódica sucedió al principio del proceso, y aun antes de que el macho estuviera al borde de la eyaculación. Zumpe y Michael descubrieron que, de un total de 389 eyaculaciones experimentadas por tres hembras no preñadas, el 97 por ciento de estas eyaculaciones aparecieron ligadas a la reacción espasmódica.

Pocos años después, Burton (1971) describió el clímax sexual en las monas *rhesus* llevadas al orgasmo por la estimulación del clítoris y de la vagina con un pene artificial. Burton informó que los cambios observados se asociaban con la respuesta sexual de la hembra rhesus, que parece ser similar a los descritos por Masters y Johnson para la hembra humana: una fase de excitación, una de reposo, el clímax sexual mostrado por pautas de comportamiento tales como la reacción espasmódica, pequeños gruñidos, contracciones rítmicas de la vagina, y la fase de resolución.

Algunas descripciones más recientes hechas por Chevalier-Skolnikoff (1971) y Michael, Wilson y Zumpe (1974) sobre el comportamiento sexual de macacos cautivos mostraron la presencia en las hembras de respuestas orgásmicas que no dependen de la penetración vaginal. Chevalier-Skolnikoff (1971) informó que en las cópulas homosexuales entre las hembras macacos, la hembra montada realizaba aproximadamente el mismo número de pujos que hacían los machos en coitos heterosexuales, y en ciertos casos mostraban todas las manifestaciones de comportamiento que se observaban en los machos durante el orgasmo: una pausa después de una serie de pujos, espasmos musculares en el cuerpo acompañados por una espiración rítmica y sonora, y una expresión facial característica. Michael, Wilson y Zumpe (1974) observaron un comportamiento similar en la cópula heterosexual entre monos rhesus, en que la hembra se montaba y frotaba rítmicamente su región pélvica sobre el trasero de su pareja. Un pequeño número de este tipo de episodios parecieron resultar en el clímax sexual de la hembra.

Los autores de la obra se mostraron particularmente impresionados por el hecho de que estos modos típicamente masculinos de montarse, de pujar y llegar al orgasmo, fueran tan completos entre hembras salvajes, a pesar de que el promedio de ensayos de los modos de comportamiento femenino es probablemente más bajo que el de los masculinos (menos del 1 por ciento que el promedio de los hombres medidos en situaciones de laboratorio). También observaron que la frecuencia más alta de este tipo de comportamiento se relacionaba con el estro, ocurría entre hembras adultas y seguras de sí mismas, y estaba ligado por lo general a fallas en la actividad del macho. Hanby, Robertson y Phoenix (1971) registraron sucesos similares de hembras que montaban a sus machos en un grupo cautivo de macacos japoneses. También en estos casos, las hembras eran maduras y sexualmente experimentadas, pero los autores no hacen alusión a ningún tipo de respuesta que pudiera sugerir el orgasmo.

Los estudios de campo son por lo general esquemáticos sobre las respuestas sexuales femeninas, aunque en uno de esos estudios sobre el comportamiento durante la cópula del *babuino chacma*, Saayman (1970) informó de demandas de cópula (en forma de una serie de gruñidos en *staccato*) emitido por las hembras hacia el final de la serie copulatoria, y en conjunción con la eyaculación del macho. Saayman notó que este llamado a la cópula y la reacción de rechazo que sucede cuando el macho ya dejó de pujar, se presenta como movimiento involuntario. Saayman indicó que esto puede representar una respuesta orgásmica en la hembra. Como la reacción espasmódica en los monos rhesus, el llamado de cópula depende de las hormonas; es decir, ocurre con la mayor frecuencia en el punto máximo de hinchazón de los genitales. El reclamo de cópula era más común con machos maduros, y Saayman pensó que el hecho debía estar ligado al alto número de entregas que hacían las hembras a los machos adultos. La relación temporal detectada por Zumpe y Michael (1968), en que la respuesta orgásmica de la hembra precedía a la del macho apenas por unos segundos, puede ser, en parte, una de las razones de que los investigadores no informaron de orgasmo femenino en los primates.

Es interesante destacar que Kline-Graber y Graber (1975) consideran la contracción del músculo pubo-coccígeo como el aspecto más importante del orgasmo femenino humano. Masters y Johnson (1966) hablan de él como "la reacción que capta pene" que sobreviene durante orgasmos especialmente poderosos. Chevalier-Skolnikoff (1971) descubrió que este tipo de respuesta se encuentra en una especie de primates, los *macacos arctoides*, en los que hay un "cierre" poseyaculatorio por una combinación anatómica de "echar llave", que se produce entre el músculo pubo-coccígeo estirado en la hembra y las proyecciones de cono que hay en el pene del macho (Fooden, 1967; Kanagawa y Hafez, 1973).

Por último, está el rol que desempeña el abultamiento de la piel durante la cópula entre primates. Por lo general los estudiosos han considerado la hinchazón sexual en el macho como ayuda para la penetración, o como estímulo sexual. De todos modos, los estudios de laboratorio y los estudios experimentales sobre muestras cuidadosamente elegidas indican que el estímulo sexual más potente para el macho es un agente estrógeno del tipo de la feromona, segregado por la vagina, y que ni el enrojecimiento ni la hinchazón de la piel sexual resultan estimulantes para el macho si no existe también la presencia del elemento olfativo (Michael, Keverne y Bonsall, 1971; Michael y Saayman, 1968; Saayman, 1973). La importancia de la hinchazón sexual para estimular los apetitos sexuales femeninos ha sido por lo general desestimada.

En términos generales, la evidencia del orgasmo sexual en los primates hembras no es satisfactoria, pero esa misma evidencia nos sugiere que sería muy útil una mayor investigación. Existe una gran cantidad de diferencias entre especies en el comportamiento copulatorio de los primates machos, incluyendo las pautas de la preparación antes de la cópula, el cortejo, la posición copulatoria, su duración y el número de pujos que preceden a la eyaculación (Michael y otros, 1966). Probablemente exista la misma variabilidad entre especies también para las hembras, y es indispensable buscar las diferencias en la excitación femenina en correlación con variaciones en las pautas de comportamiento del macho, tales como el número de pujos sucesivos que preceden a la eyaculación. La colocación de monitores para el control de la actividad cerebral o de la contracción muscular vaginal permitiría establecer la existencia de respuestas orgásmicas en los primates hembras. Las observaciones posteriores sobre la conducta y el comportamiento social por grupos serían pues una garantía para establecer una mejor comprensión del rol que desempeña en particular el orgasmo femenino en los sistemas sociales de los primates.

## VARIACIONES EN LA SEXUALIDAD DE LOS PRIMATES

La tendencia de los primates a formar grupos sociales bisexuales durante un año completo ha impresionado a muchos teóricos, porque parece ofrecer una base de comprensión de la evolución de la sociedad humana. Zuckerman (1932) fue el primero en decir que la posibilidad de un comportamiento sexual anual en los primates no humanos proporciona el "pegamento social" de los grupos socialmente estables, puesto que permite la atracción entre machos y hembras y sus hijos. Lancaster y Lee (1965) revisaron la literatura disponible sobre la cópula entre primates, desde los primitivos estudios de campo, y hallaron que la propuesta, tal como estaba dada, no podía ser correcta, puesto que muchas sociedades de primates tienen grandes limitaciones para la cópula por temporadas, hasta el punto de que el comportamiento primario sexual entre adultos se reduce a sólo tres o cuatro meses por año. Investigaciones recientes de Eaton (1973), Rowell (1972) y Saayman (1975) indican claramente que, aunque existen limitaciones temporales en el comportamiento sexual primario, en algunas especies de primates las hembras tienen grandes periodos de receptividad sexual, y tal receptividad ocurre en cierta variedad de condiciones hormonales.

La mayoría de los investigadores de campo han supuesto originalmente que la sexualidad de los primates hembras se limitaba a un lapso de cinco a siete días cerca del periodo de ovulación, y que los primates hembras no eran receptivas a los machos durante otras fases del ciclo menstrual, ni tampoco durante la preñez o la lactancia. Si esto fuera cierto, entonces la participación individual de una hembra en actividades copulatorias podría limitarse teóricamente a una sola semana por año, si esta hembra quedara preñada durante su primer ciclo menstrual después de haber tenido crías. Loy (1970, 1971) publicó el primer estudio minucioso sobre los ciclos de las hembras en un grupo elegido al azar de monos rhesus. En Cayo Santiago.

Loy descubrió que en la estación de la brama, las hembras lo hacían en todos los momentos del ciclo menstrual, pero había dos momentos en que la cópula alcanzaba su máxima frecuencia: uno durante pleno ciclo de la ovulación, y el otro inmediatamente antes de la menstruación. Esta receptividad continua durante el ciclo menstrual, con dos máximos de receptividad (que coincidían con los dos máximos de estrógeno) ocurre entre los rhesus cautivos, y es similar a la frecuencia de contactos sexuales estudiada en mujeres (Michael y Zumpe, 1970). Más aún, las hembras rhesus siguen su ciclo durante la estación de brama aun cuando hayan quedado preñadas al comienzo de ella. Loy descubrió que las hembras mostraban un 4.2 de promedio en los periodos de celo después de la concepción, escalonados de 3 a 7. Algunas de las hembras que no quedaron preñadas durante la brama siguieron mostrando grados de celo de diferente intensidad durante todo el ciclo anual.

Observaciones similares sobre el ciclo menstrual, pero con un solo máximo en la frecuencia copulatoria, han sido recién descubiertas entre los *babuinos chacma* (Saayman, 1975), los macacos japoneses (Hanby, Robertson y Phoenix, 1971) y el papión verdoso (*papio anubis*) (Rowell, 1972). El ciclo sexual durante la preñez ha sido documentado en toda una variedad de monos y gorilas tales como los chimpancés, los cercopitecos y los macacos japoneses (Rowell, 1972). Esta información implica que por lo menos en algunas especies de primates, la sexualidad femenina no se limita a un pequeño periodo de celo, sino que sucede durante todo el ciclo menstrual, y durante la preñez, con creciente frecuencia de copulación en una o dos cúspides del ciclo menstrual: la primera cerca del periodo de la ovulación, y la segunda cerca de la menstruación. Tal descripción incluye el comportamiento sexual de las mujeres y de algunas hembras primates, y significa que las antiguas distinciones que subrayaban una exclusiva emancipación de la sexualidad femenina humana frente a los estados hormonales era exagerada.

Saayman (1975), al analizar su estudio sobre el comportamiento copulatorio en un grupo, elegido al azar, de papiones chacma (*papio porcarius*) sostuvo que la excesiva atención al comportamiento cerca de los periodos de ovulación ha producido una descripción inadecuada de toda la gama del comportamiento sexual. Saayman prefiere describir la copulación entre los *chacma* como un sistema de rotación en que el reclamo sexual de las hembras hacia los machos adultos o inmaduros, y el coito con hembras realizado por machos jóvenes, subadultos y adultos, ocurre durante todo el ciclo menstrual, con un máximo de frecuencia durante la fase folicular, particularmente durante la etapa del ciclo de hinchazón. Saayman observa que los investigadores anteriores han considerado al sexo como agente de alteración de la vida social de los papiones. Por el contrario, sus conclusiones de campo sugieren que el sexo puede ser un poderoso mecanismo de integración social:

> El sistema copulatorio, que comprende parejas sexuales que se turnan, puede muy bien estar adoptado para el refuerzo periódico de los lazos sociales entre las hembras adultas y los compañeros elegidos entre aquéllos cuya clase de edad los hace capaces de respuestas

copulatorias integradas. Es posible que tal sistema funcione para promover, más que para alterar, unas relaciones sociales cordiales, y en consecuencia puede contribuir al mantenimiento de la cohesión de la tribu (Saayman, 1975, p. 184.)

Otros estudios de laboratorio y de campo sugieren que el estímulo sexual puede ser una de las expresiones más poderosas de una relación emocional integrada en varias especies de primates. Por ejemplo, Hanby (1974) analizó la importancia de la cópula entre macho y macho en los macacos japoneses, para las relaciones amistosas tanto entre adultos como entre machos jóvenes, y también para armonizar los lazos sociales cuando el grupo social se mostraba alterado, más que para establecer relaciones de dominio. Erwin y Maple (1976) describieron la cópula recíproca en un par de machos *rhesus* muy ligados entre sí y criados fuera del resto. Chevalier-Skolnikoff (1974, 1976) publicó descripciones de la gran variedad de actividades sexuales en los *macaca arctoides*, tales como la cópula homosexual y heterosexual y la mutua masturbación, que incluían inversiones de los roles sexuales y también la inclusión tanto de adultos como de jóvenes. La investigadora subrayó el hecho de que esta amplia variedad de comportamientos sexuales ocurría en un marco social amistoso, y era probable que tuviera lugar sobre todo entre individuos que sentían especial amistad entre sí (véase figura 1).

Las observaciones de Chevalier-Skolnikoff procedieron de un solo grupo de laboratorio. Sin embargo, otros investigadores, trabajando con *macaca arctoides*, han descubierto un tipo de comportamiento similar, tal como la cópula hembra-hembra, con orgasmo (Kling y Dunne, 1976; Mass, 1972). Dado que no existen estudios de campo sobre estas especies de macacos, no es claro si la relativa libertad en el comportamiento sexual de los *macaca arctoides* significa una respuesta a las condiciones de cautiverio, o bien una especialización de la especie en el comportamiento sexual y social.

Definitivamente, el comportamiento sexual es una manera fundamental para expresar o mantener especiales relaciones de afecto entre los monos primates. Su empleo puede verse en dos aspectos muy diferentes del comportamiento de los primates. Primero, puede encontrarse en la emancipación relativa del comportamiento sexual femenino frente a las restriccio-

Monta con estimulación genital
manual unilateral entre dos machos

La posición de monta homosexual
entre dos hembras

Monta con estimulación genital oral
mutua entre dos machos

Posición supina observada en el coito
heterosexual y en interacciones
homosexuales entre dos hembras

Monta con estimulación genital oral
unilateral entre dos machos

Presentaciones mutuas con estimulación
genital manual entre dos machos

FIGURA 1. *La variedad de las relaciones heterosexuales y homosexuales observadas en los* macaca arctoides *cautivos* (Chevalier-Skolnikoff, 1974)

nes del ciclo de celo de los mamíferos en una variedad, quizá la mayor parte de los monos y especies de gorilas del Viejo Mundo; segundo, puede encontrarse en el fenómeno muy común del uso tanto del comportamiento sexual primario como de las pautas de comportamiento sexual (tales como el acoplamiento, la presentación y la exploración genital) en contextos no sexuales, para expresar una afinidad o un afecto especial entre los individuos. Como lo mostró Wickler en *The Sexual Code* (1973), las pautas de comportamiento sexual son un medio primario de interacción social entre los primates, sea que ocurra o no una cópula fértil. Lo que aparece claro es una implicación final: que los roles sexuales de los primates machos y hembras, tales como se manifiestan en las posiciones copulatorias, en la iniciación de la actividad sexual, en las respuestas sexuales y en la variedad de contactos sexuales, no son estrictamente sexo específico entre los primates, y que cada sexo puede desempeñar el rol "opuesto" en momentos particulares del ciclo vital, o en ciertos contextos sociales.

### El dominio y el éxito en la reproducción

El modelo de la prioridad de acceso impregnó la mayoría de los primeros trabajos de campo sobre el comportamiento social de los primates. Se suponía que el alto *status* de dominio entre los machos le daba al individuo la prioridad de acceso a todos los estímulos ambientales, desde la comida y los lugares de descanso hasta la elección de pareja. Llevando la cuestión un paso más allá, los investigadores supusieron que si una sola hembra estaba en celo en un momento determinado, entonces el macho más dominante del grupo podría tener el acceso sexual a ella, en especial durante sus días más fértiles. En esta suposición estaba implícito que tanto las hembras disponían de pocas opciones para elegir quién las copulaba, como que naturalmente ellas preferían como pareja a machos de alta jerarquía. Los primeros estudios de campo sobre los papiones (DeVore, 1965) y sobre los rhesus (Kaufmann, 1967) parecían estar de acuerdo con el modelo, y se produjeron generalizaciones *a posteriori*, como en el caso de Wilson y Fox (1975), como si la selección natural que favorece el dominio a través del triunfo masculino en la reproducción fuera asunto concluido. De todos modos, algunas publicaciones recientes han analizado complejos problemas, haciendo muy difícil el recabar informes adecuados sobre el tema, por una variedad de tempranos trabajos de campo realizados sobre prejuicios, en los que se recogía información sobre una base *ad libitum*.

### PROBLEMAS RELACIONADOS CON LAS MUESTRAS

Uno de los principales prejuicios del muestreo *ad libitum* es que produce una gran cantidad de información sobre el comportamiento de animales fácilmente observables, comúnmente machos, individuos de alto *status* y hembras con cría (Altmann, 1974). A menudo, el comportamiento de otros miembros del grupo casi no es registrado como muestra. Drickamer (1974b) estudió las correlaciones entre el rango social, la observabilidad y el comportamiento sexual entre los machos rhesus en una colonia elegida al azar en La Parguera. Descubrió que la cantidad de observaciones sobre el comportamiento *ad libitum* de los machos estaba directamente relacionada con el *status* de predominio: la frecuencia de aparición de machos de alto *status* era del 82 por ciento; los de *status* medio aparecían en un 56 por ciento; y los de bajo *status* en un 36 por ciento. Cuando tomó muestras de la tasa de observabilidad de hembras en periodo de celo, descubrió que en promedio solamente el 37 por ciento de ellas eran visibles en cualquier otro momento. Dado que los machos dominantes controlan el acceso sexual a las hembras en celo, sobre todo por medio del control visual del ambiente y el hostigamiento a los subordinados que intenten copular, existen por supuesto numerosas oportunidades para los subordinados, machos subadultos y jóvenes, de copular con hembras en celo fuera de la mirada de los animales dominantes.

Muchos investigadores de campo han observado que las cópulas realizadas por machos inmaduros y subordinados eran por lo general furtivas y secretas. Algunos recientes estudios de laboratorio sugieren que en algunas especies basta con que el macho inmaduro vea al macho dominante para inhibirse sexualmente. Perachio, Alexander y Marr (1973) descubrieron que la presencia del macho rhesus dominante podía inhibir la actividad sexual del subordinado, eléctricamente registrada por cables colocados en el macho, y éste, a su vez, colocado junto a hembras en celo. Cuando desaparecía la presencia del macho dominante, reaparecía en el otro macho el comportamiento copulatorio espontáneo. Trollope y Blurton-Jones (1975) han realizado observaciones similares sobre *macaca arctoides* cautivas, en las cuales los machos subadultos mostraban dificultad temporal para el acoplamiento cuando se los juntaba con hembras adultas en presencia del macho adulto del grupo. Al desaparecer el macho adulto de la vista, aquéllos recobraban instantáneamente las pautas normales de copulación.

Una serie de investigadores de campo han informado de pautas similares de comportamiento, en que los machos dominantes o inhiben o interrumpen las cópulas entre los machos subordinados e inmaduros y las hembras en celo. Estas interrupciones no impiden que la pareja copule, pero cambian el lugar donde la pareja está copulando, y la hacen desplazarse a una zona que no esté bajo el control visual del animal dominante (Hanby, Robertson y Phoenix, 1971; Hausfater, 1975a; Stephenson, 1975). Parece obvio que la única información realmente fidedigna sobre el logro copulatorio vendrá de estudios que usen técnicas cuidadosas de muestreo, siendo la mejor de ellas la observación continua de una hembra a lo largo de todo su periodo de fertilidad.

Otro problema sobreviene por el muestreo a corto periodo. El problema es si los machos tienen un periodo largo, una situación estable u ocupan diferentes posiciones dominantes durante varios periodos del ciclo vital. En general, parece que mientras las jerarquías entre las hembras son muy estables, por prolongados espacios de tiempo, se da la situación opuesta para los machos. Dos factores principales son causa de las fluctuaciones en el *status* de los machos: el alto promedio de movilidad entre machos unidos a un grupo femenino estable, y los efectos de la madurez en el *status* del individuo. Durante los primeros 400 días de su estudio sobre el predominio y la reproducción en el papión amarillo, Hausfater (1975a) descubrió que había un cambio demográfico (debido a nacimiento, muerte o migración) en el número de machos adultos de su grupo de estudio, una vez cada 13.3 días; entre las hembras adultas la cifra comparativa era de 57.1 días. Los cambios inducidos en la clasificación de los machos adultos ocurrían, como promedio, cada 21 días de estudio, mientras que durante el periodo completo no ocurrían cambios entre las hembras. Al analizar la duración del promedio de ocupación, descubrió

que el número de categorías ocupadas por los machos adultos
durante los 400 días era de 3.6, y que para los grados 1 a 9 en
su grupo de estudio existía un promedio de 8.5 cambios de
ocupación en cada categoría. Su conclusión fue ésta:

> Así, sea que las estadísticas sobre el grado de ocupación estén orde-
> nadas por categorías de ocupación o por identidad del ocupante,
> es claro que los machos adultos de nuestro grupo de estudio cam-
> biaban de categoría frecuentemente durante el periodo de estudio
> y, a la inversa, que ninguna función de dominio era ocupada ex-
> clusivamente por un macho particular (Hausfater, 1975a, pp. 61-62).

### Estudios sobre el éxito en la reproducción

Los estudios sobre el éxito en la reproducción parecen ser útiles
solamente si se los destina a proporcionar información sobre el
comportamiento sexual de todas las clases de edad y sexo, por
medio de cuidadosas técnicas de observación y muestreo. Recientemente se han publicado ciertos estudios que, por lo menos en
parte, coinciden con este criterio: Lindburg (1971) sobre los
rhesus de los bosques en la India; Drickamer (1974a, 1975) sobre
los monos rhesus en La Parguera; Saayman (1970, 1975) sobre el
papión *chacma*, Hausfater (1975a, 1975b) sobre el papión amarillo; Enomoto (1974) y Stephenson (1975) sobre macacos japoneses, y Hanby, Robertson y Phoenix (1971) y Eaton (1974)
sobre la tribu natural de macacos japoneses criados en el Centro
Regional de Primates de Oregon. Aunque estos estudios no
abarquen todo el conjunto de las especies de primates, al menos
representan a especies en que las jerarquías de dominio son
especialmente importantes para la vida social. Más aún, constituyen una buena muestra de aquellas sociedades que pueden
ofrecer una base para el modelo de la prioridad de acceso.

Sin embargo, existe sólo un estudio de este grupo que proporciona información sobre las ventajas reproductivas del *status*
de alto dominio. Se trata de la investigación de Drickamer
(1974a) que resume diez años de estadísticas sobre la reproducción referida a hembras rhesus adultas en una colonia libre.
Drickamer descubrió que un porcentaje más alto de hembras
de alto rango daba a luz cada año, en oposición a las de bajo
rango; que las hijas de las hembras de alto rango tenían cría

más pronto que las hijas de bajo rango, y que las crías de las hembras de alto rango tenían un mayor promedio de sobrevivencia que las de hembras de bajo rango.[1] Los otros estudios, todos los cuales se dedicaron específicamente al éxito copulatorio de los machos, concluyeron en general que, o bien no había correlación entre el dominio y las cópulas, o bien las correlaciones eran débiles y poco compatibles con el modelo de prioridad de acceso. A continuación se resumen los hallazgos de estos estudios.

*Estrategias de reproducción a corto plazo.* Hausfater (1975a) da el argumento más convincente sobre las otras estrategias de reproducción en los machos, en los sistemas sociales orientados hacia la dominación. Hausfater descubrió que un papión macho trata de adoptar la estrategia más apropiada para su edad y *status*. Los machos maduros y de alto rango tratan de concentrar sus esfuerzos reproductores en unas pocas hembras maduras, formando pareja con ellas aproximadamente en los dos o tres días cerca de la fecha del ciclo que, según lo demuestran los estudios de laboratorio, parece ser la óptima para la inseminación. Este tipo de estrategia favorece la posibilidad de fertilizar a la hembra, mientras reduce el posible costo negativo de esta alianza (tales como la pérdida de tiempo para comer, las peleas), concentrándose sólo en unos pocos días que corresponden al ciclo fértil de la hembra. Otros machos maduros siguen la estrategia reproductora que consiste en aliarse con cualquier hembra que se muestre en celo; esto incluiría cópulas con adolescentes, con preñadas y con jóvenes hembras, así como también con hembras maduras durante los días del ciclo menstrual, en los que la posibilidad de concepción se reduce pero todavía es posible. Una tercera estrategia es sostenida por machos jóvenes y subadultos, los que combinan las estrategias de los otros dos grupos concentrando sus intentos copulatorios en hembras que están próximas a su periodo ovulatorio, pero sin mostrar preferencias definidas en cuanto a

[1] Rowell destaca el hecho de que las estadísticas de Drickamer no se corrigen por los efectos de edad. Dado que la correlación entre la edad y el rango es coherente entre las hembras rhesus, es posible que las estadísticas de Drickamer atestigüen el éxito de la madre experimentada en el sentido de criar a su hijo, y en particular el de las hembras más viejas como ayudas maternales para sus hijas adultas y subadultas (comunicación personal).

una pareja. Además evitan las consecuencias negativas, puesto que no forman alianza. Son capaces de competir solamente por el hecho de mantener una vigilancia constante, y copulando con las parejas de los machos durante los breves momentos en que los machos de mayor dominio están distraídos. Ninguna estrategia es más eficaz que las otras, pero cada una es la más apropiada para cada macho particular y en un momento y lugar dados.

*Preferencias personales de copulación en los machos.* Ciertos autores han quedado impresionados por las fuertes preferencias personales, en cuanto a la elección de pareja para la cópula, mostrada sobre todo por machos completamente maduros y de alto rango social. Tales preferencias eran tan fuertes que los machos dominantes a menudo rehusaban la cópula con hembras que no hubieran elegido, aun cuando éstas fueran las únicas que estaban en celo en ese momento. No parece muy claro qué subyace en ese tipo de preferencias individuales. Enomoto (1974) informó que los machos macacos japoneses mostraban fuerte preferencia hacia la cópula con hembras de linaje específico, y evitaban a las demás; Stephenson (1975) encontró que tales preferencias entre los macacos japoneses se referían más a lo que él llamaba "clase social" que al linaje; por ejemplo, los machos de alto rango preferían hembras pertenecientes a los linajes más altos; Hausfater (1975a) y Saayman (1970) descubrieron lo que consideraron simple favoritismo personal de parte de los papiones machos hacia ciertas hembras en especial.

En un estudio de laboratorio realizado sobre macacos nemestrinos, Goldfoot (1971) descubrió que un macho, cuando se le da la posibilidad de elegir entre hembras de diferentes rangos sociales y diferentes grados de celo, demostraba que para él era más importante el alto rango de la hembra que su condición ovárica, al determinar su elección en la jaula donde copulaban. Perachio, Alexander y Marr (1973) también observaron la preferencia de los machos por hembras dominantes, sobre copular con hembras en estado de celo. Entre los macacos rhesus y los papiones las relaciones con la pareja favorita se extienden a contextos donde no hay cópula y durante todo el año, lo que sugiere evidentemente el desarrollo de lazos personales entre machos y hembras en particular, que incluye los más altos promedios de actividad sexual (Agar y Mitchell, 1975; Ransom y

Rowell, 1972; Saayman, 1970). La mayoría de los investigadores sostienen que las preferencias personales van en contra del modelo de la prioridad de acceso, porque según las preferencias se tiende a dejar libres a las hembras jóvenes, inmaduras y de bajo *status*, o a subgrupos especiales de hembras, para copular con otros machos.

*La correlación del alto* status *con la edad.* Algunos autores han propuesto que la correlación más importante del *status* elevado es la madurez, y no la capacidad de pelear o la agresividad social (Drickamer, 1975; Hanby, Robertson y Phoenix, 1971; Hausfater, 1975a; Stephenson, 1975). Saunders y Hausfater formularon un tipo hipotético de computación sobre la reproducción diferencial con respecto al rango de dominio en los machos, tomando como base las estadísticas de campo logradas por Hausfater con papiones amarillos. Descubrieron que el mayor correlato con la probabilidad de que un macho haga pareja con una hembra durante sus días más fértiles era la longevidad ante todo, y después el rango inicial del macho, cuando éste comenzó su carrera reproductiva. En otras palabras, los machos que engendran más hijos son aquellos que viven más, y puesto que el rango inicial del adulto está relacionado principalmente con el rango maternal en muchas sociedades de primates, el segundo factor en importancia parece ser el *status* social del linaje materno del macho.

Entre la mayoría de las especies de monos del Viejo Mundo, como también entre los seres humanos, la madurez social del macho se retrasa varios años más que la de la hembra de su misma edad. La madurez reproductiva, medida por la ovulación y la presencia de esperma fértil coincide en términos generales en los primates machos y hembras, pero la mayoría de los primates machos requieren algunos años más que la hembra para alcanzar su tamaño corporal de adultos. Durante este periodo, sus coetáneas femeninas están ya criando a sus primeros hijos. En las especies con mayor grado de dimorfismo la diferencia entre los sexos es máxima, en el sentido de alcanzar la madurez, y en las especies de bajo dimorfismo la diferencia por lo general es mínima.

En algunas especies la madurez social completa puede requerir aún más tiempo que el que se tarda en alcanzar el tamaño físico de un adulto. Por ejemplo, Stephenson (1975) descubrió que entre macacos japoneses elegidos al azar, el líder o los machos principales tenían por lo general edades que oscilaban entre los catorce y los veinticinco años. Si en muchas sociedades de primates el dominio está realmente en correlación con la plena madurez social —o incluso con la mediana edad—, entonces la posesión de un *status* elevado puede ser elemento normal en el ciclo vital de un macho. Pero al considerar la acción que ejerce la selección natural en este tipo de poblaciones, será importante recordar que la mayoría de los machos no viven el tiempo suficiente para alcanzar el rango elevado. Muchos jóvenes y subadultos mueren antes de alcanzar la madurez. Dado que sobrevienen explosiones de población cuando los monos libres son alimentados artificialmente, estas muertes prematuras se atribuyen a la escasez en la provisión de alimentos.

Dittus (1975) publicó estadísticas demográficas sobre una población estable de macacos elegidos al azar en Sri Lanka. La mayor probabilidad de sobrevivencia se encontró en animales que habían alcanzado la edad de la reproducción: para las hembras adultas más jóvenes (más de 4 años y medio) el número de años de vida era en promedio de 16.6, y para los machos adultos más jóvenes (de 7 o más años) era de 10.5 años. Entre los jóvenes la tasa de mortalidad, tanto de hembras como de machos, era muy elevada. Sólo el 15 por cierto de las hembras y el 10 por ciento de los machos alcanzaba una madurez sexual plena. La mortalidad crecía en los primeros meses de vida, para ambos sexos. Para los machos, los peligros eran igualmente altos en la adolescencia: aproximadamente el 72 por ciento de los machos que llegaban a la adolescencia morían entre los cuatro y los siete años de edad. La adolescencia es un momento de gran peligro para los machos en muchos grupos de primates, puesto que a esa edad ellos dejan de ser protegidos por sus madres o por su grupo y empiezan a circular entre otros grupos sociales en la zona. También existen riesgos mayores por la presencia de animales de rapiña, heridas producidas por combates con machos extranjeros, y probablemente por accidentes. La información demográfica sugiere que la competencia entre machos para la inseminación de las hembras puede ser mejor entendida en relación con la sobrevivencia diferencial en pos de la madurez completa, que incluye muchos factores aparte del potencial agresivo y del dominio, tales como la eficiencia en el metabolismo de los alimentos, la resistencia a la enfermedad y a las infecciones, la capacidad de formar alianzas sociales positivas, y a veces la simple buena suerte.

*Correlación entre el* status *elevado y el tiempo pasado en el grupo.* En un análisis del *status* entre los macacos *rhesus* de colonias elegidas al azar, Drickamer y Vessey (1973) descubrieron que, aparte del alto grado de correlación entre la edad y el rango, existía una relación todavía más significativa entre el *status* y el periodo en que un individuo pertenecía a un grupo. Norikoshi y Koyama (1975), en un estudio de los rangos de dominio y cambios de grupo de los monos machos japoneses durante un periodo de ocho años en Arashiyama, descubrieron que un total de cincuenta y cuatro monos salieron de su grupo natal, y ocho se quedaron. Los autores no encontraron correlación entre el rango social y el peso del cuerpo entre los adultos, pero sí encontraron positivas y fuertes correlaciones con la edad y también con la duración de permanencia en un grupo. Puede haber muchos factores que expliquen esta correlación. El primero, tanto entre los macacos japoneses como entre los rhesus, es que los machos nacidos en linajes de alto rango tratan de permanecer en sus grupos natales. Sin embargo, parece que la permanencia en el grupo natal es un hecho aislado cuando se considera la población total de machos, aun cuando las altas posiciones en un grupo son ocupadas a veces por machos que han nacido de un alto linaje femenino (Enomoto, 1974; Itoigawa 1975: Norikoshi y Koyama, 1975).

Un macho que emigra tiene más probabilidades de permanecer luego en un grupo, hasta que alcance la madurez y el alto rango, si es aceptado por las hembras residentes y se le permite acceso al núcleo del grupo. Neville (1968) informó sobre el rechazo hacia los machos migratorios mostrado por las hembras residentes. Breuggeman (1973) observó que el hecho de que un macho sea central o periférico en su *status* entre los rhesus de Cayo Santiago, depende de la aceptación femenina. Neville (registrado por Agar y Mitchell, 1975) descubrió que los machos rhesus que se mantenían con cierta permanencia dentro de un grupo recién formado eran aquellos que habían formado pareja durante la estación de la cópula. La rapidez con que las hembras del grupo forman coalición contra los machos que parecen amenazar a sus hijos es un hecho observado en muchas especies de primates, incluyendo el cercopiteco (Lancaster, sin fecha de publicación), el langur del norte de la India (Hrdy,

1976; Jay, 1965), y el macaco rhesus (Lindburg, 1971). Existen pocos elementos referidos al *status* específico de estos machos (centrales, periféricos, recién llegados, etcétera), pero, en general, las hembras con cría prefieren la presencia de machos conocidos y totalmente maduros. Muchas estadísticas indican que, entre las especies en que los machos gozan de posiciones sociales prioritarias (tales como los papiones, los macacos y los cercopitecos), el acceso a esa prioridad se basa en su aceptación por parte de las hembras residentes. Los machos que no son aceptados tienen dificultades para permanecer en el grupo y alcanzar así prioridad y alto rango entre los demás machos.

*La elección femenina.* Pocos investigadores de campo han estudiado con seriedad el problema de la elección femenina referido a la cópula, entre monos grandes y pequeños. De todos modos, las publicaciones sobre investigación de campo están saturadas de informes sobre hembras que piden la cópula y luego la rehúsan manteniendo bajo el trasero:

> En la posición de acoplamiento, el macho intenta abrir la vagina con el pene. Si la hembra no ha alzado suficientemente las ancas, su abertura vaginal quedará en un ángulo incorrecto frente a los pujos del pene del macho, y éste no conseguirá introducirse. Esto significa que la hembra puede controlar el hecho de que un macho logre introducirse; de aquí que el acoplamiento con introducción se tome como prueba suficiente de la receptividad sexual femenina (Stephenson, 1975, p. 75).

Hausfater (1975a) descubrió una continua preferencia femenina a copular con los machos de más alto rango dentro de un subgrupo de machos con los que una hembra había copulado. Saayman (1975) percibió que las hembras papiones *chacma* buscan pareja madura porque este tipo de machos las estimulan hacia el orgasmo. En su principal grupo de estudio, las hembras mostraban preferencia sexual por los machos maduros de tercer rango, que era el menos agresivo, y que frecuentemente intervenía en su favor en situaciones conflictivas. En un experimento de laboratorio sobre preferencias sexuales femeninas entre los macacos, Eaton (1973) descubrió que las hembras mostraban una fuerte aversión contra un macho sumamente agresivo que las atacaba. Otras preferencias y aversiones hacia determinados machos eran sumamente idiosincrásicos, pero a la vez muy importantes para comprender las pautas individuales de comportamiento.

Tutin (1975) analizó las preferencias de pareja de los chimpancés en más de mil cópulas observadas durante un periodo de quince meses en la Reserva de chimpancés de Gombe. El comportamiento sexual de las hembras que no habían tenido hijos y de las que ya habían tenido difería mucho. Las hembras que no habían tenido hijos tenían una muy escasa probabilidad de preñez (los chimpancés tienen ciclos que duran varios años antes del primer embarazo), y este tipo de hembras copulaban por lo general de manera promiscua con la población local de machos. Las hembras ya paridas, al contrario, generalmente formaban parejas aisladas durante el tiempo de celo. Tutin informó que la frecuencia con que los machos formaban pareja no estaba en correlación con la edad, el dominio o la cantidad de comportamiento agonístico dirigida hacia las hembras. En cambio, los machos que se pasaban la mayor parte del tiempo cortejando a las hembras en situaciones de grupo, y los que eran generosos con las hembras al compartir los alimentos, resultaban los más aptos para formar parejas duraderas. Tutin concluyó que las características sociales y afectuosas de los chimpancés machos eran más importantes para la reproducción que su *status* de dominio.

La moderna teoría evolucionista, particularmente como fue desarrollada por Goss-Custard, Dunbar y Aldrich-Blake (1972), y Trivers (1972), es buen argumento en favor de la selectividad femenina en las pautas de cópula entre primates. En oposición al macho, la mona tiene un número limitado de oportunidades durante toda su vida para procrear. Al mismo tiempo, la cría de sus hijos les exige un considerable esfuerzo en comparación con las hembras de otros mamíferos. Por estas razones, la selección natural debe favorecer a las hembras que son selectivas en cuanto a quién puede inseminarlas. La elección más obvia es el macho completamente maduro, el que ha demostrado capacidad para sobrevivir cuando tal vez el 90 por ciento de sus compañeros de generación han sucumbido ante asuntos genéticos, enfermedades, desnutrición, infecciones, accidentes o peleas.

En su análisis de la selectividad para la cópula por parte de los macacos rhesus de la India, Lindburg (1975) observó la preferencia de las hembras en celo hacia los machos alfa, especialmente cerca del periodo de la ovulación. Lindburg concluyó que el éxito, superior al esperado, de los machos alfa para la cópula se debía a la preferencia de las hembras, y no a la capacidad del macho para dominar a otros machos o limitarles su acceso a las hembras. La correlación entre el *status* del macho alfa con la edad y la posición en el grupo se ajusta perfectamente a este concepto. El *status* del macho alfa demuestra su adaptabilidad genética, en el sentido de que ha probado su capacidad para sobrevivir hasta la mediana edad, y su posición e importancia en el grupo demuestran sus aptitudes sociales para formar relaciones sociales estables y proteger a los miembros más débiles del grupo.

En un artículo sobre el dominio, la agresión y la reproducción en las sociedades de primates, Bernstein (1976) subrayó la importancia del "rol de control" en los sistemas sociales de los primates. Este rol consiste primariamente en una conducta que incluye la vigilancia y la protección del grupo contra distintas causas de alteración y perturbación. Dado que las características principales del rol se refieren a la protección del grupo, y no a la conquista de incentivos personales, el rol puede observarse incluso en especies que no poseen la jerarquía de dominio. Bernstein resumió el rol de control de la siguiente manera:

> Los machos alfa, sin embargo, mantenían su posición gracias a aptitudes sociales como miembros de núcleo o de la alianza central, y el rango alto se relacionaba primariamente con la madurez. Además, los machos alfa respondían activamente a los desafíos hechos al grupo y se consideraba que contribuían mucho a la supervivencia de los más pequeños. Por lo tanto, se planteó la hipótesis de que la mayor adaptabilidad genética estaba ligada a la creciente posibilidad de sobrevivencia de animales inmaduros en el grupo, muchos de los cuales serían los hijos de los machos maduros (y, por lo tanto, machos alfa). La selección se operaría entonces por las aptitudes sociales que producen buenas alianzas en defensa del grupo. Tales aptitudes podrían incluso referirse a las preferencias en cuanto a la hembra elegida como pareja, incrementando así la eficacia reproductiva de los machos alfa en cualquier momento de sus vidas, incluso algunos años antes y algunos años después de alcanzar el rango de alfa (Bernstein, 1973, p. 459).

## Prohibición de las cópulas incestuosas

La literatura antropológica y psicológica se dedicó ávidamente a un informe publicado por Sade (1968) sobre la prohibición de la cópula entre madre e hijo en un grupo de monos rhesus elegidos al azar. Las generalizaciones comúnmente habían enfocado la supuesta presencia de un tabú precultural del incesto para los primates. Estudios siguientes muestran que la realidad de la prohibición del incesto en los monos y primates es mucho más compleja. Los elementos de información todavía son incompletos, pero despiertan curiosidad.

Estadísticas recientes, publicadas sobre una gran variedad de especies de monos del Viejo Mundo muestran que los machos son por lo general mucho más móviles que las hembras respecto a la permanencia en un grupo determinado: Gartlan (Gartlan y Brain, 1968) sobre el cercopiteco; Lindburg (1969) sobre colonias de rhesus elegidos al azar; Dittus (1975) sobre el macaco *toque*; Itoigawa (1975) y Norikoshi y Kayama (1975) sobre macacos japoneses elegidos al azar, Parker (1975) y Hausfater (1975b) sobre el papión amarillo. Todos estos estudios indican que las hembras forman el núcleo estable y organizado de un grupo social de larga duración, y los machos componen una población más o menos migratoria dentro de una colonia. La mayoría conviene en que los machos pueden transferirse varias veces durante su vida, y que casi todos —excepto una pequeña minoría— dejan sus grupos natales durante la adolescencia y en su primera madurez. En aquellos grupos en que la cópula es estacional, gran parte de esta movilidad y abandono de los grupos empieza poco antes de comenzar el periodo de la brama y se prolonga hasta el comienzo de la estación de los nacimientos.

Las mayores tasas de agresión y pelea irrumpen también en el transcurso de este periodo. Algunos autores han destacado la importancia de las hembras en celo para atraer a machos itinerantes e incorporarlos a sus grupos. Para la mayoría de los primates, la posibilidad de concepción entre madre e hijo y hermano y hermana es extraordinariamente baja, puesto que nunca pasan su vida adulta en el mismo grupo social. La frecuencia del incesto entre padre e hija no está determinada, puesto que la paternidad es desconocida (presumiblemente tanto para el observador como para los propios animales) en la inmensa mayoría de monos y grandes simios del Viejo Mundo. Un elemento que no ha sido considerado con la suficiente atención es si los machos que han sobrevivido hasta la madurez completa evitan regresar a sus grupos natales o simplemente circulan libres entre todos los grupos sociales de la vecindad. Aunque la información de que se dispone es incompleta, debido a muestreos reducidos y observaciones por cortos periodos, existen unos pocos casos registrados de machos que regresan a sus grupos natales.

La más reciente información de campo sobre los parientes vivos más cercanos de los seres humanos (los chimpancés y los gorilas) ofrece una pauta de pertenencia a grupos muy diferente que para los monos del Viejo Mundo. En el gorila (Harcourt, Stewart y Fossey, 1976) tanto los machos jóvenes como las hembras jóvenes dejan sus grupos natales alrededor de la pubertad: el macho se desplaza solo y errático, o funda un grupo propio y la hembra se une a otros grupos hasta que encuentra uno en el que pueda criar a sus hijos. Entre los chimpancés de la Reserva Gombe, Bauer (1976) descubrió que las hembras mostraban lazos intersexuales mucho más bajos que los machos de la misma comunidad, y que las hembras jóvenes a menudo salían de su comunidad natal, mientras que los machos no lo hacían. El resultado neto de estas diferencias sexuales de pertenencia a un grupo es el mismo que se produce para los monos del Viejo Mundo; no se registran altas tasas de incesto debido a las diferencias de movilidad y de pertenencia al grupo mostradas por los dos sexos.

Los temas más interesantes giran en torno del hecho de si el incesto o la procreación endogámica están limitados debido a que las hembras extrañas son más atractivas para los machos que las familiares, y viceversa, o debido a que existe alguna aversión definida en cuanto a copular con parientes cercanos. En sus primeras observaciones sobre el tema del comportamiento copulatorio en un grupo de monos rhesus elegidos al azar en Cayo Santiago, Sade (1968) formuló la hipótesis de que un macho adulto que permanecía en el grupo de su madre quedaba inhibido para copular con ella por su rol dominante más alto, aunque esta inhibición no se aplicaba a hembras dominantes que no estuvieran emparentadas con él. Un estudio más reciente de Missakian (1973) sobre un grupo diferente en Cayo Santiago, y observaciones siguientes de Sade (1972) sobre su grupo original, indican que la cópula entre madre e hijo no es común durante el periodo de la última adolescencia y la primera madurez en el ciclo vital del macho, al menos para aquellos que permanecen en su grupo natal. De hecho, Missakian encontró que la madre en algunos casos era la pareja sexual preferida. El problema del rango de dominio entre parientes todavía no está resuelto, puesto que este es el periodo cuando los machos rhesus se hacen dominantes sobre sus madres (debido a su crecimiento en tamaño), pero tanto Sade como Missakian observaron copulaciones cuando el hijo todavía se mantenía subordinado a su madre.

Cuando los monos del Viejo Mundo alcanzan su plena adultez, el número de machos que siguen viviendo en su grupo natal es muy reducido. De todos modos, algunos estudios realizados sobre un mayor número de grupos de macacos japoneses (Enomoto, 1974; Itoigawa, 1975; Norikosi y Koyama, 1975) indicaron que entre los machos plenamente maduros y centrales pertenecientes a un grupo social dado, el número de hijos puede ser proporcionalmente alto. Enomoto descubrió que las tres primeras posiciones dominantes en su grupo de estudio eran ostentadas por machos que pertenecían al linaje dominante de la madre. Estos machos mostraban un comportamiento positivo en favor de las hembras (madres, hermanas, tías, primas) de su propio linaje, cuando estas hembras estaban en periodo de celo, pero las hembras mostraban marcada preferencia por copular con los machos de alta jerarquía que habían llegado al grupo. Este descubrimiento se opone a las observaciones de Sade (1968) sobre los rhesus, y a los de Goodall (1968) sobre los chimpancés. Tanto Sade como Goodall informaron de una solicitud sexual activa de parte de las madres en celo hacia sus hijos, y el rechazo de los hijos a acoplarse con ellas. La literatura sobre los rhesus da cuenta de algunos acoplamientos entre hermanos y hermanas: Loy (1975) percibió acoplamientos entre hermano y hermana en Cayo Santiago, aunque con escasa frecuencia, pero Missakian (1973) encontró que, una vez que los hermanos alcanzaban la plena madurez, no copulaban con sus hermanas aun cuando vivieran en el mismo grupo natal.

La repetida observación de que algunos machos prefieren evitar la cópula con subgrupos específicos, en las sociedades de papiones y macacos, puede reflejar muy bien las preferencias copulatorias entre individuos de diferentes genealogías. El estudio de laboratorio de Wade sobre la respuesta de los grupos sociales de monos rhesus hacia los extranjeros puede ser de mucha importancia. Wade (1976) descubrió que, cuando se les ofrecían alternativas, los machos mostraban preferencia a formar alianzas sociales con hembras no familiares, más que con las familiares. Las hembras, al contrario, preferían hacer alianza ante todo con los machos, luego con hembras familiares, y por último con hembras no familiares. Las hembras también mostraban muy poca tolerancia social hacia hembras extrañas cuando estaban en presencia de un macho. Tales preferencias sociales básicas pueden suponer complejas pautas de comportamiento, como la transferencia de machos entre los grupos sociales de una misma comunidad, o la poca frecuencia de copulación entre individuos estrechamente ligados.

### Conclusiones

Las tentativas de establecer una base en los primates desde la cual se pueda observar la evolución del sexo y del género humanos se ha apoyado en débiles restos de información y en observaciones con escasísimo control. Al menos hasta hace muy poco, no conocíamos casi nada sobre lo que realmente es el comportamiento sexual entre los primates. La mayoría de las generalizaciones se ha basado en presupuestos sobre lo que debería ser el comportamiento sexual de los primates, apoyadas por los pocos hechos de que se disponía. Desde 1970 se han publicado ciertos trabajos informativos que provienen de investigaciones de campo y de laboratorio. Algunos de estos estudios fueron realizados específicamente para recoger información sobre el comportamiento reproductivo de los primates no humanos, y las más de las veces los datos fueron obtenidos por medio del uso de técnicas cuidadosamente controladas. Algunos de estos datos plantean nuevos problemas, pero hay otros que tienen importantes implicaciones para desarrollar una perspectiva sobre la evolución del comportamiento sexual humano.

Una de las más significativas generalizaciones que proporcionan estos nuevos datos es la de que, como los humanos, los monos del Viejo Mundo no sólo se dedican a la actividad sexual cerca del periodo de la ovulación. Muchas especies diferentes usan la actividad sexual primaria o las pautas de comportamiento propios del repertorio sexual para expresar y cimentar positivos lazos sociales. El comportamiento sexual primario entre miembros del mismo sexo, entre jóvenes y adultos, y entre machos adultos y hembras preñadas o en periodo de menstruación, o anovulatorias, no es poco frecuente entre los primates. En éstos, el estímulo y la recompensa sexual parecen ser mecanismos importantes para la alianza social, y en algunas especies posiblemente esto pueda compararse a pautas de comportamiento similares al noviazgo. La evolución del comportamiento sexual humano debe ser entendida como un derivado de la base primate, en que la sexualidad era un componente importante de la interacción social. En un análisis reciente sobre la reproducción en la hembra humana, Newton (1973) observó la importancia del estímulo sexual y el orgasmo en todos los aspectos principales del rol reproductivo de la mujer, incluyendo el coito, el trabajo de parto y la lactancia. Dado que la sexualidad es uno de los estímulos biológicos más potentes, y el orgasmo una de las recompensas más potentes, no sorprende que este sistema fuera elemento importantísimo en el comportamiento social de una especie cuya adaptación está tan supeditada a largos plazos y a alianzas sociales individualizadas.

Otra consideración de gran importancia es la notable falta de pruebas de que el comportamiento femenino y el *status* social entre los primates se encuentran principalmente bajo control de los ciclos hormonales. Todos los recientes estudios de campo subrayan que, en circunstancias sociales normales, no existe correlación entre el *status* social y el estado hormonal sexual. Por el contrario, ponen el acento en que la estabilidad general del *status* social de la hembra y el rango de dominio no se corresponden con el hecho de si una hembra está en celo, es anovulatoria, está preñada o en periodo de lactancia. Más aún, en algunas especies de primates, el comportamiento sexual femenino parece ser muy similar al de los humanos en un aspecto muy importante: las hembras pueden ser activas para solicitar la cópula durante todos los momentos de su ciclo sexual, aun cuando las frecuencias más altas de coito suceden cerca del periodo de la ovulación y precisamente antes de la menstruación. Tal grado de emancipación de la sexualidad frente al ciclo sexual hormonal puede esperarse de especies que usan la sexualidad como medio principalísimo para formar alianzas sociales estables. La capacidad de ser selectivo en cuanto a la pareja del coito, durante el periodo de celo, puede ser asimismo considerada como un paso importante en la evolución del control volitivo sobre la sexualidad personal. La continua receptividad sexual en las hembras humanas no es lo mismo que el continuo estado de celo. La continua receptividad sexual da a la mujer opciones rápidas y regulares para la actividad sexual, y una posibilidad de desarrollo evolutivo de suma importancia si consideramos la gran cantidad de esfuerzo familiar que se le exige a una mujer para criar bien a un hijo.

Una tercera generalización también importante, es la falta de pruebas de grandes diferencias en el rol sexual referida a importantes aspectos del comportamiento sexual. Por ejemplo, la información de campo sugiere que tanto los machos como las hembras desempeñan roles activos al seleccionar su compañero de cópula, al buscar respuestas de satisfacción y al formar uniones sexuales. Más aún, los testimonios que se han acumulado indican que los roles no son rígidamente específicos sexuales, y que entre las especies existe una gran variación de los roles que los machos y las hembras desempeñan durante diferentes periodos del ciclo vital, y en diferentes circunstancias sociales.

Quizás una de las generalizaciones más significativas para el desarrollo de la teoría evolucionista es la relación entre el dominio y el éxito en la reproducción en sistemas sociales complejos. Se necesita realizar todavía mucho más trabajo y estudios de largo plazo que puedan cubrir todo el ciclo vital de los individuos, pero ahora ya es posible decir que la cualidad elusiva del "dominio" corresponde abiertamente con la madurez social plena y con la extensión de la permanencia en un grupo social, y no con el potencial agresivo *per se*. Como tal, es una parte del ciclo vital normal para aquellos individuos que viven lo suficiente para llegar a ser dominantes. La competencia entre los machos por el acceso a las hembras se basa principalmente en la capacidad de sobrevivir, y no en cosas tan rudimentarias como la intimidación física. Más todavía: un rol dominante representa solamente una de las estrategias eficaces para dejar herencia. La información de campo de que se dispone hasta el presente no muestra que una estrategia específica sea más eficaz que otra, ni que un individuo use solamente una estrategia durante toda su vida. La mayor probabilidad es que estas estrategias correspondan a situaciones específicas y puedan ser usadas por la mayoría de los individuos de acuerdo con las circunstancias sociales.

Una última generalización se refiere a la cuestión de la prohibición del incesto. Los estudios de campo, hasta la fecha, indican positivamente que entre los monos del Viejo Mundo, el macho tiene un campo de acción social más amplio que la hembra. Típicamente, el macho circula entre grupos sociales de una vecindad durante varias épocas de su vida, mientras la hembra más probablemente pasa su vida entera en el grupo natal. Esta diferenciación entre los sexos, en cuanto a la unión en grupos, significa que la cópula entre madre e hijo y entre hermano y hermana son raras, puesto que ninguno de ellos está destinado a vivir en el mismo grupo social. De todos modos, se han observado algunos casos de incesto en monos elegidos al azar, particularmente durante la última etapa de adolescencia del macho. Los estudios de campo sugieren que las propiedades estimulantes de las hembras menos familiares tienen una valencia más positiva que la de las mujeres que pertenecen al mismo linaje social. La atracción de los extranjeros puede ser uno de los motivos por el cual se da una frecuencia de incestos inferior a la esperada. Similares mecanismos parecen reducir la endogamia entre los monos africanos, pero en este caso es la hembra la que muestra más movilidad que el macho.

## REFERENCIAS

Abernethy, V. 1974. Dominance and sexual behavior: A hypothesis. *Am. J. Phychiat.* 131:813-817.

Agar, M. E., y Mitchell, G. 1975. Behavior of free-ranging adult rhesus macaques: A review. En *The rhesus monkey,* vol. 1, ed. G. Bourne. Nueva York: Academic Press.

Altmann, J. 1974. Observational study of behavior: Sampling methods. *Behavior* 49:227-267.

Bauer, H. R. 1976. Sex differences in aggregation and sexual selection in Gombe chimpanzees. *Amer. Zool.* 16:209.

Beach, F. A. 1974. Human sexuality and evolution. En *Reproductive Behavior,* ed. W. Montagna y W. A. Sadler. Nueva York: Plenum Press.

Bernstein, I. S. 1976. Dominance, aggresion and reproduction in primate societies. *J. Theor. Biol.* 60:459-472.

Breuggeman, J. A. 1973. Parental care in a group of free-ranging rhesus monkeys (*Macaca mulatta*). *Folia Primatol.* 20:178-210.

Burton, F. D. 1971. Sexual climax in female *Macaca mulatta.* En *Proceedings of the Third International Congress of Primatology,* vol. 3. Basilea: S. Karger.

Chevalier-Skolnikoff, S. 1971. Documento leído en la reunión anual de la American Anthropological Association, noviembre, 1971, en Nueva York.

——. 1974. Male-female, female-female, and male-male sexual behavior in the stumptail monkey, with special attention to the female orgasm. *Arch. Sex. Behav.* 3:95-116.

——. 1976. Homosexual behavior in a laboratory group of stumptail monkeys (*Macaca arctoides*): Forms, contents and possible social functions. *Arch. Sex. Behav.* 5:511-527.

DeVore, I. 1965. Male dominance and mating behavior in baboons. En *Sex and Behavior*, ed. F. A. Beach, Nueva York: Wiley.

Dittus, W. 1975. Population dynamics of the toque monkey, *Macaca sinica*. En *Socioecology and psychology of primates*, ed. R. Tuttle. La Haya: Mouton.

Drickamer, L. C. 1974a. A ten-year summary of reproductive data for free-ranging *Macaca mulatta*. *Folia Primatol.* 21:61-80.

——. 1974b. Social rank, observability, and sexual behavior of rhesus monkeys (*Macaca mulatta*). *J. Repro. Fertil.* 37:117-120.

——. 1975. Quantitative observation of behavior in free-ranging *Macaca mulatta*: Methodology and aggresion. *Behavior* 55:209-236.

Drickamer, L. C., y Vessey, S. H. 1973. Group changing in free-ranging male rhesus monkeys. *Primates* 14:359-368.

Eaton, G. G. 1973. Social and endocrine determinants of sexual behavior in simian and prosimian females. En *Symposia of the 4th International Congress of Primatology*, vol. 2, ed. C. H. Phoenix. Basilea: S. Karger.

——. 1974. Male dominance and agression in Japanese macaque. En *Reproductive Behavior*, ed. W. Montagna y W. A. Sadler. Nueva York: Plenum Press.

Eaton, G. G., y Resko, J. A. 1974. Ovarian hormones and sexual behavior in *Macaca nemestrina*. *J. Comp. Physiol. Psychol.* 86: 919-925.

Enomoto, T. 1974. The sexual behavior of Japanese monkeys. *J. Hum. Evol.* 3:351-372.

Erwin, J., y Maple, T. 1976. Ambisexual behavior in male rhesus monkeys. *Arch. Sex. Behav.* 5:9-14.

Fooden, J. 1967. Complementary specialization of male and female reproductive structures in the bear macaque, *Macaca arctoides*. *Nature* 214:939-941.

Fox, R. 1972. Alliance and constraint: Sexual selection and the evolution of human kinship systems. En *Sexual selection and the descent of man*, ed. B. Campbell. Chicago: Aldine.

Gartlan, J. S., y Brain, C. K. 1968. Ecology and social variability in *Cercopithecus aethiops* and *C. mitis*. En *Primates: Studies in adap-*

*tation and variability*, ed. P. Jay. Nueva York: Holt, Rinehart & Winston.

Goldfoot, D. A. 1971. Hormonal and social determinants of sexual behavior in the pigtail monkeys (*Macaca nemestrina*). En *Normal and abnormal development of brain and behavior*, ed. G. B. A. Stoelinga y J. J. Van der Werff Ten Bosch. Leiden: Leiden University Press.

Goodall, J. 1968. The behavior of free-ranging chimpanzees in the Gombe stream reserve. *Anim. Behav. Monogr.* 1:165-311.

Goss-Custard, J. D.; Dunbar, R. I. M., y Aldrich-Blake, F. P. G. 1972. Survival, mating and rearing strategies in the evolution of primate social structure. *Folia Primatol.* 17:1-19.

Hanby, J. P. 1974. Male-male mounting in Japanese monkeys (*Macaca muscata*). *Anim. Behav.* 22:836-849.

Hanby, J. P.; Robertson, L. T., y Phoenix, C. H. 1971. The sexual behavior of a confined troop of Japanese macaques. *Folia Primatol.* 16:123-144.

Harcourt, A. H., Stewart, K. S. y Fossey, D. 1976. Male emigration and female transfer in wild mountain gorilla. *Nature* 263:226-227.

Hausfater, G. 1975a. Dominance and reproduction in baboons (*Papio cynocephalus*). *Contrib. Primatol.* 7:1-150.

———. 1975b. Estrous females: Their effects on the social organization of the baboon group. En *Proceedings from the Symposia of the 5th Congress of the International Primatological Society*, ed. S. Kondo, M. Kawai, A. Ehara, y S. Kawamura. Tokio: Japan Science Press.

Hrdy, S. B. 1976. Hierarchical relations among female Hanuman langurs (*Presbytis entellus*). *Science* 193:913-915.

Itoigawa, N. 1975. Variables in male leaving a group of Japanese macaques. En *Proceedings from the Symposia of the 5th Congress of the International Primatological Society*, ed. S. Kondo, M. Kawai, A. Ehara, y S. Kawamura. Tokio: Japan Science Press.

Jay, P. 1965. The common langur of North India. En *Primate behavior: Field studies of monkeys and apes*, ed. I. DeVore. Nueva York: Holt, Rinehart.

Kanagawa, H., y Hafez, E. S. E. 1973. Copulatory behavior in relation to anatomical characteristics of three macaques. *Am. J. Phys. Anthrop.* 38:233-240.

Kaufmann, J. H. 1967. Social relations of adult males in a free-ranging band of rhesus monkeys. En *Social communication among primates*, ed. S. Altmann. Chicago: University of Chicago Press.

Kline-Graber, G., y Graber, B. 1975. *Woman's orgasm*. Nueva York: Bobbs-Merrill.

Kling, A., y Dunne, K. 1976. Social-environmental factors affecting behavior and plasma testosterone in normal and amygdala lesioned *M. speciosa. Primates* 17:23-42.

Lancaster, Jane B., y Lee, Richard B. 1965. The annual reproductive cycle in monkeys and apes. En *Primate behavior: Field studies of monkeys and apes*, ed. I. DeVore. Nueva York: Holt, Rinehart.

Lindburg, D. G. 1969. Rhesus monkeys: Mating season mobility of adult males. *Science* 166:1176-1178.

——. 1971. The rhesus monkey in North India: An ecological and behavioral study. In *Primate behavior*, vol. 2, ed. L. Rosenblum. Nueva York: Academic Press.

——. 1975. Mate selection in the rhesus monkey. *Macaca mulatta*. Documento leído en la reunión de la American Association of Physical Anthropologists, 12 de abril, 1975 en Denver.

Loy, J. 1970. Peri-menstrual sexual behavior among rhesus monkeys. *Folia Primatol.* 13:286-287.

——. 1971. Estrous behavior of free-ranging rhesus monkeys (*Macaca mulatta*). *Primates* 12:1-32.

Mass, R. 1972. Effects of dorso-lateral frontal ablations on the social behavior of a caged group of eleven stump-tailed macaques. Tesis para el doctorado, Rutgers University, 1972.

Masters, W. H., y Johnson, V. E. 1966. *Human sexual response*. Boston: Little, Brown.

Michael, R. P.; Herbert, J.; y Welegalla, J. 1966. Ovarian hormones and grooming behavior in the rhesus monkeys (*Macaca mulatta*) under laboratory conditions. *J. Endocrinol.* 36:263-279.

Michael, R. P.; Keverne, E. B., y Bonsall, R. W. 1971. Pheromones: Isolation of male sex attractants from a female primate. *Science.* 172: 964-966.

Michael, R. P., y Saayman, G. S. 1968. Differential effects on behavior of the subcutaneous and intravaginal administration of oestrogen in the rhesus monkey (*Macaca mulatta*), *J. Endocrinol.* 41:231-246.

Michael, R. P.; Wilson, M. I., y Zumpe, D. 1974. The bisexual behavior of female rhesus monkeys. En *Sex differences in behavior*, ed. R. C. Friedman, R. M. Richart, and R. L. Vande Wiele. Nueva York: Wiley.

Michael, R P., y Zumpe, D. 1970. Rhythmic changes in the copulatory frequency of rhesus monkeys (*Macaca mulatta*) in relation to the menstrual cycle and a comparison with the human cycle. *J. Reprod. Fert.* 21:199-201.

Missakian, E. Z. 1973. Genealogical mating activtiy in free-ranging groups of rhesus monkeys (*Macaca mulatta*) on Cayo Santiago. *Behavior* 45:224-240.

Neville, M. K. 1968. A free-ranging rhesus monkey troop lacking adult males. *J. Mammal.* 49:771-773.

Newton, N. 1973. Interrelationships between sexual responsiveness, birth and breast feeding. In *Contemporary sexual behavior*, ed. J. Zubin y J. Money. Baltimore: Johns Hopkins University.

Norikoshi, K. y Koyama, N. 1975. Group shifting and social organization among Japanese monkeys. En *Proceedings from the Symposia of the 5th Congress of the International Primatological Society*, ed. S. Kondo, M. Kawai, A. Ehara, and S. Kawamura. Tokio: Japan Science Press.

Parker, C. 1975. Male transfer in olive baboons. *Nature* 255:219-220.

Perachio, A. A.; Alexander, M. y Marr, L. D. 1973. Hormonal and social factors affecting evoked sexual behavior in rhesus monkeys. *Am. J. Phys. Anthop.* 38:227-232.

Ranson, T. W., y Rowell, T. E. 1972. Early social development of feral baboons. En *Primate socialization*, ed. F. Poirier. Nueva York: Random House

Rowell, T. E. 1972. Female reproduction cycles and social behavior in primates. *Advanc. Stud. Behav.* 4:69-105.

Saayman, G. S. 1970. The menstrual cycle and sexual behavior in a troop of free-ranging chacma baboons (*Papio ursinus*). *Folia Primatol.* 12:81-110.

———. 1973. Effects of ovarian hormones on the sexual skin and behavior of ovariectomized baboons (*Papio ursinus*) under free-ranging conditions. En *Symposia of the 4th International Congress of Primatology*, vol. 2, ed. C. H. Phoenix. Basilea: S. Karger.

———. 1975. The influence of hormonal and ecological factors upon sexual behavior and social organization in Old World primates. En *Socioecology and psychology of primates*, ed. R. Tuttle. La Haya: Mounton.

Sade, D. S. 1968. Inhibition of son-mother mating among free-ranging rhesus monkeys. *Sci. and Psychoanal.* 12:18-37.

———. 1972. A longitudinal study of social behavior of rhesus monkeys. En *The functional and evolutionary biology of primates*, ed. R. Tuttle. Chicago: Aldine-Atherton.

Saunders, C., y Hausfater, G. En *Proceedings of the 6th Congress of the International Primatological Society*. Basilea: S. Karger.

Stephenson, G. R. 1975. Social structure of mating activity in Japanese macaques. En *Proceedings from the Symposia of the 5th Congress of the International Primatological Society*, ed. S. Kondo, M. Kawai, A. Ehara, y S. Kawamura. Tokio: Japan Science Press.

Trivers, R. L. 1972. Parental investment and sexual selection. En *Sexual selection and the descent of man*, ed. B. Campbell. Chicago: Aldine.

Trollope, J., y Blurton-Jones, N. G. 1975. Aspects of reproduction and reproductive behaviour in *Macaca arctoides*. *Primates* 16:191-205.

Tutin, C. E. G. 1975. Exceptions to promiscuity in a feral chimpanzee community. En *Contemporary primatology*. Basilea: S. Karger.

Wade, T. D. 1976. Effects of strangers on rhesus monkey groups. *Behavior* 56:194-214.

Wickler, W. 1973. *The sexual code: The social behavior of animals and men*. Garden City, Nueva York: Doubleday.

Wilson, E. O. 1975. *Sociobiology: The new synthesis*. Cambridge, Mass.: Belknap.

Wrangham, R. W. 1974. Artificial feeding of chimpanzees and babons in their natural habitat. *Anim. Behav.* 22:83-93.

Zuckerman, S. 1932. *The social life of monkeys and apes*. Londres. Routledge and Kegan Paul.

Zumpe, D., y Michael, R. P. 1968. The clutching reaction and orgasm in the female rhesus monkey (*Macaca mulatta*). *J. Endocrinol.* 40: 117-123.

# IV. SEXUALIDAD Y SOCIABILIDAD EN LOS SERES HUMANOS Y EN OTROS PRIMATES

RICHARD D. ALEXANDER

EN EL capítulo anterior, al revisar el comportamiento sexual de los primates, la Dra. Lancaster planteó temas de considerable importancia para nuestros esfuerzos de comprendernos mejor a través del estudio comparativo. Durante muchos años, he pensado que algunos atributos únicos o exageradamente individualizados de la hembra humana —tales como la menopausia o el ocultamiento de la ovulación; esto último comparado con lo que también se advierte en los primates, probablemente representen claves para la reconstrucción de la historia de la sociabilidad humana, pero sólo si sabemos cómo interpretarlos. Recientemente me he preguntado si estos elementos no podrían representar incluso la clave principal para entender todo el problema de cómo la línea evolutiva humana ha venido a desviarse tanto de los demás primates. En este trabajo trataré de combinar un análisis de las ideas de Lancaster con una explicación de la base que sustenta estos argumentos, y de su significado (ver también Alexander y Noonan, 1978).

Las comparaciones del comportamiento sexual y social entre diferentes especies de primates nos permiten observar nuestro propio comportamiento en perspectiva frente al de nuestros más cercanos parientes contemporáneos. Existe también otro tipo de estudios comparativos. Estos incluyen investigaciones entre grupos taxonómicos todavía más divergentes con sus sistemas paralelos, por ejemplo, de comportamiento, para hacer correlaciones con otros atributos que, por su aparición, independiente en los diversos grupos, sugieren relaciones de causa-efecto que antes no habían sido percibidas. Por ejemplo, Alexander y sus colaboradores (1978) han demostrado estrechas relaciones entre la extensión de los harenes y el grado de dimorfismo sexual en el tamaño del cuerpo en tres grupos mamíferos con sistemas de crianza que han evolucionado en forma independiente. Estos descubrimientos son una poderosa indicación de que las diferentes intensidades en la competencia macho-macho son el agente de las relativas cantidades de dimorfismo sexual en los tres grupos.

Los procedimientos comparativos antes presentados pueden ayudar a la reconstrucción de las razones que explican las divergencias de la línea humana frente a las que permiten el crecimiento de otros primates. A su vez, la explicación de las razones por las que los humanos llegan a ser lo que son puede arrojar nueva luz sobre los innumerables pero no del todo entendidos hechos de la existencia humana diaria, y sugieren nuevas posibilidades para la captación de los comportamientos humanos para alivio de muchos problemas prácticos y dolorosos.

La Dra. Lancaster examina datos recientes referidos al orgasmo femenino, a la selección copulatoria, al incesto y al papel del sexo como integrador de las sociedades de primates. Repasa las pruebas que indican que el orgasmo ocurre por lo menos en algunas hembras primates, demuestra que las hembras de algunos grupos primates son a veces sexualmente activas no sólo en el periodo de celo, y concluye de esto que los primates tienen mayor ductilidad sexual de la que imaginábamos. Además, sugiere que el dominio del macho no es tan importante como se lo suponía antes en el sentido de determinar quién copula con quién, y que las preferencias femeninas son mucho más importantes de lo que se suponía.

Realmente estoy de acuerdo con el hecho de que la sexualidad femenina entre los primates es considerablemente más compleja e importante de lo que habían sugerido estudios anteriores, y que la elección femenina es una fuerza mucho más poderosa para determinar el comportamiento sexual y social de lo que comúnmente pensábamos. También creo que los argumentos que prueban la presencia del orgasmo en las hembras de los primates así como también su sexualidad generalizada. y el empleo de múltiples estrategias para lograr el éxito en las actividades sexuales, están ampliamente documentados.

### Factores próximos y finales

Mis desacuerdos con Lancaster —o mi opinión de que diferentes interpretaciones serían mucho más útiles en algunos casos— reflejan mi preocupación por lo que, considero, es una deficiencia común en el análisis que emprenden los biólogos y los científicos sociales. Me refiero a la dificultad para reconocer o tomar en cuenta que los *mecanismos próximos* existen y son mantenidos sólo porque en el pasado (al menos) han servido para la *función última* de la reproducción. Por mecanismos próximos entiendo cosas como el placer y el dolor —y todas y cualquiera de las clases de respuesta que podrían resumirse como aprendizaje o desarrollo, mientras que las contingencias son históricamente importantes (y, por lo tanto, el "mecanismo" próximo es efectivamente un mecanismo y no simplemente un accidente o el efecto incidental de alguna circunstancia imprevista).

Una razón por la que es útil pensar sobre la función última que se esconde detrás de un mecanismo próximo es que este tipo de mecanismos es difícil de entender, y necesitamos de toda la ayuda posible para practicarlo. Otra razón es que un mecanismo próximo no puede contener en sí mismo su propia justificación.

Así, la asociación entre el placer y, digamos, el sexo o la comida no existe gracias a ninguna clase de determinismo fisiológico: esta asociación se ha desarrollado a través de toda nuestra historia porque el sexo y la comida han llevado, directa o indirectamente, a la reproducción. De esto se sigue que los modos o circunstancias particulares en que el sexo y la comida son fuente de placer deberían asociarse con hechos que, en el pasado, o bien han llevado seguramente y en gran medida a la reproducción, o bien llevaron a la mayor cantidad de reproducción. Asumir ese tipo de mentalidad nos puede ayudar al analizar la naturaleza de los fenómenos fisiológicos y ontogénicos.

Existen algunos aspectos particularmente confusos sobre la relación entre los mecanismos últimos y los próximos. Por ejemplo, dado que hemos aprendido a asociar el placer con el sexo y la comida, la conexión puede persistir por un rato aun cuando la asociación con la reproducción desaparezca de pronto. Así, un exceso súbito de comida, por primera vez en nuestra vida, puede llevarnos a comer en exceso, a hacernos obesos y a morir jóvenes, reduciendo casi seguramente nuestra capacidad reproductiva. Del mismo modo, la introducción de anticonceptivos eficaces y fáciles de usar nos permite acceder a los placeres del sexo de manera que, también seguramente, reducirán nuestra capacidad reproductiva en el término de nuestro ciclo vital.

(Por favor, nótese que no estoy haciendo juicios de valor sobre el éxito o el fracaso en la reproducción, sobre el acceso al sexo o a la comida, o sobre ninguna clase de actitudes personales en estos terrenos; sólo estoy considerando sus relaciones con la historia, y cómo estas relaciones pueden aprovecharse para comprender a los seres humanos.)

El tabaco, el alcohol, las drogas, innumerables productos de la tecnología e incluso los resultados del análisis de la sociabilidad humana, desde la sociología, la psicología o la biología, pueden representar novedades que alteran la relación entre los mecanismos próximos y sus funciones históricas. Para el científico experimental, sea biólogo o psicólogo, la más sorprendente y significativa percatación es que en esencia cada proyecto experimental puede convertirse potencialmente en un hecho novedoso para la evolución histórica del organismo, lo que genera una confusión aún mayor.

Aunque la introducción de nuevas circunstancias permite explotar más el placer del sexo, en términos de evolución esta explotación llevaría, a la postre, a un decrecimiento del placer sexual como tal, puesto que el placer sexual conduciría a comportamientos que ya no suponen la reproducción. Por supuesto, cualquiera de estos efectos evolutivos parecería tan lento que tendrían un significado casi trivial en este mundo moderno de rápidos cambios.

El sexo y el alimento causan placer, siendo *placer* el nombre que hemos aplicado a sensaciones que tienden a propiciar actos repetitivos. El placer y la reproducción han terminado por asociarse, puesto que los actos repetitivos que llevan a la reproducción llevan posteriormente a otra reproducción. Inversamente, el dolor nos aparta de los actos deletéreos para la reproducción.

Para entender la explicación o significación de estos pensamientos sobre las funciones últimas, será útil considerar situaciones paradójicas. Por ejemplo, puede sobrevenir una enorme satisfacción por el hecho de dar la vida por los hijos, si se hace evidente que ésta es la única manera de salvarlos: lamentamos la situación, y sin embargo valoramos la oportunidad de poder estar allí para salvar a nuestros hijos. Inversamente, la comida podría ser una tortura absoluta si se ofrece a uno cuando sabe que los hijos o algún pariente cercano están muriendo de hambre.

El argumento de que los organismos se han desarrollado hasta hacerse sistemas reproductivos parece, por lo general, extraño para cualquiera que tenga que ver con actividades humanas, aunque es evidente que no podemos evitar relacionarnos con este hecho. Pienso que nuestra actitud frente a tal argumento es, en sí misma, un tema de profunda importancia para la investigación. Por razones que todavía no comprendo, la evolución de las capacidades y tendencias humanas hasta hacerse conscientes y deliberadas sobre *algunas* actividades, no ha engendrado capacidades o tendencias para pasar nuestras horas de vigilia totalmente preocupados con estrategias conscientes y deliberadas sobre cómo incrementar nuestro éxito reproductivo personal —al menos no en esos términos. Sin embargo, a pesar de nuestra tendencia a negar todo aquello que trate de la reproducción, cualquiera que eche una mirada seria a las leyes de la sociedad difícilmente puede dejar de reconocer que el tema común a todas ellas —desde los Diez Mandamientos hasta el sistema jurídico en la moderna América— es el de supresión de los extremos de la competitividad reproductiva por parte de los individuos que modelan esas sociedades. El ejemplo visto es el único fenómeno humano de monogamia sexual impuesta. La adquisición de cultura dio como resultado diferencias hereditarias acumulativas como fuente de control entre los seres humanos, tendente a diversos grados de diferencia en el potencial reproductivo, especialmente entre los hombres, e incluso dentro de pequeños grupos sociales. Sin embargo, los hombres que son evidentemente capaces de mantener a varias mujeres criando bien a sus hijos tienen la prohibición de la ley para realizar este tipo de actos, lo cual ha podido decirse de cualquier sociedad grande, organizada y unificada, y también en cualquier historia (por ejemplo, en las naciones industrializadas o tecnológicas). La violación de esta ley particular, como lo descubrieron Joseph Smith y sus seguidores, es uno de los típicos comportamientos que llevan a la muerte por linchamiento. Las penas de muerte han sido históricamente asociadas con lo que para mí es una de las más dramáticas explotaciones del prójimo, con la finalidad de aumentar el éxito reproductivo —por ejemplo, mediante el asesinato, la violación o la traición (Alexander).

Contrariamente a una mala interpretación muy difundida, la concepción evolucionista o reproductiva del comportamiento humano no significa que estemos obligados a comportarnos de modo particular en una circunstancia dada: no estamos sujetos a un determinismo genético u ontogenético que viole de algún modo nuestras propias concepciones sobre la capacidad de tomar decisiones personales o de ejercer el libre albedrío. Cualquier ser humano con el suficiente conocimiento de la historia y del poder de la autorreflexión puede hacer, en potencia, básicamente todo lo que quiere con su vida, incluyendo la deliberación de no reproducir, o un estilo de vida que sea sostenidamente incoherente con la historia evolucionista prácticamente en todos sus aspectos (Alexander). Sin embargo, la teoría de que todos los organismos se han desarrollado para aumentar la capacidad reproductiva de sus genes —incluso si de hecho no lo hacen— está fuera de duda, y es coherente con cualquier observación hecha por la biología y, además, aparece fuertemente respaldada por hechos biológicos acumulados desde Darwin. No puedo pensar en una sola razón válida para negar su aplicabilidad a la historia de los seres humanos, como asimismo a la de cualquier otro organismo (Alexander, 1975, 1977).

Aquí existe otra cuestión: ¿cómo se relaciona esta idea general con los hechos y las razones de Lancaster, especialmente cuando éstas parecen carecer de conclusiones satisfactorias? ¿Tiene alguna utilidad para valorar los temas que la doctora ha puesto a nuestra consideración?

## Las funciones de los orgasmos

Podemos comenzar con la función del orgasmo. ¿Para qué sirve un orgasmo? Da placer —incluso se lo representa a menudo como una de las cúspides de la capacidad humana para experimentar intensidad de placer. ¿Por qué debe dar intenso placer un orgasmo? Me animo a decir que no hay una razón fisiológica a priori que lo afirme. Creo que cualquier organismo puede incluso ser entrenado para experimentar enorme dolor y disgusto con el orgasmo.

La significación reproductiva en el orgasmo de un hombre es obvia, aun cuando los orgasmos masculinos la mayoría de las veces no sean reproductivos, y aun cuando no entendamos todas las cosas asociadas con cada situación particular en que el hombre experimenta el orgasmo. Los orgasmos masculinos liberan esperma, y cuando esto sucede durante la cópula, existe cierta posibilidad de que el esperma encuentre un óvulo y que de esto resulte la reproducción. Más aún, no existe otra vía natural para que suceda la reproducción entre seres humanos; y lo único que podemos suponer con certeza acerca de todos nuestros antepasados es que lograron reproducirse.

Así pues, podemos seguir especulando con bastante confianza, para sostener que la base del placer, en el orgasmo masculino, es que este orgasmo contribuye a la reproducción liberando esperma en el lugar y en el momento apropiados.

¿Qué se puede decir sobre los orgasmos femeninos? Lancaster propone la pregunta, pero no da una respuesta clara. En un momento sugiere que "para algunas especies" el orgasmo femenino puede funcionar como mecanismo disparador pre-eyaculatorio; en otras palabras, que puede disparar o acelerar la eyaculación en el macho. Lo que no plantea es la cuestión de por qué esto puede ser importante, o por qué sólo en algunas especies. Además, en otro lugar sugiere que las hembras en celo pueden elegir machos maduros porque éstos son más aptos y capaces de inducirlas al orgasmo.

Comprendo la incertidumbre aparente de Lancaster, y he considerado este problema durante mucho tiempo sin haber llegado a una respuesta satisfactoria. Una respuesta insatisfactoria (o incompleta), tanto para el orgasmo femenino como para el masculino, es que el orgasmo tiene en el placer su propia recompensa. Mientras que ésta parece ser una descripción perfectamente adecuada de cómo trabaja un mecanismo próximo para provocar la repetición de un hecho favorable a la reproducción, no nos dice nada sobre cómo ese acto puede ser favorable para la reproducción, y por lo tanto, ante todo, cómo podría ser fuente de placer. Posiblemente el orgasmo femenino incremente de algún modo la posibilidad de fertilización del óvulo contribuyendo al movimiento del esperma; y, de manera un poco más especulativa, un orgasmo femenino puede también comunicar a un macho que esta posibilidad se acrecienta, y así, que los hijos de esta hembra en el futuro cercano tienen mucha posibilidad de ser suyos. En este caso, como en general, no se les pediría a los machos que estuvieran conscientes de que han recibido este tipo de información. Sólo se les pide que actúen como si ya lo supieran. Obviamente, este tipo de especulaciones sobre la función introduce el problema del engaño como también el de la confianza de la paternidad en el macho. Ambos aspectos creo que son cuestiones centrales para la comprensión de la sexualidad y la sociabilidad humanas.

Más que el hecho de que las hembras prefieran a machos capaces de darles orgasmos (lo que simplemente implicaría que los orgasmos son una recompensa en sí misma, y no nos lleva a ninguna explicación sobre su existencia), tal vez las hembras estén más inclinadas a tener orgasmos con machos que ellas prefieren, y quizá prefieran esos machos por razones que no son claras. Obviamente, si este último fuera el caso, los machos que pudieran causar incluso orgasmos "inadvertidos" en las hembras con las que copulan podrían a veces, brevemente, ser favorecidos con la elección, lo que ilustra una vez más la complejidad de los factores incluidos en este problema.

Una explicación posible es que el orgasmo en la hembra humana (y quizá también en otros primates) puede funcionar para el macho como indicador de la satisfacción sexual femenina. Su tendencia aparente, al menos entre los seres humanos, a mimetizarse con el orgasmo masculino, en ausencia de una correlación comparable con el lanzamiento de los gametos, puede sugerir: 1) que esa correlación remplaza al placer o satisfacción que produce en el macho su propio orgasmo, y 2) que en los seres humanos el orgasmo femenino es principalmente un mecanismo comunicativo que trata de asegurar al macho que la hembra no tiene inclinaciones a buscar la satisfacción sexual con otros machos. Si esta interpretación es correcta, el orgasmo femenino debería: 1) ser caracterizado por obvios signos exteriores; 2) imitar el orgasmo masculino en sus signos exteriores; 3) engaño frecuente, con hembras que simulan haber tenido orgasmo cuando no lo tienen; 4) ocurre más frecuentemente, a) en relaciones de plena satisfacción o de mucho tiempo con machos comprometidos con su hembra y con sus hijos, y b) con machos dominantes o machos que obviamente tienen una capacidad superior para proporcionar beneficios como padres; y 5) sucede con menor frecuencia en encuentros breves o casuales, y en la copulación con una pareja que no satisface los rubros antedichos. Todas estas contingencias pueden corresponder con el orgasmo en las hembras humanas. Todas parecen ser coherentes con la información proporcionada por Lancaster, excepto en el punto donde las hembras primates consiguen más pronto el orgasmo si han sido privadas de actividad sexual. La idea de que los orgasmos femeninos son principalmente mecanismos comunicativos es obviamente coherente con los informes que refieren que las hembras primates vocalizan durante el orgasmo, y que algunas veces se dan vuelta hacia el macho y hacen contorsiones faciales características o chasquean los labios. Además, el valor de la comunicación directa durante el comportamiento sexual puede relacionarse con la tendencia humana, todavía no explicada, de copular cara a cara, prácticamente inexistente entre los mamíferos no humanos, excepto en los grandes monos, entre los cuales al parecer ocurre con menor frecuencia que entre los humanos.

Estamos obligados a dejar la función del orgasmo femenino en una etapa insatisfactoria de la investigación, pero tal vez yo haya podido sugerir que el tema es potencialmente revelador para hallar la significación reproductiva de los orgasmos femeninos. La especulación en el sentido de que el orgasmo femenino es primariamente comunicativo se hace coherente con la sugerencia de que los aumentos en el compromiso familiar, sobre todo de parte de los machos, eran un aspecto importante de la divergencia evolutiva de la línea humana frente a la de otros primates (Alexander y Noonan, 1978).

### Preferencias femeninas (y masculinas)

Lancaster habla de "preferencia personal" referida a la elección de pareja sexual, como si este hecho incluyera solamente la individualidad. Observa, sin embargo, que los machos prefieren hembras maduras, que las hembras inmaduras son consideradas "poco interesantes", y que las hembras maduras crían un mayor número de hijos. También destaca la madurez como el correlato más importante del *status* elevado, y a la significación del linaje maternal como factor de la selección para la cópula. El mismo tipo de observación se ha hecho en estudios de poblaciones humanas. Chagnon (1978) encuentra que entre los indios Yanomama, ambos sexos prefieren escoger pareja entre las familias de más alto rango, y que los miembros de estas familias —sean hombres o mujeres— se reproducen más que los miembros de las familias de clase baja. Dickeman (1978) llega a conclusiones similares en el caso de las sociedades asiáticas con sistema de castas.

Lancaster observa que algunas hembras primates prefieren machos reconocidos y "plenamente maduros". Supone que la principal ventaja para la cópula es, para las hembras, que este tipo de machos ha probado tener una estructura genética para sobrevivir hasta la edad madura, y por lo tanto serán aptos para producir hijos con una capacidad similar, de manera que los hijos serán asimismo buenos para la reproducción. Esta es una posibilidad bien definida.

Lancaster también sugiere que los machos, entre los primates del Viejo Mundo, quizá nunca sepan quiénes son sus hijos. Esto parece más bien una generalización excesiva, puesto que los gorilas, los papiones machos cinocéfalos, los machos gibones y seguramente tantos otros que monopolizan y secuestran a las hembras tienen muchas posibilidades de poder dirigir sus tendencias paternas hacia su cría. Pienso que, en las razones de Lancaster sobre este asunto, debemos introducir el hecho del compromiso familiar asumido por los machos. Tan pronto como un macho demuestre poseer algo más que "buenos genes" para ofrecerle a la hembra, ésta se beneficiará con la obtención de tal cualidad. En el caso del cuidado paterno, debemos suponer que la hembra que puede ofrecerle al macho una gran confianza respecto a su paternidad está en mejores condiciones de lograr el cuidado paterno del macho hacia sus hijos que una hembra que es absolutamente promiscua en su presencia.

La gran confianza en la paternidad parece estar ausente en grupos sociales de muchos machos, y en todos los animales excepto en las aves monogámicas, entre las que el macho a menudo debe criar a sus hijos y vela continuamente por su hembra durante el periodo de la incubación del óvulo (único momento en que ocurre la fertilización). El cuidado de parte de los machos es realmente básico en la mayor parte de las sociedades humanas de nuestro tiempo, y evidentemente no tiene gran importancia en la mayoría de las sociedades de primates con exceso de machos. Katharine Noonan y yo hemos sostenido (1978) que la importancia creciente del cuidado paterno de parte de los machos pudo ser la razón de la divergencia de la línea humana, lo que nos hace tan diferentes frente a otros primates. ¿Cómo ocurrió este cambio? Citamos parte de nuestra propuesta:

La hembra humana ha sido descrita por lo general como poseedora de una "receptividad sexual continua", dado que puede tener voluntad de copular en cualquier momento de su ciclo menstrual (James, 1971). La mayoría de las demás hembras mamíferas copulan sólo durante un breve periodo de celo, que sobreviene cerca del momento de la ovulación. Referirse al comportamiento sexual de la hembra humana simplemente como "de receptividad continua", parece sin embargo una burda simplificación. Ante todo, esta "receptividad" no se parece a la receptividad relativamente libre de algunas hembras mamíferas en celo. En comparación, el comportamiento de la hembra humana podría describirse mejor como una especie de receptividad selectiva, por lo general vuelta hacia un solo hombre, o al menos hacia un hombre a la vez. Desde el punto de vista de los machos que no están ligados a una hembra en particular, este hecho igualmente podría denominarse "no receptividad continua". Es un atributo verdaderamente destacado en las hembras humanas el que su ovulación sea a menudo esencialmente imposible de detectar, incluso en algunos casos, por medio de la tecnología médica...

En los primates no-humanos el periodo general de ovulación siempre se presenta como conjunto de señales manifiestas hacia los machos (aun con feromonas y otros medios que no son observables para el hombre). Todos los primates no-humanos entre los que las hembras muestran "seudo-celo" son especies que viven en grupos, mientras que los menores indicios de que existe ovulación parecen ocurrir en las especies monogámicas, tales como los gibones o las especies polígamas como los gorilas, que suelen vivir en bandas constituidas exclusivamente por machos...

Creemos que dos circunstancias coincidentes pueden explicar el desarrollo en el ocultamiento de la ovulación: Primero, una situación social en que las hembras en edad reproductiva no son completamente inaccesibles a los machos que no sean sus parejas o consortes (por ejemplo, los grupos multi-machos o los territorios multi-femeninos defendibles) y segundo una creciente importancia del cuidado paterno tal, que el valor que adquiere para una hembra el hecho de que el macho tenga la capacidad de monopolizarla en el periodo de la ovulación sea superado por el valor de la capacidad del macho y su voluntad de padre protector. El desarrollo gradual en el ocultamiento de la ovulación por parte de las hembras, que se comportan de una manera que establece la confianza de la paternidad en el macho (y, de aquí, la posibilidad de que éstos se comporten paternalmente) haría que, con cada paso hacia el ocultamiento, aumente la capacidad de la hembra para asegurar el cuidado paterno de parte de su pareja. Dado que ningún macho puede saber cuándo está ovulando la hembra, solamente aquel que frecuente más o menos continuamente a una hembra estaría seguro de la paternidad de sus hijos. Cópulas clandestinas u ocasionalmente forzadas fuera de los lazos de la pareja, y en ausencia de información sobre la ovulación, tendrían poca oportunidad de terminar en la preñez (Alexander y Noonan, 1978).

Lancaster sugiere que entre algunos primates la función de la eyaculación puede ser un estímulo para el propio "apetito" de la hembra. No considera esto como estímulo para el macho, puesto que "el estímulo sexual más potente para el macho es un agente del tipo de la feromona y dependiente del estrógeno segregado por la vagina... ni la coloración ni la secreción de la piel sexual estimula al macho sin la presencia de la señal olfativa".

Los mecanismos próximos entrañan gastos fisiológicos y genéticos. Tenemos razón al esperar que ese tipo de gastos sean mínimos gracias a la selección natural. Del mismo modo, sería muy difícil explicar la hinchazón sexual extrema y la coloración en algunos primates solamente por sus efectos sobre el mismo poseedor. No tenemos razón alguna para creer que tales cambios, evidentemente costosos, son la única manera por la que un organismo puede motivarse para un comportamiento reproductivo eficaz. Además, este tipo de explicaciones no nos permite discernir la distribución de las hinchazones sexuales entre los primates.

Sugiero esta alternativa: la piel sexual es un estímulo visual que hace que el macho trate de investigar si existe un indicador químico de la ovulación. Esta hipótesis sugiere que la piel sexual es un aspecto de la competitividad hembra-hembra en busca de atención de parte de los ("mejores") machos, y de aquí lleva a la predicción de que la piel sexual será importante sólo cuando se consiguen muchos machos. Esta predicción se cumple, puesto que las hinchazones de la piel y la piel sexual brillante no existen entre las especies de un solo macho, como los gibones y los gorilas, y más todavía en las tribus multimachos tales como los chimpancés, los macacos y los papiones (Alexander y Noonan, 1978).

### Dominio del macho

Lancaster sugiere que al "dominio" del macho se le atribuyó un papel demasiado importante al determinar el éxito en la reproducción. Estoy de acuerdo en que toda esta cuestión merece una revisión a fondo. Una de las razones es que las definiciones de dominio se han divorciado a veces de su aplicabilidad a situaciones naturales. Otra es que se han hecho muchas observaciones en situaciones definitivamente insólitas, tales como en tribus cautivas o en tribus escogidas de una manera que puede haber alterado mucho la proporción y la clase de relaciones entre macho y macho. Una tercera razón es la significación del reconocimiento de relaciones entre dominio del macho, elección femenina y cuidado paterno.

Sin embargo, pienso que los argumentos de Lancaster son de algún modo vulnerables. Por ejemplo, la doctora observa que los subordinados deben copular con hembras en celo fuera de la mirada del macho dominante, y que los subordinados a veces son sexualmente incompetentes en presencia del macho dominante. Éstos, y la mayoría de sus otros argumentos, me indican que el dominio es efectivamente importante. Ninguno de los argumentos ofrecidos muestra que las otras estrategias aplicadas para conseguir y mantener el dominio son también de importancia suma. La única hipótesis razonable parece ser que, en los primates no-humanos que viven en bandas multimachos, todos los machos tienden hacia el dominio, y que son desviados de esa estrategia hacia diferentes alternativas porque el logro del dominio resulta improbable, y por lo tanto se dedican a diversiones de poco provecho, tales como actuar subrepticiamente, que a veces les son provechosas, o lo son al menos para algunos machos en particular. La información de Hausfater (1975), por ejemplo, trata de sostener qué diferencias sexuales en las pautas de senectud se revelan en una escala más amplia; a saber, que los machos han desarrollado una capacidad para luchar no sólo por las hembras, y por eso es más posible que lleguen alto o que pierdan por completo. Esto es evidentemente cierto para los seres humanos, y para todas las especies polígamas. Las proporciones de sexo y las diferencias sexuales en el comportamiento paternal, el tiempo de la maduración y el comportamiento general apoyan esta interpretación (Williams, 1957, 1975; Hamilton, 1966; Alexander y otros, 1978; véase también Trivers, 1972).

Dado que las hembras "jóvenes, inmaduras y de bajo *status*" son, según sus argumentos, pobres para la reproducción, y dado que la cópula con "hembras de linaje especial" lleva a la endogamia genética, no entiendo por qué Lancaster cree que el hecho de que esas hembras sean rechazadas por los machos maduros (y de aquí que estén libres "para copular con cualquier macho") es contrario al modelo de "prioridad de acceso" en el comportamiento sexual de los machos (que se convierte, por tanto, en un modelo que depende del dominio).

### El sexo como mecanismo integrativo

En conexión con el argumento de Lancaster en el sentido de que la sexualidad era un aspecto prominente de las interacciones sociales entre nuestros antecesores, mucho antes de que ellos se convirtieran en humanos (con lo que estoy profundamente de acuerdo), la doctora sugiere que el sexo está destinado a otras cosas aparte de la procreación, y da como ejemplo el de los "mecanismos de alianza social". En este contexto, la doctora también se muestra contraria a la concepción que hace del sexo una fuerza de alteración social, y se coloca en favor de su defensa como fuerza integradora. Más aún, sostiene que las recompensas del placer sexual representan los lazos con los que se forman los grupos sociales de primates, y con los que se mantienen.

Yo sugiero un cambio del hincapié inicial hecho por Lancaster. Más que el hecho de ser el sexo válido para cosas que trascienden la procreación, diríase que las formas en que el comportamiento sexual se remite, de hecho (finalmente), a la procreación, son más complejas e indirectas de lo que antes se suponía. Una de estas formas, por ejemplo, podría ser la promesa o realidad de obtener placer sexual o placer sexual inusitado; lo que conocemos del comportamiento humano parece apoyar esta concepción. Sin embargo, se trata de un problema más complejo de lo que supondríamos. Las mujeres cuya belleza, inteligencia o capacidad de seducir (o aun con otros atributos que prometen, a los ojos de muchos hombres, extraordinario placer sexual) son aptas para provocar tal tipo de respuestas porque sus atributos en cuestión simultáneamente prometen otras cosas que históricamente son de mucha mayor importancia, tales como el éxito en la crianza y lactancia de los niños, la lealtad, o una vida de cooperación en beneficio mutuo y las actividades de provecho. En este contexto no se nos debería escapar que, en términos biológicos e históricos, la duración de la vida no es más que un acto reproductivo; más aún, no hay otra manera de explicar su finitud (Williams, 1957; Hamilton, 1966; Alexander, 1977).

Lancaster también sugiere que la sexualidad puede ser el cimiento de la formación y mantenimiento del grupo. Estoy de acuerdo con esto, en el sentido de que macho y hembra tienen que unirse para la reproducción. Pero usar la sexualidad para explicar todas las alianzas de grupo de los primates no explicaría fácilmente por qué algunos primates se agrupan más que otros, o por qué algunos son mucho más sexuales que otros. Además, esto representaría una vuelta al uso de los mecanismos próximos para explicar los mecanismos últimos, y no a la inversa. La vida en grupo supone un costo para los individuos que se comprometen en ella: competencia incrementada por el acceso a todas las fuentes, y mayor probabilidad de contraer enfermedades o adquirir parásitos. Si las recompensas fisiológicas de la sexualidad fueran totalmente responsables de la vida grupal, entonces, durante la historia, esos extravagantes que no eran lo bastante sexuales para sentirse comprometidos a llevar una vida grupal no sufrirían de estos detrimentos a su reproducción, y la sociabilidad habría disminuido gradualmente como resultado de la reproducción superior de individuos menos sexuales, menos sociales y más reproductivos.

Así pues, existen sólidos argumentos para demostrar que la vida tribal está armada por presiones *extrínsecas* —sobre todo, por la amenaza de los depredadores y el valor de la caza en grupo para obtener suculentas y escurridizas presas (véase Alexander, 1974; Hoogland y Sherman, 1976). Siempre que la vida en grupo sobreviene como resultado de estas fuerzas, lleva naturalmente al aumento de la competitividad sexual, puesto que las cópulas son también recursos. En estas condiciones, la actividad sexual se hace más destacada, y por esta razón la sexualidad es prominente entre los grupos multi-machos, tales como los papiones de sabana, y en cambio no es prominente en grupos primariamente poliginios tales como los gorilas, o las parejas monogámicas entre los gibones.

Los humanos tienen un alto grado de sexualidad, y ésta es

sólo una de las muchas indicaciones de que la historia humana suponía la vida en grupos multi-machos. Si debemos explicar los atributos humanos específicos por su historia, entonces también debemos resignarnos a explicar cómo pudieron desarrollarse en este tipo de grupos. También es casi evidente que los humanos han sido polígamos en casi toda su historia, queriendo decir con esto que menor número de machos que de hembras han contribuido genéticamente en cada generación, que algunos machos han sido más exitosos en la reproducción frente a las hembras, y que la competitividad sexual era más fuerte entre los machos que entre las hembras (Alexander y colaboradores, 1978). Estas cosas son evidencias ciertas para prácticamente toda sociedad humana existente.

Así, se hace claro que la sexualidad es tanto un factor integrante como un factor alterante en la sociabilidad, y esto depende sobre todo de la composición del grupo; puede permitir la integración de una pareja, integra a un macho y una hembra en un harén, pero altera las relaciones entre hembra y hembra; y no puede ser el principal factor de integración en un grupo multi-macho de primates (Alexander, 1974).

### La prohibición del incesto

Me parece que las conclusiones de Lancaster sobre el incesto son difíciles de captar. Ésta no es una crítica fundamental, puesto que se conoce muy poco sobre la endogamia y el matrimonio por cruza de razas, y existe mucha confusión al tratar de comparar el "incesto" y las pautas de matrimonio entre los humanos con el comportamiento de la crianza en los primates no humanos.

Se me ocurre que amplias estadísticas indican ahora que los primates no humanos, como los humanos y la gran mayoría de los organismos sexuados, evitan las relaciones sexuales con sus parientes más cercanos siempre que pueden, y especialmente el sexo destinado a la procreación. Así, Lawick-Goodall (1968) descubrió que las hembras adultas entre los chimpancés copulan rápidamente con la mayoría de los machos de su grupo, pero se resisten violentamente a hacerlo con sus hermanos. Los machos adultos, además, no copulan con sus madres. Imanishi (1965) no encuentra ejemplos de cópulas madre-hijo entre los monos japoneses estudiados en Koshima, y Tokuda (1962) no descubrió ninguno en un grupo cautivo de *rhesus* y de macacos comedores de cangrejos. Sade (1968) observó cuatro cópulas entre madre e hijo entre un total de 363 cópulas efectuadas por los monos *rhesus* en la isla de Cayo Santiago. Kaufmann (1965) informó de un solo caso en el que un *rhesus* macho estuvo cortejando a su madre, y otro de un macho que copuló con su madre.

Los informes de Missakian (1973) sobre los monos *rhesus* pueden parecer en principio contradictorios. En su amplias observaciones 5.4 por ciento de todas las series de acoplamiento suponían copulaciones realizadas por parejas madre-hijo, y se observaron cópulas madre-hijo en 31 por ciento de las 36 parejas individuales analizadas. La doctora también observó cópulas entre hermano y hermana en un 12 por ciento del total de 42 parejas individuales analizadas. De 59 parejas madre-hijo, 21 de ellas (36 por ciento) se separaban cuando el hijo abandonaba definitivamente su grupo natal. De estos 21 machos, 19 lo hacían entre los tres y los cinco años de edad, evidentemente al comienzo o cerca de su primera temporada de desarrollo. Los siguientes dos abandonaban el grupo a los once y diez años de edad, cuando eran machos alfa y beta, respectivamente. Ambos machos viejos se hacían solitarios después de su partida.

Excepto en el caso de un solo macho dominante que copulaba con su madre, de todos modos las observaciones de Missakian incluían a machos jóvenes de entre tres a cinco años de edad, los que rara vez o nunca copulaban con otras hembras durante ese periodo. De 30 machos de esa edad que carecían de madre, sólo uno copulaba con hembras no parientes, y esto sucedió cuando ya tenía cinco años de edad. Similarmente, todas las cópulas entre hermano y hermana incluían a machos de entre tres y cinco años de edad, que copulaban por lo general con hermanas más grandes que ellos. Las observaciones de Missakian sugieren que los machos jóvenes comprometidos en estas cópulas "incestuosas" carecían de acceso a otras hembras. La doctora concluyó también que estos machos no podían formar las relaciones de pareja usuales con sus madres o hermanas. En condiciones más naturales, una mayor mortalidad masculina, o diferencias en la estructura de la tribu debido a diferentes clases de hechos cometidos por depredadores naturales, podían reducir incluso estas cifras. Sin embargo, sus informes todavía parecen apoyar el argumento de que la alianza sexual es rara entre los monos *rhesus*, aun cuando los hijos permanezcan cerca de sus madres, y los hermanos cerca de sus hermanas. No sabemos si la relación madre-hijo o hermano-hermana produce en todos los casos cría.

Estos datos sobre los primates exigen cierta interpretación. Primero, ¿cómo se define la prohibición del incesto, y cómo se identifica la prohibición de relaciones cercanas? ¿Qué porcentaje de todas las cópulas debería esperarse que ocurra entre parientes cercanos, cuando todas las tendencias y mecanismos para prohibir este tipo de cópulas son inexistentes? Podemos medir simplemente el tiempo transcurrido en estrecha relación para determinar las oportunidades para la cópula, aunque este tipo de mediciones puede ser útil sólo en algunos casos.

En una horda poliginia de multi-machos, una hembra (o un macho) pueden no tener oportunidades para la cópula excepto con un pariente cercano. Un macho pre-púber o joven-adulto en cualquier grupo de primates puede pasar poco tiempo, o ninguno, cerca de hembras que no sean su madre o sus hermanas; pero, ¿cómo podemos decir, contando las cópulas con esos parientes, si la selección tiende o no a reducir su frecuencia de copulación? Si los machos jóvenes tienden a dejar sus grupos natales antes de conseguir el éxito en la reproducción, y si los machos dominantes tienden a dejar sus tribus en las que han engendrado la mayoría de sus hijos hacia la época en que sus hijas ya están maduras (Boelkins y Wilson, 1972; Drickamer y Vessey, 1973; Packer, 1975), ¿cómo sabemos si se trata de una historia de relaciones deletéreas o de algún otro factor como la competencia sexual? Si existen efectos indirectos tales como la competitividad sexual, que provocan incidentalmente las relaciones, entonces la selección no puede propiciar o mejorar las tendencias para evitar la relación deletérea, puesto que simplemente no sucede. Los fracasos para formar pareja en condiciones alteradas, cuando ha desaparecido la situación efectiva que reduce la alianza, no pueden utilizarse para sostener el argumento de que el animal en cuestión es incapaz de desarrollar la prohibición de las relaciones, o que no se beneficiaría con ellas.

Me parece que en lugar de que la prohibición del incesto sea rara entre los primates no humanos, en todas estas (pocas) especies que han sido estudiadas adecuadamente se han observado algunos grados de prohibición de la relación cercana. Cómo se relacione esto con las complejas reglas y pautas del incesto y del matrimonio entre los humanos, y las relaciones entre los diferentes factores causales en los dos casos, son cuestiones aparte.

## REFERENCIAS

Alexander, R. D. 1974. The evolution of social behavior. *Ann. Rev. Ecol. Syst.* 5:325-338.

———. 1975. The search for a general theory of behavior. *Behav. Sci.* 20:77-100.

———. 1977. Natural selection and the analysis of human sociality. En *Changing scenes in the natural sciences*, ed. C. E. Goulden. Philadelphia Academy of Natural Science, Special Publication núm. 12.

———. Natural selection and societal laws. En *Science and the foundation of ethics*, ed. T. Engelhardt y D. Callahan. Proceedings of two conferences at the Institute of Society, Ethics, and the Life Sciences, febrero y junio, 1977, Hastings-on-Hudson, Nueva York.

Alexander, R. D.; Hoogland, J. L.; Howard, R.; Noonan, K. M., y Sherman, P. W. 1978. Sexual dimorphisms and breedings systems in pinnipeds, ungulates, primates, and humans. En *Evolutionary biology and human social behavior*, ed. N. A. Chagnon y W. G. Irons. North Scituate, Mass.: Duxbury Press.

Alexander, R. D., y Noonan, K. M. 1978. Concealment of ovulation, parental care, and human social evolution. En *Evolutionary biology and human social behavior*, ed. N. A. Chagnon y W. G. Irons. North Scituate, Mass.: Duxbury Press.

Boelkins, R. C. y Wilson, A. P. 1972. Intergroup social dynamics of the Cayo Santiago rhesus (*Macaca mulatta*) with special reference to changes in group membership by males. *Primates* 13:125-140.

Chagnon, N. A. 1978. Differential reproductive success, marriage, and genealogical relatedness among 3500 Yanomamo Indians. En *Evolutionary biology and human social behavior*, ed. N. A. Chagnon y W. G. Irons. North Scituate, Mass.: Duxbury Press.

Dickeman, M. 1978. The reproductive structure of stratified human societies: A preliminary model. En *Evolutionary biology and human social behavior*, ed. N. A. Chagnon y W. G. Irons. North Scituate, Mass.: Duxbury Press.

Drickamer, L. C., y Vessey, S. H. 1973. Group changing in freeranging rhesus monkeys. *Primates* 14:359-368.

Hamilton, W. D. 1966. The moulding of senescence by natural selection. *J. Theoret. Biol.* 12:12-45.

Hausfater, G. 1975. Dominance and reproduction in baboons (*Papio cynocephalus*): A quantitative analysis. *Contrib. Primatol.* 7:1-150.

Hoogland, J. L., y Sherman, P. W. 1976. Advantages and disadvantages of banks swallow colonaility *Ecol. Monogr.* 46:33-58.

Imanishi, K. 1965. The origin of the human family: A primatological approach. En *Japanese monkeys: A collection of translations*, ed. S. A. Altmann. (University of Chicago.)

James, W. H. 1971. The distribution of coitus within the human intermenstruum. *J. Biosocial Sci.* 3:159-171.

Kaufmann, J. H. 1965. A three-year study of mating behavior in a free-ranging band of rhesus monkeys. *Ecology* 46:500-512.

Lawick-Godall, J. van. 1968. The behavior of free-living chimpanzees of the Gombe Stream reserve. *Anim. Behav. Monogr.* 1:161-311.

Missakian, E. A. 1973. Genealogical mating activity in free-ranging groups of rhesus monkeys (*Macaca mulatta*) on Cayo Santiago. *Behavior* 45-224-241.

Parker, C. 1975. Male transfer in olive baboons. *Nature* 255:219-220.

Sade, D. S. 1968. Inhibition of son-mother mating among free-rangin rhesus monkeys. *Sci. Psychoanal.* 12:18-37.

Tokuda, K. 1962. A study on the sexual behavior in the Japanese monkey group. *Primates* 3:1-40.

Trivers, R. L. 1972. Parental investment and sexual selection. En *Sexual selection and the descent of man*, ed. B. Campbell. Chicago: Aldine.

Wiliams, G. C. 1957. Pleitropy, natural selection, and the evolution of senescence. *Evolution* 11:398-411.

———. 1975. *Sex and evolution*. Princeton, N. J.: Princeton University Press.

# V. MODELOS ANIMALES E INFERENCIA PSICOLÓGICA

Frank A. Beach

—Cuando uso una palabra —dijo Humpty Dumpty, con cierto sarcasmo— significa exactamente lo que yo quiero que signifique: ni más ni menos.
—El problema es —dijo Alicia— si tú *puedes* hacer que las palabras signifiquen tantas cosas diferentes.
Lewis Carrol, *Alicia a través del espejo*, capítulo 6.

El "humptydumptismo" es endémico en el discurso interdisciplinario, en que diferentes clases de especialistas usan las mismas palabras para significar cosas un poco diferentes. El acceso de la enfermedad se vuelve difícil de diagnosticar, puesto que los enfermos a menudo se equivocan por lo que Quine llama "la suposición implícita de un mutuo entendimiento". Los peligros son agudos en una congregación de viajeros que provienen de tierras tan diferentes ecológicamente como la sociología, la antropología, la psiquiatría, la biología y la psicología. Los anticuerpos de una población disponen de pocas defensas contra el virus de otra.

Como psicólogo comparativo, yo vivo en una zona fronteriza entre la biología y la psicología, y soy particularmente sensible a los riesgos que se derivan por el uso del mismo vocabulario para describir el comportamiento de diferentes especies. Por ejemplo, la palabra *sexo* puede designar, y debe hacerlo, la misma cosa en relación con todas las especies que se reproducen sexualmente; pero *sexualidad* y *género* son términos aplicables sólo al *Homo sapiens* (Beach, 1974). Esta no es una mera suti-

Nota: La investigación del autor mencionada en este artículo recibió una beca USPHS 040000 otorgada por el Instituto Nacional de la Salud Mental.

leza semántica. El lenguaje es más que un útil para describir el mundo. Es un medio de *crear* el mundo.

Un poderoso mecanismo semántico es la metáfora, y una forma metafórica muy popular en las ciencias del comportamiento es el así llamado modelo animal, que desempeña un papel cada vez más importante en campos tan distintos como la sociobiología (Wilson, 1975) y la psiquiatría (McKinney, 1974).

Los modelos animales para el comportamiento humano tienen una seducción: son fáciles de fabricar. Muchos han sido construidos sin fundamentos empíricos adecuados, y violando las más simples reglas analógicas de la ciencia comparativa. Me propongo ilustrar la pertinencia e importancia de tales fundamentos y reglas analizando una de las muchas comparaciones que se han hecho entre la experiencia sexual humana y la animal, a saber, el fenómeno del orgasmo femenino, que vale de ejemplo apropiado. Los temas que trataré son igualmente aplicables a todas las comparaciones interespecíficas del comportamiento. Creo que merecen prioridad porque las comparaciones "sencillas" entre el comportamiento de diversas especies están en el corazón de las interpretaciones evolutivas sobre la sexualidad humana y, de hecho, constituyen la materia prima para todas las teorías sociobiológicas.

## LOS LÍMITES DE LAS COMPARACIONES INTERESPECÍFICAS

Si construir modelos de comportamiento significa acceder a algo más que a una teoría de sillón, este hecho debe conformarse a dos simples elementos: *1) El análisis intraespecífico debe preceder a la generalización intraespecífica.* Antes de que podamos hacer comparaciones entre dos especies debemos poseer un conocimiento razonablemente completo sobre el comportamiento de esas dos especies, consideradas por separado. *2) El análisis intraespecífico exige comprensión de las causas y consecuencias, como asimismo de las pautas externas de respuesta.* Analizar el comportamiento significa no solamente describir sus propiedades formales, sino también descubrir los factores que lo provocan, los mecanismos que lo median y las funciones a las que sirve.

¿Cómo se aplican estas generalizaciones a los modelos de comportamiento? La propuesta de que X debe servir de modelo para $Z$ implica tres cosas: *1)* $X$ debe ser "entendido" o ha sido "analizado" como se lo indica más arriba; *2)* hay similitudes entre $X$ y $Z$; *3)* la aplicación del modelo aumentará nuestra comprensión de $Z$. ¿Hasta qué punto tienen validez estas implicaciones en las comparaciones entre el "orgasmo" de las mujeres y el de las hembras no humanas? El ejemplo es insólito por cuanto el comportamiento humano es representado como el modelo, y las reacciones de las especies no humanas son los fenómenos que deben ser interpretados. Sin embargo, los temas básicos que están en juego son idénticos a aquellos enfocados por quienes se esfuerzan por crear modelos animales para el comportamiento humano.

Podemos responder mejor a la pregunta examinando separadamente: *1)* las respuestas abiertas que están en juego, *2)* la interpretación que se les ha dado, y *3)* las sugerencias o suposiciones que se hacen con respecto a su significación funcional.

### Manifestaciones de comportamiento

Las descripciones más detalladas sobre las respuestas de comportamiento fisiológico al estímulo sexual en las hembras humanas han sido proporcionadas por Kinsey, Pomeroy, Martin y Gebhard (1953), y por Masters y Johnson (1966). Estas autoridades están completamente de acuerdo en las respuestas a la primera de las tres preguntas, lo que es decir que ponen en una misma lista las mismas reacciones fisiológicas como indicadores de la respuesta climática de una mujer. Sin embargo, no hay acuerdo acerca de la identificación de estas respuestas como "orgasmo".

La posición de Kinsey y sus colaboradores es la siguiente:

> La descarga explosiva de tensiones neuromusculares en el clímax de la respuesta sexual es lo que identificamos como orgasmo... Existen... muchas ventajas al limitar el concepto de orgasmo al brusco y súbito momento de su liberación, y en este sentido hemos empleado el término (pp. 627-628).

Masters y Johnson proponen una definición más general:

> Fisiológicamente [el orgasmo] es un breve episodio de liberación física del incremento vasocongestivo y miotónico desarrollado como

respuesta a los estímulos sexuales. Psicológicamente, es la percepción subjetiva de un clímax de reacción física a los estímulos sexuales (p. 127).

Aquí, pues, hay un excelente ejemplo de la misma palabra usada para significar dos cosas diferentes. Para Masters y Johnson, el orgasmo humano es una "experiencia psicofisiológica", o un "popurrí de condiciones psicofisiológicas e influencia social". Para Kinsey y sus colaboradores, es sólo la contracción refleja de músculos suaves y estirados, más los impulsos neurales que son sus responsables.

Con este grado de variación en las definiciones del orgasmo humano, ¿cómo podemos esperar la identificación de un hecho similar en otras especies? El procedimiento habitual consiste en enfocar las consecuencias fisiológicas del estímulo sexual. Para examinar la lógica puesta en juego, comparemos los aspectos fisiológicos del orgasmo en la hembra humana con el comportamiento que se ha tomado en cuenta para indicar que ocurre el orgasmo en los primates no humanos.

La evidencia pertinente se resume en el Cuadro 1, y los parecidos son casi totalmente inexistentes, excepto en el caso de un experimento (Burton) que consistió en atar a una hembra *rhesus* a un marco de metal y estimular su vagina con un pene mecánico. Ni aun en este caso se pudo identificar una "fase de orgasmo", tal como la definen Masters y Johnson, y los únicos resultados "positivos" consistieron en unas cuantas contracciones vaginales y anales provocadas en dos hembras, y en dos o tres ocasiones. Más aún, el investigador manifestó serias dudas de que siquiera este tipo de respuestas fuera posible durante la cópula normal, dado el corto periodo de duración de las penetraciones del macho.

Parecería que, aun si restringimos nuestra comparación al comportamiento abiertamente observable, hay poco apoyo para aceptar una respuesta orgásmica de la mujer como modelo para los monos hembras. Pero debemos considerar otras dimensiones.

### Aspectos psicológicos del orgasmo

La insistencia de Masters y Johnson en que la definición del orgasmo debe incluir una percepción del individuo sobre las reacciones fisiológicas decisivas, y la exclusión que hace Kinsey de esta dimensión de la percepción, equivale a un desacuerdo acerca de la importancia de los hechos cerebrales asociados con el estímulo sexual y con su resultado. De acuerdo con una interpretación, las sensaciones del orgasmo son provocadas por autorretroalimentación al cerebro de parte de efectores involucrados en los hechos periféricos; y de acuerdo con otra interpretación, el cerebro no aparece relacionado. Nada podría hacer más clara esta distinción que la siguiente cita:

> Cuando el ser humano parapléjico recibe estímulo genital o pélvico, no siente ese estímulo o los consecuentes cambios fisiológicos en esas regiones... y no es consciente de la satisfacción sexual cuando tiene coito... incluso aunque tenga erección y llegue al orgasmo (Kinser y otros, p. 696).

En otras palabras, después de un corte total en la médula espinal, un ser humano puede tener orgasmo sin percibirlo, conclusión que aparece subrayada por Kinsey cuando cita diversas autoridades para demostrar que el "verdadero parapléjico" no puede percibir el orgasmo, y "para que el orgasmo sea sensualmente apreciado las conexiones de la espina con el cerebro deben estar, por supuesto, intactas" (p. 697).

El concepto de un "orgasmo insensible" que no produce "satisfacción sexual" puede ser lógicamente sostenido, pero me veo obligado a rechazarlo sobre bases intuitivas y también neurofisiológicas. La apreciación sensorial o perceptual de los hechos neuromusculares es una presencia importante, y aun vital, en la experiencia personal del orgasmo: como fue dicho indirectamente por Kinsey, esta percepción depende del funcionamiento del cerebro. Más aún, puesto que los estímulos "psicológicos" transmitidos desde el cerebro a los mecanismos de la espina son capaces tanto de estimular como de inhibir los reflejos de los accesorios del sexo, parece incongruente ignorar las respuestas cerebrales a los estímulos que vuelven del mismo centro de los órganos periféricos.

MECANISMOS PRÓXIMOS, RECOMPENSAS Y EVOLUCIÓN

La búsqueda de indicadores del orgasmo en las hembras animales se apoya en suposiciones implícitas que se refieren a la satisfacción sexual, aun cuando tales suposiciones no sean admitidas por los investigadores, y puedan no ser reconocidas por ellos. Es esta falta de explicación la que obliga a Alexander, en sus comentarios a la obra de Lancaster, a lamentar "una deficiencia común en los análisis (del comportamiento) de parte de los científicos sociales y los biólogos".

> La deficiencia... es el no reconocer o tomar en cuenta que los *mecanismos próximos* existen y son mantenidos porque en el pasado... han servido para la *función última* de la reproducción. Los mecanismos próximos entienden cosas como el placer y el dolor.

Se podría argumentar que las teorías sobre el orgasmo animal son de inmediata pertinencia para el tema de los mecanismos próximos Tales teorías siempre se apoyan en suposiciones no expresadas, sobre el hecho de que en los animales, como en nosotros mismos, el orgasmo es placentero y gratificante. Al orgasmo se le trata implícitamente como consecuencia que refuerza la relación sexual, y el concepto de reforzamiento es tradicionalmente invocado como explicación de !a repetición o recurrencia de las respuestas sexuales.

Saayman (1970) sugiere que los papiones hembras en celo prefieren copular con machos maduros *porque* estos últimos son especialmente aptos para estimular el orgasmo putativo de la hembra, el que Saayman infiere de su comportamiento. ¡Aquí en una cáscara de nuez hay material para una teoría que incluya al mismo tiempo los mecanismos próximos, el aprendizaje individual, y las consecuencias evolucionistas o sociobiológicas!

En este volumen Lancaster escribe lo que sigue:

> Una de las más significativas generalizaciones que proporcionan las nuevas estadísticas es la de que, como los humanos, los monos del Viejo Mundo no se comprometen en actividad sexual por el solo propósito de la procreación.

¿Por qué, entonces, se empeñan en esta actividad? Esta es una pregunta que atañe a los mecanismos próximos, y sugiero que la postulación del orgasmo femenino representa una respuesta posible. Un tema completamente distinto, pero que vale mencionar aunque no pueda desarrollarse aquí, es el efecto de las gratificaciones sexuales sobre las actividades no sexuales. He discutido esta importante faceta de la evolución de los primates en otra parte, bajo el tema de "socialización del sexo y sexuali-

CUADRO 1. *Reacciones observables asociadas con el (supuesto) orgasmo*

| Reacciones de la mujer según Masters y Johnson | Reacciones de los primates hembras según varios observadores |
|---|---|
| | *Macacos rhesus* |
| Contracciones de las dos terceras partes del exterior de la vagina ("Plataforma orgásmica"). | Durante la copulación, la hembra mira hacia atrás al macho y se retuerce en una "reacción espasmódica", chasquea los labios (Zumpe y Michael, 1970). |
| Contracciones del esfínter recto externo. | |
| Hiperextensión que incluye espasmo carpopédico. | Hembra acoplándose a otra hembra. En 5 de 3 837 episodios (menos del .001%) el acoplamiento individual "pareció alcanzar un clímax sexual [mostrando] pequeñas pero obvias contracciones rítmicas de los muslos y alrededor de la base de la cola" (Michael, Wilson y Zumpe, 1974). |
| Hiperoxigenación. | |
| Taquicardia. | |
| Máximo flujo sexual. | |
| Todo lo anterior culmina en una liberación general de vasocongestión y miotonía por espacio de pocos segundos. | Una hembra atada y estimulada con un pene artificial, ocasionalmente produjo "pequeños gruñidos" y mostró unas cuantas contracciones vaginales y anales. Otra hembra mostró contracciones vaginales, más "un reflejo espasmódico en el brazo" en una ocasión (Burton, 1971). |
| | *Macacos de rabo corto* |
| | Durante 14% de las copulaciones observadas las hembras mostraron espiración vocal rítmica y "expresión facial característica". |
| | Cuando está acoplada a otra hembra, la hembra montada puja, muestra contracciones del cuerpo y otras reacciones que se parecen a las de los machos durante la eyaculación (Chevalier-Skolnikoff, 1973). |
| | *Papión Chacma* |
| | Durante la copulación la hembra emite una serie de gruñidos en *staccato* ("llamado a la cópula"). Cuando el macho deja de pujar, la hembra "se aparta" (Saayman, 1970). |

zación de la sociedad" (Beach, 1974, 1977). Un aspecto de la cuestión se refleja en la observación de Lancaster, en el sentido de que "los estímulos y gratificaciones del comportamiento sexual parecen ser importantes mecanismos de integración social entre los primates no humanos".

## Orgasmo, refuerzo y metas científicas

Una pregunta perfectamente legítima es la que trata de descubrir dónde está la diferencia entre una mona que tiene orgasmo sexual, y una que no lo tiene. Allí, hasta donde alcanza mi investigación, no existe ninguna diferencia, *a menos* que pueda mostrarse que el orgasmo ejerce un efecto seguro sobre el comportamiento posterior del individuo. Si el orgasmo tiene consecuencias reforzantes que directa o indirectamente aumenten la probabilidad de la reproducción, entonces se constituiría verdaderamente en una gran diferencia. Pero esta manera de plantear la pregunta restructura todo el tema y lo coloca en una perspectiva más amplia y científicamente más significativa. Más aún, abre la cuestión a la investigación experimental.

Más que buscar análogos animales para el orgasmo humano (que es entendido muy pobremente para servir como modelo útil para cualquier cosa), deberíamos tratar de identificar las variables que refuerzan el suceso del comportamiento sexual. Quizá una hembra *rhesus*, cuando copula con un macho, *tiene* contracciones vaginales y uterinas que le proporcionan sensaciones placenteras y gratificantes, y refuerzan así su tendencia a repetir un comportamiento similar en ocasiones subsiguientes. La posibilidad está abierta al *test* experimental, pero si esa explicación particular no resulta probada, queda la pregunta básica de los mecanismos próximos, y deberá ser contestada. Es concebible que la penetración vaginal es, más que cualquier suceso climático, la base esencial del refuerzo, y también esto puede ser experimentalmente verificado o excluido.

Mi teoría-tentativa es que no existe una sola fuente del refuerzo para una respuesta del comportamiento tan vital para la perpetuación de la especie. Probablemente descubramos que en los animales, como en los hombres y las mujeres, el acontecimiento del comportamiento copulatorio normalmente depende de la combinación de consecuencias reforzantes, cada una de las cuales será prescindible mientras las otras permanezcan.

De todos modos, se concluye que la necesidad esencial es la de una investigación explícita, más que la de una especulación sobre cuestiones triviales. Lo que necesitamos saber no es si los papiones tienen orgasmo, sino más bien por qué los papiones (y los seres humanos) copulan, y por qué lo hacen en unas condiciones y de una manera que asegura la perpetuación de sus especies. Las respuestas a preguntas de este tipo pueden contribuir verdaderamente a una interpretación evolucionista de la sexualidad humana.

LOS CAMINOS DE UNA NUEVA INVESTIGACIÓN

Tres campos principales en que la nueva investigación podría ser especialmente fructífera son: *1)* el análisis molecular del comportamiento sexual, *2)* el estudio comparativo, fisiológico y evolucionista de la sexualidad femenina, y *3)* la formulación y *test* de hipótesis pertinentes para el "nuevo modelo" de evolución, que certifica que los organismos se han desarrollado hasta alcanzar el máximo nivel de reproducción de sus propios genes.[1]

### *Análisis molecular del comportamiento sexual*

Esta categoría incluye una cantidad de subáreas, una de las cuales es el estudio del control de estímulo en las respuestas sexuales. La suposición corriente de que el comportamiento copulatorio de los animales depende de señales simples y unisensoriales, tales como el olor, gradualmente está cediendo el paso a conceptos de pautas multisensoriales que perceptualmente aparecen organizadas por el organismo receptor. Se hace claro que, para los machos y hembras de muchas especies, la capacidad de respuesta engloba grados diferentes y mensurables de preferencia para una pareja específica. El estudio de las diferencias individuales en la atractividad sexual para ambos sexos puede llevar a conceptos de diferentes grados de "compatibilidad" en diferentes parejas heterosexuales.

[1] Estas recomendaciones se basan en las discusiones del autor con Jane B. Lancaster y Richard D. Alexander.

Traducido a términos humanos, el tema del control de estímulo está directamente relacionado con el concepto de "objeto de elección", y por tanto acarrea problemas de homosexualidad así como también de diferentes parafilias.

Una segunda subcategoría tiene que ver con efectos de experiencia y aprendizaje en las especies no humanas. El testimonio actual indica que tales efectos más probablemente se ejercen sobre el estímulo que sobre los aspectos de respuesta del comportamiento sexual. Lazos de pareja duraderos entre hembras y machos pueden depender de alianzas estrechas en circunstancias no reproductivas, y de la ausencia o inhibición de la capacidad de respuesta a otros miembros que no son de la pareja. Para algunas especies, "la impronta sexual" que sobreviene durante lo que equivale a la infancia o a la primera niñez determina la naturaleza y aun la especie de individuo que producirá respuestas sexuales en la vida adulta. Las pautas motoras del cortejo y la cópula no se ven afectadas por este aprendizaje precoz. Este fenómeno puede acarrear correlaciones significativas con ciertas aberraciones humanas tales como el fetichismo y el exhibicionismo (Beach, 1977).

La cuestión de la gratificación sexual y el reforzamiento necesita un estudio exhaustivo, en ambos casos por sus implicaciones sobre los "modelos animales", y por su importancia para comprender el comportamiento sexual en un nivel intraespecífico. Incluso debemos beneficiarnos del examen de otra cuestión fundamental: si el concepto de refuerzo es necesario para nuestro análisis del comportamiento.

Finalmente, se necesita mucha investigación de problemas básicos de mediación neural y hormonal del comportamiento sexual en las especies no humanas. El trabajo en este terreno progresa rápidamente, pero todavía queda mucho por hacer.

### Estudios comparativos y longitudinales de la sexualidad femenina

Existe una obvia necesidad y también la oportunidad de hacer investigaciones combinadas de laboratorio y de campo sobre varios problemas referidos a las respuestas sexuales entre las hembras primates. Por ejemplo, los cambios fisiológicos asociados con la cópula pueden y deben ser descritos y medidos en condiciones controladas. La información proporcionada por ese tipo de estudio podrá emplearse entonces para una interpretación más informativa de las observaciones de campo.

Los actuales métodos de medición y manipulación de los niveles de hormonas pueden aplicarse más globalmente a hembras que viven en un hábitat natural.

El trabajo de campo en el nivel descriptivo necesita mayor hincapié y mayor amplitud. Una mayor atención a las diferencias interespecíficas sería valiosa y muy necesaria como salvaguardia contra las excesivas generalizaciones que tratan de describir el comportamiento de los "monos'" o "simios" como grupos homogéneos.

En el campo de la sexualidad humana, la cuestión de las diferencias macho-hembra necesita un análisis más intenso. Existe la creencia generalizada de que ciertas diferencias sexuales psicológicas o del comportamiento son o pueden ser prolongadas a diferencias biológicas entre macho y hembra, pero la mayor parte de los testimonios vienen de las sociedades occidentales en que tales diferencias son propiciadas u obligadas por la enseñanza social.

Existen otras sociedades que mantienen programas de preparación sexual algo diferentes. Algunos de éstos incluyen el hincapié explícito en el reconocimiento y la expresión de la sexualidad femenina. Por lo general se masturba a las niñas, se les estiran y abren los labios exteriores de la vagina para aumentar su tamaño, y las jóvenes aprenden danzas que enfocan los movimientos pélvicos, que simulan los de la cópula. Sería muy importante saber si en tales condiciones las mujeres crecen sexualmente más seguras, activas e independientes que las mujeres de los países occidentales. Es concebible que muchos dimorfismos sexuales comunes en nuestra cultura no existen en otros con diferentes conceptos sobre la preparación de los niños.

Un tema más específico, que se refiere a las funciones sexuales femeninas, y que reclama nuestra atención, es el notable decrecimiento en la *edad de la primera menstruación* que ha ocurrido en los países occidentales en el último siglo. La edad promedio de la primera menstruación ha bajado aproximadamente cuatro años (de diecisiete a trece años de edad) entre 1870-75 y 1970-75. Las causas son complejas, y las consecuencias tienen gran importancia social. En este país, por ejemplo, la incidencia de la preñez entre las niñas de doce a trece años está creciendo. La precocidad reproductiva no viene acompañada de precocidad en la madurez social, y la disparidad resultante crea serios problemas para la sociedad y potencialmente paralizantes para la niña y su familia.

### La sexualidad humana y los modelos evolucionistas[2]

Hasta hace poco tiempo, el modelo más ampliamente aceptado de evolución se apoya en el concepto de la selección de grupo. De acuerdo con este concepto, el comportamiento de los individuos se desarrollaba para conservar y perpetuar el genotipo de la población que se reproduce.

El hoy favorecido "nuevo modelo" exige una interpretación diferente: ahora los individuos se comportan de maneras que tratan de asegurar la perpetuación de sus propios genotipos individuales. En una perspectiva histórica, lo que nos dice este modelo es lo siguiente: nosotros y nuestros contemporáneos tratamos de mostrar características del comportamiento y del no-comportamiento que en las generaciones pasadas contribuyeron a conservar los genes que hemos heredado de nuestros antepasados. Varias líneas de investigación pueden explorarse para probar la validez de este nuevo modelo aplicado a diferentes aspectos de la sexualidad humana.

La evolución ha sido considerada comúnmente como la disciplina que sigue los cambios de largo alcance a través de los restos fósiles y sus comparaciones con formas vivas. Cuanto más enfocan estos estudios los cambios de largo alcance, menos capaces se muestran de desenmarañar las causas del cambio, puesto que el medio de la antigüedad es poco conocido.

Otro aspecto de la evolución, mucho menos entendido fuera de la biología, es el uso de lo que se sabe sobre el actual proceso de cambio, estudiado en las formas vivas, para predecir estados de atributos fenotípicos o combinaciones de atributos. Un ejemplo particularmente bien estudiado, y de suma importancia en este volumen, es la proporción de machos en relación con hembras en una población.

Existen similitudes en las proporciones sexuales, no sólo en el reino animal, sino en el reino animal y en el vegetal. Generalmente, existen en una proporción aproximada a 1:1 en la

---

[2] Comentarios a cargo de R. D. Alexander.

primera adultez. Incluso pequeñas variaciones en la proporción sexual pueden afectar la sexualidad y la sociabilidad. Por ejemplo, podemos considerar la idea de que, cualesquiera que sean las causas subyacentes en la proporción sexual, pueden haber producido a un macho por cada diez mujeres, o viceversa. En tales condiciones, nuestra sociabilidad difícilmente podría haber tenido su estructura actual. Pero la proporción sexual entre los seres humanos también es, generalmente, de 1:1 en la primera mayoría de edad. Sólo se ha ofrecido esta explicación: un individuo puede llevar al máximo su capacidad reproductiva en una especie sexual, en que las dos mitades de los materiales genéticos vienen de padres de los dos sexos diferentes, sólo invirtiendo en los dos sexos de manera que produzca una proporción local sexual que no causará a ninguno de sus hijos el ser devaluado reproductivamente sólo por causa de su sexo (Fisher, 1958). Esto es lo que hacen los organismos, y el hecho lleva a extrañas predicciones, tales como ésta: si se requiere el doble de esfuerzo paterno para criar tanto a un macho como a una hembra, entonces se espera una proporción sexual, al final del cuidado paterno, de 1:2 más que de 1:1, y cosas como ésta ocurren. La excepción más grande a una inversión 1:1 la constituyen las especies en que todas las mujeres son fertilizadas por sus hermanos. Los padres en esos casos deberían invertir sólo lo necesario en los machos para asegurar la inseminación de todas sus hijas. En tales especies, la proporción sexual resultante puede ser 1:20 o 1:45, aunque los machos en algunos casos son delgados, tullidos, ciegos, seres de corta vida que lo único que hacen es inseminar a la hembra y después morir (Hamilton, 1966).

Filosóficamente, la idea significativa es que los individuos se desarrollan para alcanzar el máximo de su capacidad reproductora. Esto parece ser contraintuitivo hacia las concepciones humanas de nuestras propias motivaciones. Todos creemos que los humanos hacen innumerables cosas además de reproducirse. Parte de esta creencia se deriva de nuestra capacidad para definir la *reproducción* según nos convenga. Sin embargo, las proporciones sexuales de los humanos sugieren que también nosotros nos hemos desarrollado hasta llevar al máximo nuestras capacidades de reproducción como individuos.

En casi todos los grupos de las especies del mundo, incluyendo todos los mamíferos, las hembras invierten más que los machos para criar a sus hijos. Los machos trabajan más en la competencia por la cópula. Consecuentemente, algunos machos en todas estas especies reproducen más que cualquier hembra. Los biólogos se refieren a tales especies como polígenas, tengan o no los machos su harén. En las especies polígenas, *puesto que la selección de proporción sexual produce una proporción sexual de cerca de 1:1 en la primera adultez,* la duración de la vida del macho se convierte en el juego de alcanzar altas posiciones y altos riesgos comparado con el de las hembras (Williams, 1957; Hamilton, 1966; Alexander y otros, 1978). En otras palabras, dado que algunos machos inseminan a muchas hembras, otros machos no dan reproducción en absoluto.

Los humanos son polígenos en el sentido que he descrito y comparten muchas características comunes con otras especies polígenas: en estas especies en las que la proporción sexual es de cerca del 1:1, los machos requieren más tiempo para madurar, y llegan más pronto a la senectud; la mortalidad es más alta entre los machos, a cualquier edad. En las especies que compiten sexualmente sobre la tierra, más que sobre el agua o en el aire, los machos son siempre de mayor tamaño que las hembras. Los machos jóvenes y promisorios reciben más ayuda de sus padres que las hembras, mientras que los machos que no prometen tanto son abandonados o muertos en su periodo fetal, o aun después; esto también es comprobable entre los humanos, hasta cierto punto. Se conciben más machos, pero también mueren más mientras se encuentran todavía bajo el cuidado paterno, aunque los machos reciben más cuidado paterno que las hembras. Entre los mamíferos, los machos son cuidados más tiempo durante la gestación, y mucho más en el momento del nacimiento. Los padres saludables y de alto rango producen cría de tendencia masculina, mientras que en los rangos bajos no ocurre esto, o en algunos casos se producen crías de tendencia femenina. Existe positiva evidencia de que en las sociedades humanas estratificadas ocurre el mismo efecto, demostrado en el infanticidio de preferencia sexual (Dickeman, 1978).

Algunas citas de otros trabajos de este volumen muestran la conexión entre temas tales como la selección de proporción sexual y los objetivos de este encuentro. Luria, por ejemplo, señala que en la primera o mediana niñez la rigidez de la tipificación sexual cae pesadamente sobre los hombros de los niños.

La doctora destaca que los padres parecen mostrarse más preocupados por la masculinidad de un niño que por la feminidad de una niña: que es más probable que los niños sufran el ostracismo por ser "mariquitas", que las niñas por ser "hombrunas"; que las niñas luchan menos que los muchachos; y que "la educación elevada y el *status* de clase media se asocian con los roles genéricos adoptados de manera más relajada". Todos estos descubrimientos están en armonía con lo que he dicho sobre la selección de la proporción sexual. En otras palabras, *los aspectos básicos del sexo y del papel genérico se derivan de los efectos de la selección de la proporción sexual aplicada a nuestra especie.* Seguramente, comprender este hecho no será una mera trivialidad.

El consenso entre los autores de este volumen es que las razones por las que somos lo que somos y hacemos lo que hacemos —nos guste o no— son principalmente sociales. Existen, por supuesto, diferencias genéticas entre machos y hembras que conducen a diferencias de aspecto; pero estos aspectos sólo desencadenan los fenómenos sociales que provocan el desarrollo, exageración y diversificación de las diferencias de papel genérico. Parece que, históricamente, las contingencias sociales han representado el tipo de causas más apropiadas para lograr los fines perseguidos. Cómo tener éxito social es la pregunta más dificultosa cuando se trata de tener éxito, porque los demás también están tratando de lograr el éxito social, y nuestras metas individuales necesariamente entran en conflicto.

Las fuentes de las contingencias sociales efectivas para el desarrolo de los papeles genéricos y sexuales también se hacen evidentes en este volumen. Son los padres, los compañeros y somos nosotros mismos. Estas son las fuentes de los estímulos sociales que nos colocan en papeles particulares. Un biólogo evolucionista supondría que estas influencias sociales funcionan porque los padres quieren que sus hijos triunfen. Pero, ¿qué constituye el "triunfo" o el logro de los "fines deseados"? Es preferible atender al hecho de que, en términos históricos, el triunfo pueda ser definido en el sentido del enfoque biológico que se ha desarrollado en los últimos diez años; a saber, que los atributos del organismo existen porque ayudan a los organismos individuales a incrementar su capacidad de reproducción.

Esta concepción es una nueva rama filosófica dentro de la biología. Previamente se creía que los atributos de los organismos existan porque eran buenos para perpetuar la especie; pero ese tipo de explicación no funciona. Las proporciones sexuales no pueden explicarse de esa manera. Ni tampoco las pautas de la senectud, los sistemas de cópula, las diferencias sexuales y aun las similitudes o la sociabilidad. Creíamos que todo era cuestión de satisfacción o placer personal, o de adquirir poder o influencia; pero estas ideas ya no pueden funcionar aisladamente. Empezando por cosas como la proporción sexual, y considerando otras como los patrones de senectud, el comportamiento social, el nepotismo, y la competencia sexual, la hipótesis de que los individuos se desarrollan para alcanzar el máximo de su propio poder reproductivo, y no el de la especie, esa idea sí funciona (Alexander, 1977).

El descubrimiento no significa que estemos atados a nuestra historia. Nosotros somos los organismos que se sientan a contemplar esas cosas. Después, la propia contemplación, por sí misma, se vuelve parte del medio, lo que significa que al final podemos hacer prácticamente todo lo que queramos. Tal vez esta posibilidad esté a mano si nos volvemos conscientes de la significación de nuestro pasado evolutivo por medio del análisis y la reflexión de elementos como los que aquí se han considerado.

## REFERENCIAS

*Modelos animales e inferencia psicológica*

Beach, F. A. 1974. Human sexuality and evolution. En *Reproductive behavior*, ed. W. Montagna y W. A. Sadler. Nueva York: Plenum Press.
———. 1977. Cross-species comparisons and the human heritage. En *Human sexuality in four perspectives*. ed. F. A. Beach. Baltimore: Johns Hopkins Press.
Burton, F. D. 1971. Sexual climax in female *Macaca mulatta*. En *Proceedings of the Third International Congress of Primatology*, vol. 3. Basilea: S. Karger.
Chevalier-Skolnikoff, S. 1973. Male-female, female-female, and male-male sexual behavior in the stumptail monkey, with special attention to the female orgasm. *Arch. Sex. Behav.* 3:95-116.
Kinsey, A. C.; Pomeroy, W. B.; Martin, C. E., y Gebhard, P. H. 1953. *Sexual behavior in the human female*. Filadelfia: W. B. Saunders.

McKinney, W. T., Jr. 1974. Animal models in psychiatry. *Perspect. in Biol. Med.* 17:529-541.

Masters, W. H., y Johnson, V. E. 1966. *Human sexual response.* Boston: Little, Brown.

Michael, R. P.; Wilson, M. I., y Zumpe, D. 1974. The bisexual behavior of female rhesus monkeys. En *Sex differences in behavior,* ed. R. C. Friedman, R. M. Richart, y R. L. Vande Wiele. Nueva York: Wiley & Sons.

Saayman, G S. 1970. The menstrual cycle and sexual behaviour in a troop of free-ranging Chacma baboons (*Papio ursinus*). *Folia Primat.* 12:81-110.

Wilson, E. O. 1975. *Sociobiology: The new synthesis.* Cambridge: Harvard Press.

Zumpe, D., y Michael, R. P. 1970. Ovarian hormones and female sexual invitations in captive rhesus monkeys (*Macaca mulatta*). *Anim. Behav.* 18:293-301.

*Sexualidad humana y modelos evolutivos*

Alexander, R. D. 1977. Natural selection and the analysis of human sociality. En *Changing scenes in natural sciences,* ed. C. E. Goulden. Philadelphia Academy of Natural Sciences, Special Publication núm. 12.

Alexander, R. D., Hoogland, J. L., Howard, R. D., Noonan, K. L., y Sherman, P. W. 1978. Sexual dimorphisms and breeding systems in pinnipeds, ungulates, primates, and humans En *Evolutionary theory and human social organization,* ed. N. A. Chagnon y W. G. Irons. Noth Scituate, Mass.: Duxbury Press.

Beach, F. A. 1977. Human Sexuality in Four Perspectives. Baltimore: Johns Hopkins Press.

Dickeman, M. 1978. The reproductive structure of stratified human societies: A preliminary model. En *Evolutionary theory and human social organization,* ed. N. A. Chagnon y W. G. Irons. North-Scituate, Mass.: Duxbury Press.

Fisher, R. A. 1958. *The genetical theory of natural selection.* Nueva York: Dover.

Hamilton, W. D. 1966. Extraordinary sex ratios. *Science* 154:477-488.

Williams, G. C. 1957. Pleitropy, natural selection, and the evolution of senescence. *Evol.* 11:398-411.

## Segunda Parte

# LAS PERSPECTIVAS BIOLÓGICAS

*La perspectiva evolucionista, que representa el enfoque bioló-
gico al nivel filogénico, está complementada en esta sección
por la aproximación biológica a nivel ontogénico, enfocando
ahora el individuo, más que la especie.*

*Dos de los colaboradores de esta sección, Richard Green y
Anke Ehrhardt, son psiquiatras dedicados especialmente a la
investigación de la identidad genérica. Julian Davidson es un
fisiólogo cuya principal área de trabajo es la fisiología reproductiva y el comportamiento. Green y Ehrhardt son investigadores
clínicos que trabajan principalmente con sujetos humanos; Davidson es un experimentador que trabaja con animales. Los marcos
conceptuales de referencias y los enfoques metodológicos de estos
colaboradores muestran interesantes contrastes.*

*Richard Green comienza su colaboración sobre las influencias
biológicas en la identidad sexual con instructiva revisión histórica. Enfoca la atención de su trabajo primariamente en la
relación entre las hormonas prenatales y el comportamiento.
Para hacerlo, muestra las pruebas proporcionadas por el trabajo
experimental con monos, y también por "experimentos de naturaleza" por medio de los cuales los fetos humanos son expuestos
a cantidades anormales de hormonas, como aparece ejemplifi-
cado por el síndrome adrenogenital. Otro importante estudio
consiste en analizar a jóvenes cuyas madres, mientras estaban
preñadas, han recibido diferentes compuestos estrogénicos y pro-
gestativos. Green se explaya sobre este tema y llega a tratar las
implicaciones más vastas de la relación entre hormonas y comportamiento sexual, incluyendo la homosexualidad.*

*Aunque la tarea de Green es enfocar los determinantes bioló-
gicos de la identidad sexual y el comportamiento, sin embargo
él conoce muy bien el significado de los factores no biológicos.
Sus puntos de vista sobre la importancia de las influencias biológicas son un poco circunspectas en tanto se refiere al respecto
"por el papel que las fuerzas biológicas pueden desempeñar en
algunas áreas de la diferenciación psicosexual que se encuentran*

*en desarrollo algunas veces, y quizá en algunas personas más que en otras".*

*En su respuesta al trabajo de Green, Julian Davidson refina un poco más la naturaleza y el rol de los determinantes biológicos en las experiencias sexuales, particularmente en relación con la identidad genérica. Davidson hace una importante distinción entre las influencias "organizacionales" y las "activacionales" de las hormonas, y sigue sus efectos en tres niveles de diferenciación biológica: anatómica, fisiológica, y la de los mecanismos cerebrales que, se presume, ayudan a establecer los comportamientos del sexo y de la identidad genérica.*

*Dado que las hipótesis actuales sobre la diferenciación sexual del comportamiento se basan principalmente sobre la investigación en animales, Davidson propone una vez más, tal como lo hizo Frank Beach en la primera parte de este libro, los problemas que plantea el hecho de generalizar en los humanos los modelos animales por medio de la analogía. Davidson descubre que este procedimiento es sumamente problemático, y puesto que vienen de un experto en el campo de la investigación animal, este tipo de dudas son muy dignas de atención.*

*Anke Ehrhardt enfoca principalmente el modelo interaccional para la relación entre las hormonas sexuales y el comportamiento. Refiriéndose al poder relativo de los factores que modelan la identidad genérica, la doctora descubre que el efecto del medio hormonal del feto no es la fuerza decisiva. Aunque no descarta de ninguna manera la importancia de los factores biológicos, Ehrhardt reitera sin embargo los puntos de vista actuales de los investigadores en este terreno, en el sentido de que la identidad genérica parece ser, principalmente, resultante de la crianza, dadas las limitaciones de los modelos animales y las pruebas fragmentarias de los estudios humanos. Con la debida precaución, Ehrhardt subraya la naturaleza tentativa de estas conclusiones.*

*Los tres autores están de acuerdo en la necesidad de una mayor investigación y un mayor ahondamiento en el estudio de los determinantes biológicos del comportamiento humano referido al sexo. Algunas de estas posibilidades de investigación aparecen destacadas en los terrenos de las hormonas prenatales y el comportamiento, y también en el campo de la endocrinología conductista del comportamiento sexual humano.*

*Las colaboraciones de esta sección destacan el significado de los factores biológicos en la diferenciación sexual y en el comportamiento. Pero también disminuirán seguramente ciertos temores de que quienes trabajen en este terreno tuvieran una devoción ciega a los determinantes biológicos, con exclusión de todos los demás.*

H.A.K.

# VI. INFLUENCIAS BIOLÓGICAS SOBRE LA IDENTIDAD SEXUAL

Richard Green

AL TÉMINO del siglo pasado reinaba la biología. Se creía que el predominio de un centro sexual femenino o masculino en el cerebro determinaba los aspectos dimórficos del comportamiento sexual. Freud, en sus escritos de principios del siglo xx, tomó muchos elementos de Krafft-Ebing sobre el rol de la biología. Freud sugirió que una desproporción constitutiva en la zona anal podía predisponer a un hombre hacia la homosexualidad (Freud, 1905). Y hacia el fin de su carrera, apoyó la teoría de Steinach sobre el rejuvenecimiento de la hormona sexual cuando el conducto deferente está cerrado de manera que se incremente la producción de hormona masculina (Benjamin, 1970).

En esto no había un déficit del pensamiento creador. En los años treinta se presentó una teoría sobre la génesis de la homosexualidad masculina que se llama "el cortocircuito griego". Se sostenía que los nervios sensoriales que generalmente traen impulsos desde el pene a través de la espina dorsal para proporcionar placer a los centros cerebrales de algún modo se habían desviado y ahora provenían del ano (Montazagga, 1932).

En su estudio psicoanalítico de una homosexual, Freud sugirió que el psicoanálisis y la metapsicología habían dado todo de sí para explicar los caminos de la homosexualidad, y que debían dejar el resto a la biología (Freud, 1920). Lamentablemente, sus palabras no fueron recogidas por sus sucesores, y el valor potencial de la biología se perdió en una avalancha de teorías metapsicológicas e informes clínicos. El trabajo de Stoller ha sido una excepción a este coro monótono. Stoller ha tenido el valor de sugerir que existe una fuerza biológica que subyace en algunos aspectos de la diferenciación psicológica macho-hembra, y así nos ha obligado a reexaminar las bases freudianas del concepto de bisexualidad (Stoller, 1968, 1972). De este modo, el péndulo que a mediados de siglo estaba desviado dos veces y media de la línea central, hacia el extremo biológico del arco, se desvió en la misma proporción hacia el otro extremo, el social. En la última década, este péndulo ha empezado a equilibrarse definitivamente. Esperemos que esta posición no conduzca a la inercia, sino más bien a una síntesis dinámica de todo aquello que sea de valor en ambos extremos de ese arco.

## HORMONAS PRENATALES Y COMPORTAMIENTOS POSNATALES

Mientras los sexólogos del cambio de siglo especulaban sobre los centros sexuales masculinos y femeninos en el cerebro, el concepto apenas superaba los límites de la ciencia ficción. La idea de que algunas zonas del cerebro pueden estar construidas de tal modo que faciliten los comportamientos típicos, masculinos y femeninos, ha alcanzado el nivel de hecho científico apenas en los últimos quince años. El trabajo pionero de William Young y sus colaboradores (Young, Goy, Phoenix, 1964) demostró que así como las hormonas androgénicas (masculinas) diferencian las estructuras genitales básicas femeninas en dirección del macho, existe en el cerebro el mismo potencial para la acción hormonal. Por desgracia, estos descubrimientos frecuentemente son desdeñados por aquellos que sólo destacan la socialización posnatal como causa de los comportamientos típicos sexuales. Estos "científicos sociales" quisieran que los descubrimientos de Young y sus colaboradores fueran borrados de las páginas de la historia científica.

Ante todo con el cerdo de Guinea, y luego con el mono *rhesus*, han aparecido una serie de notables hallazgos que consiguientemente encontraron apoyo en el primate humano. Las monas *rhesus* preñadas fueron inyectadas durante el periodo de gestación con propionato testosterona (una hormona androgénica). Los fetos hembras nacidos fueron analizados después del nacimiento. Afortunadamente para quienes intentan establecer paralelos entre este experimento de laboratorio y el comportamiento humana, los *rhesus* jóvenes, machos y hembras, muestran diferentes pautas de comportamiento, que son similares a las tradicionales diferencias mostradas por niños y niñas (Rosenblum, 1961). Los machos *rhesus* jóvenes están más inclinados a un comportamiento agresivo y rudo. El notable hallazgo de Young y sus colaboradores fue que las monas jóvenes expuestas, antes del nacimiento, a la inyección de andrógeno, se comportaban de manera más parecida a la de los jóvenes machos. Popularmente fueron definidas como "hombrunas". Similares cantidades de andrógeno fueron inyectadas en hembras *rhesus* poco después del nacimiento, pero no produjeron el mismo efecto. Esta comparación parece indicar un periodo prenatal crítico en el desarrollo del sistema nervioso central. De todos modos, se debe destacar que los genitales de las hembras "hombrunas" también estaban virilizados, y puede haber existido alguna influencia sobre su comportamiento como consecuencia del trasfondo social que suscitaba su apariencia anormal como hembras.

Este experimento de laboratorio se complementa con un experimento de naturaleza: el síndrome adrenogenital virilizante en la hembra humana. Aquí, un error innato de metabolismo sobreviene en el feto femenino y produce una cantidad excesiva de andrógeno. Este tipo de persona nace con diferentes grados de virilización genital. Los procedimientos endocrinológicos desarrollados en las dos úlitmas décadas hacen posible el diagnóstico de este síndrome en los recién nacidos. De este modo, a pesar de la ambigüedad externa de los genitales, el niño puede ser correctamente tipificado en un sexo, y puede ser tratado con cortisona para suprimir el andrógeno adrenalítico. La niña, si es cariotípicamente hembra, recibe categoría femenina, es criada como niña, y se le practica una reconstrucción genital para que tenga una apariencia anatómica normal (Money, 1968).

Se ha realizado una serie de estudios sobre la identidad sexual de estas mujeres. Un trabajo muy original (Ehrhardt y Baker, 1974) comparó a estas niñas con sus hermanas normales (puesto que el síndrome aparece por lo general sólo en uno de los hermanos). Las hermanas que habían quedado expuestas a altos niveles de andrógeno prenatal mostraban una mayor inclinación hacia el comportamiento rudo, "hombruno", en los juegos, y eran menos afectas a jugar con muñecas. De esta manera, el hallazgo se compara con el de los primates no-humanos. Los órganos genitales de estas niñas generalmente se reconstruían hacia el final del primer año, de manera que la autoimagen y las relaciones de grupo probablemente no se veían afectadas por esta variable. De todos modos, no es posible trazar patrones de reacciones diferenciales de los padres hacia los hijos. Ellos saben que uno de sus hijos debe seguir tomando cortisona para evitar la revirilización, y que en el momento del nacimiento los genitales de uno de sus hijos tenían una apariencia más masculina que los del otro.

Un estudio reciente emprendido por Reinisch y Karow (1977) sobre niños cuyas madres habían recibido una variedad de hormonas típicas sexuales durante el periodo de gestación, destaca sutiles diferencias de personalidad en los niños asociados con tal tratamiento hormonal.

Reinisch estudió a 26 varones cuyas madres habían recibido "hormonas de embarazo" durante la gestación, y a 27 de sus hermanos nacidos de embarazos en los que la madre no había ingerido hormonas. La doctora estudió también a 45 mujeres expuestas a la hormona, y a 43 que no habían sido tratadas. Los 71 sujetos expuestos a la hormona estaban divididos en tres grupos: 16 que recibieron primariamente estrógeno, 26 que recibieron primariamente progestina, y 29 que recibieron grandes cantidades de ambas. El promedio de edad de los sujetos era de 11 años. Todos los niños fueron sometidos al *test* de personalidad de Cattell, que descubre factores comparativos de la personalidad (comúnmente 16) a través de la niñez y la adolescencia.

Los grupos difirieron en cuatro factores primarios y dos secundarios. Los grupos con progestina y estrógeno eran los que más diferían uno del otro, con el grupo mezclado colocado en posición intermedia. El grupo con progestina era más independiente, individualista, mostraba más seguridad, autosuficiencia y sensibilidad. El grupo con estrógeno era más inclinado a la vida grupal, dependía más del grupo, era más flemático y menos independiente, sensible y seguro.

Comparando el grupo con progestina frente a sus hermanos, este grupo era más independiente, individualista, seguro y autosuficiente. Comparando al grupo con estrógeno frente a sus respectivos hermanos, era menos excitable, menos individualista, y menos autosuficiente. Los miembros del grupo que había ingerido hormonas mezcladas, comparados con sus respectivos hermanos, eran menos excitables y menos sensibles.

Otras investigaciones adicionales con machos humanos, aunque menos convincentes, se orientan hacia un fenómeno similar. Aquí encontramos algunas pruebas de que los bajos niveles de andrógeno prenatal pueden influir en el desarrollo del macho hasta el punto en que su comportamiento rudo y agresivo no tienda a manifestarse en la etapa posnatal. En un estudio, cuarenta varones de 6 a 16 años de edad cuyas madres diabéticas negra, corromperá sus fluidos vitales de manera que su piel se oscurezca y se arrugue mientras su carne se gasta, se obnubile su inteligencia, y lo conduzca por fin a una lenta declinación y a la muerte. La sangre menstrual introducida en el alimento de un hombre, dicen, lo mata rápidamente, y las mujeres jóvenes despechadas algunas veces buscan venganza de esta manera. La sangre menstrual derramada en algunas plantas como la *Acorus calamus*, que los hombres usan como elementos mágicos para obtener riqueza, o para hacer la guerra, los destruye; y un hombre se puede divorciar y aun quizá matar a la esposa que haga esto (Meggitt, 1964, p. 204).[5]

Los resúmenes antropológicos de las clases de sistemas de creencias que hemos venido analizando pueden ser descriptivos en sus metas, tratando de penetrar otro mundo de ideas y de comprenderlo de la manera más rica y menos deformada posible; o también puede ocurrir que esos resúmenes busquen explicaciones para conjuntos particulares de creencias que aparezcan en sitios particulares. Una explicación del complejo de honor y vergüenza en las sociedades del Mediterráneo ha sido ofrecida por Jane Schneider (1971), quien analiza las restricciones sobre las mujeres en cuestiones de competencia entre grupos de parientes por el dominio de los recursos, uno de los cuales son las mujeres. Rose Oldfield Hayes (1975), que ha tratado de explicar por qué la infibulación sigue practicándose en el Sudán, observa que la práctica se cumple para asegurar y mantener la integridad de los grupos de descendencia patrilineal. Harriet Whitehead (1976) presenta una discusión comparativa de las exigencias de castidad y la mutilación genital femenina, tratando de establecer aproximaciones distintas pero relacionadas con un cuadro de trabajo más general. Destaca que lo común en todos los casos es el intento, de parte de los grupos sociales, por evitar la pérdida de *status* limitando el acceso a las mujeres.

Tanto Hayes como Whitehead también tratan de explicar por qué las propias mujeres tendrían interés en perpetuar este

---

[5] Pueden encontrarse algunos casos adicionales en Goodale y Chowning, 1971, y los ensayos en Brown y Buchbinder, 1976. Goodale y Chowning destacan, como también lo hace Faithorn (1975), que no se deberían interpretar tan estrechamente las creencias sobre la polución, puesto que los hombres también pueden ser considerados como agentes de contaminación para las mujeres.

$(p<.01)$. En cuanto a los pares de grupos de niños, los sujetos sometidos a la progesterona sintética tendían a tener más amigos del sexo femenino $(p<.1)$. Las altas dosis de progesterona natural venían asociadas con un mayor interés por el tipo de juegos rudos $(p<.05)$, y la progesterona sintética se asociaba con un menor interés $(p<.05)$. Los sujetos sometidos a DES más progesterona participaban menos en los deportes $(p<.01)$. Con respecto a la orientación sexual del adulto, no existían diferencias de grupo sobre las fantasías o comportamientos homosexuales contra heterosexuales. El resto de la información está siendo sometida a un análisis estadístico más detallado.

Se hace claro que los anteriores hallazgos no proporcionan un cuadro definido de la personalidad y/o un perfil sexual de los varones en la primera adultez, expuestos a las hormonas, frente a los no expuestos. Con las diferentes escalas y las técnicas de entrevista empleadas, se debe tener mucho cuidado de no sobreinterpretar las diferencias "significativas" en un nivel más allá del 5%.

Meyer-Bahlburg, Ehrhardt y Grisanti (1977) estudiaron 13 niños y 15 niñas cuyas madres habían recibido acetato de medroxiprogesterona durante más de una semana en algún momento entre el segundo y el octavo mes de embarazo. Los controles también eran embarazos de gran peligro. Una vez más, se registró una amplia gama de duración y dosis. En las entrevistas los varones no se mostraron diferentes de los controles en cuanto a las preferencias por juguetes que tuvieran una tipología sexual determinada. De todos modos, las niñas se mostraban "hombrunas" en una proporción menor.

En un estudio anterior realizado por Ehrhardt y Money, la mayoría de los sujetos considerados "hombrunos", y cuyas madres habían recibido alguna droga progestacional durante el embarazo, no habían recibido progesterona sino Norlutin, que es más virilizante. Tampoco se utilizaron controles en esta investigación previa (Ehrhardt y Money, 1967).

La combinación de todos estos estudios no ofrece una conclusión definitiva en cuanto a los efectos de la exposición prenatal a las hormonas típicas sexuales sobre los comportamientos posnatales. Se han usado diferentes metodologías. Algunos hallazgos son contradictorios. Las drogas y las dosis no son constantes. La edad de los sujetos difiere y también difieren los instrumentos de *test*. Es válido considerar que, dadas las incoherencias en estos procedimientos (que no son originariamente "experimentos"), de todos modos surgen diferencias de personalidad. Nos sentimos inclinados a citar aquel viejo dicho: "Con tanto excremento de caballo por estos lugares, debe de haber algún *pony* cerca".

En un proyecto que se desarrolla actualmente en la Alemania Oriental, Dorner y sus colaboradores están estudiando el control de la homosexualidad a través de un procedimiento médico que se basa en el efecto del andrógeno prenatal sobre el sistema nervioso central. Allí se están obteniendo muestras de fluido amniótico de mujeres embarazadas, y se determina el sexo del feto por el examen del material celular nuclear, y por la medición del nivel androgénico en el fluido. Se están estableciendo, pues, normas para hormonas asociadas con la presencia de un feto macho. La próxima fase anticipada en esta investigación sería la de suministrar testosterona a las mujeres con un feto macho cuyos niveles están por debajo de lo normal (Dorner, 1976).

La teoría que subyace a este procedimiento es la de que los niveles deficientes de andrógeno no consiguen organizar el sistema nervioso central en la dirección masculina, y que la organización con inclinación masculina es necesaria para determinar la preferencia por una pareja del sexo opuesto. Este procedimiento ha sido criticado en muchos aspectos: primero, no existen pruebas directas de que haya un periodo prenatal en el que la deficiencia de andrógeno organice el sistema nervioso central primate para responder a la pareja sexual masculina, especialmente cuando los niveles de hormonas han sido suficientes para la diferenciación de los genitales en el macho. Después, existe escasa relación entre los niveles de fluido amniótico del andrógeno y los niveles en el plasma fetal (y por lo tanto aquellos niveles que alcanzan el sistema nervioso central en desarrollo; Goy y Goldfoot, 1976). Finalmente, no se puede ignorar el problema ético en este intrépido esfuerzo que intenta evitar una preferencia erótica que para muchos es, sin embargo, otro estilo sexual de vida.

#### DIFERENCIAS NEONATALES Y DURANTE EL PRIMER AÑO

Aparte del aspecto exterior de los genitales, ¿existe alguna diferencia fisiológica entre niños y niñas recién nacidos? Aparentemente existen, aunque el intento de sintetizarlas en un patrón coherente de desarrollo psicosexual requiere más ingenio que los modelos empleados para descubrir las diferencias. Un descubrimiento que ha sido confirmado (lo que ocurre pocas veces en este campo) es la "reacción cabeza abajo" (Bell y Darling, 1965). Los recién nacidos varones, puestos sobre el abdomen, levantan más fácilmente la cabeza desde esa posición horizontal que las niñas. Se cree que esta tendencia se debe a que los varones tienen mayor desarrollo muscular, probablemente por causa de niveles más altos de andrógeno prenatal. De todos modos, mientras puede existir una diferencia *intersexual* apoyada por significativas estadísticas, hay todavía una considerable diferencia *intrasexual*. Lo que es más importante: todavía debe clarificarse la edad cuando la diferencia biológica sexual, en cuanto a la fuerza de los músculos y/o la coordinación, se vuelve socialmente significativa para un individuo dado. Mientras cualquiera que haya prestado atención a los *records* olímpicos se verá obligado a reconocer que los varones, como población, son más fuertes que las mujeres, la pregunta más importante es esta otra: ¿a qué edad se vuelve significativa tal diferencia sexual en términos de desarrollo?

La autonomía del niño frente a la madre, al comienzo de la segunda mitad del primer año de vida, es la que permite discriminar a los varones de las mujeres. Las niñas parecen más protegidas por las madres al quinto o sexto mes de edad, y cuando los niños varones y mujeres se quedan en el piso cerca de sus madres, a los doce meses de edad, los varones tienen una mayor tendencia a alejarse gateando (Goldberg y Lewis, 1969). Esta autonomía prematura en el varón es comparable a un hallazgo en nuestros parientes cercanos, los tities, entre los cuales los jóvenes machos también buscan alejarse de su madre, a pesar de los esfuerzos de sus madres para retenerlos (Rosenblum, 1974).

Un estudio polémico sugirió que los varones y las mujeres de doce meses de edad responden de manera diferente cuando se les prohíbe el acceso a los juguetes. También se descubrió que manifestaban diferencias en el estilo de juego con juguetes (Golberger y Lewis, 1969). En este experimento se colocaba una barrera transparente, extendida a todo lo largo del dormitorio, entre el niño y los juguetes. Los varones mostraban mayor predisposición a gatear a lo largo de la barrera de un extremo al otro, tratando ostensiblemente de rodearla para alcanzar, del otro lado, los juguetes. Las niñas solían quedarse sentadas donde se les había dejado, y llorar. Una vez que se les daban los juguetes, los varones preferían dispersarlos mientras que las niñas los juntaban. Estos descubrimientos no fueron refutados en ningún estudio posterior (Maccoby y Jacklin, 1974).

Ahora M. Lewis ha publicado dos hallazgos todavía más provocativos que no han sido ni confirmados ni desmentidos. Apuntan la capacidad que tienen los niños, entre los doce y los dieciocho meses de edad para discriminar su propio sexo del de otros niños. Se tomaron fotografías de niños y niñas y se taparon todos los indicios sexuales, salvo los caracteres faciales. Luego se mostraron estas fotografías a jueces adultos, quienes no se sintieron en condiciones de establecer correctamente el sexo del niño. Cuando se les mostraron las fotografías a los niños, ellos se quedaban mucho tiempo concentrados en las fotografías de su propio sexo (Lewis y Weinraub, 1974). En el segundo estudio, dos niños y dos niñas fueron colocados en los rincones de un compartimiento rectangular, y se le permitió a un niño a la vez gatear hacia uno de los otros tres (Lewis, 1976). Aunque las opciones para gatear hacia un niño del sexo opuesto eran de dos a una, a menudo se observó que los niños gateaban efectivamente hacia el del mismo sexo. Estos estudios sugieren que ya al año de edad los niños son capaces de distinguir entre el sexo masculino y el femenino.

¿Por qué estaría presente esta capacidad en el niño y no en el adulto? Con algún esfuerzo, podríamos poner en obra un argumento evolucionista. El hecho de reconocer al mismo sexo y al opuesto puede ser un factor inicial que entra en el primer componente de la identidad sexual: la identidad del núcleo morfológico. La identidad sexual se define aquí como lo que incluye: *1)* identidad del núcleo morfológico —la autopercepción inicial del individuo acerca del hecho de ser anatómicamente macho o hembra, o de pertenecer a una de esas dos categorías de seres humanos; *2)* el comportamiento del rol genérico —esos patrones dimórficos que discriminan a hombres y mujeres en una cultura dada y en un tiempo dado, y *3)* la orientación sexual —una preferencia erótica y romántica por gente del mismo sexo, o del otro, o de cualquiera (Green, 1974).

Las personas cuya identidad del núcleo morfológico es contraria a su anatomía se localizan por la denominación de transexuales (Benjamin, 1966; Green y Money, 1969). Esta gente quiere que la cirugía les cambie el sexo. La identidad del núcleo morfológico se relaciona significativamente con el comportamiento del rol genérico y con la orientación sexual. Y las personas que manifiestan grados significativos de comportamiento de género cruzado durante la niñez tienden a derivar hacia la homosexualidad durante la madurez (Saghir y Robins, 1973). Tanto los transexuales como los homosexuales no muestran tendencia a reproducir. Así pues, sería muy ventajoso para la sobrevivencia de la especie que los niños se autoconsideren correctamente como hombres o mujeres, para que el desarrollo de la identidad sexual funcione de modo que desarrolle al máximo el potencial de reproducción de la especie.

Se conocen otras diferencias sexuales en los niños. Las niñas recién nacidas tienen preferencia por los dulces. Esta preferencia se demuestra al agregar un edulcorante a cierta fórmula, con el resultado de que las niñas aumentan la ingestión del líquido, mucho más que los varones (Nisbett y Gurwitz, 1970). Cualquiera que sea la validez del hecho, la capacidad de discriminar lo dulce existe en la adultez de esta manera: las hembras tienen un umbral más bajo para detectar el azúcar en una solución (Panborn, 1959). Hay un hecho cuya implicación es aún más vaga: los varones recién nacidos muestran un signo cardiaco de tensión (disminución de la pulsación cardiaca) cuando escuchan un tono intermitente, en tanto que las mujeres muestran el mismo signo mientras escuchan jazz moderno (Kagan y Lewis, 1965). A medida que los hallazgos se hacen más esotéricos, las implicaciones se vuelven más oscuras. Las Fundaciones deberían ofrecer un premio a la mejor síntesis de este último descubrimiento en la teoría del desarrollo psicosexual y también en los orígenes del genio musical.

### Estudios de gemelos

El estudio de los gemelos monocigóticos ha intrigado desde hace mucho tiempo a los científicos del comportamiento, puesto que aquéllos parecen ofrecer una buena posibilidad de encontrar factores de constancia genética. Las experiencias posnatales de los gemelos se estudian como si fueran variables ideales independientes. Unos pocos estudios sobre gemelos se han incorporado a la investigación sobre la identidad sexual. El primero de ellos tiene que ver con un par de gemelos monocigóticos varones, uno de los cuales experimentó la pérdida del pene por el trauma de la circuncisión a los seis meses de edad. A los dieciocho meses este gemelo fue confinado al *status* de mujer, después de muchas consultas paternas. Casi una década después, un informe sugiere que este par de gemelos está madurando como una típica pareja de hermano y hermana (Money y Ehrhardt, 1972). Todavía es muy pronto para conocer la orientación sexual de los gemelos. Pero, ¿el niño cromosómicamente macho que fue expuesto en su periodo prenatal a niveles típicos de hormona masculina, y que se crió como mujer, se hará lesbiana?

Hay informes sobre otros dos gemelos, un par de varones y un par de mujeres, con los co-gemelos en posición discordante frente a la identidad sexual. Con ambos pares fue posible identificar las pautas de socialización que aparentemente colocaban a los co-gemelos en diferentes vías de desarrollo.

Los pares enfrentados de hermafroditas son los que ofrecen la analogía más cercana al estudio de gemelos (Money y Ehrhardt, 1972). Por ejemplo, dos personas nacidas con el síndrome femenino adrenogenital virilizante, traídas al mundo por diferentes obstetras antes de desarrollar refinados procedimientos de diagnóstico, son asignados a roles sexuales opuestos. Nadie se sorprendería de que el niño asignado a la categoría de mujer desarrolle una identidad femenina y una orientación heterosexual, puesto que el sexo cromosómico y gonádico es femenino. Pero la sorpresa sobreviene ante el hallazgo de que la niña cromosómica y gonádica, asignada a la categoría de varón, desarrolla una identidad masculina, un comportamiento del rol genérico masculino, y una orientación sexual hacia las mujeres. Se debe advertir que ese par de mujeres, a pesar de que fue expuesto severamente al andrógeno pre y posnatal, no parece dar claras señales de transexualismo u homosexualismo. De todos modos, los críticos subrayan el hecho de que los anatómicamente intersexuados, como lo prueba su ambigüedad genital, no han sido nunca expuestos a niveles típicos de esteroides sexuales prenatales, de manera que su sistema nervioso central puede ser, del mismo modo, intersexuado. Posiblemente sean más "dúctiles" y reductibles a la manipulación ambiental con respecto a su categorización en cuanto a la identidad sexual (Diamond, 1965; Zuger, 1970). Por causa de esta objeción, existe un gran interés por las parejas de gemelos monocigóticos que desarrollan identidades sexuales opuestas.

En experimentos de *crianza* donde el andrógeno prenatal y los elementos genéticos se colocan lo más cerca posible de la investigación sobre seres humanos, los factores de socialización parecen predominantes en la ontogenia psicosexual. De todos modos, los elementos de los que se dispone son escasos y los descubrimientos en este terreno sólo tiene el valor de sugerencia.

### Comportamientos sexuales prematuros

El comportamiento autoerótico es la manifestación más anticipada de la sexualidad genital y sigue siendo uno de los comportamientos con diferencia sexual más perdurable. Mientras que otros muchos indicios de la sexualidad manifestados por hombres y mujeres se han hecho convergentes en las últimas décadas, incluyendo la edad del primer coito, el número de compañeros de coito, y la capacidad de respuesta a materiales visuales y eróticos, las proporciones de masturbación han permanecido en discrepancia. Aunque muchas más mujeres se masturben hoy día que hace veinte años, la frecuencia con que se masturban sigue siendo considerablemente inferior a la de los hombres (Schmidt y Sigusch, 1972). ¿Por qué sucede esto?

Algunos informes preliminares sobre niños en el primer año de edad sugieren que existe poca o casi ninguna diferencia sexual en la frecuencia de juegos autoeróticos (Galenson, 1975). ¿Cuándo y por qué aparece la diferencia sexual? ¿Es un fenómeno de aprendizaje social, en que a las niñas se les enseña que sus genitales son "sucios", y que "las niñas buenas no hacen esas cosas"? ¿O bien existe un factor biológico generalizador? Los antropólogos informan que no existen sociedades en que la frecuencia de la masturbación sea más alta en las mujeres (Davenport, 1976). Y las diferencias de sexo en la masturbación existen también en el nivel del primate no humano. Si separamos a un joven mono *rhesus* de su madre y lo criamos con una madre sustituta, este hecho propiciará mayores coeficientes de masturbación en el macho, pero no en la hembra

(Goy y Goldfoot, 1976). ¿Es posible que la presencia de un órgano genital más largo en el macho, que le permite mayor contacto con los objetos (sean éstos animados o inanimados) provoque mayores proporciones de autoestímulo gracias a la actividad y posibilidad operante de contacto de ese miembro? ¿Es posible que por alguna razón biológica sea más fácil para los machos conseguir el clímax sexual, y que por lo tanto la extensión de esa retroalimentación erótica sea mayor y más frecuente?

### LAS HORMONAS Y EL COMPORTAMIENTO SEXUAL

El rol de las hormonas en la regulación del comportamiento sexual humano ha intrigado durante mucho tiempo a los investigadores. Más de una década atrás, se observaba que las mujeres con cáncer de pecho, a las que se les proporcionaba testosterona para intentar contener el avance de la metástasis, mostraban una creciente tendencia sexual (Waxenberg y otros, 1959). La investigación avanzada sobre el mono *rhesus* (Herbert, 1970) ha demostrado que el andrógeno adrenal era indispensable para que la hembra mostrara interés sexual por el macho. Si se saca la corteza adrenal y se coloca cortisona (no adrenogénica, pero necesaria para el equilibrio electrolítico, el espasmo de respuesta, etc.), la hembra no mostrará comportamiento sexual. La testosterona restablece el comportamiento sexual. El papel de la testosterona adrenal en la hembra humana mayor de edad ha sido destacado específicamente en trabajos recientes. Las mujeres posmenopáusicas que recibieron gonadotropin coriónico humano (HCG) no dieron muestras de aumentar la secreción de hormonas ováricas, que incluyen la testosterona (Persky y Lief, 1976). Pero sí mostraron un aumento en la testosterona cuando recibieron la hormona adrenocorticotrópica (ACTH), que estimula la corteza adrenal. Y las mujeres transexuales con tendencia masculina que reciben inyecciones de testosterona para propiciar características sexuales secundarias masculinas, muestran típicamente un aumento de su capacidad sexual. De todos modos, se desconoce el grado en que puedan incidir en este incremento la consiguiente hipertrofia del clítoris o los efectos del sistema nervioso central.

Durante mucho tiempo se pensó que los niveles de testosterona causaban el grado de capacidad sexual en el macho hu-

mano. Existen, de todos modos, muchos hallazgos contradictorios para esta simple explicación. Consideremos ante todo los
estudios sobre hombres con varicoceles y niveles de testosterona
considerablemente disminuidos (Raboch y Starka, 1973): no
existe una reducción importante en el nivel de su actividad
sexual. Consideremos el complejo descubrimiento efectuado
por otro estudio sobre la actividad sexual masculina y la relación con la testosterona (Kraemer y otros, 1976): en el caso
de individuos particulares, se encontraron los niveles más
altos de testosterona en los días en que los hombres eran sexualmente activos. De todos modos, esta elevación era la consecuencia de esa actividad, más que su antecedente. Y entre los sujetos,
se encontró una correlación *negativa* entre el nivel de hormona
y la frecuencia de orgasmo.

¿Rejuvenece la testosterona la potencia en los hombres de
edad avanzada? A pesar de la venerable reputación de la testosterona, no se han realizado estudios fehacientes. Típicamente, un clínico pone una inyección de "hormona con potencia
masculina" a un paciente que se queja de dificultades para la
erección, el cual informa después que aumentó su capacidad
sexual. Consideremos también a aquellos hombres cuyo comportamiento sexual ha provocado enfrentamientos con la ley, y
que por lo tanto han sido obligados a tomar drogas "antili-
bido". Estos hombres son, típicamente, violadores o pedófilos
a los que se les suministra Provera o acetato ciproterona. Estas
drogas pueden actuar reduciendo los niveles de testosterona o
bloqueando la acción de la testosterona. Los sujetos muestran
una disminución de su capacidad sexual. De todos modos, estas
personas nunca han sido objeto de estudios serios. Al contrario,
las drogas que parecen reducir la potencia sexual del sujeto
se les suministra a personas ya motivadas de antemano para
mostrar la disminución del comportamiento sexual que les ha
provocado dificultades con la ley (Laschett, 1973; Money, 1976).
Consideremos, por último, la intrincada investigación sobre el
primate no humano. Los monos rhesus machos castrados muestran un amplio rango de niveles dispares en el comportamiento
sexual (Phoenix y otros, 1973). En algunos animales, la sexualidad desaparece casi inmediatamente, mientras que en otros
continúa (aunque un poco disminuida) durante años. No es un
hecho evidente que los monos rhesus cuya sexualidad desapa-

rece casi inmediatamente sean aquellos que sufren de pánico a la castración.

Dado que existe un amplio espectro para el nivel "normal" de plasma testosterona, los niveles de umbral pueden ser críticos. Quizá algunos individuos operen en un borde de ese límite. Cuado el nivel de testosterona provoca una apreciable atrofia vía testicular, o una castración quirúrgica, el individuo con un umbral más bajo para producir el comportamiento sexual puede disponer todavía de un resto de testosterona, sea de origen testicular o adrenal, para proseguir su comportamiento sexual.

## La homosexualidad

Los últimos cinco años han presenciado un resurgimiento del interés por los niveles de los esteroides sexuales en hombres y mujeres homosexuales. Los estudios anteriores, que usaban burdas medidas de secreción endocrina, no conseguían establecer la discriminación entre heterosexuales y homosexuales. Ahora, los procedimientos de muestreo más avanzado permiten medir diferentes hormonas con gran sensibilidad. La consecuencia de esto ha sido una serie de informes polémicos. Algunos estudios han descubierto que los hombres homosexuales tienen menor nivel de testosterona que los heterosexuales (Kolodny y otros, 1971), en otros estudios no se han encontrado diferencias (Pillard y otros, 1974). Uno de esos estudios descubrió que los hombres homosexuales tienen niveles más altos de estradiol (Doerr y otros, 1973).

El lesbianismo pocas veces se ha estudiado clínicamente, y mucho menos endocrinológicamente. Hasta la fecha han sido analizadas cuatro lesbianas. Tres de ellas tenían mayores niveles de testosterona y menores niveles de estradiol que el correspondiente grupo de control (Loraine y otros, 1970).

Dado que sabemos que los niveles de testosterona durante la madurez no tienen una incidencia demostrable en la *inclinación* de la sexualidad —aunque pueden afectar la intensidad—, resulta difícil apreciar la significación del hecho de encontrar bajos niveles de testosterona o altos niveles de estradiol entre los hombres homosexuales, a menos que especulemos en el sentido de que esta alteración de los niveles ya existía prenatalmente. En ese caso se podría decir que el sistema nervioso ya estaba organizado con inclinación femenina, o que, al menos, no estaba organizado con inclinación masculina.

Una investigación incitante trató de enfocar los mecanismos del sistema nervioso central, estudiando el eje hipotalámico-pituitario con respecto a las pautas de secreción de la hormona sexual. Se comparó a hombres heterosexuales, hombres homosexuales y mujeres heterosexuales. En el hombre y la mujer típicos, existe un patrón de respuesta diferente con respecto a los niveles de hormona luteinizante (LH) después que la persona recibe una inyección intravenosa de estrógeno. En el hombre típico, aparece una caída en el LH con un regreso al nivel básico, pero sin rebote. En la mujer, la caída aparece seguida a continuación por un rebote más allá de la línea básica. Una muestra de hombres homosexuales demostró la respuesta femenina. La interpretación que se dio fue la de que el sistema nervioso central de los hombres homosexuales no se había diferenciado en la inclinación masculina (Dorner y otros, 1975). Este interesante estudio no ha tenido aún reconfirmación. Evidentemente, trata de localizarse más en los mecanismos básicos que en el control de los niveles del plasma de testosterona.

Otro hallazgo que se centra directamente en los mecanismos básicos, pero que se resiste a las explicaciones, ha sido confirmado en dos ocasiones (Margolese y Janiger, 1973; Evans, 1972). Se trata de la proporción, alterada, en 24 horas, de horina de androsterona y etiocolanolona (dos metabolitos estereoisoméricos de la testosterona) derivados de los testículos y las cápsulas suprarrenales. La proporción parece discriminar personas de distinta orientación sexual. De todos modos, en el primer informe (Margolese, 1970) unos pocos hombres heterosexuales deprimidos y/o diabéticos mostraron el mismo patrón encontrado en sujetos homosexuales saludables, lo que propone la cuestión de la especificidad. Asimismo una variedad de otros factores, entre los que se incluye el estres, pueden afectar la proporción de estos metabolitos. Estos hallazgos sobre los metabolitos urinarios son de importancia sobre todo porque han sido reconfirmados y sugieren la posibilidad de la existencia de conductos metabólicos alterados de la testosterona. Si esto es cierto, tales conductos podrían reflejarse sobre un nivel básicamente fisiológico que influya en la organización del sistema nervioso central.

Finalmente, no olvidemos el heroico enfoque neuroquirúrgico realizado en Alemania Occidental para el tratamiento de los "depravados sexuales". Estos últimos incluyen a 80 hombres que son pedófilos crónicos, violadores, exhibicionistas, o "masturbadores en exceso". Están siendo tratados con cirugía estereotácica psicosexual, procedimiento que supone la destrucción del núcleo ventromedial del hipotálamo en el hemisferio no dominante. Según los neurocirujanos, los pacientes muestran típicamente algunos grados de reducción en la capacidad sexual y primariamente una *reorientación* de la inclinación sexual hacia objetos y situaciones "más apropiados". Los niveles de testosterona no se ven afectados (Muller 1976). No se ha informado sobre aspectos radicales de la personalidad, como resultante del procedimiento, excepto en el caso de un paciente que murió de neumonía (presumiblemente con un efecto radical sobre la personalidad).

Se ha desatado un caldeado debate al menos sobre dos facetas de este proyecto. Primero, existen pocas pruebas de parte de los estudios de laboratorio sobre animales en el sentido de que una lesión unilateral en esta zona del cerebro pueda afectar dramáticamente el *nivel* de sexualidad, y existe menor evidencia aun de que esto podría afectar la *inclinación* de la sexualidad. Luego sobreviene el asunto ético y principal, acerca de si estos individuos sometidos a tal tratamiento son coaccionados o no. Típicamente, este tipo de depravados sexuales están ya en prisión o a punto de ser encarcelados. Más aún, no queda claro si el procedimiento tiene efectos específicos sobre "centros" sexuales, o si se sostiene clínicamente sobre los resultados de que informaron los propios pacientes, por vía de sugestión o la falsificación de los datos sobre su propio comportamiento. A estos pacientes se les ha dicho que el procedimiento reducirá la capacidad sexual aberrante y la reorientará hacia fines legales y correctos. Podríamos decir que están fuertemente motivados para comunicar su normalidad sexual. Los científicos sociales y del comportamiento han reclamado una moratoria sobre este tipo de procedimientos, pendiente de una evaluación independiente del *status* psicosexual y psicológico de aquellos que han sufrido la cirugía.

Sólo podemos sentir un respeto mezclado de temor ante los hercúleos saltos que produce la investigación desde los animales a los seres humanos, investigación que hoy se lleva a cabo a cargo de intrépidos científicos de uno y otro lado del Muro de Berlín.

## El péndulo en mitad del arco

Para algunos, será inquietante abandonar esta discusión sobre los hallazgos científicos y sus posibles interpretaciones, sin un cuadro más o menos definido de las influencias biológicas sobre la identidad sexual. Creo que este sentimiento de inquietud es saludable para la ciencia. La mayor parte de la historia "científica" ha visto estas cuestiones desde una disyuntiva, "o esto o aquello", concepción estrecha que evidentemente no ha permitido la evolución del conocimiento en estas áreas. Los fenómenos han sido demasiado rápidamente clausurados, como determinados sólo social o sólo biológicamente. A veces, los descubrimientos fueron ocultados por implicaciones políticas, o interpretados de tal modo que se ocluyeran las otras hipótesis. Y, sin embargo, ha crecido un nuevo respeto a partir de la investigación que aquí se cita —un respeto al papel que *pueden* desempeñar las fuerzas biológicas en *algunos* terrenos de la diferenciación psicosexual, en *algunos* momentos del desarrollo, y quizá para *algunas* personas más que para otras.

Para mí, la respuesta más adecuada a la pregunta simple de "¿Qué causa la homosexualidad?", es: "No lo sabemos." Esto no quiere decir que no sepamos *nada*, sino que disponemos de una gran variedad de estrategias que se refieren a un fenómeno de múltiples determinaciones. Esto incluye influencias biológicas tanto como no biológicas. Ambas interactúan en un sistema dinámico. Podemos dar respuestas parciales e inteligentes que reflejen el estado actual de la ciencia, pero el reduccionismo no ofrecerá progresos en este campo, y las respuestas sencillas no traerán luz a estas preguntas tan complejas. Desatender los descubrimientos que son contrarios a nuestro punto de vista no es, evidentemente, una actitud científica. La clausura prematura del tema sólo consigue perjudicar un campo de trabajo que avanza rápidamente y con mucho vigor hacia el respeto a las bases científicas.

Sin duda, los investigadores seguirán excavando en el cerebro de los hámsters, poniendo electrodos en algunas regiones del cerebro de los monos, hurgando y probando los orificios de los seres humanos, y haciendo quizá nuevos orificios, en un esfuerzo por alcanzar los jugos vitales y los circuitos reverberantes. Mientras tanto, la gente sigue copulando, por lo general poco atenta a todas estas importantes variables que contribuyen a su éxtasis.

La posición más saludable que podemos adoptar sobre el papel de las influencias biológicas en la identidad sexual es la que se establece dentro de la metáfora de un péndulo dinámico en mitad del arco entre los programistas prenatales y los socialistas posnatales. Desde esta posición dinámica, *no estática*, los investigadores pueden proseguir su camino, incorporando todos los componentes de la naturaleza multideterminada de la sexualidad humana a la superficie dinámica entre los sistemas biológicos y sociales.

## REFERENCIAS

Bell, R., y Darling, J. 1965. The prone head reaction in the human newborn. *Child Dev.* 36:943-949.

Benjamin, H. 1966. *The transsexual phenomenon.* Nueva York: Julian Press.

———. 1970. Reminiscences. *J. Sex Res.* 6:3-9.

Davenport, G. 1976. Documento leído en la reunión de la Academia Internacional de Investigaciones Sexuales, agosto de 1976, Hamburgo, Alemania Occidental.

Diamond, M. 1965. A critical evaluation of the ontogeny of human sexual behavior. *Quart. Rev. Biol.* 40:147-175.

Doerr, P.; Kochett, H.; Vogt, H.; Pirke, K., y Dittmar, F. 1973. Plasma testosterone, estradiol and semen analysis in male homosexuals. *Arch. Gen. Psychiatry* 29:829-833.

Dorner, G. 1976. Documento leído en la reunión del Congreso Internacional de Sexología, 28-31 de octubre de 1976, Montreal, Canadá.

Dorner, G.; Rhode, W.; Stahl, F.; Krell, L. y Masieus, W. 1975. A neuroendocrine predisposition for homosexuality in men. *Arch. Sex. Behav.* 4:1-8.

Ehrhardt, A., y Baker, S. 1974. Fetal androgens, human central nervous system differentiation and behavior sex differences. En *Sex differences in behavior,* ed. R. Friedman, R. Richart, y R. Vande Wiele. Nueva York: John Wiley.

Ehrhardt, A.; Evers, K., y Money, J. 1968. Influence of androgen in women with late-treated adrenogenital syndrome. *Johns Hopkins Med. J.* 123:115-122.

Ehrhardt, A.; Grisanti, G.; y Meyer-Bahlburg, H. Prenatal exposure to medroxyprogesterone acetate in girls. *Psychoneuroendocrin.*

Ehrhardt, A., y Money, J. 1967. Progrestin-induced hermaphroditism. A study of 10 girls. *J. Sex Res.* 3:83-100.

Evans, R. 1972. Physical and biochemical characteristics of homosexual men .*J. Consult. Clin. Psychol.* 39:140-147

Freud, S. 1953. Tres ensayos sobre la teoría de la sexualidad (originalmente publicados en 1905). En *Standard edition of the complete psychological works of Sigmund Freud,* vol. 7. Londres: Hogarth.

———. 1955. The psychogenesis of a case of homosexuality in a woman (originalmente publicado en 1920). En *Standard edition of the complete psychological works of Sigmund Freud,* vol. 18. Londres: Hogarth.

Galenson, E. 1975. Documento leído en la reunión anual de la Sociedad para el estudio científico del sexo, octubre de 1975, Nueva York.

Goldberg, S., y Lewis, M. 1969. Play behavior in the year-old infant: Early sex differences. *Child Dev.* 40:21-31.

Goy, R., y Goldfoot, D. 1976. Neuroendocrinology: Animal models and problems of human sexuality. En *New directions in sex research.* ed. E. Rubinstein, R. Green, y E. Brecher. Nueva York: Plenum.

Green, R. 1974. *Sexual identity conflict in children and adults.* Nueva York: Basic Books.

Green, R.; Kester, P.; Finch, S., y Williams, K. DES, DES plus progesterone, progestin: Effects on psychosexual development in human males.

Green, R., y Money, J., eds. 1969. *Transsexualism and sex reasignment.* Baltimore: Johns Hopkins Press.

Herbert, J. 1970. Hormones and reproductive behavior in rhesus and talapoin monkeys. *J. Reprod. Fertil. Suppl.* 11:119-140.

Kagan, J., y Lewis, M. 1965. Studies of attention in the human infant. *Merrill-Palmer Quart.* 11:95-127.

Kolodny, R.; Masters, W.; Hendryx, J., y Toro, G. 1971. Plasma testosterone and semen analysis in male homosexuals. *N. Engl. J. Med* 285:1170-1174.

Kraemer, H.; Beeker, H.; Brodie, H.; Doering, C.; Moos, R., y Hamburg, D. 1976. Orgasmic frequency and plasma testosterone levels in normal human males. *Arch. Sex. Behav.* 5:125-132.

Krafft-Ebing, R. von. 1933. *Psychopathia sexualis.* Brooklyn: Physicians and Surgeons

Laschett, U. 1973. Antiandrogen in the treatment of sex offenders. En *Contemporary sexual behavior,* ed. J. Zubin y J. Money. Baltimore: Johns Hopkins Press.

Lewis, M. 1976. Early sex differences in the human: Studies of socioemotional development. En *New directions in sex research*, ed. E. Rubinstein, R. Green, y E. Brecher. Nueva York: Plenum.

Lewis, M., y Weinraub, S. 1974. Sex of parent x sex of child. En *Sex differences in behavior*, ed. R. Friedman, R. Richart, y R. Vande Wiele. Nueva York: Wiley-Interscience.

Loraine, J.; Ismail, A.; Adamopoulus, A., y Dove, G. 1970. Endocrine function in male and female homosexuals. *Brit. Med. J.* 4:406-408.

Maccoby, E., y Jacklin, C. 1974. *The psychology of sex differences*. Stanford: Stanford University Press.

Margolese, M. S. 1970. Homosexuality: A new endocrine correlate. *Horm. Behav.* 1:151-155.

Margolese, M. S., y Janiger, O. 1973. Androsterone-etiocholanolone ratios in male homosexuals. *Br. Med. J.* 2:207-210.

Meyer-Bahlburg, H.; Grisanti, G., y Ehrhardt, A. Prenatal effects of sex hormones on human male behavior: Medroxyprogesterone acetate. *Psychoneuroendocrin.*

Money, J. 1968. *Sex errors of the body*. Baltimore: Johns Hopkins Press.

———. 1976. Issues and attitudes in research and treatment of variant forms of human sexual behavior. Documento leído en la Conferencia sobre ética, enero 22-23, 1976, St. Louis.

Money, J., y Ehrhardt, A. 1972. *Man and woman, boy and girl*. Baltimore: Johns Hopkins Press.

Montazagga, P. 1932. *Anthropological studies of sexual relations of mankind*. Nueva York: Anthropological Press.

Muller, O. 1976. Documento leído en la reunión de la International Academy of Research, 1-3 de agosto, 1976, Hamburgo, Alemania Occidental.

Nisbett, R., y Gurwitz, S. 1970. Weight, sex and eating behavior of human newborns. *J. Comp. Physiol. Psychol.* 73:245-253.

Panborn, R. 1959. Influence of hunger on sweetness preferences and taste thresholds. *Am. J. Clin. Nutrition* 7:280-287.

Persky, H., y Lief, H. 1976. Documento leído en el Congreso Internacional de Sexología, 28-31 de octubre de 1976, Montreal, Canadá.

Phoenix, D.; Slob, A., y Coy, R. 1973. Effects of castration and replacement therapy on the sexual behavior of adult male rhesus. *J. Comp. Physiol. Psychol.* 84:472-481.

Pillard, R.; Rose, R.; y Sherwood, M. 1974. Plasma testosterone levels in homosexual men. *Arch. Sex. Behav.* 3:453-458.

Raboch, J., y Starka, L. 1973. Reported coital activity of men and levels of plasma testosterone. *Arch. Sex. Behav.* 2:309-315.

Reinisch, J., y Karow, W. 1977. Prenatal exposure to synthetic progestins and estrogens: Effects on human development. *Arch. Sex. Behav.* 6:257-288.

Rosenblum, L. 1961. The development of social behavior in the rhesus monkey. University of Wisconsin Libraries, Madison.

——. 1974. Sex differences, environmental complexity and mother-infant relations. *Arch. Sex. Behav.* 3:117-128.

Saghir, M., y Robins, E. 1973. *Male and female homosexuality.* Baltimore: Williams and Wilkins.

Schmidt, G., y Sigusch, V. 1972. Changes in sexual behavior among young males and females between 1960-1970. *Arch. Sex. Behav.* 2:27-45.

Stoller, R. 1968. *Sex and gender.* Nueva York: Science House.

——. 1972. The "bedrock" of masculinity and feminity: Bisexuality. *Arch. Gen. Psychiat.* 26:207-212.

——. 1975. The transsexual experiment. Londres: Hogarth.

Waxenberg, S.; Drellich, M.; y Sutherland, A. 1959. The role of hormones in human behavior. *J. Clin. Endocrinol.* 19:193-202.

Yalom, I.; Green, R., y Fisk, N. 1973. Prenatal exposure to female hormones: Effect on psychosexual development in boys. *Arch. Gen. Psychiat.* 28:554-561.

Young, W.; Goy, R., y Phoenix, C. 1964. Hormones and sexual behavior. *Science* 143:212-218.

Zuger, B. 1970. Gender role differentiation: A critical review of the evidence from hermaphroditism. *Psychosom. Med.* 32:449-463.

# VII. LOS DETERMINANTES BIOLÓGICOS DEL SEXO: SU EXTENSIÓN Y SUS LÍMITES

Julian M. Davidson

DADA la diversidad de devociones profesionales e ideologías científicas representadas en este libro, me parece conveniente empezar declarando mi propia tendencia. Ante todo, como estudioso de la fisiología reproductiva y del comportamiento, me guían en mi trabajo de laboratorio conceptos puramente conductistas. A pesar de la declinación de la psicología de Skinner, esta posición no me provoca problemas con mis colegas, los periódicos y las instituciones. Parece que el paradigma conductista-mecanicista es el único del que disponemos, la única estrategia conveniente para estudiar los determinantes biológicos del comportamiento animal, pero dudo en aplicarlo a la gente. Más aún, creo que el hecho de llevar este enfoque al intento de comprender la sexualidad humana significa prestar atención a la conducta del comportamiento, evitando el núcleo de la experiencia consciente. Así, me digo que este libro trata de aquello que hace que las mujeres *se sientan* mujeres (y *sexy*) y que los hombres se sientan hombres (y *sexy*), y no exactamente de lo que hace que *actúen* de acuerdo con esos patrones.

Esta posición (que creo que todos adoptan privadamente, si no públicamente) no es fácil de incorporar a una discusión sobre "los determinantes biológicos del comportamiento". El simple uso de esa expresión implica que las condiciones "mentales" que se refieren a la identidad sexual y al comportamiento están determinadas por entidades tales como los genes, las moléculas, las células y todo el resto del universo biofísico. Pero no deben quedar dudas de que se trata de una declaración de fe, no de hechos. De que la fe es el habitáculo de las suposiciones materialistas-deterministas de nuestra cultura científica, independientemente de nuestras dificultades presentes y/o futuras

NOTA: Agradezco al Dr. Gary Gray la lectura y comentarios de este manuscrito.

para demostrar explícitamente los mecanismos del determinismo psicofísico. Que la fe tiene tendencia a pervivir, sólo porque es una doctrina que no puede ser refutada. Esto significa que de hecho no podemos demostrar que una situación mental dada no es determinada por los hechos fisiológicos, hasta que no sepamos todo lo que debe saberse sobre la fisiología humana. Como no creo que tengamos las suficientes respuestas reales que se refieren a los determinantes biológicos de la sexualidad humana, mi objetivo se limitará a intentar clarificar los temas. En esta discusión trato de evaluar los testimonios que toman en cuenta los determinantes físicos del comportamiento sexual y de la experiencia, particularmente referidos a la identidad genérica, pero no intento enfocar el comportamiento o la experiencia no-sexual, excepto de paso.

### LA NEUROENDOCRINOLOGÍA DE LA DIFERENCIACIÓN SEXUAL

La teoría dominante y universalmente aceptada de la biología de la diferenciación sexual es la de que la masculinidad se impone sobre un patrón básica y potencialmente femenino por la acción de las hormonas testiculares en ciertos periodos críticos del desarrollo. Este principio se ha aplicado con éxito en tres niveles de diferenciación que tienen que ver con el sexo y el género. La clara conciencia de la separación de estos procesos ayuda mucho en el análisis de la biología de la diferenciación sexual.

El primer nivel es el de la *anatomía*. Los sexos se diferencian en estructuras sexuales genital, gonadal y secundaria, siendo los elementos sexuales importantes o esenciales para la reproducción y el comportamiento sexual. El mecanismo de este proceso de diferenciación anatómica ha sido muy bien estudiado tanto en animales como en hombres. Depende de múltiples exposiciones de *anlagen* (precursores) embriónicos a las hormonas testiculares, primero durante los periodos críticos en el desarrollo temprano y después en la pubertad y (en menor medida) en la fase adulta. El término *organizacional* se aplica al proceso de determinación hormonal en periodos críticos del desarrollo temprano, y *activacional* se aplica a la estimulación posterior del desarrollo en la pubertad y al mantenimiento en la madurez de estructuras sexualmente diferenciadas.

En ausencia de influencias masculinizantes que provengan de los testículos, sólo se desarrollan estructuras femeninas que luego responden a las influencias activacionales de las hormonas ováricas.

El segundo nivel de diferenciación biológica es el de la *fisiología* sexual. El mismo principio de organización por andrógeno perinatal, y luego de activación por las hormonas masculinas o femeninas, se aplica aquí a la función más que a la estructura. Ante todo, existen complejos mecanismos neuroendócrinos que determinan las diferentes pautas reproductivas en hombres y mujeres. Un ejemplo claro de esto es la ovulación cíclica, cuya capacidad se obtura por el andrógeno perinatal en diferentes especies de laboratorio. Como resultado de esta acción prematura del andrógeno, se asegura un nivel constante de la función pituitaria-gonádica apta para la espermatogénesis, más que la básica pauta femenina de la función pituitaria cíclica y los resultantes ciclos ovulatorios de tendencia reproductiva. Por lo general se supone que este efecto incluye una alteración permanente de los mecanismos cerebrales que controlan la pituitaria. La inducción de la aciclicidad efectuada por el andrógeno inicial se establece mejor en las especies de los roedores, y no se ha demostrado hasta hoy que opere en los primates (Goy y Resko, 1972; Knobil, 1974).

Un segundo grupo de funciones fisiológicas depende en todas las especies de la presencia o ausencia del andrógeno organizacional y del activacional. Estas son las funcionse genitales que se incluyen en el comportamiento sexual: erección y eyaculación en el macho, y presumiblemente también los cambios vasculares, secretores y musculares que afectan los genitales femeninos durante la respuesta sexual. Paradójicamente, aunque la diferenciación temprana de los genitales femeninos depende de la ausencia de la hormona testicular, el andrógeno puede propiciar la sexualidad en las mujeres durante la adultez. Como lo destaca Richard Green, esta última influencia puede estar limitada al estímulo del clítoris. El concepto generalizado de que el andrógeno adrenal es necesario para la función sexual en la mujer normal se basa en testimonios inadecuados.

La importancia de estos dos niveles de la diferenciación sexual para establecer y mantener la identidad genérica humana es perfectamente obvia. La percepción de la diferenciación *anató-*

*mica* por uno mismo y por los demás es seguramente la base primaria de la identidad genérica. Segundo, existe la capacidad del genital del hombre para erguirse, introducirse y eyacular, y la del aparato sexual femenino para ser penetrado y pasar por las transformaciones de la respuesta sexual, así como para menstruar y tener hijos. Estas capacidades refuerzan el rol genérico en el comportamiento sexual y, por extensión, presumiblemente también en otras áreas del comportamiento social.

Existe, sin embargo, un tercer nivel mucho más problemático, en el cual el andrógeno perinatal se supone que controla la identidad sexual y el comportamiento. Se cree que existen mecanismos cerebrales necesarios para establecer la identidad genérica y varios tipos de comportamiento sexualmente diferenciados. Así, el andrógeno perinatal, aparte de diferenciar la estructura y la función reproductiva, se supone que actúa sobre un área cerebral específica para hacernos sentir y también actuar de maneras masculinas o femeninas. De modo opuesto a nuestras ideas en los dos primeros niveles, este concepto depende sobre todo de la estadística sobre los animales, con una notable excepción, la del trabajo de Money, Ehrhardt y sus colaboradores (Money y Ehrhardt, 1972). Green, como muchos de los autores en esta área, toma en cuenta los resultados obtenidos de la investigación sobre animales para reforzar la información que se dispone sobre los seres humanos. Opuestamente a Green, otros se dedican a hacer extrapolaciones indiscriminadas utilizando la información sobre animales para aplicarla al homosexualismo, al transexualismo y a otros problemas de la sexualidad humana. Así pues, es importante preguntar cuál es exactamente la naturaleza de la evidencia animal, antes de proceder a considerar su importancia para la investigación de problemas humanos.

Se ha demostrado repetidamente en las ratas, los conejillos de Indias, los hámsters, los ratones, los perros y los monos rhesus, que la exposición de la hembra fetal o neonatal a altos niveles de andrógeno, y que la castración perinatal o el tratamiento antiandrógeno en el macho tienen efectos permanentes sobre el futuro comportamiento de estos animales (véase Bermant y Davidson, 1974). Básicamente estos tratamientos aumentan la probabilidad de que las pautas de comportamiento sexual y otros tipos de comportamiento sexualmente dimórficos, apropiados para el sexo *opuesto*, pueden manifestarse en la preferencia hacia el sexo homólogo. Las clases de comportamiento más estudiadas han sido las pautas de copulación del macho: la lordosis y otras respuestas que indican receptividad sexual en la hembra normal: el comportamiento social maternal, agresivo, o de otras clases emocionales.

Aunque los descubrimientos conductistas están bien establecidos, todavía no es posible precisar un área específica del cerebro que responda al andrógeno induciendo la masculinización del comportamiento, a pesar de los muchos experimentos que se han intentado (por ejemplo, Nadler, 1968). Existe bastante evidencia indirecta, de todos modos, en el sentido de que el área preóptica media interviene en este proceso. La destrucción de esta zona elimina virtualmente el comportamiento sexual masculino en las ratas adultas, en los perros, gatos y monos rhesus (ver Hart, 1974; Slimp y otros). Los estudios sobre la implantación intracerebral de andrógeno proporcionan una prueba decisiva de que esta zona es la de mayor importancia para localizar los efectos activacionales de la testosterona en el comportamiento sexual masculino de las ratas (Johnston y Davidson, 1972). Algunas pequeñas diferencias sexuales en las conexiones neurales han podido localizarse en esta región (Raisman y Field, 1973; Greenough y otros), y cierta información muy reciente indica que puede existir una diferencia del núcleo preóptico medio en las ratas machos y hembras (Gorski y otros, 1977). Funciona en el control neural de la ovulación y presumiblemente conectado con el núcleo supraquiasmático vecino desempeña un papel importante en los ciclos reproductivos de los roedores de laboratorio. Aunque toda esta información es bastante sugestiva, sin embargo se dispone de muy pocas pruebas *directas* sobre si la acción diferenciadora del andrógeno perinatal sobre el comportamiento se ejerce en esta o en cualquiera otra zona específica del cerebro. Todavía los efectos permanentes de comportamiento del andrógeno perinatal en periodos críticos específicos para el desarrollo siguen pidiéndonos explicaciones de una acción cerebral directa.

### Aplicación en los seres humanos

¿Cuál es la evidencia de que esta hipótesis de la diferenciación sexual del comportamiento puede aplicarse a los humanos? En mi opinión existen por lo menos tres argumentos principales que hacen extremadamente problemático este tipo de analogías, al menos en lo que concierne a la diferenciación del comportamiento sexual (como opuesto al comportamiento no sexual del dimorfismo).

*Limitaciones de los modelos animales.* Ante todo, consideremos las disparidades entre los fenómenos del comportamiento animal y la sexualidad humana. Los conductistas del comportamiento animal no investigan los sentimientos de sus sujetos de experimentación y, curiosamente, rara vez han tratado de observar las respuestas fisiológicas *durante* la actividad sexual: las dos dimensiones sobre las que se hace especial énfasis en los estudios de la sexualidad humana. El científico que estudia el comportamiento animal generalmente investiga los efectos de las variables neurales, endocrinas y ambientales en actividades motoras asociadas con el papel de la hembra, al atraer ésta al macho y al ser receptiva a sus intentos de coito; y en actividades asociadas con el rol del macho en la inseminación, que a menudo presupone complejos patrones de comportamiento.

Aunque el comportamiento sexual de los mamíferos no debería ser considerado jamás como un asunto mecánico de estímulo-respuesta, en los animales (particularmente en los no-primates) el componente reflejo es definidamente más grande que en los humanos. La más alta expresión de la receptividad sexual femenina (la lordosis) tiene, entre las especies más estudiadas en laboratorio, las propiedades de un reflejo espinal, aunque también existen otros tipos de comportamiento más activos, "proceptivos", que cumplen la función de atraer al macho. En los machos, aunque el comportamiento sexual a menudo es intrincado y complejo, una vez más existe un fuerte componente reflejo. Así, las ratas machos normales, colocados en posición supina y retraído el prepucio mostrarán una serie de reflejos genitales que mimetizan los hechos que suceden durante el coito normal, y que tienen la frecuencia aproximada de las series de pujo y repujo en el momento del coito. Tanto en las ratas machos como en las hembras existen patrones de respuesta en el comportamiento copulatorio que parecen seguir un ritmo innato más que ser determinadas por circunstancias o situaciones particulares de la cópula (Sachs y otros, 1973). También se puede medir el comportamiento copulatorio por cierto estímulo eléctrico no específico del cerebro o la periferia (Sachs y Barfield, 1974).

Los modelos que se han desarrollado a partir de las observaciones de respuestas motoras relativamente estereotipadas en los animales no puede aplicarse frívolamente a las manifestaciones de la conciencia humana que subyacen en el establecimiento de la identidad genérica, del rol y de la orientación de la sexualidad en general. El objetivo de la sexualidad humana (aparte de la procreación) no es la realización de ciertas respuestas motoras, sino más bien el logro de un sentido de la satisfacción sexual, un proceso intrapsíquico realmente complejo.

Un ejemplo especialmente notable de no saber apreciar el cambio de contexto presupuesto en la extrapolación animal-hombre es la observación de Dorner en el sentido de que el andrógeno perinatal produce la homosexualidad. No puede ser aceptada la propuesta de este investigador, quien dice que ha observado, en ratas machos neonatalmente castrados, comportamientos análogos a los de la homosexualidad masculina humana. Esta observación no se basa en la preferencia de las ratas para dedicarse a actividades sexuales con miembros del mismo sexo, sino más bien en la realización de patrones del comportamiento asociados con el sexo opuesto. Así, a las objeciones de Green con referencia al comentario de Dorner para el futuro "tratamiento" de la incipiente homosexualidad, yo agregaría que el modelo animal sobre el que se basa la investigación humana de Dorner es inapropiado.

Además, los estudios sobre la respuesta lh al estrógeno en los homosexuales, a la que se refiere Green, son difíciles de asociar con la evidencia animal. Como hemos dicho antes, todavía no existe razón para creer que los mecanismos pituitarios-cerebrales que valen para la regulación gonadotropínica estén sexualmente diferenciados *en los primates*. Si así es, resulta difícil ver por qué una respuesta diferencial de gonadotropina al estrógeno debe ser interpretada en términos de masculinización cerebral defectuosa.

*El incierto papel de la información sobre los primates.* Segundo, los primates son colocados en el rol de intermediarios entre los animales y los humanos. Este rol podría ser especialmente importante en nuestro caso, puesto que la información recogida sobre los humanos no ha mostrado hasta la fecha ningún efecto realmente significativo de andrógeno prematuro sobre el comportamiento sexual. Por desgracia, de todos modos, la evidencia pertinente sobre los primates no es de ningún modo concluyente.

Los machos adultos de todas las especies mamíferas parecen pedir una exposición concurrente ("activacional") al andrógeno, para poder cumplir así con la expresión del comportamiento sexual apropiado, "organizado" previamente por esa exposición al andrógeno perinatal. Ni las hembras con síndrome adrenogenital, de Money y sus colaboradores, ni los monos seudohermafroditas de Goy y Phoenix en Beaverton han sido estudiados bastante después de la exposición al andrógeno en la madurez. La poca información publicada (Eaton y otros, 1973) sugiere que la masculinización del comportamiento sexual en el adulto no es entre los rhesus tan completa como en las especies más bajas. Los humanos adrenogenitales no tratados prematuramente estudiados por Ehrhardt y sus colaboradores (1968), fueron sometidos al andrógeno endógeno en la madurez. De todos modos, puesto que estas mujeres fueron criadas con genitales alterados, estuvieron sujetas a una profunda influencia masculinizante en el comportamiento, que no corresponde con los efectos cerebrales del andrógeno temprano.

Más aún, hasta la fecha las pruebas de la influencia del andrógeno temprano en los primates se basa sólo en la androgenización de *las hembras*. Todavía debe demostrarse que la desmasculinización viene después de la supresión del andrógeno en el primer desarrollo del *macho*. La información de que se dispone sobre los hombres con el síndrome de la insensibilidad andrógena no ayuda en este caso, por la abrumadora y confusa influencia que ejercen los fenotipos anatómicos femeninos. El principio de la masculinización hormonal no se podrá establecer hasta que la "segunda mitad" de los experimentos sobre los primates se complete.

El cambio evolutivo en la dependencia hormonal de la hembra proporciona otro grupo de consideraciones que deben entrar en nuestra valoración de la posible pertinencia de la prueba de los primates sobre la diferenciación sexual de la sexualidad humana. La hipótesis de la acción perinatal sobre el cerebro al determinar las futuras pautas del comportamiento sexual es mucho más fuerte, por un lado, si tomamos en cuenta la supresión de los patrones de comportamiento femeninos, que si lo hacemos por otro lado con la activación de los patrones masculinos. De hecho, se ha sostenido que la acción del andrógeno perinatal sobre el comportamiento sexual *masculino* se limita a la "organización" del falo del macho, cuya posesión lleva a la adquisición de patrones de comportamiento masculinos que incluyen el acoplamiento, la penetración y la eyaculación (Beach, 1971). Este caso puede haber sido exagerado, pero si el *principal* efecto cerebral se produce sobre la expresión de los patrones de comportamiento femeninos, debería destacarse que estos patrones son estrictamente dependientes del estrógeno ovárico y/o la progesterona en las especies subhumanas. Cuando se les extirpan los ovarios, las mamíferas de todas las especies conocidas de subprimates se vuelven asexuadas para todo intento y propósito, y esto es también cierto, aunque en menor medida, para los primates subhumanos. Se considera que la acción del andrógeno perinatal cambia los umbrales de capacidad de respuesta a estas hormonas (véase Davidson y Levine, 1972).

La sexualidad de una mujer no depende, de manera importante, de las hormonas ováricas. Por lo tanto, sería excesivo esperar que los mecanismos biológicos que determinan el patrón de los comportamientos dependientes de las hormonas en los animales puedan aplicarse a las mujeres endocrinológicamente emancipadas. Pero, ¿qué sucede con los monos de Beaverton? Lo que este grupo demuestra (Goy y Resko, 1972) es que la testosterona prenatal resulta en patrones masculinos de acoplamiento, manifestados por las monas rhesus prepuberales y "seudo hermafroditas", lo que en general se considera que confirma el trabajo subprimate sobre la diferenciación del comportamiento sexual, y por lo tanto establece un "lazo" con la especie humana. No es así. Todo lo que aparece documentado hasta la fecha tiene que ver con un comportamiento crecientemente masculino; la supresión de respuestas específicamente femeninas no ha sido demostrada. De hecho, las observaciones sobre el modo masculino de acoplarse podrían ser el resultado de que estas hembras buscan estímulo para sus falos hipertrofiados. Esta sugestión se apoya en la demostración de que la testosterona puede propiciar aumentos en el frotamiento clitórico durante el acoplamiento en las hembras adultas (Goy y Resko, 1972). Así pues, la información sobre los rhesus puede valer solamente para apoyar la hipótesis de que la masculinización aguda de las estructuras genitales periféricas subyace en la acción organizacional del andrógeno perinatal en el comportamiento sexual, más que a los mecanismos del comportamiento central. Sin embargo, existen argumentos que se oponen a esto. Debe admitirse que el patrón típicamente masculino de acoplamiento en los seudohermafroditas, que puede incluir o aproximarse al comportamiento de la penetración, sugiere un efecto cerebral, aunque no prueba su existencia. Lo mismo puede decirse del nuevo trabajo sobre la eficacia de la dihidrotestosterona prenatal, que masculiniza los genitales menos que la testosterona.[1]

Hace poco, Goy y Goldfoot (1965) presentaron una versión modificada de la hipótesis de la diferenciación hormonal del comportamiento sexual, para incorporar el hecho de que el andrógeno prematuro no parece defeminizar a las monas rhesus, aun cuando las masculinice. Los investigadores sugieren que el efecto del andrógeno temprano en los primates consiste en producir una situación bisexual en que las respuestas masculinas coexisten con las femeninas como un comportamiento de "presentar". Esto podría interpretarse como la falta de un efecto *central* organizacional del andrógeno sobre los mecanismos del comportamiento. No existe razón por la cual la masculinización de los genitales debería suprimir esta presentación, y de hecho el macho rhesus normal muestra efectivamente una gran frecuencia en este tipo de comportamiento.

Dicho entre paréntesis, es lamentable que el engorroso trabajo de llevar adelante estos experimentos tediosos y de largo alcance sobre la diferenciación sexual de los primates haya recaído sobre los hombros de un solo grupo de investigadores (aunque este grupo sea excelente). Todavía quedan muchas preguntas relacionadas con la situación de los primates, y éstas solamente podrían ser contestadas si se incorporan al trabajo nuevos laboratorios.

*"Diferencias sexuales" discutibles.* El último argumento se refiere a la propuesta tautológica, pero a menudo negada, de que podemos hablar de la diferenciación sexual sólo cuando las funciones que se están estudiando realmente son, ante todo, sexualmente dimórficas. De hecho, el examen cuidadoso demuestra que el comportamiento sexual del hombre y de la

[1] R. W. Goy, comunicación personal, 1977.

mujer no es así diferente, excepto en el caso de los obvios imperativos anatómicos y los factores claramente determinados por la cultura.

Tanto Kinsey (1953) como Masters y Johnson (1966) han subrayado el hecho de que las similitudes fisiológicas en los efectos genitales y particularmente en los efectos autónomos y somáticos extragenitales valen mucho más que las diferencias en la respuesta sexual entre los sexos. No conocemos ninguna diferencia sexual en los componentes neuromusculares de la actividad sexual. Más aún, las diferencias psicofisiológicas que antes se creían inmutables parecen haber sido exageradas, o bien están disminuyendo con el correr del tiempo. Por ejemplo, parece que la capacidad de múltiples orgasmos no se limita a las mujeres.[2] De acuerdo con Robbins y Jensen (1977), algunos hombres pueden lograr muchos clímax sin periodos refractarios. Cada uno de éstos manifiesta diversos inicios fisiológicos de orgasmo pero no de eyaculación, la cual se limita al orgasmo final. Por supuesto, este fenómeno se hace raro, al menos en nuestra cultura. Sin embargo, en general, el aspecto subjetivo y experiencial del orgasmo no parece mostrar ninguna diferencia sexual consistente, tal como lo certifica el análisis de los informes verbales (Vance y Wagner, 1976).

La diferencia sexual en susceptibilidad a los materiales eróticos visuales (Kinsey, 1953) ya no aparece en estudios recientes (Schmidt y Sigusch, 1973), y la diferencia en las proporciones de masturbación está declinando, aunque no desapareciendo, como fue señalado por Green. ¿Debemos explicar estos cambios aparentes que han ocurrido en dos décadas, junto con los cambios de otros patrones, como resultado de cambios en el medio hormonal del feto o en la estructura de las redes neurales?

En resumen, los tres grupos de consideraciones presentadas llevan en conjunto a una conclusión: la extrapolación de hallazgos sobre la diferenciación hormonal del comportamiento sexual animal a problemas de la sexualidad humana es una tarea muy discutible. Debemos reiterar que esta discusión se refiere al comportamiento sexual; no se aplica a la diferenciación de los comportamientos no sexuales tales como los que están referidos a la agresión y a las pautas de juego sexualmente dimórficos entre los monos. Hay, sin embargo, un co-

---

2 B. Campbell, comunicación personal, 1976.

mentario muy válido que se refiere a la reciente investigación de Green sobre la feminización de los rasgos personales de los niños varones que sucede después de la exposición prenatal a las hormonas estrógenas y progestacionales. No conozco ningún modelo animal aplicable a esto. Todo el trabajo experimental realizado hasta la fecha indica la *masculinización* del comportamiento, sin que importe que hayan sido utilizadas hormonas testiculares u ováricas. De hecho, una hipótesis popular sugiere que los efectos "organizacionales" del andrógeno prematuro son mediados por su conversión a estrógeno en las células cerebrales (Hart, 1977).

### Efectos activacionales del andrógeno

La aparente debilidad de las analogías entre las especies humana y animal, referida a la diferenciación del comportamiento sexual a partir del andrógeno prematuro, no se aplica necesariamente a los efectos activacionales del andrógeno sobre las respuestas sexuales masculinas durante la adultez. Ciertamente, la sexualidad en los hombres no debe ser comparada con los patrones copulatorios de las ratas machos. Sin embargo, la presencia de testosterona adecuada en la sangre del hombre parece tener una importancia vital para mantener la erección y la potencia sexual tanto en los hombres como en las ratas, y de hecho en todas las especies de mamíferos (y muchos submamíferos) que han sido estudiadas. ¿Cómo debemos entender, pues, la aparente falta de relación entre los niveles de testosterona en la sangre y la conducta sexual, a la que hace referencia Green? Pienso que Green está en el camino correcto al enfocar el límite normal de los niveles circulatorios de testosterona, y al sugerir que algunos hombres pueden tener una dosis mucho mayor de la que "necesitan". Sin embargo, dudo que la concentración requerida sea tan baja que el andrógeno adrenal pueda bastar para mantener el comportamiento sexual normal después de la castración. Esta operación elimina casi toda la testosterona en circulación, dejando en su mayor parte andrógenos que biológicamente son menos potentes.

La extirpación de los testículos parece tener efectos básicos similares sobre el comportamiento sexual en todas las especies de mamíferos, sólo con algunas diferencias de detalles. Existe

—

una rápida declinación posoperatoria en la probabilidad de que el comportamiento copulatorio ocurra en una población de castrados, aunque se encuentra una gran variación individual en la tasa de declinación. Algunos hombres castrados, algunos monos, perros y gatos pueden conservar sus capacidades sexuales durante años (ver Berman y Davidson, 1974; Hart, 1974), aunque existe muy poca información para demostrar que tal comportamiento conservado es "normal". En especies de vida más corta, como la de las ratas, un animal puede ocasionalmente seguir copulando después de la castración durante unos seis meses (esto es, durante casi un quinto de todo su periodo de vida), aunque los patrones copulatorios se alteran y la frecuencia de cópula decrece. No sabemos qué provoca esta conservación del comportamiento en los hombres y en los animales. El hecho no parece depender del andrógeno adrenal, puesto que la adrenalectomía no parece dar muestras de que afecte la declinación poscastratoria, al menos entre las especies de subprimates. Creo que existe cierta cantidad mínima de andrógeno circulante necesaria para el comportamiento sexual nomal del macho, y que esta cantidad es definitivamente mayor que en el nivel de los castrados, y considerablemente menor de la que por lo común se encuentra en los individuos normalmente saludables.

Hemos tratado de relacionar todas las medidas posibles del comportamiento sexual con los niveles de testosterona determinados por un muestreo repetido en un grupo de 70 ratas machos, y no hemos encontrado correlaciones. Después los animales fueron castrados y recibieron implantes subcutáneos de cápsulas de dosificación continua (Silastic) de testosterona. Estas cápsulas producían niveles estables de andrógeno, que fueron controlados regularmente con monitores durante varios meses. El nivel circulatorio requerido para mantener el comportamiento sexual normal del macho estaba muy por debajo del nivel encontrado en las ratas normales (Damassa y otros, 1977).

Así pues, existe una marcada redundancia en la cantidad de testosterona disponible para el comportamiento sexual del macho. Esto explica la ausencia de una correlación positiva entre los niveles circulantes y el comportamiento de nuestra rata en estudio, en una pequeña investigación sobre los conejillos de Indias (Harding y Feder, 1976), y en los informes sobre hombres emitidos por Raboch y Starka (1973) y por

Kraemer y otros (1976). La correlación interindividual negativa que se encontró en el último estudio mencionado es sumamente difícil de explicar, e incluso podría ser falsa. En una investigación reciente efectuada sobre 101 hombres (Brown y otros, en imprenta), no se encontraron correlaciones. La sugestión que menciona Green, en el sentido de que la testosterona puede aumentar después del coito, ha sido investigada en una variedad de especies animales con resultados incoherentes, que dependen de cada una de las especies (ver Davidson, 1977). En los humanos, a pesar de la sugestiva evidencia en el estudio de Kraemer y de otros dos interesantes informes, cada uno de ellos con un *N* de *1* (*Nature*, 1970; Fox y otros, 1972), ni nosotros (Davidson y Trupin, 1975) ni otros laboratorios (Stearns y otros, 1973) hemos podido encontrar efectos continuos en los hombres.

Cuando Green señala la carencia de estudios específicos sobre los efectos del andrógeno, simplemente lo que está haciendo es destacar la pobre situación de la psicoendocrinología sexual humana. En ausencia de estudios serios y confiables, realizados con pericia endocrinológica y psicológica y con apropiados controles, la observación casual pasa por ser información, y la especulación pasa por conclusión con base firme. Este tipo de crítica se aplica a la reciente investigación europea sobre el antiandrógeno, discutida por Green. Mientras la ciproterona parece ser eficaz en el tratamiento de los "depravados sexuales", no se justifica la protesta de que actúa como inhibidor específico de los mecanismos cerebrales que sostienen el comportamiento sexual (Laschet, 1973). Todavía queda la posibilidad cierta de que actúe por la supresión de la secreción normal de testosterona (dada su actividad progestacional antigonadotrópínica), produciendo así una castración funcional.

A continuación está la propuesta de Dörner en el sentido de tratar con testosterona a mujeres embarazadas con bajos niveles de fluido amniótico de andrógeno, y la producción de lesiones hipotalámicas propuesta por Roeder y sus colegas, tratamientos que intentan prevenir y "tratar" a la homosexualidad, respectivamente. Estos proyectos son reminiscencias de los excesos pasados de la psicocirugía, en los que no hay nada basado sobre adecuadas normas racionales; ni tampoco ha existido una evaluación cuidadosa de los resultados de las lesiones.

Aunque hay muchas dificultades para la realización de una

investigación adecuada sobre las bases biológicas de la sexualidad humana, no podemos justificar la adopción prematura de tratamientos biológicos para problemas sexuales, especialmente a la luz de los recientes éxitos logrados por los enfoques conductistas-psicológicos. Para mí, esta conclusión se deriva no solamente de la escasa cantidad y calidad de la investigación existente sobre la psicobiología sexual humana, sino también de mi propia posición teórica. A pesar de los problemas del determinismo psicofísico, creo que se pueden continuar buscando determinantes biológicos mientras se eviten los absurdos de las explicaciones mecanicistas sobre la sexualidad humana. Este equilibrio puede lograrse simplemente recordando que los factores biológicos en la sexualidad no deben ser vistos como determinantes absolutos, sino más bien como imperativos que tienen una probabilidad estadística dada de producir efectos en la conciencia y el comportamiento. Es importante saber hasta dónde pueden trascenderse estos límites.[3]

Cualquiera sabe que un ratón no puede hacer el amor con un elefante. Pero yo creo que hubo ratones que soñaron con hacer el amor con elefantes, y quizá hay algunos que "lo han hecho". Más aún: no estoy seguro de que esta fantasía sea más difícil de aceptar que el hecho de que un hombre o una mujer biológicamente "normales" puedan cambiar efectivamente de sexo. El hecho del transexualismo, como el sueño elefantino de mi ratón hipotético, puede ser simplemente un ejemplo extremo de la trascendencia de la determinación biológica. Otros candidatos en este terreno son los orgasmos inducidos por la fantasía —la trascendencia de la determinación genital. La cópula en los hombres castrados —la trascendencia de la determinación hormonal. Los logros sexuales de los parapléjicos —la trascendencia de la determinación neural. En la otra cara de la moneda, existe todo el grupo de impedimentos sexuales psicógenos en los que un "aparato" sexual aparentemente normal coexiste

---

[3] No pretendo saber qué es *lo que provoca* la trascendencia. Ustedes pueden llamarlo libre albedrío o Dios, según prefieran. De modo más simple pueden decir que las variables biológicas que, se supone, implantan el comportamiento, son partes constitutivas de un sistema mayor (el individuo que tiene comportamiento), cuyas propiedades emergentes son distintas de las de sus partes constitutivas. El término "trascender" fue elegido por sus propiedades dramáticas, pero sin ninguna intención de aludir a fuerzas sobrenaturales.

con la anorgasmia, la impotencia, el vaginismo, la dispareunia, la diforia, etcétera.

Ahora bien, el tradicional contra-argumento a lo anterior es que los transexuales ratones y sobredotados realmente no son biológicamente los mismos que otros miembros de la población; sólo parecen ser iguales. Pero hasta que se revelen los orígenes biológicos de la transexualidad o de las ambiciones sexuales interespecíficas de los ratones, la doctrina de los encubiertos orígenes biológicos de fenómenos aparentemente "cognoscitivos" deberá reconocerse como cuestión de fe. Aunque la experimentación científica deberá y seguirá siendo motivada por tal fe. Mientras tanto podemos considerar los factores biológicos en la sexualidad humana como obstáculos que pueden superarse dentro de límites que habrá que fijar empíricamente. Y estos límites siempre deberán ser vistos como potencialmente expandibles. Creo que sólo de esta manera podremos mantener un enfoque verdaderamente humanístico de la sexualidad humana sin abandonar u olvidar la biología.

## REFERENCIAS

Anónimo. Effects of sexual activity on beard growth in man. 1970. *Nature* (Londres) 226:869-870.

Beach, F. A. 1971. Hormonal factors controlling the differentiation, development and display of copulatory behavior in the ramstergig and related species. En *Biopsychology of development*, ed. L. Aronson y E. Tobach. Nueva York: Academic Press.

Bermant, G., y Davidson, J. M. 1974. *Biological bases of sexual behavior*. Nueva York: Harper and Row.

Brown W. A.; Monti, P., y Corriveau, D. Serum testosterone and sexual activity and interest in men. *Arch. Sex. Behav.*

Damassa, D. A.; Smith, E. R., y Davidson, J. M. 1977. The relationship between circulating testosterone levels and sexual behavior. *Horm. Behav.* 8:275-286.

Davidson, J. M. 1977. Neurohormonal base of male sexual behavior. En *International review of physiology*, vol. 13, ed. R. O. Greep. Baltimore: University Park Press.

Davidson, J. M., y Levine, S. 1972. Endocrine regulation of behavior. *Ann. Rev. Physiol.* 34:375-408.

Davidson, J. M., y Trupin, S. 1975. Neural mediation of steroid-induced sexual behavior in rats. En *Sexual behavior: Pharmacology and biochemistry*, ed. M. Sandler y G. L. Gassa. Nueva York: Raven Press.

Eaton, G. G.; Goy, R. W., y Phoenix, C. H. 1973. Effects of testosterone treatment in adulthood on sexual behavior of female pseudohermaphroditic rhesus monkeys. *Nature New Biol.* 242:119-120.

Ehrhardt, A.; Evers, K., y Money, J. 1968. Influence of androgen and some aspects of sexually dimorphic behavior in women with the late-treated andrenogenital syndrome. *Johns Hopkins Med. J.* 123: 115-122.

Fox, C A.; Ismail, A. A. A.; Love, D. M.; Kirkham, K. E, y Loraine, J. A. 1972. Studies on the relationship between plasma testosterone levels and human sexual activity. *J. Endocrinol.* 52:51-58.

Gorski, R. A.; Shryne, J.; Gordon, J., y Christensen, L. 1977. Evidenee for a morphological sex difference within the medial preoptie area (MPOA) of the rat. *Anat. Rc.* 187:591.

Goy, R. W., y Goldfoot, D. A. 1975. Neuroendocrinology: Animal models and problems of human sexuality. *Arch. Sex. Behav.* 4:405-420.

Goy, R. W., y Resko, J. A. 1972. Gonadal hormones and behavior of normal and pseudohermaphroditic female primates. *Recent Prog. Hom. Res.* 28-707-733.

Greenough, W. T., Carter, C. S.; Steerman, C., y DeVoogd, T. J. Sex differences in dentritic patterns in hamster preoptic area. *Brain Res.*

Harding, C. F., y Feder, H. H. 1976. Relation between individual differences in sexual behavior and plasma testosterone levels in the guinea pig. *Endocrinology* 98:1198-1205.

Hart, B. L. 1974. Gonadal androgen and sociosexual behavior of male mammals: A comparative analysis. *Psychol. Bull.* 81:383-400.

———. 1977. Neonatal dihydrotestosterone and estrogen stimulation: Effects on sexual behavior of male rats. *Horm. Behav.* 8:193-200.

Johnston, P., y Davidson, J. M. 1972. Intracerebral androgens and sexual behavior in the male rat. *Horm. Behav.* 3:345-357.

Kinsey, A. C.; Pomeroy, W. B.; Martin, C. E., y Gebhard, P. H. 1953. Sexual behavior in the human female. Filadelfia: Saunders.

Knobil, E. 1974. Maturation of the neuroendocrine control of gonadotropin secretion in the rhesus monkey. *Proc. Int. Colloq. Sex. Endocrinol. Prenatal Period. Inserm.* 32:205-218.

Kraemer, H. C.; Becker, H. B.; Brodie, H. K. H.; Doering, C. H.; Moos, R. H.; y Hamburg, D. A. 1976. Orgasmic frequency and plasma testosterone levels in normal human males. *Arch. Sex. Behav.* 5:125-132.

Laschet, U. 1973. Antiandrogen in the treatment of sex offenders; Mode of action and therapeutic outcome. En *Contemporary sexual behavior: Critical issues in the 1970s.* ed. J. Zugin y J. Money.

Masters, W. H., y Johnson, V. E. 1966. *Human sexual response.* Boston: Little, Brown.

Money, J., y Ehrhardt, A. A. 1972. *Man and woman, boy and girl.* Baltimore: Johns Hopkins Press.

Nadler, R. D. 1968. Masculinization of female rats by intracranial implantation of androgen in infancy. *J. Comp. Physiol. Psychol.* 66: 157-167.

Raboch, J. y Starka, L. 1973. Reported coital activity of men and levels of plasma testosterone. *Arch. Sex. Behav.* 2:309-315.

Raisman, G., y Field, P. M. 1973. Sexual dimorphism in the neuropil of the preoptic area of the rat and its dependence on neonatal androgen. *Brain Res.* 54:1-29.

Robbins, M. B. y Jensen, G. D. 1977. Multiple orgasm in males. En *Progress in sexology,* ed. R. Gemme and C. C. Wheeler. Nueva York: Plenum Press.

Saehs, B. D., y Barfield, R. J. 1974. Copulatory behavior of male rats given intermittent electric shocks; Theoretical implications. *J. Comp. Physiol. Psychol.* 86:607-615.

Sachs, B. D.; Pollak, E. I.; Krieger, M. S.; y Barfield, R J. 1973. Sexual behavior; Normal male patterning in androgenized female rats. *Science* 181:770-772.

Schmidt, G., y Sigusch, V. 1973. Women's sexual arousal. En *Contemporary sexual behavior: Critical issues in the 1970s.* ed. J. Zubin y J. Money. Baltimore: Johns Hopkins Press.

Slimp, J. C.; Hart, B. C., y Goy R. W. Heterosexual, autosexual and social behavior of adult male rhesus monkeys with median preoptic-anterior hypothalamic lesions. *Brain Res.*

Stearns, E. L.; Winter, J. S. D., y Faiman, C. 1973. Effects of coitus on gonadotropin, prolactin and sex steroid levels in man *J. Clin. Endocrinol Metab.* 37:687-691.

Vance, E. B., y Wagner, N. N. 1976. Written descriptions of orgasm: A study of sex differences. *Arch. Behav.* 5:87-98.

# VIII. EL MODELO INTERACCIONAL DE LAS HORMONAS SEXUALES Y DEL COMPORTAMIENTO

Anke A. Ehrhardt

Las discusiones sobre los determinantes biológicos del comportamiento referido al sexo padecen del uso ambiguo de algunos términos, como ocurre también en otras especialidades. La discusión, en parte, se estanca por el hecho de que los científicos que provienen de distintas disciplinas usan las palabras *género* y *sexo* de distinta manera. Existe una buena razón al separar *género* y *sexo* para tener un término que no se limite específicamente a la sexualidad en el sentido de erotismo, sino que también incluya todos los tipos de comportamiento que puedan tener alguna relación con el hecho de ser niño o niña, mujer u hombre (Money, Hampson y Hampson, 1955). De todos modos, resulta difícil usar los mismos términos coherentemente, sobre todo si se describe el comportamiento entre las especies desde una perspectiva comparativa.

Como Beach (1974) lo ha destacado, los términos *género* y *sexualidad* no deberían restringirse al comportamiento humano. Esta limitación no presenta problemas si se refiere a la *identidad genérica* como identificación básica con uno u otro sexo, puesto que esto describe un fenómeno específicamente humano que implica un estado consciente, no evidente, en las especies subhumanas. De todos modos, *el comportamiento del rol genérico*, como expresión que incluye todos esos aspectos del comportamiento, por los cuales hombres y mujeres difieren en nuestra cultura, es poco útil si se quiere comparar el comportamiento humano con el de otros primates; de aquí que yo, como muchos de mis colegas, recurra a la expresión comportamiento referido al sexo, o comportamiento sexual dimórfico, en ese contexto.

Nota: La investigación de la doctora Ehrhardt está apoyada en parte por una beca (#B-243) concedida por la Spencer Foundation. La autora agradece a Virginia Ann Huson su inapreciable colaboración técnica en la preparación de este trabajo.

Estas expresiones, por supuesto, pierden la amplitud de connotaciones que tiene *el rol genérico*.

Una tercera expresión es la de *orientación sexual*, ampliamente aceptada y que se usa para definir la elección de pareja homosexual, heterosexual y bisexual entre los seres humanos. Se podría argumentar que, en este contexto, la palabra *sexual* se convierte en expresión algo estrecha, puesto que el amor, la atracción erótica y los lazos afectivos realmente no se limitan a la elección de pareja para actividades sexuales, aunque este aspecto sea por lo general un componente vital.

Los términos *identidad genérica*, comportamiento del *rol genérico* o comportamiento *referido al sexo*, y *la orientación sexual* tal como fue definida antes, serán usados continuamente en este trabajo, aunque los otros dos autores que han tratado los determinantes biológicos del comportamiento sexual ofrezcan sus propias variaciones sobre estos términos. Uno se pregunta, por supuesto, que si, incluso los colegas en un campo de trabajo tan relativamente específico, no le dan a las palabras la misma validez para describir los mismos fenómenos, qué podrá esperarse de los científicos que provienen de distintas disciplinas, cuando adoptan ciertas palabras para darles un uso general. Para llevar este asunto un poco más allá, ¿cómo podemos asombrarnos por el grado de incomprensión y confusión que se produce entre la gente acerca de las diferencias sexuales en el comportamiento general, acerca de los estilos de vida sexual, fenómenos como el transexualismo y sus varias raíces etiológicas, si los científicos no introducen una nomenclatura de términos coherente y aceptada unánimemente? Esperemos que este objetivo se pueda alcanzar algún día.

Hay dos temas principales que surgen de la discusión sobre los determinantes biológicos del comportamiento referido al sexo: uno encara la cuestión de los efectos de las hormonas prenatales sobre el comportamiento; el otro se refiere a la endocrinología del comportamiento adulto y a la relación entre los niveles de hormonas y diversos aspectos de la sexualidad.

### HORMONAS PRENATALES Y ASPECTOS EVOLUTIVOS DEL COMPORTAMIENTO

A pesar de las muchas limitaciones de los modelos animales y de la evidencia fragmentaria de los estudios sobre seres humanos, se pueden esbozar algunas conclusiones tentativas. La identidad genérica como fenómeno estrictamente humano no parece estar conformada o influida de ningún modo por el medio hormonal al que se expone el feto en el útero. La evidencia de los hermafroditas humanos nacidos con discrepancias en algunos determinantes de su sexo biológico, incluyendo las anormalidades de niveles de hormonas prenatales, está clara: la identidad genérica sigue típicamente al crecimiento sexual, y de aquí que parezca depender sobre todo de un proceso de aprendizaje (Money y Ehrhardt, 1972).

Es de particular interés el ejemplo de hermafroditas comparados (Money, 1970). En este caso, dos personas nacen con el mismo sexo genético, el mismo sexo gonádico, presumiblemente el mismo medio hormonal prenatal, y cierto grado de ambigüedad de los órganos sexuales externos. Un niño, sin embargo, puede ser destinado al sexo femenino y el otro al masculino, de acuerdo con diferentes opiniones médicas, en diferentes momentos y en distintas instituciones. La regla ha funcionado así: la identidad genérica está de acuerdo con el sexo particular asignado, después que se han resuelto las dudas paternas, y después que se han efectuado correcciones quirúrgicas y terapias hormonales posnatales según cual fuera el sexo asignado al niño, de manera que su apariencia física sea sin ninguna duda la de mujer u hombre.

Una vez que se ha establecido claramente la identidad genérica, no se puede revertir fácilmente, tal como lo hemos aprendido, en particular, de aquellas personas que imprevistamente se virilizaban o se masculinizaban en la pubertad con características sexuales secundarias, en contraste con el sexo que se les había asignado (Ehrhardt, 1978). Si una persona crece como niña pero de pronto se le desarrolla una voz de tono grave, le sale barba, y su clítoris se agranda hasta adquirir las proporciones de un falo, su identidad genérica permanece típicamente como femenina, aunque sus cambios físicos la perturben y necesiten ser corregidos de inmediato.

Aunque sabemos muy poco sobre la formación de la identidad genérica a partir del estudio de diferentes anormalidades de los niveles de hormonas prenatales, las investigaciones de sus posibles relaciones con el comportamiento del rol genérico han sido más fructíferas. Hay poco que agregar a la revisión de

Green sobre los resultados de estudios que han usado grupos clínicos expuestos a niveles anormalmente altos de andrógeno prenatal, o de estrógeno y progesterona. Poseemos alguna evidencia en el sentido de que características tales como el alto nivel de gasto en los juegos y los deportes, y el poco interés en diversas formas de paternalismo en la niñez pueden estar influidos por altos niveles de andrógeno prenatal (Ehrhardt, 1975). Lo que puedan hacer el estrógeno y la progesterona, en términos de predisponer a una niña o a un niño a ciertas características de comportamiento, eso está menos claro. Algunos estudios sugieren que estas hormonas pueden trabajar en la dirección opuesta a los andrógenos en las mujeres; por ejemplo, se encontró que la infusión materna de la progesterona (Zussman, Zussman y Dalton, 1975) o de acetato de medroxiprogesterona (Ehrhardt, Grisanti y Meyer-Bahlburg, 1977) durante el embarazo tenía correlaciones con una frecuencia muy disminuida de comportamiento "hombruno" a largo plazo en grupos experimentales que fueron comparados con grupos de control. En los niños, sin embargo, los resultados no son coherentes, según se desprende de diferentes estudios (por ejmplo, Zussman, Zussman y Dalton, 1975; Meyer-Bahlburg, Grisanti y Ehrhardt, 1977). De hecho, muchas variables que intervenían, tales como la adecuada selección experimental y la comparación de las características maternas en los grupos, y factores similares, deberán ser mejor controladas en futuros estudios.

Seguir adelante con investigaciones cuidadosas y avanzadísimas en el área de las hormonas prenatales y sus posibles efectos sobre el comportamiento posnatal es, sin duda, una tarea que a veces parece desmesurada. No pueden exagerarse las complejidades de los niveles retroactivos de hormonas y de las condiciones del embarazo, la medición del comportamiento de un niño o las condiciones ambientales de crianza. Se puede entender fácilmente por qué algunos investigadores sugieren la posibilidad de *abandonar*, directamente, todo el campo de las hormonas prenatales, en lugar de intentar alcanzar los orígenes de un comportamiento dado que incluye un complicado proceso de interacción entre posibles efectos de condiciones hormonales sobre el desarrolo del sistema nervioso central y las fuerzas de ambientación social. La recomendación de pasar por alto cualquier factor hormonal que pueda tener influencia sobre el comportamiento proviene especialmente de los sociólogos y los psicólogos sociales, comprensiblemente preocupados por el mal uso político que se da a las evidencias extraídas de ese tipo de investigación. Incluso una conclusión tentativa cuidadosamente formulada puede ser reprobada como base para una creencia discriminatoria sobre los sexos, y la prueba científica puede ser utilizada para un sistema prejuiciado de creencias, o para otro Ninguna objeción es, en sí misma, razón valedera para acabar con las investigaciones, pero los científicos deben ser particularmente cuidadosos con la formulación de conclusiones y con las especulaciones teóricas sobre resultados que potencialmente pueden inducir al sensacionalismo o al abuso.

El dilema de interpretar los efectos de las hormonas prenatales sobre el comportamiento del rol genérico nace, principalmente, de la confusión que existe acerca del modelo interaccional. Definidamente, no disponemos de pruebas en el sentido de que las hormonas prenatales predeterminen de manera rígida las características del comportamiento del individuo. A lo sumo, tal vez predispongan a una persona hacia cierto tipo de temperamento que puede expresarse de diferentes maneras, según como sean las influencias ambientales específicas a las cuales fue expuesto el niño. Por ejemplo, si los andrógenos prenatales remiten a la predisposición hacia un más alto nivel de energía física, esto dependerá sobre todo de las expectativas culturales, de los incensivos paternos, de la condición física del niño, del ambiente específico entre sus compañeros, de las condiciones escolares particulares, etcétera, sea que la característica del comportamiento expresado se haga activa en los juegos al aire libre, en las habilidades atléticas o la tendencia al aislamiento con ocasionales berrinches. Siguiendo esta línea, si postulamos que los niños y las niñas difieren en la predisposición hacia un alto gasto de energía de sus diferentes niveles de andrógeno prenatal, de esto no se concluye de ninguna manera que solamente los niños pueden hacer ciertas cosas que las niñas no pueden. Es posible que exista un leve diferencial constitutivo en la predisposición, el que típicamente encuentra un sistema de estímulo socioambiental que abre aún más la brecha dramáticamente establecida entre los sexos, al programar rígidamente los roles de la división entre macho y hembra. Si, por otro lado, una sociedad tuviera interés en minimizar las diferencias sexuales en el comportamiento, y preparara más bien a sus miembros de ambos sexos para todas las actividades y todos los roles de una manera idéntica, se podría adoptar el enfoque opuesto y aplicar el concepto de entrenamiento compensatorio (Rossi, 1977). Esto incluiría el incentivo particular en las actividades energéticas físicas para las mujeres. Esto también sugeriría una educación más intensa y un entrenamiento hacia los cuidados familiares en los hombres, puesto que la respuesta a los niños puede ser dimórfica sexualmente en términos de un umbral relativamente más alto para los machos.

Definidamente, nuestro conocimiento sobre el intrincado intercambio entre las hormonas prenatales y el comportamiento es muy fragmentario a esta altura, y se modificará y se hará multifacético gracias a técnicas más perfeccionadas en la medición de las hormonas y la evaluación del comportamiento.

## La endocrinología conductista del comportamiento adulto

En su ponencia, Davidson se dedica principalmente a las interrelaciones entre el comportamiento sexual y las hormonas sexuales, y destaca cuán limitado es nuestro conocimiento en esta área. Mi trabajo tendrá que ver, específicamente, con la investigación sobre las hormonas sexuales en la homosexualidad, tratando de arrojar luz sobre algunos aspectos de crítica de Green a estas cuestiones.

Durante el reciente respertar de la investigación endocrina sobre la homosexualidad, que comenzó en los años setenta, se han realizado muchos intentos para comparar a los homosexuales y a los heterosexuales sobre la base de diferentes niveles hormonales. La medición de la testosterona ha sido especialmente popular. Actualmente, existen por lo menos catorce estudios sobre el tema que proporcionan valores de testosterona en hombres homosexuales. Los resultados son muy contradictorios, pero de acuerdo con la revisión de Meyer-Bahlburg (1977) se pueden establecer dos conclusiones generales:

1) La mayoría de los hombres homosexuales tienen niveles de testosterona dentro de la escala normal de los hombres.

2) No hay tendencia uniforme. Las diferencias entre los hombres homosexuales y heterosexuales varían caprichosamente. Algunos autores han descubierto menos testosterona en los homosexuales, algunos han descubierto más, la mayoría de los estudios no dan diferencia.

La heterogeneidad de los descubrimientos se debe, en parte, a diversos errores básicos en las investigaciones emprendidas. Los estudios carecen a menudo de un método refinado de medición hormonal, y se perjudican con sistemas fallidos de selección de ejemplos y con burdos métodos de computación del comportamiento. Este cuadro es similar si tomamos en cuenta los informes disponibles sobre otro tipo de mediciones endocrinológicas realizadas en hombres y mujeres homosexuales.

A esta altura, deberíamos preguntarnos si este enfoque específico de la endocrinología conductista a la etiología de la homosexualidad no es también erróneo. Aunque es verdad que no conocemos las causas de la elección preferencial de pareja hetero-, homo- o bisexual, también es poco probable que encontremos las respuestas en las diferencias de niveles hormonales adultos entre los diversos grupos. Para hacer de este enfoque un camino promisorio para la investigación, deberíamos disponer de cierta evidencia en el sentido de que la homosexualidad aumenta entre muestras de pacientes con grandes anormalidades hormonales. Algunos estudios posteriores emprendidos sobre los pacientes aún no puede reforzar esta teoría (Meyer-Bahlburg, 1978). Más aún, si los niveles hormonales adultos fueran referidos a la orientación sexual, sería posible influir la homosexualidad, la heterosexualidad y la bisexualidad por medio de hormonas suministradas por vía exógena, un tipo de aproximación que ha sido infructuosamente intentado varias veces por parte de los científicos de la medicina y del conductismo.

Algunos científicos sostienen que el factor crucial no puede ser el de los niveles hormonales adultos, sino más bien el de las diferencias de hormonas prenatales en un momento crítico del desarrollo cerebral. De todos modos, aunque nuestra información básica todavía está limitada, disponemos de cierta evidencia a partir de estudios posteriores sobre pacientes con conocidas anormalidades fetales hormonales, y ahora sabemos que la orientación sexual no viene dictada por la historia prenatal, sino que parece estar decisivamente influida por las experiencias de aprendizaje posnatales del individuo.

La respuesta final a la pregunta sobre si existe una frecuencia creciente de la homosexualidad o la bisexualidad asociada con condiciones hormonales específicas antes del nacimiento deberá esperar todavía, hasta que tengamos estudios de más largo plazo y más cuidadosamente planeados sobre estos pacientes. Sobre la base de dos estudios realizados en jóvenes mujeres con el síndrome de la hiperplasia adrenal congénita tratado prematuramente, parece ser que la mayoría de ellas son heterosexuales. Se plantea la pregunta de si la bisexualidad puede de algún modo incrementarse entre ellas. De todas maneras, ambos estudios carecen aún de adecuadas comparaciones con un grupo de control (Ehrhardt y Baker, 1976; Money y Schwartz, 1977).

Si los niveles de hormona prenatal terminaran por ser correlaciones con la orientación sexual adulta, serían definidamente sólo *un* factor de los que contribuyen a la predisposición hacia la orientación sexual específica. Como fue destacado antes, el modelo debe ser visto como un proceso interaccional de diferentes factores constitutivos y socio-ambientales, más que como la rígida causa innata de una característica específica del comportamiento. De todos modos, hasta hoy ni siquiera sabemos si las hormonas prenatales tienen en realidad alguna influencia sobre la orientación sexual. El hecho puede depender totalmente de las experiencias de vida de un individuo y de las normas culturales de un medio ambiente social específico, en el sentido de que desarrollen una tendencia predominante o exclusivamente heterosexual u homosexual, o bien bisexual.

Por supuesto, la endocrinología conductista no es la única zona de investigación que ha contribuido poco a nuestros conocimientos sobre la etiología de la orientación sexual. El estudio de las condiciones ambientales específicas ha sido igualmente decepcionante.

Nos preguntamos si el enfoque general para encontrar los caminos de origen de la homosexualidad no habrá sido erróneo y no estará condenado al fracaso desde el principio. Colocar a la gente en una categoría dada simplemente sobre la base de su estilo sexual de vida, y pasar por alto las varias diferencias individuales entre esa gente puede ser la posición ingenua que proviene de un principio unificante y de muy poca pertinencia. Parece que carecemos de una descripción representativa de las diferentes formas de hetero-, homo- y bisexualidad. Nuestro conocimiento a menudo se limita a formas estándar de cualquiera de estas tendencias sexuales, en lugar de basarnos sobre las características de las muchas versiones y facetas clínicas (y especialmente no clínicas) de los estilos de vida de la gente con una orientación sexual específica.

## TENDENCIAS DE LA NUEVA INVESTIGACIÓN

Si la sociedad concebida como un todo, y especialmente las instituciones que ofrecen su apoyo quisieran contribuir a este tipo de investigación, la próxima década podría ofrecernos nuevos y estimulantes hallazgos sobre los diferentes modelos interaccionales de las hormonas y el comportamiento en el terreno de la diferenciación psicosexual. Nuestras recomendaciones, que son las que siguen, apuntan a zonas de investigación particularmente promisorias.[1]

### Las hormonas prenatales y el comportamiento

Tan pronto como se perfecciona la tecnología para medir las hormonas maternas y fetales sin efectos colaterales negativos, los estudios normativos sobre los diversos tipos de hormonas sexuales entre mujeres y hombres serán de inmenso interés y proporcionarán patrones estándar para las diferencias sexuales. Con la amniosíntesis y los posibles procedimientos para determinar el sexo del feto, el objetivo no es inverosímil. Una vez que las normas de las hormonas sexuales prenatales hayan sido establecidas para hombres y mujeres, el paso siguiente sería determinar los grupos extremos de, por ejemplo, los valores de alta y baja testosterona entre grupos de fetos del mismo y de opuesto sexo, y comparar ulteriormente el desarrollo posnatal del comportamiento. Un tipo de investigación como la propuesta por Eleanor Maccoby durante estas reuniones para estudios longitudinales detallados sobre niños desde su nacimiento, comparados con sus semblanzas hormonales pre, neo y posnatales, puede llevar a intrigantes resultados.

Además de la investigación sobre niños normales, existen todavía muchas condiciones anormales que no han sido estudiadas. Sobre la base del trabajo experimental con animales, se ha sugerido por ejemplo que los barbitúricos y los antibióticos

---

[1] Estas recomendaciones se basan en las discusiones que el autor mantuvo con Richard Green y Julian M. Davidson.

pueden tener un efecto antiandrogenizante sobre el desarrollo fetal (Gorski, 1971). Muchas mujeres toman pastillas para dormir y antibióticos durante su embarazo sin saber si sus bebés pueden ser afectados físicamente o psicológicamente por este tipo de medicamentos.

Los niños nacidos con anormalidades espontáneas en su desarrollo fetal siguen siendo de enorme interés. Nos ayudan no sólo a obtener principios para una práctica clínica óptima, sino también para alcanzar una mayor profundidad en los efectos de los niveles extremos de hormonas prenatales sobre el comportamiento, lo que puede ayudar para formular hipótesis pertinentes para la diferenciación sexual normal.

En el terreno de los efectos hormonales prenatales sobre el desarrollo del sistema nervioso central y, por ende, del comportamiento, todavía estamos necesitando mejores modelos animales. Las observaciones sobre los primates subhumanos expuestos a altos niveles de andrógeno prenatal se limitan a unos pocos animales y a un solo grupo de investigación que lleva adelante el trabajo. Aunque los estudios emprendidos por Goy y Phoenix y sus colaboradores han sido excelentes, deberíamos reclamar nuevos proyectos adicionales que trabajen sobre diferentes condiciones y diferentes valoraciones del comportamiento. Por ejemplo, todavía sería de supremo interés seguir a un grupo de monas androgenizadas prenatalmente, nacidas con genitales masculinizados, después de que han sido feminizadas neonatalmente de manera quirúrgica. Con este procedimiento, estaríamos en condicionse de eliminar el posible efecto de la apariencia de los genitales masculinizados sobre las percepciones de la madre, de los compañeros y del propio mono hermafrodita.

Tampoco disponemos de información sobre los monos genéticamente machos que han sido privados del andrógeno prenatal. Este estudio de investigación sería posible con el uso de acetato de ciproterona, antiandrógeno que se aplica comúnmente en las especies inferiores y que se usa para tratar los desórdenes sexuales humanos. También se pueden conseguir otros antiandrógenos.

En un tiempo en que se aplica la neurocirugía a los depravados sexuales, deberíamos esperar estudios cuidadosos sobre los efectos cerebrales de este tipo de intervenciones en los primates subhumanos. Mientras que el enfoque de procedimientos estereotácticos para eliminar el comportamiento sexual delictuoso se apoya definidamente sobre un conocimiento insuficiente y, por lo tanto, considerado como un desarrollo desafortunado en el tratamiento de las perturbaciones sexuales, deberíamos al menos tratar de explorar las diferentes ramificaciones de este tipo de neurocirugía en las especies inferiores.

### La endocrinología conductista y el comportamiento sexual humano

El campo de la endocrinología progresa rápidamente y se puede esperar de él que nos dé normas válidas para los cambios hormonales durante fases críticas de la vida, tales como la adolescencia, la menstruación, la menopausia y la vejez. De todos modos, necesitamos del trabajo interdisciplinario para recoger información sobre el comportamiento en correlación e interacción con los niveles hormonales. Por ejemplo, toda el área del ciclo menstrual y de la sexualidad en las mujeres hace muy poco empezó a ser explorado con la metodología apropiada (McCauley y Ehrhardt, 1976).

La noción de que el andrógeno es una hormona que hace crecer la libido en ambos sexos se basa en unos pocos estudios y debería ser sustentado con mejores técnicas de evaluación hormonales y del comportamiento. El enfoque correcto consistiría en estudiar los diferentes niveles de andrógenos y su relación con la sexualidad, no sólo en las mujeres normales sino también en aquellas en condiciones anormales como las que tienen el síndrome de Stein-Leventhal, que expone bruscamente a las mujeres a altos niveles de andrógeno en sus ovarios policísticos. Muchos hombres y mujeres son tratados con agentes que suprimen los andrógenos, tales como la cortisona para la enfermedad reumática. Sus vidas sexuales deberían ser evaluadas antes y después del tratamiento.

También quisiéramos ver un estudio exhaustivo sobre el acetato ciproterona (antiandrógeno) y sus efectos sobre el comportamiento sexual. Hasta hoy, los testimonios se basan estrictamente en estudios clínicos sin adecuadas comparaciones con grupos de control (Laschet y Laschet, 1969).

Las personas que muestran definidos patrones atípicos de comportamiento, tales como los transexuales, no han sido estudiadas suficientemente desde el punto de vista endocrinológico, y ese tipo de estudios podrían darle mayor profundidad a nuestras investigaciones.

## Comportamiento paternal de adultos atípicos

Hasta hoy, la custodia de los niños, asumida por los heterosexuales contra los homosexuales o los transexuales, no se basa en ninguna prueba de que aquéllos son mejores padres. A pesar de la falta de información, los tribunales de justicia por lo general eligen a un padre heterosexual, incluso si el otro miembro de la pareja, con un estilo sexual de vida menos típico, se muestra más capaz de ofrecer cuidado y protección al niño. Necesitamos urgentemente de mayor y mejor información sobre el comportamiento en los diferentes tipos de interacciones entre padre e hijo. Este tipo de investigación debería incluir a los padres que tienen patrones de conducta atípicos, y/o a los niños que tienen un desarrollo insólito del comportamiento del rol genérico, tales como el afeminamiento en los niños o la confusión de la identidad genérica en las niñas.

### Referencias

Beach, F. A. 1974. Human sexuality and evolution. En *Reproductive behavior*, ed. W. Montagna y W. A. Sadler. Nueva York: Plenum.

Ehrhardt, A. A. 1975. Prenatal hormone exposure and psychosexual diferentiation. En *Topics in psychoendocrinology*, ed. E. J. Sachar. Nueva York: Grune and Stratton.

———. 1978. Psychosexual adjustment in adolescence in patients with congenital abnormalities of their sex organs. En *Proceedings of the 7th birth defects institute symposium on genetic mechanisms of sexual development*. Nueva York: Academic Press.

Ehrhardt, A. A., y Baker, S. W. 1976. Prenatal androgen exposure and adolescent behavior. Documento leído en el Congreso Internacional de Sexología, 28-31 de octubre de 1976, Montreal.

Ehrhardt, A. A.; Grisanti, G. G., y Meyer-Bahlburg, H. F. L. 1977. Prenatal exposure to medroxyprogesterone acetate (MPA) in girls. *Psychoneuroendocrinology*. 2:391-398.

Gorski, R. A. 1971. Gonadal hormones and the perinatal development of neuroendocrine function. En *Frontiers in neuroendocrinology*, ed. L. Martini and W. F. Ganong. Nueva York: Oxford University Press.

Laschet, U., y Laschet, L. 1968. Die Behandlung der pathologisch gesteigerten und abartigen Sexualität des Mannes mit dem Antiandrogen Cyproteron-acetat. En *Das Testosterone: Die Struma*. Berlín: Springer.

McCauley, E. A., y Ehrhardt, A. A. 1976. Female sexual response: hormonal and behavioral interactions. En *Primary care*, vol. 3. Filadelfia: Saunders.

Meyer-Bahlburg, H. F. L. 1977. Sex hormones and male homosexuality in comparative perspective. *Arch. Sex. Behav.* 6:297-325.

———. 1978. Homosexual orientation in women and men: A hormonal basis? En *Proceedings of the conference on bio-psychological factors influencing sex-role related behaviors*, ed. J. E. Parsons. Washington, D. C.: Hemisphere.

Meyer-Bahlburg, H. F. L.; Grisanti, G. C., y Ehrhardt, A. A. 1977. Prenatal effects of sex hormones on human male behavior: Medroxyprogesterone acetate (MPA). *Psychoneuroendocrinology* 2:383-390.

Money, J. 1970. Matched pairs of hermaphrodites: Behavioral biology of sexual differentiation from chromosomes to gender identity. *Eng. Sci.* 33:34-39.

Money, J., y Ehrhardt, A. A. 1972. *Man and woman, boy and girl: The differentiation and dimorphism of gender identity from conception to maturity*. Baltimore: Johns Hopkins Press.

Money, J.; Hampson, J. G., y Hampson, J. L. 1955. Hermaphroditism: Recommendations concerning assignment of sex, change of sex, and psychologic management. *Johns Hopkins Bull.* 97:284-300.

Money, J., y Schwartz, M. 1977. Dating, romantic and nonromantic friendships, and sexuality in 17 early-treated adrenogenital females, aged 16-25. En *Congenital adrenal hyperplasia*, ed. P. A. Lee, L. P. Plotnick, A. A. Kowarski, y C. J. Migeon. Baltimore: University Park Press.

Rossi, A. S. 1977. A biosocial perspective on parenting. *Daedalus* 106: 1-33.

Zussman, J. U., Zussman, P. P., y Dalton, K. 1975 *Postpubertal effects of prenatal administration of progesterone*. Documento leído en la reunión de la Sociedad por la Investigación del Desarrollo del Niño, abril de 1975, Denver.

# LAS PERSPECTIVAS PSICOLÓGICAS

*Aunque son muy significativas las colaboraciones esbozadas desde otras perspectivas científicas, quedan pocas dudas acerca de la importancia de la psicología evolutiva para comprender temas como la identidad genérica y otros similares. Tradicionalmente, los psicólogos han puesto menos atención a la sexualidad que a otros aspectos del desarrollo. Sin embargo, este descuido relativo ha sido remplazado gradualmente por un compromiso más intenso en los últimos años, especialmente en el ámbito mayor del estudio de las diferencias sexuales.*

*Los colaboradores de esta tercera parte, que son todos psicólogos evolucionistas, muestran una impresionante maestría de su dominio. La colaboración principal de Zella Luria consiste en una discusión comprehensiva de los determinantes psicosociales de la identidad genérica, del rol y de la orientación. Tal como sucede con las colaboraciones dedicadas a los determinantes biológicos de la identidad sexual, que permtien un juego de interrelaciones con variables psicológicas, del mismo modo Luria y sus colegas están alerta ante la importancia de los factores biológicos. La primera parte del trabajo de Luria se basa, de hecho, en la misma literatura que fue citada por los autores de la sección precedente. La doctora se explaya sobre el tema de la influencia del sexo infantil en las reacciones por las que los adultos refuerzan la definición y asignación de género para el niño. Luria finaliza considerando las relaciones de la identidad genérica y del rol genérico con la orientación sexual.*

*En su respuesta al trabajo de Luria, Eleanor Maccoby aparece fundamentalmente de acuerdo con la primacía de la adscripción social para definir la identidad genérica. Pero la doctora reitera su preocupación en el sentido de que la mayor parte de la investigación realizada en este terreno, como asimismo las conclusiones a las que se llegó, se basan en trabajo con individuos cuyas condiciones hormonales prenatales eran ambiguas. Maccoby también reexamina las hipótesis del periodo crí-*

*tico para el establecimiento de la identidad genérica, y considera las implicaciones de la evidencia más reciente que parece poner en duda la concepción de que la identidad genérica se fija irrevocablemente durante los primeros dos o tres años de vida.*

*En la tercera colaboración que aparece en esta sección, Robert Sears integra las informaciones proporcionadas por Luria y Maccoby en grupos de hipótesis que se refieren al desarrollo de la tipificación sexual y a la elección de objeto sexual. En el terreno del desarrollo cognitivo, Sears distingue la relación del proceso de tipificación sexual y las distinciones que se hacen entre masculino y femenino. Luego considera las implicaciones de la tipificación sexual en la elección de objeto sexual, que definen la orientación sexual de la persona. Los efectos de la crianza del niño y las primeras experiencias son fundamentales para este tipo de argumentos (un campo de estudio que ha sido enriquecido notablemente por las valiosas contribuciones del propio Sears durante varias décadas de trabajo).*

*Tienen especial importancia las indicaciones para una nueva investigación sugeridas por Sears en colaboración con Luria y Maccoby. Estas recomendaciones intentan sobre todo enriquecer el conocimiento de la tipificación sexual y el comportamiento sexual: en particular, descubriendo las relaciones evolutivas entre ellos e identificando la influencia de las experiencias anteriores en los comportamientos siguientes. Una mayor cantidad de conocimientos, del tipo que reclama Sears, arrojaría valiosa luz sobre las raíces del desarrollo sexual humano.*

H. A. K.

# IX. DETERMINANTES PSICOSOCIALES DE LA IDENTIDAD GENÉRICA, DEL ROL Y DE LA ORIENTACIÓN

Zella Luria

En nuestra cultura, la identidad genérica lleva consigo un considerable bagaje. Se nos ha enseñado que cada identidad genérica arrastra un grupo correspondiente de comportamientos emocionales, sociales, vocacionales, motivacionales y sexuales. Son lecciones que fueron bien enseñadas, bien impuestas, y muchas veces demasiado bien aprendidas. Quienquiera que niegue la dificultad de las luchas de la gente por convertirse en un "nuevo hombre" o una "nueva mujer", sin duda no ha observado el fenómeno de cerca. Este capítulo explora algunas relaciones entre la identidad genérica, el rol genérico y la orientación sexual.

Tenemos mucho que aprender sobre nosotros mismos examinando la psicología de los insultos. La mayoría de las veces nos ofendemos por desafíos a los conceptos que tenemos de nosotros mismos, y que valoramos más. Los niños muy pequeños muchas veces no nos comunican directamente sus fuentes de orgullo personal, pero podemos llegar a conocerlas con sólo examinar qué tipo de cosas los ofenden: quizá el primer insulto sea el de sugerirle a una niña que es realmente un muchacho, o el de decirle a un niño que en realidad es niña. La gente no solamente aprende su identidad genérica a temprana edad, sino que también la defiende y, por inferencia, la ama. Así es como asumen sus valores genéricos para el resto de la vida. La gente puede desear algunas de las ventajas aparentes del género opuesto, pero rara vez quiere *ser* lo que no es. Defienden lo que son. Incluso en casos de identidades genéricas mal asignadas o confundidas, la gente quiere para sí uno de los

Nota: Este trabajo recibió inmensa ayuda de mi colega, el doctor Mitchel D. Rose. Además, aprovecho las sugerencias de los doctores Jeffrey Z. Rubin y Brenda Steinberg. La autora obtuvo ayuda económica otorgada por Tufts University, por medio de una beca, # 5-T01-MH-12672.

dos géneros, lo adopta y lo defiende. Nadie está comprometido con la ambigüedad.

Ante todo, deseo revisar las pruebas clínicas más recientes que puedan echar alguna luz sobre los determinantes psicosociales de la identidad genérica dentro de los tres primeros años de vida de la persona. A continuación discutiré los casos excepcionales, los de los transexuales.

Money y Ehrhardt (1972) usan una definición de identidad genérica que incluye tres componentes: *1)* el sentido privado prematuro de género, o *identidad del núcleo genérico; 2)* el *rol genérico* de los comportamientos públicos, o expresión del género; y *3) la orientación sexual,* o la expresión privada (y quizá pública) del género en el objeto de la excitación sexual. Para cumplir mis propósitos, he decidido abocarme por separado a los tres componentes. Un sentido privado del género, que incluye la rotulación asignada al género por uno mismo y por la gente que nos importa, existe de hecho durante todo el ciclo vital de una persona. Me referiré a la identidad genérica que se desarrolla en la primera niñez como identidad del *núcleo* genérico, y a la identidad genérica de la pospubertad como identidad genérica *adulta.*

Mis razones para adoptar una definición que difiere de la de Money y Ehrhardt para la identidad genérica es la siguiente: existen muy pocos problemas referidos a la identidad del núcleo genérico en comparación con el número de variantes en los roles genéricos y en la orientación sexual. El hecho de separar estos tres elementos nos permite prestar mayor atención a cada uno por separado.

## LA EVIDENCIA DEL PERIODO CRÍTICO

Las diferentes etapas biológicas en la creación de un ser humano macho o hembra empiezan a ser entendidas. El primer paso es la determinación cromosómica: *46XX* como hembra y *46XY* como macho. Hasta la sexta semana de gestación, los fetos con *XX* aparecen idénticos a los fetos con *XY*. Las instrucciones genéticas sobre *Y* dirigen luego el desarrollo testicular. El segundo paso en la diferenciación sexual es dirigido por los testículos, que producen hormonas fetales. Estas hormonas dirigen la posterior masculinización morfológica de los fetos *XY*. La ausencia de hormonas testiculares deriva en la diferenciación femenina. El desarrollo ovárico en los fetos *XX* se manifiesta en la 12a. semana del desarrollo embrionario. Los ovarios, a diferencia de los testículos, no desempeñan ningún rol en la diferenciación temprana de las estructuras genitales internas y externas. La regla es la siguiente: en ausencia de hormonas testiculares, la diferenciación es hembra; en presencia de hormonas testiculares, la diferenciación es macho.

Sin embargo, para que las hormonas testiculares sean efectivas, los órganos deben ser capaces de reconocer y responder a estas hormonas para diferenciarse sexualmente. El gene que controla el desarrollo de los centros receptores de una de las hormonas testiculares se localiza en el cromosoma *X*. Normalmente, el gene se encuentra tanto en los machos como en las hembras. La presencia de andrógeno y de los centros receptores de andrógeno en las estructuras precursoras de los genitales externos e internos determina que estos genitales externos e internos serán de macho. Tanto la ausencia de andrógeno como la ausencia de los centros receptores feminizarán los genitales externos y no lograrán diferenciar completamente los genitales internos masculinos, incluso en el caso de un feto *XY*.

En los mamíferos inferiores, el andrógeno en periodos críticos afecta al sistema nervioso central a través del hipotálamo, de manera que la circulación en la pubertad queda suprimida. Resulta tentador aplicarlo a los primates, cuando se notan irregularidades en los mamíferos inferiores tales como la rata, el hámster y conejillo de Indias. Frank Beach lo llama "generalización a partir del *ramstergig*". Los primates humanos y también los no humanos que han sido androgenizados prenatalmente son de hecho afectados por la hormona, pero no de la misma manera que el 'ramstergig': El comienzo del ciclaje en la pubertad se demora, pero nunca se suprime de manera irreversible.

La principal razón para detenerse un poco en la genética y en la embriología es despertar nuestra conciencia de cuántas zonas de contacto existen biológicamente entre la producción cromosómica y la morfología sexual de los recién nacidos. Hay lugar para que la "cinta computadora" genética sea incorrectamente programada en diferentes lugares. También queda espacio para la variabilidad en la lectura, de manera que el mismo gene pueda tener una expresión variable. La duración de la lectura también introduce grandes variaciones. Mientras que las definiciones sencillas aparecen acerca de un niño como bebé con pene, testículos y escroto, y de una niña como bebé con clítoris y vagina por lo general funcionan bien, estas definiciones sin embargo ocultan una complejidad. Cada uno de los muchos pasos genéticos y bioquímicos supone una programación genética *para una serie* de fenotipos o resultados finales. Los que llegamos a identificar como macho o hembra son, de hecho, dos rangos genéticos sobrepuestos. Por lo tanto, no debe sorprendernos que los rangos de comportamiento masculinos y femeninos también se muestren sobrepuestos. Más aún, no debe sorprendernos el hecho de que los rangos de comportamiento sean muy variados dentro de cada uno de los sexos. La superposición de los rangos del comportamiento ocurre incluso cuando las características reproductivas permanecen intactas y no se sobreponen en los dos sexos.

El concepto de la superposición en los rangos del comportamiento para hombres y mujeres es universalmente aceptado. Las sociedades humanas no tipifican sexualmente *todas* las aptitudes y *todas* las características personales, aun cuando algunas divisiones laborales son clasificadas por géneros (D'Andrade, 1966). Hasta la fecha, todas las sociedades parecen elegir *algunas* dimensiones de aptitudes y/o de personalidad asociadas a la tipificación sexual. Esta tradición hace que la tarea de estudiar la tipificación sexual en la propia cultura de uno sea mucho más dificultosa. Los casos clínicos que muestran violaciones de las expectativas de tipificación sexual algunas veces nos sorprenden lo suficientemente como para aflojar nuestras anteojeras culturales.

### Identidad de núcleo genérico y rol genérico

Nuestras interpretaciones psicosociales del desarrollo fetal sexualmente dimórfico siguen al simple hecho de etiquetar el género del recién nacido. Una vez que se ha decidido el sexo del bebé, el camino de la crianza es por lo general coherente con el género asignado. Se hace evidente que nosotros vemos a los niños, a partir del nacimiento, como marcadamente definidos una vez que los hemos etiquetado como mujer u hombre. Algunos estudios recientes sugieren que la rotulación sirve para preseleccionar la manera como vemos a los bebés, incluso a los nuestros. Cuando se le solicitó a los padres primíparos que calificaran a sus hijos en el primer día de vida, han visto a sus hijas como *tiernas, pequeñas* y de *facciones delicadas*, y a sus hijos como *rudos,* de *facciones fuertes, grandes* y *menos distraídos* que las niñas. Mientras que, en promedio, los niños nacen un poco más grandes y más pesados que las niñas, en esta muestra el promedio de tamaño y peso en el momento del nacimiento era similar. Aunque ambos padres estereotipan a sus hijos sobre la base de la información mínima sobre el sexo de los recién nacidos, los padres son mucho más extremados que las madres en su manera de estereotipar (Rubin, Provenzano y Luria, 1974). La literatura confirma repetidas veces el hecho de que los padres estereotipan los roles sexuales con mayor exageración que las madres.

Como cultura, compartimos sistemas de creencias sobre las características físicas y de la personalidad que se esperan de los niños, aun cuando sean bebés, como función del género. "Sabemos" que el tamaño mayor, la fuerza y la potencialidad para hacer daño son masculinos; y que el tamaño menor, la debilidad y la incapacidad para hacer daño son femeninos. Y aplicamos este conocimiento aun cuando no sea verdaderamente demostrable. Cuando un grupo de estudiantes se enfrentó a una pintura anónima del siglo XVIII en la que se representaban a dos bebés, llamados Georg y Regula Rohn, y cuando se les pidió que identificaran cuál era la niña y cuál el niño, estuvieron de acuerdo casi en un 90%. Los indicios que usaron para llegar a sus decisiones eran mínimos, pero estereotipados y ampliamente compartidos (Luria y Rubin). Ninguno de los participantes en ese estudio sabía cuál de los dos bebés representados en la pintura era niño, y cuál era niña, pero todos se mostraron muy seguros de su sistema de identificar. Lamentablemente, al estereotipar el sexo a menudo confundimos confianza con validez.

Tanto en el mundo cotidiano como en el mundo de la investigación psicológica, la gente pide información sobre el sexo de un bebé para relacionarse más cómodamente con el bebé o con sus padres. En un intento por descubrir qué es lo que la gente "ve" cuando un bebé no está identificado sexualmente, se solicitó a unos estudiantes de posgrado que jugaran con el bebé X, que para un grupo fue asignado a la categoría de *niño,* para otro grupo a la categoría de *niña*, y para un tercer grupo simplemente X. Los sujetos que participaron de la experiencia en este último grupo se mostraron muy incómodos, y resolvieron su problema tomando una decisión *a priori* sobre el género, basada en una supuesta fortaleza o ternura del bebé. Las mujeres jugaban *más* con el bebé no definido que con el definido. Los hombres hacían todo lo contrario. Pero la rotulación masculina o femenina del bebé en los diferentes grupos no produjo como resultado un diferente comportamiento en los adultos (Seavey, Katz y Zalk, 1975). Cuando se emplearon madres como sujetos en un estudio en que el mismo bebé era etiquetado a veces como varón y a veces como mujer, los juguetes tipificados sexualmente fueron usados de acuerdo con la etiqueta sexual del bebé (Will, Self y Datan, 1974). Pero el comportamiento de la gente y la rotulación sexual no son siempre coherentes. Cuando se atribuyen a un bebé diferentes géneros en una secuencia de *videotape*, los resultados varían. En otro estudio, un bebé que intentaba abrir una caja sorpresa y no lo conseguía fue calificado como "frustrado" cuando se creía que era niña, y como "enojado" cuando se creía que era niño (Condry y Condry, 1976). En otro estudio, los hombres juzgaban más favorablemente a las niñas, y las mujeres a los niños (Gurwitz y Dodge, 1975).

La naturaleza nos ha proporcionado algunos curiosos —y afortunadamente raros— casos para estudiar el poder de la interpretación psicosocial del género. Estos casos incluyen, típicamente, alguna ambigüedad en los genitales externos o alguna falta de correspondencia entre los genitales externos y la composición cromosómica. El trabajo de John Money y sus colegas en Johns Hopkins —especialmente el de John y Joam Hampson y el de Anke Ehrhardt— ha conducido a una formulación que abarca la determinación psicosocial de la identidad del núcleo genérico. El proceso psicosocial se pone en movimiento cuando se rotula genéricamente o se asigna el sexo al bebé (como hembra, macho o ambivalente), y por la correspondiente crianza del niño (como varón, mujer o ambivalente).

El grupo de Johns Hopkins ha mostrado dos clases de casos como prueba del rol crítico de los determinantes psicosociales prematuros para la identidad del núcleo genérico: *1)* casos pareados biológicamente pero asignados y criados diferencialmente, y *2)* casos reasignados al género opuesto antes y después del periodo presumiblemente crítico para el desarrollo de un sentido de la identidad del núcleo genérico.

*Casos pareados.* En la primera categoría de casos se disponía de bebés cariotipados *46XX* con genitales externos masculinizados. Debido a un desorden genético, estos bebés habían sido androgenizados en el útero mientras se diferenciaban los genitales externos. Antes de que se usara cortisona para el tratamiento del desorden, algunos de estos bebés eran asignados al rol masculino y criados como tales, y otros como mujeres, aun cuando el grado de masculinización genital fuera el mismo. Las percepciones de los bebés sobre su propio género eran típicamente concordantes con el género que se les había asignado, y con la crianza.

Como prueba del poder de los determinantes psicosociales en la identidad genérica, los bebés androgenizados de cariotipo *46XX* con genitales externos virilizados son análogos a los bebés parcialmente androgenizados de cariotipo *46XY* con genitales externos parcialmente virilizados. La insensibilidad al andrógeno, sea total o parcial, aparece en una gran cantidad de variables del fenotipo, incluso dentro de un mismo linaje (Wilson y otros, 1974).

Money y Ogunro (1974) informaron sobre diez casos de insensitividad parcial androgénica en pacientes con una constitución cromosómica de *46XY*. Aunque los genitales de estos pacientes se describen como "de aspecto más femenino que masculino", en dos casos fueron asignados al rol femenino y criados como tales, y en ocho casos como varones. Entre estos últimos ocho, tres habían sido reasignados de niña a niño antes de los dos años de edad; los restantes cinco fueron asignados desde el nacimiento a la categoría de niños, y criados como tales. Los dos casos asignados a la categoría de niñas y criados como tales no fueron cromosómicamente diagnosticados hasta la adolescencia y la madurez, respectivamente. Entre los ochos niños, se consideró o se aplicó la cirugía fálica en siete casos. Sólo tres de ellos tienen falo con capacidad de erección que les permite la penetración en el coito. Sin embargo, cuando se evaluó su identidad genérica, un paciente asignado a la categoría de mujer y los ocho asignados a la categoría de varones expresaron satisfacción por su propio género. Sólo una mujer se mostró ambivalente, obsesionada, con temor de ser descubierta en su secreto por alguna pareja sexual. De todos modos, no deseaba ser reasignada al rol masculino. Dos de sus hermanas se habían reasignado a sí mismas al sexo masculino en la madurez mientras ella era joven, sin confundir la actitud. Seis de los siete hombres adultos están casados o planean casarse. Los diez pacientes se visten de acuerdo con los sexos que les fueron asignados: dos como mujeres, ocho como hombres. Evidentemente la identidad del núcleo genérico de los casos *46XX* androgenizados y de los casos *46XY* infra-androgenizados refleja el género al que han sido asignados y en el que fueron criados.

Pero tales casos sólo fueron considerados en términos de cuán bien "encaja" el niño en el género que le fue asignado, si es el que el niño acepta esa asignación como propia. Quizá sería una prueba más difícil preguntarse cómo funciona el muchacho en el rol genérico que se le ha asignado. Para considerar este tema, nos deslizaremos a otro grupo de casos enfrentados.

El ejemplo más famoso de tales casos, seguidos por una asignación sexual y una crianza diferenciadas, es el informe de Money sobre dos niños gemelos, uno criado como varón y el otro como mujer desde los 17 meses de edad (Money, 1975). A los siete meses los gemelos fueron circuncidados, y un error en la operación de uno de los gemelos desencadenó la necrosis y el desprendimiento del pene. Un equipo de Johns Hopkins que estudió el caso recomendó que el bebé fuera asignado al género femenino. Cuando los niños tenían 17 meses los padres aceptaron las recomendaciones médicas, y, tanto el nombre como la ropa como el peinado del niño penectomizado fueron cambiados. A los 21 meses se realizó la primera cirugía genital feminizante. Mientras tanto, los psicólogos y médicos de Johns Hopkins proporcionaron a los miembros de la familia un amplio apoyo, los guiaron y les enseñaron experiencias previas en casos de reasignación sexual.

El comportamiento de los padres *se hizo* diferente para los dos niños después de la reasignación. La madre descubrió divertida cómo orinaba su hijo varón en el patio, pero un comportamiento similar de parte de su hija era considerado indecente, el tipo de cosas que no hacen "las niñas buenas". A los cuatro años de edad la niña prefería los vestidos a los pantalones y estaba orgullosa de tener el cabello. La madre describió a su hija, cuando tenía cuatro años y medio, como coqueta y preocupada por su apariencia, mientras al hermano no le preocupaba parecer sucio.

Antes de la reasignación y de la cirugía, el niño que luego sería reasignado había sido el gemelo dominante, el "líder". Como niña, a los tres años de edad fue descrita como "mandona".[1] Su hermano todavía la protegía en situaciones de peligro o amenaza.

Los juguetes de los niños se habían organizado siguiendo líneas de diferenciación genérica. Y esta organización "prendió". El comportamiento hombruno de la niña —que es común en mujeres androgenizadas y suele aparecer también en las no androgenizadas— fue combatido. La niña recibió muñecas y otros juguetes típicos de niñas; el varón recibió autos, herramientas y otros juguetes propios de varones. Las aspiraciones educativas de la madre para ambos gemelos permanecen igualitarias; pero ella piensa que es más importante cumplir todas sus aspiraciones con respecto a su hijo varón. Money describe a estos dos niños como aceptando sin incidentes sus roles genéricos, a pesar de su identidad genética como gemelos.

La importancia de este caso no debe desconocerse. Muestra a gemelos apareados no sólo por las hormonas prenatales, sino también por las hormonas infantiles posnatales, puesto que las diferencias sexuales de la testosterona se encuentran hasta los siete meses de edad, pero no después, al menos hasta que comienzan los cambios de la pubertad (Forest *et al.*, 1973).

Las mujeres con el síndrome adrenogenital, que han sido tratadas prematuramente con cortisona exógena y con cirugía feminizante, también pueden ser estudiadas para aprender cómo la androgeneización fetal en una etapa afecta la manera como la niña adopta su rol genérico. Pero para el hombre parcialmente androgeneizado, el desorden crea un efecto que se prolonga a lo largo de toda su vida —y no solamente en una etapa. El defecto afecta al desarrollo fetal, el pubertal y el aspecto del adulto. Como adultos, esta gente sigue pareciendo joven para su edad.

¿Cómo desempeñan su rol en la niñez las mujeres andronogeneizadas fetalmente? ¿Y cómo desempeñan su rol en la niñez los hombres parcialmente andronogeneizados? La respuesta es que todos desempeñan sus roles dentro de los límites socialmente

[1] Anke A. Ehrhardt, comunicación personal, 1970.

aceptados, pero con algunas diferencias importantes respecto a sus coetáneos.

Ante todo, parece existir un efecto continuo del andrógeno sobre los juegos vigorosos en la niñez. Las niñas andrenogeneizadas tienden a ser "hombrunas", se incorporan más a los deportes que lo que lo hacen las niñas del grupo de control. Entre los ocho niños parcialmente andrenogeneizados, sólo dos mostraban predilección por deportes rudos practicados con otros niños, y los dos abandonaron los deportes cuando, en la pubertad, se desarrollaron sus pechos pero no una musculatura masculina. Ni las mujeres andrenogeneizadas ni los hombres parcialmente andrenogeneizados (y las mujeres $XY$) entran en peleas. Pueden ser enérgicos, pero no son agresivos ni les importa mucho la situación de dominio.

Las niñas hombrunas desempeñan el rol femenino de manera diferente de las otras niñas. Prefieren los pantalones a las faldas para practicar juegos activos, y juegan menos con muñecas —o casi nunca— en relación a sus análogas de control. Pero son aceptadas por sus pares del mismo sexo; además, el comportamiento hombruno es bastante común entre las jóvenes, y es normal que una niña hombruna pueda ser amiga de otras niñas hombrunas. Aparte de la frecuencia de predilección por los deportes, que es inferior a lo previsible, y el menor interés por el dominio que muestran los niños parcialmente andrenogeneizados, ellos también parecen lograr la aceptación entre sus pares. No son descritos ni como solitarios ni como "mariquitas".

¿Qué agrega todo esto, con respecto a los roles genéricos en la niñez? Aparentemente los roles genéricos en la niñez —a diferencia de las identidades del núcleo genérico— pueden ser hechos a la medida. Una niña puede poseer algunas características consideradas masculinas, y un niño carecer de ellas, pero mientras los pares del mismo sexo no aislen al niño, está adquiriendo la suficiente carga de rol genérico para cumplir la transición a los roles genéricos adultos y a la identidad genérica normal del adulto. De todos modos, existe una mayor libertad para las niñas masculinas que para los niños femeninos. Los padres no toleran ningún tipo de comportamiento que indique que sus hijos varones sean afeminados. Aberle y Naegele (1952) informaron sobre padres nerviosos y preocupados incluso por sus hijos en edad preescolar, que aprendían a conducirse de maneras poco o mal adaptadas para la futura vida de trabajo. Los padres incluso desaprueban el llanto por frustración o por dolor a la edad de tres o cuatro años, aunque las madres no se comportan de esta manera.

Las sanciones negativas contra el comportamiento femenino de los niños varones ocurren especialmente de parte del grupo de compañeros. Los niños considerados como "mariquitas" suelen ser aislados por los otros niños. Y hacia segundo grado, las niñas muestran menor voluntad que antes para ofrecer un refugio amistoso al niño aislado.

Estas descripciones de los roles genéricos en la niñez provienen sobre todo de la práctica clínica. La buena práctica experimental y la observación de la interacción en el grupo de pares se hará cada día más valiosa, ahora que podemos captar algunas de esas interacciones en *videotape*. Recientes trabajos sobre los juegos de niños que empiezan a caminar parecen sugerir que, por lo menos en el segundo año de vida, algunos niños interactúan y son interactuados más que otros (L. Lee, citado en Mueller y Vandell, 1978).

*Reasignación sexual clínica.* El trabajo clínico permitió que la psicología evolutiva tuviera más conciencia de la importancia de la identidad del núcleo genérico prematuro como primer paso hacia el desarrrollo posterior del rol genérico. Los psicólogos todavía pueden dudar de cómo los niños asumen sus roles genéricos (Mischel, 1966; Kohlberg, 1966) pero todos aceptan —de algún modo— la concepción que los clínicos nos han ofrecido sobre la identidad del núcleo genérico.

El que sigue a continuación es tal vez el mejor ejemplo resumido de la experiencia clínica de reasignación sexual cumplida en niños con anomalías sexuales congénitas:

Las comparaciones basadas en 105 hermafroditas demostraron que el sexo de asignación y crianza es un pronosticador más coherente y confiable del rol genérico del hermafrodita y de la orientación que el sexo cromosómico, la morfología reproductiva interna accesoria, el sexo gonádico, el sexo hormonal o la morfología ambigua de los genitales externos. Sólo hubo 5 pacientes de un total de 105 cuyo rol genérico y cuya orientación eran ambiguos y se desviaban del sexo que se les había asignado, y en el que habían sido criados. ...Nuevas y posteriores pruebas de apoyo a la importancia psicológica de la asignación sexual y la correspondiente crianza han sido proporcionadas por los casos de reasignación de sexo promovidos por edicto. Entre nuestros casos había 14 pacientes que sufrieron una reasignación de sexo después de las primeras semanas neonatales. De estos 14, 9 tenían menos de 2 años de edad y 3 meses en el momento del cambio; con tres excepciones, parecían haber soportado el cambio sin los menores indicios de perjuicio psicológico. Por contraste, sólo uno de los cinco chicos mayores de 2 años y 3 meses en el momento de reasignación de sexo podría ser catalogado como psicológicamente sano. Podemos inferir de esto que una vez que el rol genérico de una persona se establece correctamente, el intento de regresión es un riesgo psicológico extremo.

...Sin embargo un pequeño grupo de cinco pacientes, cuya apariencia sexual divergía un poco de la del sexo al que habían sido asignados, permite que dudemos de toda concepción simplista sobre el determinismo ambiental. Al contrario, parece que el rol genérico de una persona y su orientación se establecen, empezando a corta edad, cuando esa persona se familiariza y descifra una multiplicidad continua de signos que apuntan en dirección al hecho de ser niño o niña. Estos signos se escalonan desde nombres y pronombres que diferencian el género hasta modos de comportamiento, corte de cabello, vestido y ornatos personales que son diferenciados de acuerdo con el sexo. El signo más categórico de todos es, por supuesto, el aspecto de los órganos genitales... La variable saliente en el establecimiento del rol genérico de una persona y de su orientación no es ni hereditaria ni ambiental, en el sentido purista de estos dos términos, sino que es su proceso de desciframiento e interpretación de una pluralidad de signos, algunos de los cuales pueden ser considerados hereditarios o constitucionales, y otros ambientales (Money, Hampson, y Hampson, 1957).

Las destacadas contribuciones del grupo de psicólogos clínicos y psiquiatras de Johns Hopkins, al separar los efectos de las hormonas, el desarrrrollo prenatal, la rotulación sexual posterior y el desarrollo psicosexual sobre la identidad genérica, han llevado a la propuesta de un periodo crítico en la identidad genérica, entre alrededor de los 18 y los 27 a 36 meses de vida, probablemente coincidiendo con el brote del desarrollo del lenguaje. La pericia clínica en la reasignación sexual se hace cada vez más difícil a medida que aumenta la distancia con respecto al periodo crítico. Incluso se ha dicho que el proceso es virtualmente imposible en una persona sexualmente madura y plenamente identificada en su sexo. Esto nos lleva al tema del transexualismo, que discutiremos luego. Mientras obras posteriores han impulsado a Money y Ehrhardt a determinar que los tres años de edad son el límite superior de este periodo crítico, aún se dice que el argumento esencial citado antes se sostiene con la reasignación sexual. En la literatura aparecen casos posteriores de reasignación sexual, pero por lo general requieren una manipulación psiquiátrica y ambiental mucho más amplia y radical (Lev-Ran, 1974).

Las cuestiones planteadas por la necesidad de intervención antes de los tres años sugieren que podríamos estudiar con provecho la naturaleza de la comprensión que del sexo tiene el niño antes de los tres años.

## LAS PRIMERAS CONCEPCIONES SOBRE EL GÉNERO

Tal vez sea la mera *simplicidad* de la identidad genérica prematura la que ayuda al niño a saber acerca del género en los primeros dos o tres años de vida. El concepto de *rol* genérico, con su variedad de dimensiones del comportamiento, es, por comparación, enormemente complejo. El género es al principio sólo una etiqueta, aunque una etiqueta de gran valor. Pero, ¿qué saben los niños de dos años sobre el género, sobre el suyo propio y sobre el de los demás? ¿Cómo usan y cómo entienden los niños la etiquetación genérica? La información clínica antes discutida no obliga a prestar atención al hecho de la rotulación y al comportamiento que se sigue de la primitiva rotulación. Hace poco tiempo hemos empezado a encontrar algunas respuestas.

La razón de esta demora no es difícil de comprender. Incluso aquel verdadero dinamo de la primitiva psicología experimental, Walter Hunter informó que el ser humano de dos años de edad no era buen sujeto experimental. Los niños de dos años no responden coherentemente a las preguntas. A veces sólo su padres saben lo que ellos quieren decir. Se niegan a mantener la atención. Pierden pronto el interés. No se puede confiar en ellos. Esto *no* significa que sean incompetentes, que carezcan de conocimientos. Sólo significa que *nosotros* tenemos poca competencia, menos de la que necesitamos, para poder depender de *su* competencia.

Los niños de entre 18 y 36 meses de edad son los que ofrecen las gamas exteriores de edad más apropiadas para estudiar los primeros pasos en la adquisición de la identidad genérica, a juzgar por la información clínica sobre el impacto de la reasignación sexual. ¿Cómo se podría hacer preguntas a niños de esas edades, para clarificar un poco el proceso de adquisición de la identidad genérica y el rol genérico?

Podríamos preguntar: ¿cuándo saben los chicos el nombre de su propio género? ¿Y cómo y cuándo aprenden sobre el género de otra gente? ¿Y usan la rotulación de género para elegir sus actividades? Si es así, ¿cómo lo hacen? ¿Cuándo y cómo saben finalmente los chicos que sólo los genitales son el criterio definitivo para el género? ¿Y cómo se liga la *nominación* del género a las definiciones de rol genérico características de la cultura del chico? ¿Cómo llega el niño a compartir estereotipos genéricos? Money y Hampson notaron hace mucho la importancia de los nombres y pronombres, "modos de comportamiento, corte de cabello, vestido y adornos personales (y) por supuesto, el aspecto de los órganos genitales" para la identidad genérica. Para entender *por qué* es clínicamente difícil reasignar a los niños después de los tres años de edad a un nuevo género se necesitaría obviamente, contestar a estas preguntas.

Algunos estudios significativos se han referido a este tipo de preguntas. Muchos de estos estudios han sido realizados por psicólogos de la UCLA que, quizá debido a su propio trabajo clínico en la identificación de chicos en peligro de tener desórdenes genéricos de adultos, han percibido y han visto las lagunas en nuestro conocimiento sobre qué es lo que saben los niños sobre el género. Un estudio (Thompson, 1975) enfocó lo que saben los chicos de 24, 30 y 36 meses sobre su propio género y el de los otros. En lugar de pedir elaboradas respuestas verbales y explicaciones, los *tests* requerían sobre todo comprensión verbal, selección y elecciones preferenciales. Puesto que los chicos entienden más de lo que pueden verbalizar espontáneamente, esta estrategia de investigación le permite al niño demostrar competencia sin que intervenga su capacidad limitada para la expresión verbal.

Thompson descubrió que el orden de adquisición de rótulos genéricos variaba desde la tendencia a rotular a los otros hasta la tendencia a hacerlo con uno mismo. Los niños de 24 meses de edad podían identificar incluso cuadros no estereotipados cuando se les daban nombres tales como niño/niña, hombre/

mujer, señor/señora, padre/madre, y papi/mami. Ellos clasificaban y distinguían la vestimenta y los artículos comúnmente tipificados por el sexo, colocándolos en una caja para niño o en una caja para niña. Pero todavía no aplicaban correctamente los rótulos genéricos a sus propias fotografías.

Hacia los 30 meses de edad, los niños agregaban cosas, e incluso mejoraban el repertorio de los de 24 meses. Podían clasificar retratos de ellos mismos con el nombre y pronombre apropiados para las categorías genéricas, e identificaban su parecido con muñecos de su propio sexo. Más aún, cuando se describían los objetos idénticos, uno como "bueno" y el otro como "malo'", los chicos de 30 meses elegían el "bueno", cosa que los de 24 meses no habían podido hacer. Como los niños de 24 meses, los de 30 todavía no mostraban preferencia por la elección entre dos objetos idénticos cuando uno era rotulado "para niños" y el otro "para niñas". El rótulo genérico todavía no funcionaba claramente en las opciones, pero esto sí ocurría con los de 36 meses.

Así pues, podemos concluir que hacia los 24 meses, los niños han empezado efectivamente a clasificar sexualmente el mundo exterior, a los objetos y las personas. Extienden esta clasificación hacia ellos mismos a los 30 meses de edad, y hacia los 36 meses usan rótulos genéricos para guiar sus preferencias. El proceso probablemente se haga más refinado y más profundo a lo largo de la niñez. Acaso no sea insignificante, sin embargo, el poder de la clasificación sexual antes de los 24 meses. Fein y sus colaboradores (1975) han demostrado que los niños y las niñas de 20 meses de edad, cuando son examinados en su hogar por personas que les son familiares, ya muestran más predisposición a jugar libremente con juguetes tipificados para su propio sexo; tal pauta de comportamiento también es válida para la propiedad del juguete, aunque hay más niñas que poseen juguetes de niños, que al revés. Sólo uno de los 24 niños estudiados tenía un "juguete favorito" que no era el apropiado para su sexo. El hecho de que la preferencia de los varones por juguetes apropiados para su sexo no es sencilla lo indican siete de los once niños en su comportamiento con muñecas: saltaban sobre ellas, les tiraban del pelo y las arrojaban. Fein y sus colaboradores consideran que las actitudes paternas hacia la posesión de juguetes por los niños funciona de esta manera: "Está bien que mi hija juegue con martillos y herramientas, pero no que mi hijo juegue con muñecas." Las preferencias por juguetes familiares tal vez no requieran etiquetas ni identidad genérica, pero una reacción tan fuerte hacia una muñeca sugiere que existe un aprendizaje importante en el niño hacia los 20 meses de edad. Puesto que la reacción tan hostil ocurrió *sólo* contra la muñeca, el comportamiento de los niños varones no puede ser interpretado como agresión generalizada.

Así como observamos las tempranas preferencias por juguetes sexualmente tipificados, del mismo modo vemos —cuando los niños pueden elegir— la elección de compañero de juegos del mismo sexo a la edad de dos años (Koch, 1944; Maccoby y Jacklin, 1974). Un trabajo de Thompson, de 1975, da la primera indicación de que los chicos de 24 meses de edad pueden discriminar con cierta confianza —aunque no con el 100 por ciento de seguridad— el sexo de las otras personas. Por otro lado, puesto que los chicos no están seguros de su propio sexo hasta los 30 meses de edad, si eligen a sus compañeros de juego del mismo sexo *antes* de haber adquirido una rotulación coherente sobre su propio género, estamos obligados a concluir que la selección se basa en alguna compatibilidad con el mismo sexo, o que se percibe una similitud que trasciende la adquisición de un rótulo para su propio género. Es una pregunta que vale la pena plantearse.

Nadie, excepto Thompson, que yo sepa, ha estudiado a chicos *tan pequeños* en sus conocimientos sobre el propio género y el de los demás. La dependencia de la imitación de modelos y la expresión verbal como indicadores del *conocimiento* del género ha sido casi siempre desestimada cuando se trata de entender qué es lo que saben los chicos. Los métodos de Thompson nos dan una base para caracterizar el conocimiento de un niño específico, y remitir potencialmente el estado de ese conocimiento a su comportamiento sexual, sea masculino o femenino.

La teoría cognitiva de Kohlberg sobre la adquisición del rol genérico predice que los chicos se tipificarán más seguramente en un sexo y se apegarán más a los modelos pertenecientes al mismo sexo sólo *después* de haber conseguido cierta constancia genérica hacia los cinco o seis años de edad. La constancia genérica se define como el conocimiento de que un hombre (o una mujer) puede cambiar sus atributos por otros extraños (largo del cabello, ropa, nombre, etcétera), pero mientras permanezcan intactos los atributos de criterio —los genitales—, el género permanece constante. Maccoby y Jacklin (1974) han destacado que las diversas preferencias por el rol sexual existen antes de que tal constancia genérica pueda ser demostrada.

Los entrevistadores que tratan de detectar la constancia genérica les preguntan típicamente a los chicos "tú vas a ser una mamita o un papito?", y a continuación, en oposición a su elección: "¿Podrías ser tú una mamita/papito si quisieras serlo?" Entonces se invita al niño a que explique sus respuestas. Se hace evidente ahora que, cuando se hace ese tipo de preguntas (sin pedir explicaciones) a niños de cuatro, cinco y seis años de edad, no se consigue el cambio registrado año por año necesario para detectar una huella de desarrollo como respuesta a la segunda pregunta, aunque virtualmente todos los chicos saben correctamente si van a ser madres o padres (Thompson y Bentler, 1973). De acuerdo con estos resultados, deberíamos decir que los chicos de cuatro años ya poseen una constancia genérica.

Esto no significa que los niños sepan que los genitales son el criterio para dividir el género a los cuatro años. Los niños que tienen menos de cinco o seis años usan el cabello, las ropas y el cuerpo como indicios del género de los demás (Conn, 1940; Katcher, 1955; Levin, Balistrieri y Schukit, 1972; Thompson y Bentler, 1971). Pero hacia los siete años de edad, prácticamente todos los chicos usan sus genitales como único criterio confiable para juzgar el género de una muñeca, a pesar de las variaciones en el largo de los cabellos y la constitución del cuerpo (Thompson y Bentler, 1971). Esto no significa que los niños más pequeños no estén interesados en los genitales. Seguramente lo están (Elias y Gebhard, 1969). Pero, dado que los indicios no genitales son fáciles de ver y confiables, sólo en las condiciones artificiales de un experimento de laboratorio con un modelo factorial autoconsciente de 2x2x2 realmente se ve que los niños muy pequeños *ignoran* los genitales, para usar indicios más familiares.

Todas estas informaciones significan que el niño tiene un sistema ordenado para juzgar el género de los demás a los 24 meses de edad, y para sí mismo a los 30 meses. El sistema no es perfecto, pero funciona. Los psicolingüistas nos han enseñado que los chicos generan reglas un poco imperfectas, como se demuestra en un dicho de esta especie: "Los ratones están en latones." Del mismo modo, los chicos de dos años de edad generarán reglas sobre el género y los roles genéricos, ayudados, probablemente, por la conveniencia de que el sexo es binario. El desarrollo fonético ocurre en etapas de la discriminación binaria, como sucede con el desarrollo semántico, incluyendo los adjetivos opuestos.

Si la evidencia que se obtiene de la adquisición de una regla en el lenguaje es la analogía correcta para la adquisición del conocimiento sobre el rol sexual, entonces deberíamos esperar que los niños hagan un proceso de super-regularización, al menos como primer paso. Si los niños hacen a menudo algo, y las niñas hacen a menudo algo distinto (comúnmente visto como opuesto), la regla inducida tiene probabilidades de ser de este orden: "Todos los niños hacen $x$ mientras las niñas hacen $y$." El grupo de compañeros seguramente funcionará del mismo modo binario, para empezar. Lo que los niños y las niñas *podrían* hacer no tiende a ser discriminado por los chicos en relación a lo que *están* haciendo. En realidad, el comportamiento muy bien puede ser radicalmente distinto a la expectativa de los chicos y de sus padres en el sentido de reconocer la violación de las expectativas sobre el rol sexual. Los estereotipos no invitan a romper las reglas.

La bibliografía sobre el desarrollo del rol genérico ha sido revisada críticamente por Maccoby y Jacklin (véanse especialmente sus capítulos 8 y 9, 1974). Las pruebas que resumen muestran que, hacia la edad escolar maternal, tanto los niños como las niñas ya están tipificados sexualmente para los juguetes y las preferencias de actividad; esto es, que muestran el comportamiento del rol que se considera apropiado para su género; pero los niños a partir de los cuatro años son cada vez más tipificados sexualmente que las niñas. Las niñas están más libres de hacer cosas de muchachos durante la edad preescolar, que los muchachos a la inversa. Antes que los chicos lleguen a la escuela, muestran preferencias por compañeros de juegos de su mismo sexo. Las niñas juegan en grupos más pequeños que los niños. Y tienen menor inclinación a los juegos rudos que éstos. Las niñas que se reúnen en grupos pequeños se pelean menos que los niños que juegan en grupos grandes. Y las niñas parecen recurrir más que los niños a los adultos para hacer sus tareas comunes (Maccoby, 1976).

La temprana segregación social por sexo significa que las

diferencias se incrementarán con el tiempo. Y, de hecho, este incremento sucede. La cuestión de cómo estas diferencias se establecen definitivamente es asunto importante y objeto de debate entre los psicólogos. Ninguna de las variedades de explicaciones sobre cómo la tipificación sexual ocurre —por el modelado con recompensas o castigos diferenciales hacia sí mismo y hacia el modelo (Mischel ( 1966), o por la autosocialización cognitiva (Kohlberg, 1966)— es totalmente congruente con la evidencia resumida por Maccoby y Jacklin. Nadie cree ahora que la tipificación sexual sea determinada simplemente por recompensas paternas, por comportamientos que se desean (el sexo apropiado) y por castigos paternos por comportamientos que no se desean (el sexo no apropiado). Es claro que los chicos aprenden de una variedad de fuentes dentro y fuera de sus familias cómo su cultura espera que sean niños o niñas.

Seguramente observan al resto de la gente y entonces practican lo que han visto. También es posible que los chicos atiendan selectivamente a la información sobre su propio género, aunque las pruebas sobre este aspecto son cuestionables entre los más pequeños. Un estudio sobre chicos en edad preescolar encontró cierta evidencia de miradas selectivas hacia modelos del mismo sexo entre niños que tenían constancia genérica, pero no sucedió esto con las niñas (Slaby y Frey, 1975). Janice Bryan y yo no hemos podido encontrar pruebas del mismo tipo de miradas selectivas hacia el mismo sexo en chicos de cinco a seis años de edad (o, para la cuestión, en chicos de nueve a diez años de edad), ni siquiera usando una medida encefalográfica de atención (Bryan y Luria, 1978).

Sin embargo, las actividades de los grupos de niños *son* diferentes de las de los grupos —o más bien parejas— de niñas a todas las edades. Un poco de esa diferencia (tal como en los juegos rudos) puede tener mediación del andrógeno. Pero no ocurre esto en todos los casos de diferencias. Cualesquiera que sean los orígenes de las diferencias, las oportunidades sociales para saber lo que quieren, hacen, piensan y desean los niños o las niñas requiere de la exposición ante sus compañeros, y de la interacción entre los pares. Lo que Gagnon y Simon (1973) llaman "los guiones sexuales" para una vida sexual adulta son —como muchos elementos de la tipificación sexual— por lo general aprendidos en el grupo de compañeros.

IDENTIDAD GENÉRICA, ROL GENÉRICO Y ORIENTACIÓN SEXUAL

El testimonio de algunos transexuales, en el sentido de que siempre han sentido que pertenecen al género opuesto a su sexo aparente, ha planteado inevitablemente esta pregunta: ¿Cuál es en realidad la relación entre la identidad genérica prematura y la orientación sexual posterior? ¿Y entre aquélla y la identidad genérica del adulto?

Existe relativamente poca información para ligar la orientación sexual a la *identidad* genérica prematura. Los hombres homosexuales casi universalmente se sienten hombres, y virtualmente todas las mujeres homosexuales sienten que son mujeres; y de chicos todos fueron asignados y se sintieron que eran niños y niñas, respectivamente. A partir de la información de Kinsey sobre el número de parejas sexuales, Gagnon y Simon (1973) han documentado que las lesbianas se parecen a otras mujeres más de lo que se parecen a los hombres; y que los hombres homosexuales, a su vez, se parecen a otros hombres más de lo que se parecen a las mujeres. Trabajos posteriores confirman esto (Saghir y Robins, 1973).

La homosexualidad es sólo esporádica entre hermafroditas y seudohermafroditas (Money, 1970). La única excepción de la que se tiene noticia es la alta tasa de bisexualidad en un grupo de diez mujeres sexualmente experimentadas con manifestaciones todavía no corregidas del síndrome adrenogenital (Money y Ehrhardt, 1972). No existían, de todos modos, pruebas sobre la confusión de la identidad genérica en estas diez mujeres marcadamente virilizadas. Después del tratamiento con cortisona, y disminuida la androgenización, estas mujeres se casan, conciben y crían a sus hijos en matrimonio normal. En 1970 Money concluyó, "existe mucha más homosexualidad masculina entre los organistas, los peinadores, los actores, los decoradores de interiores o los comerciantes de antigüedades que entre los pacientes con cualquier tipo de diagnóstico endocrino" (p. 434).

En su estudio de homosexuales adultos y controles de adultos heterosexuales solteros, Saghir y Robins (1973) no encuentran pruebas de la confusión de *identidad* del núcleo genérico prematuro en los primeros años de la escuela, pero sí encuentran disturbios del *rol* genérico. Dos tercios de las muestras de homosexuales de Saghir y Robins dicen que evitaron hacer lo que la mayoría de los chicos de su género hacían. Dos de cada tres hombres homosexuales adultos se describen a sí mismos en la niñez como afeminados o "mariquitas", lo que se compara con sólo el 3% de los hombres heterosexuales. Igualmente dos tercios de las mujeres homosexuales adultas se describen a sí mismas en la niñez como hombrunas, tal como lo hicieron el 16% de las mujeres heterosexuales. La diferencia social es grande, de todos modos. Los niños "mariquitas" comúnmente terminan aislados de los otros niños, mientras que las niñas hombrunas no son socialmente aisladas. No podemos, de todos modos, concluir que en nuestra sociedad la homosexualidad esté siempre prefigurada por la historia del mariquita o de la hombruna, puesto que un tercio de los homosexuales estudiados carecía de ese antecedente. El aislamiento social de los "mariquitas", de todos modos, los hiere en la niñez; este descubrimiento confiere cierta garantía a la intervención prematura en niños afeminados, pero un tipo similar de intervención con las hombrunas sería absurdo, puesto que su tasa básica es alta mientras que la tasa básica para la homosexualidad femenina es relativamente baja. Las escasas niñas que creen que *son* niños representan una problema un poco diferente (ver Green, 1974). Sin embargo, la masculinidad en las niñas y las preferencias posteriores por el otro sexo, asumidas por ellas, deberían servir para recordarnos que las niñas, a las que se les confiere una amplia libertad de rol en la niñez en comparación con los niños, tienen verdaderamente menor promedio de homosexualidad obligativa que éstos.

Debemos tomar, sin embargo, una precaución adicional. Antes de concluir que el relato retrospectivo de la niñez obtenido por interrogados que se reclutaron entre el movimiento homosexual —tales como los del ejemplo de Saghir y Robins— describe con precisión la niñez, deberíamos saber que parte del proceso de socialización emprendido por el movimiento homosexual tiene como objetivo fortalecer el sentimiento personal del homosexual en el sentido de que siempre ha sido distinto. Esto muy bien puede ser cierto. Pero deberíamos tener precaución de no aceptar esto hasta que no tengamos antes alguna prueba independiente.

Parte de la razón de que yo desconfíe de las autodescripciones retrospectivas viene como resultado del reciente trabajo sobre mujeres bisexuales realizado por Blumstein y Schwartz

(1976). El hecho de que las mujeres bisexuales se consideren a sí mismas homosexuales, bisexuales o sólo liberadas parece no depender del comportamiento sexual de hecho, sino de las justificaciones ideológicas para sus comportamientos sexuales, y del mundo social del que forman parte.

Blumstein y Schwartz documentan múltiples antecedentes para los ejemplos bisexuales que han entrevistado. Algunas mujeres tienen un matrimonio duradero, estable y heterosexual seguido por una relación homosexual duradera y estable, después de la cual algunas regresan a las relaciones heterosexuales estables. El hecho de que esas mujeres se consideren a sí mismas bisexuales, heterosexuales u homosexuales parece ser más bien, función del tipo de relación que les sea más corriente, y de factores sociales exteriores a sus vidas sexuales, esto es, si sus contactos sociales se establecen con la comunidad homosexual, con el movimiento feminista, etcétera. Sin embargo, algunas mujeres —a pesar de su contacto prácticamente repartido en partes iguales con parejas masculinas y femeninas— se sienten a sí mismas homosexuales, puesto que su tendencia emocional es más grande hacia las mujeres que hacia los hombres.

Otro modelo que encontraron Blumstein y Schwartz fue el de las mujeres bisexuales autoidentificadas que tienen, simultánea y/o sucesivamente, parejas de ambos sexos. ¡Una mujer bisexual expresó el sentimiento de que ella era "sexista" como discriminación contra un género dado en su elección de pareja sexual! Existen otras pautas más de entrada y salida tanto de las relaciones homosexuales como de las heterosexuales. Las pautas de edad, matrimoniales y libertarias son de gran variedad, y también varían las autodescripciones. Me parece razonable que estemos alerta y precavidos al caracterizar esta pauta sexual sólo en términos de *orientación* sexual, cuando aparecen incluidas en este asunto muchas elecciones sociales no sexuales (véase Lipman-Blumen, 1975). Dada la distribución de fuentes económicas, el matrimonio heterosexual ofrece a las mujeres la posibilidad de ascenso. El mundo homosexual ofrece a los hombres idéntica posibilidad.

Las mujeres estadounidenses de la generación más reciente comienzan sus vidas sociosexuales más temprano que las generaciones previas. También ellas tienen grandes expectativas de ser gratificadas. Sea que usen o no anticonceptivos, o que recurran o no al aborto, saben que ambas cosas están a su alcance, y, si puedo recurrir al lenguaje bíblico, "conocen" más compañeros que sus propias madres y que sus abuelas. Una generación de mujeres tan sexualizada será, por lo tanto, menos célibe que las generaciones precedentes de mujeres después del divorcio y de la separación, especialmente cuando las altas tasas de divorcio desarrollan estrechos lazos entre las mujeres. Pienso que podría predecir que la gran visibilidad de la elección homosexual, más la disminución del promedio de hombre a mujer con la edad, conducirá a una futura generación de mujeres sexualizadas a la posibilidad de elecciones homosexuales *tardías* (después de los 35 años) más que en las generaciones anteriores. Si la elección homosexual depende —como lo han sugerido Saghir y Robins y también Money y Ehrhardt— de la fantasía homosexual preadolescente y adolescente, como ensayo cognitivo para el comportamiento homosexual, entonces mi predicción carecería de validez. Pero si asimilamos las altas tasas de elección homosexual adulta y tardía en las mujeres a nuestra concepción de la homosexualidad situacional o la "homosexualidad latente", nos vamos a privar de importante información sobre lo que significa la elección sexual en el contexto social.

### Identidad genérica prematura y transexualismo

La descripción clásica del transexualismo fue muy razonable: el desorden provenía de una identidad genérica revertida temporalmente, lo que llevaba a la atracción sexual a miembros del mismo sexo, con la fantasía de *ser* del género opuesto. La mujer era "sepultada" (como la describió Jan Morris) en el cuerpo masculino (o viceversa) y se deprimía seriamente por aquella situación desesperada. Ese modelo puede llamarse la descripción iatrogénica del transexualismo. Fisk (1973) sugiere que el deseo de arreglárselas con psiquiatras —puesto que la mayoría de los pedidos de cambio de sexo no son aceptados por la cirugía— lleva a la proliferación y adopción de historias de antemano "requeridas" Ultimamente, entre no psicóticos que se presentan deseando el cambio de sexo, aparecen tres variantes: el homosexual, el travestista y el asexual. El camino homosexual es tomado muchas veces —aunque no siempre— por los homosexuales afeminados. El camino del travestista es tomado generalmente por un heterosexual cuyo hábito de vestimenta invertido ha terminado con un matrimonio. Los travestistas informan de grados de experiencia homosexual que varían desde una gran frecuencia hasta la ausencia total (Feinbloom, 1976; Mehl, 1973; Meyer, 1973). El camino asexual puede ser tomado cuando *cualquier* contacto sexual es percibido como anómalo. La experiencia asexual puede no ser realmente ni heterosexual ni homosexual, sino que más bien carece de gratificaciones, o las tiene en poca intensidad.

Un tipo de división similar ha sido comunicado por Bentley y Prince (1975) en un estudio realizado sobre 42 transexuales después de la cirugía de hombre a mujer. Las descripciones que estos pacientes hicieron de sus historias prequirúrgicas, en respuesta a un cuestionario, podrían dividirse en tres grupos: heterosexual, homosexual y asexual.

¿Cómo podríamos encontrar determinantes psicosocial comunes para una disforia genérica adulta cuando los caminos son tan diferentes? El subgrupo asexual tal vez esté buscando una identidad sexual, puesto que lo que eran no funcionaba bien para ellos. Dentro de este grupo existen algunos hombres que, según creen los clínicos, tienen verdaderamente reversión prematura de la identidad genérica, y esa reversión prematura del núcleo les ha impedido intentar cualquier tipo de contacto sexual, puesto que sus cuerpos contradicen sus sentimientos más profundos acerca de su género. Fisk (1973) y Meyer (1973) sugieren que los otros dos subgrupos —el homosexual afeminado y el travestista homosexual— han caído en una nueva identidad que de algún modo tranquiliza una conciencia incapaz de aceptar el ser homosexual.

Las estimaciones actuales se aproximan a una proporción de 1:1 en hombres y mujeres que solicitan reasignación sexual (Pauly, 1974). Las estimaciones precedentes, que mostraban un mayor número de hombres transexuales, eran más congruentes con el error biológico en la masculinización fetal. Ahora deberemos buscar errores complementarios en el desarrollo del feto femenino si seguimos considerando los determinantes biológicos como determinantes centrales del transexualismo. No podemos descartar la posibilidad de que tales errores existan, pero todavía no disponemos de pruebas suficientes.

El transexual de hombre a mujer comparte gran porción de su historia prematura con las mujeres homosexuales: el comportamiento hombruno, la estabilidad de las relaciones románticas y (homo)sexuales, la alta incidencia (57%) de encuentros heterosexuales, y de coito heterosexual (48%), estas dos últimas con muy escasa gratificación emocional. Más de un tercio de mujeres transexuales solicitan la cirugía para legalizar un matrimonio *de facto*. Después de la cirugía, 46% viven en una relación heterosexual estable con una mujer heterosexual muy femenina. Estos esposos transexuales forman relaciones que son todavía más estables que las de las mujeres homosexuales (Pauli, 1974). La mujer transexual —a diferencia de la mujer homosexual— no puede aceptar el ser homosexual. Además, a diferencia de la mujer homosexual, la mujer hombruna que luego será transexual se horroriza con los cambios de su cuerpo en la pubertad. Sus pechos son una afrenta a su sentido de sí misma.

La mujer transexual ha sido menos estudiada que el hombre transexual, aunque aquélla parezca ser un paciente mejor y más manejable para el cirujano. Dado que cada vez más mujeres transexuales solicitan la cirugía, quizá veamos una expansión de los caminos psicosociales y psicosexuales del cambio de sexo, tal como ya lo hemos visto entre los hombres transexuales.

### Estudios de niños afeminados

Existen sugerencias en la literatura de que algunos niños afeminados, vistos por los clínicos, mostraban un comportamiento femenino coherente a temprana edad, a pesar de la firme y repetida desaprobación de los padres (Zuger, 1970). Si esto es así, entonces las explicaciones puramente psicosociales de los orígenes del comportamiento de género-cruzado prematuro se verían en serias dificultades.

Green (1976) ha resumido la información sobre sesenta niños afeminados comparados con cincuenta niños del grupo de control. Los controles provenían de familias apropiadas a la edad del niño, la secuencia de hermanos de la familia, el nivel de educación del padre, el *status* marital de la familia y la etnicidad. Los dos grupos difieren de acuerdo a lo previsto en el interés por los deportes, el interés por los juegos rudos, las vestimentas, las relaciones en el grupo de pares, el juego con muñecas, el sexo de las personas con que el niño se relacionaba mejor, la atención a las vestimentas de la madre, el deseo de crecer y ser como la madre, el interés en actuar, la voluntad de desempeñar el papel femenino en el hogar, la preferencia paternal y el deseo de ser niña.

La dirección de estas significativas diferencias, por supuesto, satisface la pauta afeminada que llevó al niño a recibir atención clínica. Los niños afeminados no gustaban de los deportes y de los juegos rudos tanto como los niños del grupo de control; y gustaban de las vestimentas femeninas, el juego con muñecas, jugar con mujeres de su misma edad o mayores, actuar y desempeñar roles femeninos más que los niños de control. El niño del grupo afeminado tenía mayor tendencia a estar solo o a ser rechazado por los otros niños, a interesarse por las vestimentas de su madre, a querer ser como su madre, y a querer ser niña. Las únicas diferencias que aparecieron entre los dos grupos, que quedaron fuera del rango de la tipificación sexual, son dos: los niños afeminados por lo general habían sido separados de su padre antes de los cinco años de edad y habían sido hospitalizados por razones médicas.

Aunque el 90% de los niños afeminados fueron evaluados previamente, antes de su quinto cumpleaños, el 84% ya tenía costumbres de cambiar de vestimenta hacia esa edad. Hacia el tercer año de vida casi la mitad había empezado a hacerlo. La tasa más grande de incremento —un salto del 32%— en la incidencia de cambio de vestimenta entre estos niños ocurre durante los dos y tres años de edad, exactamente en el periodo en que Thompson localiza la rotulación del propio género, y la identificación de los objetos tipificados sexualmente y de la vestimenta.

Bentler (1976) ha propuesto una teoría de desarrollo que incluye treinta y dos pasos en la adquisición de los roles genéricos: propone la hipótesis de que estos treinta y dos pasos difieren de modo sistemático entre las tres clases de hombres que solicitan operaciones de cambio del sexo: el homosexual afeminado, el heterosexual travestista y el asexual transexual. El cuadro 1 ha sido tomado de la obra de Bentley. Las tres subcategorías tienen en común la ausencia crítica de referencia a un grupo de compañeros masculinos con el que se podría practicar el rol del género masculino en la niñez y, después, en la adolescencia. El aislamiento deriva en un autoconcepto que hace distinto al niño frente a otros niños. Por último, conduce a la elaboración de la fantasía de sí mismo como femenino.

La teoría de Bentler no cubre a la mayoría de los hombres homosexuales ni a la totalidad de las mujeres homosexuales. Excepto para el rubro 17 (el hincapié en el éxito intelectual), los primeros veinte rubros en la lista de Bentler describen circunstancias de desarrollo *defectuoso* ocurridas desde la niñez hasta la prepubertad. Esto crece más rápidamente y más pronto en el asexual transexual, un poco más lentamente en el afeminado homosexual, y todavía más lentamente en el heterosexual travestista. Los programas clínicos de intervención están preparados con el objeto de reforzar el comportamiento del rol masculino, los intereses y la amistad con el mismo sexo (revirtiendo los pasos 9, 10 y 11). Los clínicos enseñan literalmente aptitudes masculinas —tanto interpersonales como deportivas— para ayudar a los niños femeninos a interactuar con compañeros masculinos. Si la teoría es correcta, entonces el nuevo aprendizaje cambiaría el registro, de manera que el camino del niño se esablezca correctamente en su dirección. La integración en un grupo de compañeros masculinos parece ser el punto crucial para tal tipo de cambio (Bates *et al.*, 1973, 1975; Bentler, 1968). El hecho de que tal intervención social pueda funcionar para reconvertir a los niños afeminados no puede considerarse como prueba de que la fuente de la predisposición original hacia el afeminamiento esté bajo el completo control social. Esto sería lo mismo que argumentar que, puesto que el ácido acetilsalicílico cura los dolores de cabeza, la causa de los dolores de cabeza es la falta de este medicamento.

### Reasignación genérica tardía

Una excepción aparente a la regla de la reasignación genérica prematura se produjo en la República Dominicana. Un equipo de la Escuela Médica Cornell descubrió una población aislada en la que, por tendencia genética, un gene recesivo autosomal se había establecido. El gene mutante no puede producir el 5-alfa reductasa, la enzima que convierte a la testosterona en dihidrotestosterona. La bioquímica de este desorden se ha hecho clara apenas ahora, gracias a un equipo médico de Dallas (Walsh *et al.*, 1974). En el útero, la dihidrotestosterona normalmente viriliza los genitales externos en fetos $XY$. Veintitrés chicos dominicanos nacieron parecidos a niñas,

CUADRO 1. *Desarrollo del rol sexual femenino en los hombres: una teoría*

| Posible base de desarrrollo de: | Homo-sexualidad | Trans-sexualidad | Travestismo |
|---|:---:|:---:|:---:|
| 1. Feminización prenatal del cerebro | x | x | |
| 2. Baja actividad del nivel de energía | | x | |
| 3. Temperamento innato hacia la agitación y la irresponsabilidad | x | x | x |
| 4. Estímulo imperfecto durante la infancia | | x | x |
| 5. Identificación rígida con los correlatos anatómicos de los roles sexuales (tipo de cuerpo, cabello) | | x | |
| 6. Presencia de un padre débil y poco protector | x | x | x |
| 7. Entrenamiento para el control de los impulsos, prohibición de hacer daño e inhibición del comportamiento | | x | x |
| 8. Aprendizaje de actitudes negativas hacia los órganos sexuales | | x | |
| 9. Refuerzo de los comportamientos y actitudes propios del rol femenino estimulado por un par o por algún conocido al que se concede importancia | x | x | x |
| 10. Ausencia de recompensas coherentes y eficaces para los intereses y comportamientos estereotipados del rol sexual | x | x | x |
| 11. Hacer hincapié en la independencia, con ausencia del comportamiento de complicidad hacia el mismo sexo | x | x | x |
| 12. Complejo de Edipo no resuelto | x | x | |
| 13. Hacerse irresponsable a la influencia social que proviene de los compañeros y parientes del mismo sexo | x | x | x |

## Cuadro 1 [continuación]

| Posible base de desarrrollo de: | Homo-sexualidad | Trans-sexualidad | Travestismo |
|---|---|---|---|
| 14. Desarrollo de un autoconcepto que lo hace diferir de otros niños | x | x | x |
| 15. Ausencia de la revelación del concepto de sí mismo frente a otros | x | x | x |
| 16. Juego sexual homosexual | x | | |
| 17. Hacer hincapié en el éxito intelectual | | | x |
| 18. Rechazo por parte de niños y niñas compañeros de juego | x | x | x |
| 19. Rechazo de las actitudes estereotipadas del rol sexual, con aceptación de los comportamientos | | x | x |
| 20. Insistencia en que no debe mirar a las mujeres como objetos sexuales | x | x | x |
| 21. Desarrrollo de pautas masturbatorias gratificantes | x | | x |
| 22. Disminución de la angustia asociada con el orgasmo mientra se visten ropas del otro sexo | | | x |
| 23. Orgasmo con fantasías referidas al comportamiento homosexual | x | | |
| 24. Dificultades percibidas al tratar con pautas heterosexuales en citas | x | x | x |
| 25. Rechazo de las experiencias y concepciones homosexuales de sí mismo | | | x |
| 26. Elaboración de un concepto de sí femenino en la fantasía y en el comportamiento | x | x | x |
| 27. Dificultades percibidas con los roles del trabajo masculino | | x | |
| 28. Uso del matrimonio para apoyar el sentido masculino de sí mismo | | | x |

CUADRO 1 [*conclusión*]

| Posible base de desarrrollo de: | Homo-sexualidad | Trans-sexualidad | Travestismo |
|---|---|---|---|
| 29. Elaboración de un concepto de sí mismo y un comportamiento homosexual | x | | |
| 30. Encontrar al matrimonio inoperante para eliminar el comportamiento genérico femenino | | | x |
| 31. Mayor goce con la masturbacon que el sexo heterosexual | | | x |
| 32. Elaboración de un concepto de sí mismo femenino | x | x | x |

Tomado de Bentler, 1976.

pero en la pubertad los testículos descendieron y sus voces se hicieron graves. El "clítoris-falo" hispospádico (de hecho, un falo hipospádico) se agrandó y pudo expulsar esperma vivo. También se desarrolló la masculinización de la musculatura. La testosterona en la pubertad pudo cumplir las tareas virilizantes que desempeñaba la dihidrotestosterona en el útero. Todos estos casos eran, por supuesto, cromosómicamente machos.

Los médicos de Cornell informaron que estas "niñas" adoptaban rápidamente una identidad genérica masculina en la pubertad (Imperato-McGinley y otros, 1974). Los informes son muy escasos para mostrar el resultado de esta reasignación tardía del sexo. Las descripciones de siete de los hombres (considerados los típicos del grupo) se escalonan desde uno que es muy aislado y que vive solitario hasta otro que no sólo vive casado, sino que también tiene una amante. Estos casos de la República Dominicana parecen violar la regla de Money, Hampson y Hampson que recomienda evitar la reasignación sexual tardía.

Los antropólogos que trabajan actualmente en esa población esperan aclarar aún más ese cambio de género de un grupo humano.[2] El estudio de estos hombres sexualmente reasignados

2 D. Federman, comunicación personal, 1975.

es importante para saber en qué condiciones será posible la intervención y el manejo tardío del asunto. Quizá sepamos qué aspectos de su identidad genérica y de su rol genérico mantienen abierta su posibilidad, o qué aspectos de la cultura de esa población dominicana permitían la atribución de un nuevo rol.

## RIGIDEZ DE LA TIPIFICACIÓN SEXUAL

Las revisiones de este tipo hacen que se caiga fácilmente en un tono científico que hace que nuestro compromiso con temas como el de la tipificación sexual parezcan fríos y estériles para los lectores no especializados. Más aún, me gustaría terminar pidiendo mayor atención al trabajo que se efectúe para reducir un poco la rigidez de la tipificación sexual. (Y estoy totalmente consciente de que esta es una afirmación de valor.)

La literatura sugiere que en la primera y mediana niñez, la rigidez de la tipificación sexual cae más pesadamente sobre los hombros de los niños. Esto puede contribuir, de hecho, a hacer que los padres tengan rígidos estereotipos de sus hijos y de sus hijas. Sabemos que los ambientes varían en grados de tipificación sexual y que una mayor educación y un *status* de clase media aparecen asociados con las solicitudes de un rol genérico más elástico (Kohn, 1959). La rigidez de definiciones de la masculinidad puede muy bien aumentar la tendencia de los hombres a atribuirse homosexualidad, cuando les parece que se han desviado de las definiciones estrechas del rol.

Estamos ya muy lejos de las primitivas visiones antropológicas de la sociedad de cazadores, y por lo tanto los intentos para justificar —o valorar— los roles genéricos corrientes sólo porque vienen desde el pasado se pierden en un vacío. Somos una especie con la plasticidad necesaria para vivir en los más diversos medios, con gran variedad de métodos de adaptación. Es indiscutible que las adaptaciones a los roles dentro de la familia cambiarán. Los cambios del ciclo vital *que ya han ocurrido* subrayan la necesidad de un cambio para las mujeres. En promedio, las mujeres están teniendo menos hijos y están viviendo más tiempo que antes. El tiempo libre que queda después de que el último hijo ha entrado en el primer grado de la escuela (o incluso después que ha terminado su escolaridad) deja a las mujeres de hoy día muchos más años productivos que lo que jamás tuvieron las mujeres nacidas en el siglo xix. Neugarten (1972) ha estimado que a los treinta y dos años de edad, el promedio de los últimos hijos de las mujeres en 1966 estaban en el primer grado de la escuela, y la mujer todavía tenía 46 años más para vivir. Por consecuencia, no es sorprendente que las mujeres hayan ingresado en las fuerzas laborales desde 1960 de manera creciente (Luria, 1974; Livi-Bacci, 1976).

El rompimiento de los roles rígidos podría implicar que los hombres y las mujeres compartan la crianza de los niños, así como también que compartan el sustento económico de la casa. No creo que se pueda legislar en pro de roles más amplios, aunque acaso se pueda sostener la posibilidad de mayores oportunidades de trabajo para las mujeres, así como también la perspectiva de que el hombre y la mujer compartan la crianza y el cuidado de los niños. Se hacen definitivamente necesarios sistemas de ayuda para familias que no encajan en nuestras concepciones de la tipificación sexual (Bronfenbrenner, 1975).

Tenemos una preocupación genuina por entender la naturaleza de las diferencias sexuales y los métodos por los cuales se asumen los roles genéricos. No deberíamos permitir que nuestra preocupación por estos temas se construya como justificación para pensar que la manera como vemos que *son* hoy los roles genéricos es la manera como *deberán* ser esos roles en el futuro.

## REFERENCIAS

Aberle, D. F., y Naegele, K. D. 1952. Middle class fathers' occupational role and attitudes toward children. *Am. J. Orthopsychiatry* 22: 366-378.

Bates, J. E.; Bentler, P. M., y Thompson, S. K. 1973. Measurement of deviant gender development in boys. *Child Dev.* 44:591-598.

Bates, J. E.; Skilbeck, W. M.; Smith, K. U. R., y Bentler, P. M. 1975. Intervention with families of gender-disturbed boys. *Am. J. Orthopsychiatry* 45:150-157.

Bentler, P. M. 1968. A note on the treatment of adolescent sex problems. *J. Child Psychol. Psychiatry Allied Discip.* 9:125-129.

——. 1976. A typology of transsexualism: Gender identity theory and data. *Arch. Sex. Behav.* 5:567-584.

Bentler, P. M., y Prince, V. 1975. Distinctions and diagnosis in sexual and general dysphoria. En *Current research in human sexuality*. Documento leído en la reunión regional de la Sociedad por el Estudio Científico del Sexo, 1-3 de junio de 1973, Las Vegas, Nevada.

Blumstein, P. W., y Schwartz, P. 1976. Bisexuality in women. *Arch. Sex. Behav.* 5:171-181.

Bronfenbrenner, U. 1975. Reality and research in the ecology of human development. *Proc. Am. Philos. Soc.* 119:439-469.

Bryan, J. W., y Luria, Z., 1978. Sex-role learning: A test of the selective attention hypothesis. *Child Dev.* 49:13-23.

Condry, J., y Condry, S. 1976. The development of sex differences: A study of the eye of the beholder, *Child Dev.* 47:812-819.

Conn, J. H. 1940. Children's reactions to the discovery of genital differences. *Am. J. Orthopsychiatry* 10:747-755.

D'Andrade, R. G. 1966. Sex differences and cultural institutions. En *The development of sex differences*, ed. E. Maccoby. Stanford: Stanford University Press.

Ehrhardt, A. A.; Evers, K., y Money, J. 1968. Influence of androgen and some aspects of sexually dimorphic behavior in women with the late-treated adrenogenital syndrome. *Johns Hopkins Med. J.* 123: 115-122.

Elias, J., y Gebhard, P. 1969. Sexuality and sexual learning in childhood. *Phi Delta Kappan* 50:401-405.

Fein, G.; Johnson, D.; Kosson, N.; Stark, L., y Wasserman, L. 1975. Sex stereotypes and preferences in the toy choices of 20-month-old boy and girls. *Dev. Psychol.* 11:527-528.

Feinbloom, D. H. 1976. *Transvestites and transsexuals: Mixed views*. Nueva York: Delacorte Press/Seymour Laurence.

Fisk, N. 1973. Gender dysphoria syndrome (The how. what, and why of a disease). En *Proceedings of the second interdisciplinary simposium on gender dysphoria syndrome*, ed. D. R. Laub, y P. Gandy. Stanford: Stanford University Press.

Forest, M.; Saltz, J. M.; y Bertrand, J. 1973. Assessment of gonadal function in childhood. *Paediatrician* 2:102-128.

Gagnon, J. H., y Simon, W. 1973. *Sexual conduct: The social sources of human sexuality*. Chicago: Aldine.

Green, R. 1974. *Sexual identity conflict in children and adults*. Nueva York: Basic Books.

———. 1976. One-hundred ten feminine and masculine boys: Behavioral contrasts and demographic similarities. *Arch. Sex. Behav.* 5: 425-440.

Gurwitz, S. B., y Dodge, K. A. 1975. Adults' evaluations of a child as a function of sex of adult and sex of child. *J. Pers. Social Psychol.* 32:822-828

Imperato-McGinley, J.; Guerrero, L.; Gautire, T., y Peterson, R. E. 1974. Steroid 5 α-reductase deficiency in man: An inherited form of male pseudohermaphroditism. *Science* 186:1213-1216.

Katcher, A. 1955. The discrimination of sex differences by young children. *J. Genet. Psychol.* 87:131-143.

Kinsey, A. C.; Pomeroy, W. B.; Martin, C. E., y Gebhard, P. H. 1953. *Sexual behavior in the human female.* Filadelfia y Londres: Saunders.

Koch, H. L. 1944. A study of some factors conditioning the social distance between the sexes. *J. Social Psychol.* 20:79-107.

Kohlberg, L. 1966. A cognitive-developmental analysis of children's sex-role concepts and attitudes. En *The development of sex differences,* ed. E. Maccoby y C. Jacklin. Stanford: Stanford University Press.

Kohn, M. L. 1959. Social class and parental values. *Amer. J. Social.* 44:337-351.

Levin, S. H.; Balistrieri, J., y Schukit, M. 1972. The development of sexual discrimination in children. *J. Child Psychol. Psychiatry Allied Discip.* 13:47-53.

Lev-Ran, A. 1974. Gender role differentiation in hermaphrodites. *Arch. Sex. Behav.* 3:391-424.

Lipman-Blumen, J. 1975. Changing sex roles in American culture: Future directions for research. *Arch. Sex. Behav.* 4:433-446.

Livi-Bacci, M. 1976. Demographic changes and women's life cycle: Notes on the problem. Paper presented at the conference on "Le Fait Feminin". Centre Royaumont pour une Science de l'Homme, Sept. 3-5, 1976, París.

Luria, Z. 1974. Recent women college graduates: A study of rising expectations. *Am. J. Orthopsychiatry* 44:312-326.

Luria, Z., y Rubin, J. Z. The neonate's gender and the eye of the beholder, *Sci. Am.*

Maccoby, E. E. 1976. The psychology of the sexes: Implications for adult roles. Paper read at conference on "Le Fait Feminin". Centre Royaumont pour une Science de l'Homme, Sept. 3-5, 1976, París.

Maccoby, E. E., y Jacklin, C. N., eds. 1974. *The psychology of sex differences.* Stanford; Stanford University Press.

Mehl, M. C. 1973. Transsexualism: A perspective. En *Proceedings of the second interdisciplinary symposium on gender dysphoria syndrome,* ed. D. R. Laub y P. Gandy. Stanford: Stanford University Press.

Meyer, J. K. 1973. Some thoughts on nosology and motivation among "transsexuals." En *Proceedings of the second interdisciplinary sym-*

*posium on gender dysphoria syndrome*, ed. D. R. Laub y P. Gandy. Stanford: Stanford University Press.

Mischel, W. 1966. A social-learning view of sex differences in behavior. En *The development of sex differences*, ed. E. E. Maccoby. Stanford: Stanford University Press.

Money, J. 1970. Sexual dimorphism and homosexual gender identity. *Psychol. Bull.* 74:425-440.

———. 1975. Ablatio penis: Normal male infant sex-reassigned as a girl. *Arch. Sex. Behav.* 4:65-72.

Money, J., y Ehrhardt, A. A. 1972. *Man and woman, boy and girl.* Baltimore: Johns Hopkins Press.

Money, J.; Hampson, J. G., y Hampson, J. L. 1957. Imprinting and the establishment of gender role. *Arch. Neurol. Psychiatry* 77:333-336.

Money, J., y Ogunro, C. 1974. Beravioral sexology: Ten cases of genetic male intersexuality with impaired prenatal and pubertal androgenization. *Arch. Sex. Behav.* 3:181-205.

Morris, J. 1974. *Conundrum.* Nueva York: Harcourt Brace Jovanovich.

Mueller, E., y Vandell, D. 1978. Infant-infant interaction. En *Handbook of infant development*, ed. J. Osofsky. Nueva York: Wiley.

Neugarten, B. 1972. Education and the life cycle. *School Rev.* 80:209-218.

Pauly, I. 1969a. Adult manifestations of male transsexualism. En *Transsexualism and sex reassignment*, ed. R. Green y J. Money. Baltimore: Johns Hopkins Press.

———. 1969b. Ault manifestations of female transsexualism. En *Transsexualism and sex reassignment*, ed. R. Green y J. Money. Baltimore: Johns Hopkins Press.

Pauly, I. B. 1974. Female transsexualism: Part I and part II. *Arch. Sex. Behav.* 3:487-526.

Prince, V., y Bentler, P. M. 1972. Survey of 504 cases of transvestism. *Psychol. Rep.* 31:903-917.

Rubin, J. Z.; Provenzano, F., y Luria, Z. 1974. The eye of the beholder: Parents' view of sex of newborns. *Am. J. Orthopsychiatry* 44:512-519.

Saghir, M., y Robins, E. 1973. *Male and female homosexuality.* Baltimore: Williams and Wilkins.

Seavey, C A.; Katz, P. A., y Zalk, S. R. 1975. Baby X: The effects of gender labels on adult responses to infants. *Sex Roles* 2:103-110.

Simon, W. y Gagnon, J. H. 1969. On psychosexual development. En *Handbook of socialization theory and research*, ed. D. A. Goslin. Chicago: Rand McNally.

Slaby, R. G. y Frey, K. S. 1975. Development of gender constancy and selective attention to same-sex models. *Child Dev.* 46:849-856.

Thompson, S. K. 1975. Gender labels and early sex role development. *Child Dev.* 46:339-347.

Thompson, S. K., y Bentler, P. M. 1971. The priority of cues in sex discrimination by children and adults. *Dev. Psychol.* 5:181-185.

——. 1973. A developmental study of gender constancy and parent preference. *Arch. Sex. Beav.* 2:379-385.

Walsh, P. C., Madden, J. D.; Harrod, M. J.; Goldstein, J. L.; MacDonald, P. C., y Wilson, J. D. 1974. Familial incomplete male pseudohermaphroditism, type 2: Decreased dihydrotestosterone formation in pseudovaginal perineoscrotal hypospadias. *New Eng. J. Med.* 290: 944-949.

Will, J. A.; Self, P., y Datan, N. 1974. Maternal behavior and sex of infant. Paper read at American Psychological Association meeting, Agosto 30-Sept. 3, 1974, Nueva Orleans, La.

Wilson, J. D.; Harrod, M. J.; y Goldstein, J. L. 1974. Familial incomplete male pseudohermaphroditism, tipe 1: Evidence for androgen resistance and variable clinical manifestations in a family with the Reifenstein syndrome. *New Engl. J. Med.* 290:1097-1103.

Wilson, W. C. 1975. The distribution of selected sexual attitudes and behaviors among the adult population of the United States. *J. Sex. Res.* 11:46-64.

Zuger, B. 1970. The role of familial factors in persistent effeminate behavior in boys. *Am. J. Psychiatry* 126:151-154.

# X. IDENTIDAD GENÉRICA Y ADOPCIÓN DEL ROL SEXUAL

Eleanor E. Maccoby

La excelente colaboración de Zella Luria en este volumen empieza distinguiendo tres aspectos de identidad sexual: la identidad genérica, el rol y la orientación. Su definición de la identidad genérica es clara: la doctora examina la evidencia pobre las proposiciones de gemelos (que son defendidas sobre todo por Money y sus colaboradores, 1972) en el sentido de que la identidad genérica es un producto de la adscripción social, y de que existe un periodo crítico en su formación, después del cual la asignación genérica no es reversible sin un considerable daño para el individuo.

Luria discute en detalle los hallazgos de estudios hechos sobre dos clases de hermafroditas: las mujeres genéticas virilizadas por la presencia de excesivos andrógenos durante el desarrollo fetal, y los hombres genéticos que son feminizados (o, más precisamente, que no pueden ser masculinizados) en el útero debido a la insensibilidad de importantes tejidos absorbentes a los andrógenos producidos por el feto macho. La inmensa mayoría de tales casos ha adoptado, sin mostrar signos obvios de conflicto, la identidad genérica a la que fueron asignados desde el nacimiento, y esta aceptación se convierte en la prueba más fuerte de la que disponemos en favor de la definición social en el desarrollo de la identidad genérica. Existe evidencia adicional de que las reacciones de los adultos hacia los niños aparecen afectadas sobremanera por su conocimiento previo del sexo del niño, de manera que el adulto crea un clima coherente que sostiene el género predeterminado.

Estoy de acuerdo con la evaluación que hace Luria de la prueba del poder de la adscripción social, pero con algunas reservas. Debemos recordar que la conclusión se basa sobre todo en los hermafroditas, para quienes la situación prenatal era anormal. Si la identidad genérica en los individuos normales dependiera hasta cierto punto de la sensibilización hormonal prenatal, los hermafroditas se encontrarían en un estado intermedio con respecto a algunos o a todos estos factores que predisponen. De aquí que deberían ser más maleables a la asignación social que los chicos cuyos ambientes prenatales los predisponen más definidamente a las características de uno o de otro sexo.

## LAS HIPÓTESIS DEL PERIODO CRÍTICO

La evidencia de un periodo crítico en la formación de la identidad genérica parece ser más problemática. En los archivos de Money existen sólo cinco casos documentados en los cuales los adultos han tratado de cambiar la asignación genérica de un chico después de los dos años y tres meses de edad; en cuatro de estos casos sobrevinieron serios problemas de adaptación. Estos casos están en oposición con otros nueve para los que la reasignación genérica sucedió antes de los dos años y tres meses, y para los cuales no existían los problemas documentados de identidad genérica hallados durante el desarrollo posterior. Aunque estos casos son importantísimos (y su estudio debe ser considerado como un excelente logro, si consideramos cuán difíciles de encontrar y seguir son estos casos) sin embargo es necesario subrayar que ésta es una base de información muy escasa para documentar con exactitud la edad límite de un periodo crítico.

Y existen contrapruebas en los 24 casos de la República Dominicana registrados por Imperato-McGinley y sus colaboradores (1974). Por supuesto, se necesita mucha más información sobre estos casos. Y lo que es más importante, necesitamos saber si fueron reconocidos en la temprana niñez como ambiguos o insólitos en su identidad sexual; si es así, los adultos de la sociedad acaso habrían suspendido algunas de las presiones definitorias comunes que confirman la primitiva asignación de un niño, de modo que fuera posible para los niños desplazarse del sexo asignado, en la pubertad, sin graves alteraciones. Sin embargo, este informe nos indica que si una sociedad puede asignar una identidad genérica a un niño en el momento de su nacimiento, también puede asignarle otra identidad en cualquier otro momento posterior. Presumiblemente, el éxito de la reasignación dependerá de cuán coherentes sean los miembros de la sociedad en el hecho de aceptar y actuar de acuerdo en la reasignación. Quizá no sean los niños los que tienen periodos críticos con respecto a las asignaciones sexuales, sino las sociedades: esto quiere decir que, después de una edad dada, mucha gente conoce a un niño, y la memoria de esta gente es tan antigua que no les permite cambiar la naturaleza de su creencia.

Los transexuales plantean problemas todavía más serios sobre la existencia y los límites de un periodo crítico para la formación de la identidad genérica. Un número creciente de individuos insisten en el deseo de ser transformados quirúrgicamente al sexo opuesto, negando así las identidades a las que han sido asignados, y en las que fueron criados. La única manera de reconciliar tales casos con el concepto de que la identidad genérica se desarrolla tempranamente, y que por tanto es irreversible es argumentar que la asignación genérica inicial nunca "prendió" en estos individuos, y que tienen identidad de género cruzado desde su primera niñez. Y, aún más, Luria presenta testimonios de que muchos niños afeminados mostraban preferencias a la vestimenta femenina antes de los tres años de edad. La doctora también indica que hay un buen número de vías hacia el transexualismo, una sola de las cuales parece ser la imposibilidad de la asignación genérica inicial. Otra vía incluye a un niño que es criado como niño y que parece aceptar su identidad, pero que desarrolla una fuerte orientación sexual hacia los hombres. Su ansiedad sobre la homosexualidad es tan fuerte, de todos modos, que sería mejor para él transformarse en mujer, de manera que pudiera tener una normal relación heterosexual con un hombre, antes que vivir como homosexual. Existen casos paralelos de individuos que son mujeres genéticas criadas consecuentemente como mujeres.

Lo que estos casos parecen mostrar es que se requiere una motivación muy fuerte para superar la asignación genérica inicial, pero si esta motivación existe, la asignación inicial no es irreversible. Necesitamos saber más sobre la situación psicológica de individuos que han padecido cambios de identidad genérica en la adolescencia o en la madurez: qué elementos de sus primitivas identidades sobreviven y cómo estos residuos pueden incorporarse a la nueva identidad. Las pruebas a este respecto son muy escasas.

Una de las razones por las que Luria se inclina a aceptar la hipótesis del periodo crítico se basa en el hecho de que ella considera que esta hipótesis es coherente con las informaciones de que se dispone sobre el desarrollo del autoconcepto genérico en el niño, la aptitud para rotularse a sí mismo y a los otros con exactitud con respecto a la pertenencia a categorías genéricas. La doctora cita el trabajo de Thompson (1975), rastreando lo que saben los chicos sobre las rotulaciones genéricas a los 24, 30 y 36 meses de edad, y mostrando que los chicos ya a los 24 meses pueden clasificar figuras con precisión, de acuerdo con las etiquetas hombre/mujer, niño/niña, mamita/papito, etcétera. A los 30 meses ya han desarrollado una buena autorrotulación como niño/niña o él/ella, y han empezado a reconocer alguna similitud (al menos, en rótulos genéricos) entre ellos y otros chicos del mismo sexo. Ahora estamos en condiciones de cambiar un poco de responsabilidad al determinar los límites de un periodo crítico a partir de los agentes socializantes adultos hacia los niños: una vez que *el niño* ha identificado su propio sexo, presumiblemente empezará a preferir juguetes, actividades y compañeros de juegos apropiados para su sexo. (Aquí podemos reconocer la teoría de Kohlberg.)

Estoy de acuerdo en que la adquisición de etiquetas genéricas y de conceptos genéricos es un proceso crucial en la formación de la identidad genérica, y creo que Luria ha contribuido mucho a profundizar la discusión sobre los periodos críticos, al traer esta clase de información y ofrecerla a nuestra atención. Pero, una vez más, creo que los límites del "periodo crítico" son más difusos de lo que indicarían los datos de Luria sobre el desarrollo de la autorrotulación, y creo que hay testimonios que sugieren una adquisición más gradual de la rotulación genérica que se extiende mucho más allá de la línea divisoria de los 30 meses. A los 30 meses, un niño puede estar en condiciones de considerarse a sí mismo como niño, y puede ser capaz de distinguir rápidamente a los hombres de las mujeres; pero puede no creer que los niños y los hombres pertenecen a la misma categoría, que los dos son varones. Y, lo que quizá sea más importante: puede tener muy poca o ninguna comprensión del hecho de que cuando crezca será hombre.

Todavía queda en duda en qué momento exactamente un niño consigue "constancia genérica". Emmerich trata de localizar ese momento después del límite de los cuatro años especificado por Luria. Definitivamente, se hacen estables las categorías "nosotros hombres" o "nosotros mujeres", y algunas veces después de ese momento, es cuando los niños comienzan a imitar preferencialmente los modelos del mismo sexo. Es posible, entonces, que entre las edades de tres a seis años los conceptos de identidad genérica de un niño sean maleables en algunos aspectos. Más específicamente, sería muy difícil convencer a un pequeño de esa edad de que él es, en realidad, una niña; pero es más probable convencerlo de que con el tiempo se convertirá en una mujer. Es posible entonces que insólitas condiciones de vida a esta edad puedan predisponer al niño a posteriores cambios de identidad. Me parece que debemos suspender por un tiempo la creencia sobre cuán crítico es el periodo crítico, y si hay diferentes hitos críticos en el desarrollo, en lugar de uno solo, y en la formación de la identidad genérica.

### DIFERENCIAS SEXUALES Y ROLES GENÉRICOS

Luria usa el término *rol genérico* para designar los "comportamientos públicos que expresen el género". De tal modo, este uso resulta muy cercano al significado que otros han dado a los términos *comportamiento sexual tipificado* o *comportamiento masculino o femenino*.[1] Si los sexos difieren característicamente en un determinado aspecto del comportamiento, ¿implica esto necesariamente que existe una correspondiente diferencia en los roles sexuales, a la que se adaptan las dos clases de personas en cuestión? Se podría pensar que, efectivamente, así es, pero yo no lo creo. Un ejemplo sorprendente es la diferencia sexual que se manifiesta ante problemas espacio-visuales. Los miembros de grupos sociales por lo general no tienen expectativas explícitas de que un hombre funcionará bien en el Test de Figuras Fijas, mientras que una mujer no. Más aún, un hombre

[1] Estoy de acuerdo con los comentarios de Katchadourian en este volumen, en el sentido de que se deben hacer algunas distinciones útiles entre estos términos. Observa que en el libro de Maccoby-Jacklin, *The Psychology of Sex Differences* (1974), el término *rol sexual* no aparece en el índice, aunque hay un capítulo sobre la tipificación sexual. La omisión es deliberada. Yo prefiero reservar el término *rol sexual* para una definición sociológica: un conjunto de expectativas de parte de los otros, y referidas a la posición de la persona en cuestión. Nuestro libro no buscaba dedicarse directamente a los roles sexuales en este sentido. Nos especializamos en las diferencias sexuales.

no es considerado poco viril si su aptitud espacial es escasa, ni sufre presión social para ajustarse a una pauta masculina con respecto a este problema. Yo diría que la aptitud espacial, por lo tanto, no es parte del rol masculino. Y que tampoco la agudeza para percibir ciertos olores es parte del rol femenino. Ni tampoco la tendencia de los niños a jugar en grupos grandes, o la de las niñas a hacerlo sólo con una o dos amigas. Todas estas características están sexualmente tipificadas, sin embargo, en el sentido de que son sexualmente diferenciadas.

Algunas características sexualmente diferenciadas pueden pasar a formar parte de los roles sexuales. Usando la aptitud espacial como ejemplo, acaso existan algunas ocupaciones derivadas para las cuales se necesita la aptitud espacial, y que inicialmente se hicieron masculinas por su ligazón con la aptitud espacial. Debido a las expectativas sociales que se han despertado alrededor de este tipo de trabajos, una mujer puede ser considerada "poco femenina" si ingresa en este tipo de ocupaciones. Las ocupaciones, por lo tanto, se habrían hecho partes de los roles sexuales, pero la aptitud espacial no.

Es tema de importancia empírica determinar cuáles diferencias sexuales están ligadas al rol sexual, y cuáles no. Lo importante acerca de los roles sexuales es que son prescriptivos. Una vez que alguien ha sido rotulado como miembro de la categoría "hombre" o "mujer", existen cosas que se cree que uno *debería* o *no debería* hacer. Existen amplias zonas del comportamiento, de todos modos, que aparecen libres del rol sexual, aunque los sexos puedan diferir en sus realizaciones modales en algunos componentes de estas áreas. (¿Me puedo atrever a usar la expresión "espacio del ego libre del rol sexual"?)

Debemos preguntarnos si es posible que la gente reconozca que los sexos difieren en su promedio con respecto a ciertos atributos, sin hacer de estos atributos partes del rol sexual definido estrechamente. Este es un tema en parte conceptual, en parte empírico. Hemos encontrado en un primitivo estudio (Rothbart y Maccoby, 1966), por ejemplo, que los padres de niños en edad preescolar estaban de acuerdo con que los niños fueran más toscos y ruidosos en sus juegos. Cuando se les preguntó si pensaban que era importante (o deseable) que los niños fueran toscos y ruidosos, los padres pensaron, por el contrario, que sería mejor que fueran un poco menos ruidosos. Sus objetivos de socialización parecían ser muy parecidos para los dos sexos en cuanto a este asunto, y se podría inferir que los niños no estaban siendo presionados por sus padres para alcanzar este aspecto del comportamiento "hombruno". Por lo tanto el hecho de ser tosco y ruidoso no es, hablando estrictamente, parte del rol masculino tal como lo definen los adultos. Pero si se les hubiera preguntado a los padres cuál de los niños era más varonil, el tosco y ruidoso o el amable y tranquilo, existe gran probabilidad de que hubieran dicho que el ruidoso. Los atributos que entran dentro del significado de "masculino" o "femenino" incluyen, por lo tanto, algunos de los atributos (pero tal vez no todos) en que se cree que los sexos difieren. Y no todos los comportamientos rotulados "masculino" o "femenino" son inherentes a los roles del varón y de la hembra.

Debemos tener presente que las "percepciones" de las diferencias, o las creencias sobre las diferencias, pueden o pueden no ser exactas. Está generalizada la creencia, por ejemplo, de que los niños típicamente son más activos que las niñas. Aunque todavía no disponemos de un cuadro claro sobre las condiciones en las cuales surge una diferencia sexual en el nivel de actividad, la enunciación en su forma más sencilla no es coherente con las pruebas de que disponemos. Pero mientras *se crea* que esto es verdadero, un niño muy activo pasa por ser más varonil que un niño tranquilo.

En este sentido se han hecho diferentes distinciones:

1. Existen algunos atributos con relación a los cuales los sexos *difieren* en los promedios de frecuencia, intensidad o topografía del conocimiento, o en las circunstancias en que sucede el comportamiento. La existencia de esta diferencia puede ser o puede no ser generalmente reconocida.
2. Existen diferencias sexuales *percibidas* —y estas percepciones pueden o pueden no ser exactas— que contribuyen al concepto estereotipado de lo que típicamente es un comportamiento masculino o femenino.
3. Las prescripciones del rol se aplican a un conjunto de comportamientos incluidos en las diferencias sexuales percibidas. Se considera que un miembro de un sexo dado tiene más probabilidades de poseer determinado atributo, y se cree que él/ella *debería tener* este atributo; esta es la definición del *rol genérico* en su más estricto sentido.

Podríamos detenernos a considerar si algunas de las diferencias sexuales que forman parte de las creencias culturales (estereotipos) sobre el comportamiento "típicamente masculino" o "típicamente femenino" están totalmente libres de las presiones sociales que hacen que el individuo adopte los comportamientos que se consideran típicos para su sexo. Creo que *sí existen* tales comportamientos. Al menos podríamos estar de acuerdo en que los comportamientos percibidos como sexualmente diferenciados varían mucho en el grado en que se muestran sujetos a las presiones de la prescripción del rol.

Aun si estamos de acuerdo en que el comportamiento percibido como más común para un sexo que para el otro no necesita ser *prescrito*, de todos modos deberíamos esperar que existan consecuencias de las percepciones. Si una niña es revoltosa y ruidosa, su comportamiento será percibido como diferente, porque se lo define como insólito. Los padres pueden tomar una actitud de mayor aceptación (¡o resignada!) hacia comportamientos no deseados que son considerados típicos del sexo del chico, porque tal vez sientan que pueden hacer muy poco para cambiarlo. Pero no todos los comportamientos que difieren de lo que se piensa que es típico del sexo de un niño reciben atención o están sujetos a una presión paterna negativa. Los niños tranquilos y aplicados no ponen incómodos a sus padres. Aunque podrían estar más contentos con él si fuera más atlético, el niño se conforma a algunos aspectos de sus objetivos de socialización, y encuadra perfectamente dentro del rango de lo que es aceptable y "normal". En cambio, si adopta modales, vestimentas y gustos distintivamente femeninos, tales opciones producen una gran ansiedad en sus padres. Una combinación que con mucha probabilidad produce atención negativa a partir de los agentes socializantes es el comportamiento que parece incompatible con los valores de los padres, y que al mismo tiempo se percibe como atípico para el sexo del niño.

Deberíamos mantener las distinciones entre las diferencias sexuales, los estereotipos sexuales y los roles sexuales prescriptivos, en lugar de introducir la confusión en estas distinciones por el uso de un solo término, como el de *rol genérico*. La razón para mantener esta distinción es la siguiente: el chico tiene algunas tareas específicas para desempeñar en el proceso de su propia socialización; debe establecer una identidad genérica, pero esta actividad por lo general ocurre tempranamente y se la cumple con muy pocos conflictos. La tarea más difícil es adoptar un conjunto coherente de intereses, valores y comportamientos que definan el ser. "El ser" del chico debe caber dentro del rango de lo que se considera apropiado para su sexo; de lo contrario sobrevendrá un gran conflicto. Las definiciones sociales de lo que es sexualmente apropiado son en muchos sentidos amplias, y existen muchas facetas del funcionamiento humano a las que casi no se pueden aplicar. Por supuesto, las áreas en que las prescripciones del rol sexual se aplican son aquellas en que los estudiantes de la socialización del rol sexual deben concentrar su atención.

### Asimetría en las definiciones del rol

Uno de los aspectos más interesantes ·de la información sobre las presiones sociales que intentan conformar los estereotipos del rol genérico es el que indica que los niños parecen sujetos a presiones mucho más fuertes que las niñas. Más aún, la presión dirigida hacia los niños es de especie negativa: resulta muy importante para ellos que *no* se comporten de manera femenina. Los niños tienen una latitud considerablemente mayor con respecto a cómo deben conformarse por completo a su imagen positivamente masculina.

Es importante considerar quién define el rol genérico y cómo esta definición cambia con la edad. Sospecho que los adultos tienen una definición diferente de cómo un niño de (digamos) seis a diez años debería comportarse como lo hacen sus compañeros de juego de la misma edad. Los padres, con mayor probabilidad que las madres, tienen tendencia a reclamar "dureza" de sus hijos, pero la presión que ejercen los padres probablemente es débil comparada con la que emana de los propios compañeros del niño (los niños de su misma edad, o especialmente los que son un poco mayores que él). En diferentes lugares del trabajo de Luria encontramos evidencia del poder que ejercen los propios compañeros en el desarrollo varonil del comportamiento de los niños. El dato es interesante: en el caso de las niñas, parece haber menor presión de parte de las compañeras para que se comporten de manera femenina. Existe una asimetría todavía mayor entre los sexos con respecto a las definiciones del rol: las cosas más femeninas que pueda hacer una niña (y las actividades específicamente prohibidas para los niños) son el juego con muñecas y el vestirse con ropas de mujer, con maquillajes y adornos de adultos. Estas actividades presuponen los roles femeninos adultos. Pero las actividades de los niños considerados como las más típicamente masculinas (los juegos rudos, las peleas, algunos juegos de grupo entre varones) remiten con menor intensidad a los roles masculinos adultos.

De tal modo, creo que no tenemos una buena explicación frente a las asimetrías entre los dos sexos, en el proceso de adquisición de comportamientos sexualmente apropiados. Muchos de nosotros seguimos profundamente insatisfechos con la concepción freudiana de que los niños deben vencer una identificación inicialmente femenina, y que por lo tanto necesitan una mayor presión socializante para no ser femeninos. El problema que plantea esta concepción reside simplemente en que no hay evidencia de que los niños *se identifiquen* más con sus madres que con sus padres. El rol masculino, ¿es acaso más dificultoso? ¿O acaso la elección del objeto sexual es más maleable entre los hombres? Debe existir alguna explicación sobre las asimetrías, y el problema merece mayor atención de la que ha recibido por parte de la reciente teorización.

El punto central de Luria sobre el desarrolo de lo que llama *los comportamientos del rol sexual* es que existe una gran variedad en la manera en que pueden desempeñar estos roles los individuos de ambos sexos, sin perturbar la identidad del núcleo genérico. La doctora debería haber agregado que existe también una gran variedad de sociedades que definen de diferente manera la masculinidad y la femineidad, y que los seres humanos han demostrado ser capaces de adaptarse a una gran variedad de definiciones. Levine, en este volumen, muestra un ejemplo muy instructivo: que los diferentes elementos del "machismo", a los que consideramos muy relacionados con la definición de masculinidad en la mayoría de las sociedades conocidas (aunque principalmente en las culturas latinas), no aparecen como concepto de la masculinidad en algunas sociedades africanas. Nos sorprende imaginar un grupo social en que la actividad sexual de los hombres no se ve ligada al físico musculoso, a la fuerza o a la "dureza", y en el cual el varón más deseado es el de edad madura, barrigón y próspero. La cuestión principal aquí es que los individuos pueden variar mucho, tanto entre las culturas como en las culturas, en la forma en que actúan fuera de sus roles genéricos sin perturbar de ningún modo su identidad genérica subyacente.

## LA MOTIVACIÓN PARA CONFORMARSE

Luria destaca que la identidad del núcleo genérico, en la gran mayoría de los casos, se forma prematuramente y permanece estable durante toda la vida, mientras los individuos pasan por una serie de vicisitudes de desarrollo con respecto a la naturaleza de sus conceptos sobre qué clase de comportamiento es sexualmente apropiado, y con respecto al grado en que deben conformarse a estas definiciones cambiantes.

Estoy plenamente de acuerdo con todo esto. Pero no está claro por qué algunos individuos van más allá del rango de las variaciones permitidas y adoptan comportamientos que varían mucho con su identidad genérica, y son lo bastante extremos para que se les considere desviados. Es posible que este problema no resida primariamente en los errores en el desarrollo de los conceptos del rol sexua!, aunque existen ciertas sugestiones de que los niños afeminados no registran adecuadamente su propio comportamiento. Por ejemplo, algunos no se dan cuenta de que están haciendo gestos afeminados.

De todos modos, los desviados, los conformados a su rol, y los hiperconformados deben estar, todos, muy alerta sobre cuáles son las pautas típicamente sexuales en boga, a menos que sean retardados. El problema debe ser motivacional, y deberíamos encontrar la clave de uno o de varios patrones de perturbación en las relaciones interpersonales prematuras, de manera que el individuo fuera desviado de su deseo, necesidad o aptitud para seguir su curso normal de desarrollo. Para poner esta formulación en su forma más definida, es como si un niño se dijera a sí mismo: "Sé lo que significa actuar como niño. Sé que mis padres quieren que actúe de esa forma (o lo suficiente para arreglármelas). Mis compañeros de escuela esperan lo mismo de mí —de hecho, me expulsarán y me apartarán de sus actividades si no lo hago. Pero del mismo modo, yo *no quiero* actuar de esa manera . (¿O siento que *no puedo*? ¿O estoy *temeroso* de hacerlo?)" La primera pregunta, por supuesto, es cuán cercana puede estar esta formulación al enunciado preciso de la situación de cualquier grupo considerable de niños desviados en su rol sexual. No encuentro en el capítulo de Luria una explicación adecuada de cómo un niño podría llegar a esta situación, y sospecho que no es ese capítulo el que está errado, sino todo nuestro conocimiento sobre el tema.

## REFERENCIAS

Emmerich, W.; Goldman, K. S.; Kirsh, B., y Sharabany, R. "Evidence for a transitional phase in the development of gender constancy. *Child Dev.*

Imperato-McGinley, J.; Guerrero, L.; Gautier, T. y Peterson, R. E. 1974. Steroid 5 α-reductase deficiency in man: An inherited form of male pseudohermaphroditism. *Science* 186:1213-1243.

Maccoby, E. E., y Jacklin, C. 1974. *The psychology of sex differences.* Stanford: Stanford University Press.

Money, J., y Ehrhardt, A. A. 1972. *Man and woman, boy and girl.* Baltimore, Johns Hopkins Press.

Rohtbart, M., y Maccoby, E. E. 1966. Parents differential reactions to sons and daughters. *Psychol.* 4:237-243.

Thompson, S. K. 1975. Gender labels and early sex-role development. *Chil Dev.* 46:339-347.

# XI. TIPIFICACIÓN SEXUAL, ELECCIÓN DEL OBJETO Y CRIANZA DEL NIÑO

ROBERT R. SEARS

LA INFORMACIÓN proporcionada por Luria y revisada a su vez por Maccoby sirve como base para explotar tres vetas en las hipótesis que se refieren a las relaciones causales en el desarrollo de la tipificación sexual y de la elección de objeto para el comportamiento sexual. Estas vetas conducen naturalmente a la formulación de grupos de problemas de investigación aplicados a los comportamientos sexualmente tipificados, a los tipos de respuestas a la excitación sexual, y al desarrollo de las relaciones entre estos dos campos. Se dispone de muy poca información sobre estos tres conjuntos, y la inferencia teórica es más evidente que la evidencia empírica.

## DESARROLLO COGNITIVO

Los cambios evolutivos en las capacidades cognitivas tienen tanto significado para el desarrollo de la tipificación sexual y del comportamiento sexual como para cualquier otra área que requiera aprendizaje, discriminación y rotulación. Cualquiera que sea la influencia de la preprogramación genética sobre el comportamiento sexualmente tipificado y, aún más, sobre la elección del objeto, las condiciones en las cuales ocurre la maduración del comportamiento son en su mayor parte los determinantes de la cualidad observada de dicho comportamiento.

La evidencia crucial citada para esta aserción es el trabajo de Money y Ehrhardt (1972) sobre el tema de la asignación del rol sexual en la primera infancia. Entre los 24 y los 36 meses de edad empieza un periodo crítico, durante el cual la identidad genérica del niño debe establecerse. Los intentos de reasignar al chico después de ese periodo crean un problema irresoluble, y a menudo son ineficaces. Antes de los dos años de edad, el principal problema de reasignación viene a ser experimentado por los padres, más que por el hijo. La identificación del género del niño es un proceso de rotulación, y acaso la tipificación sexual sólo pueda ser entendida cuando la significación de esta rotulación es bien entendida.

La tipificación sexual es el proceso por el cual un niño desarrolla los tipos de comportamiento que caracterizan diferencialmente al varón y a la hembra en sus repertorios de conducta (R. Sears, 1965). Lo que constituye el comportamiento masculino y femenino varía en las diversas edades, en diferentes sociedades y durante distintos periodos históricos. Se desconoce si existen características universales de comportamiento que hayan sido consideradas masculinas o femeninas en todas las sociedades y en todas las épocas. Por el momento, la diversidad parece más evidente que la universalidad. Más aún, dentro de una misma población existe variabilidad en cuanto al comportamiento particular que, de hecho, se da en un sexo, por oposición al otro. Incluso, las actividades sumamente tipificadas por el sexo, tales como la ingeniería o el cuidado de los niños muestran la presencia de algunos practicantes muy capaces, pero del sexo opuesto al esperado. Incluso en la más conservadora clase media norteamericana, los estilos cambian esporádicamente para permitir que algunos hombres usen colores llamativos. Los comportamientos que generalmente son considerados sexualmente tipificados ocurren, simplemente, con mayor frecuencia en un sexo que en el otro. Si pudieran computarse la totalidad de todos los comportamientos sexualmente tipificados, y si pudiera examinarse un ejemplo de individuos en cuanto a la proporción del total que exhiben, existiría una sobreposición considerable entre los dos grupos sexuales.

A pesar de esta relatividad, *masculino* y *femenino* son dos marbetes que se aplican estereotípicamente a las personas, más que a los comportamientos. El género es concebido como dicotómico, así como los comportamientos individuales son codificados en clases binarias. Es esta codificación binaria, o esta rotulación, la que parece desempeñar un papel tan importante en el desarrollo del comportamiento sexualmente tipificado.

La codificación binaria es una característica del proceso cognitivo prematuro. *Caliente* y *frío, bueno* y *malo, arriba* y *abajo* ejemplifican las primeras discriminaciones del niño. El género es simplemente otro ejemplo. El código binario puede proporcionar un pobre reflejo de la naturaleza, pero es eficiente para las limitadas capacidades de procesamiento de que se dispone entre los dos y los tres años de edad. *Caliente* y *frío* se cambian pronto por una dimensión discriminatoria de temperatura, y hacia los cinco o seis años la mayoría de los chicos ha extendido la clasificación dicotómica hasta una discriminación de no menos de cuatro niveles en que se incluyen *templado* y *fresco*. Luego se agregan nuevos adjetivos. En el discurso social no técnico, la mayoría de la gente usa entre seis a diez puntos en la escala de la temperatura. *Negro* y *blanco* se van haciendo gradualmente los extremos de una dimensión que incluye los grises. Se han hecho investigaciones sobre este aspecto del desarrollo cognitivo durante los primeros años de vida, pero los hallazgos no fueron aplicados al rol genérico y no son aplicables sin una investigación más completa. Los hechos de la temperatura que llegan a los sentidos del niño desde la naturaleza no son tan polarizados como los hechos genéricos. Macho y hembra no sólo son distintos por el estereotipo, sino por el hecho anatómico y la función fisiológica.

El código binario *masculino* y *femenino* parece comenzar casi con la expresión del lenguaje. Hacia los 24 meses ya ha comenzado, aunque la atribución del género a sí mismo (usando una fotografía del niño) no parece desarrollarse por lo menos hasta los 30 meses. Hacia los 36 meses la autorrotulación crece en importancia, y el crecimiento del código binario sobre los objetos y sobre el comportamiento de la gente sigue rápidamente su marcha. Hacia los siete años hay todo un conjunto de hechos que aparecen como sexualmente tipificados, y que se han combinado en un estereotipo de lo que le conviene hacer a la persona que pertenece a un determinado sexo. En oposición a los otros códigos binarios tempranos, tales como la temperatura o aun los absolutos éticos, la tipificación sexual no se convierte en una dimensión discriminatoria comparable, tanto para los asuntos del comportamiento como para los individuos.

Para comprender el proceso de la tipificación sexual aplicado a los comportamientos y a la gente, y para descubrir los caminos por los cuales los comportamientos sexualmente tipificados se agrupan en el repertorio conductista de una persona, será necesario conocer qué tipo de discriminaciones se hacen a diferentes edades, a partir de los dos años, para descubrir qué saben los chicos acerca de las diferencias genéricas en cada etapa de su desarrollo, para saber qué procesos cognitivos suceden normalmente en el periodo de desplazamiento del código binario a otro multidimensional, y para determinar las condiciones ambientales que influyen sobre estos procesos.

En esta última situación, debemos suponer no sólo que los refuerzos de las discriminaciones particulares son pertinentes, sino también que las expectativas de parte de la sociedad cumplen una función directora y reforzante. Debemos preguntarnos cuánto del comportamiento sexualmente tipificado se internaliza, cuál es el producto de la instigación interna y cuánto de él se obtiene con un continuo bombardeo de las expectativas estereotípicas por parte del resto de la sociedad. El comportamiento de los transexuales para con el otro sexo parece ser un ejemplo crítico de tal inducción de la expectativa.

Finalmente, con respecto al rol del desarrollo cognitivo, existe un problema que se refiere al destino de la autorrotulación. En ciertos momentos de su vida, la gente parece rotularse a sí misma como ruda o suave, como masculina o femenina, o como homosexual, bisexual o heterosexual. El momento del desarrollo en que se toma este tipo de decisiones varía enormemente, tanto con respecto a las personas como con respecto a las diferentes decisiones. Existen pocas pruebas al respecto, pero los chicos de seis a siete años de edad a menudo han empezado a rotularse a sí mismos, y muy definidamente, con algunos de los adjetivos caracteriológicos sin usar rótulos que representen lo que los mayores llaman *masculino* o *femenino*. Los rótulos de elección de objeto homo y heterosexuales vienen mucho después, comúnmente después de la pubertad, pero existen grandes diferencias individuales en el momento en que sucede esta elección, en algunos durante la adolescencia y en otros bastante tarde, casi en la madurez.

Tal proceso de autorrotulación tiende a cerrar las puertas hacia los futuros caminos del desarrollo, pero deja otras abiertas. La apertura y cierre de puertas puede ocurrir como modo de reducir la disonancia, en una situación en que la persona siente gran ambigüedad sobre su carácter "real". Por otra parte, la autorrotulación puede ser el resultado de algún tipo de cambio psicológico final en una categoría particular como la homosexual o la heterosexual. En cualquier caso, la autorrotulación, referida al género o a algunas cualidades genéricas específicas, puede muy bien ser un determinante importante no sólo de las características sexualmente tipificadas, sino también del objeto de elección homo o heterosexual en el comportamiento sexual. Quizá tanto el comportamiento homosexual y heterosexual como el carácter sean, a la postre, consecuencia de la autorrotulación. Está claro que se necesita saber mucho más sobre el propio proceso de autorrotulación y también sobre sus consecuencias.

### TIPIFICACIÓN SEXUAL Y ELECCIÓN DE OBJETO

Desde un punto de vista procreativo, la elección de un objeto masculino o femenino para el comportamiento sexual es función del sexo del sujeto. Como la diferencia procreativa entre los sexos es un determinante importante del *hecho* (no necesariamente el contenido del comportamiento específico) de la tipificación sexual, deberíamos esperar una relación íntima entre la tipificación sexual y la elección de objeto. ¿Qué influencias tienen, de hecho, otros aspectos de la tipificación sexual sobre el propio comportamiento sexual? La expresión *comportamiento sexual* se supone que incluye todos los tipos de respuesta a la de excitación sexual, no sólo la elección homosexual o heterosexual del objeto hacia el que se ha dirigido la respuesta. Tal como sucede con la tipificación sexual, han habido escasos e incompletos informes sobre el desarrollo de las preferencias de objeto durante los primeros veinte años de vida, pero los datos son poco sistemáticos, y el estudio longitudinal sobre los propios individuos es inadecuado (Hamilton, 1929; Kinsey y otros, 1948, 1953). Tal estudio es esencial si queremos entender la secuencia de desarrollo de la actividad sexual, y si hemos de descubrir la influencia de la tipificación sexual de actividades no-sexuales sobre el propio comportamiento sexual.

Los estudios del desarrollo de la preferencia de los padres han mostrado que los niños de tres a cinco años de edad de uno y otro sexo tienden a mostrar un poco más de cordialidad y afecto hacia la madre que hacia el padre en los conjuntos de núcleos familiares de Norteamérica. De ningún modo carecemos en la literatura clínica de ejemplos que señalen que esta preferencia prematura de parte de los niños varones está ligada, de hecho, al despertar sexual, como en la clásica teoría del Edipo, pero no han sido debidamente examinados los límites en los cuales tal tipo de ligazón caracteriza al vasto espectro del desarrollo normal infantil (R. Sears, 1943).

Los estudios observacionales y los informes retrospectivos sugieren que habría, antes bien un juego sexual extensivo y exploratorio con los compañeros de los dos sexos, desde los cinco años hasta la adolescencia. La concepción de Freud de un periodo de latencia durante el cual la libido permanecía relativamente inactiva, era una exageración. Existe evidencia válida de una clara separación de los sexos, que va en aumento hacia la irrupción del periodo de prepubertad, cuando los niños eligen a otros niños para jugar, y las niñas a otras niñas (Campbell, 1939). En el periodo de transición —digamos, de los diez a los catorce años en las niñas, y de los doce a los dieciséis en los muchachos— existen diversos caminos para el desarrollo. Observaciones no sistemáticas han mostrado que el juego homosexual es común entre los niños durante la primera parte de esa transición, y luego decrece a medida que los niños se acercan a la plena adolescencia. La actividad sexual abierta parece ser menos común en las niñas que en los niños, tanto con respecto al estímulo autoerótico como al juego sexual con otros (Kinsey y otros, 1948, 1953). En el momento en que un grupo llega a la última adolescencia, alrededor de los veinte años, la mayoría de los individuos han hecho una elección de objeto de su actividad sexual, y por supuesto en la gran mayoría de los casos la elección es heterosexual. Queda un número considerable, aunque pequeño en porcentaje, cuyos objetos de elección son homosexuales.

En este punto del desarrollo, el código binario entra nuevamente en juego. Existe una marcada tendencia de parte de la sociedad a rotular a los individuos como homosexuales o heterosexuales. Un número creciente de informes no sistemáticos arrojan dudas sobre la validez de tal código binario. Muchas mujeres lesbianas han sido descritas de manera tal que sólo por la arbitrariedad del código binario podrían ser identificadas como homosexuales. Algunas se han casado, tuvieron hijos, y en la edad mediana dejaron a sus compañeros hombres y se unieron a parejas femeninas. Se conocen otros casos en los cuales hay desplazamiento hacia atrás y hacia adelante, o una verdadera bisexualidad que se deriva en dobles objetos de elección. Manifiestamente hay muchos estilos de resolución final para el problema de la elección de objeto, y diferentes caminos tomados para alcanzar el estado de reposo en la madurez.

El comportamiento sexual es similar a la tipificación sexual en dos aspectos: existe una codificación binaria estereotípica de la elección de objeto masculina y femenina, y existe poca discriminación en la rotulación de clases radicalmente distintas de comportamiento sexual por las cuales se exhiben las elecciones de objeto. Se pueden mostrar como ejemplo de no discriminación dos ejemplos contrastantes: uno es un acuerdo estable de vida con interacción sexual parcial o completa con la pareja; el otro es la elección de una pareja puramente sexual sin cohabitar con ella, y sin ningún otro tipo de compromisos. Las elecciones hechas en estos dos casos no se correlacionan necesariamente, de acuerdo a la observación común, y sin embargo o la una o la otra pueden aprovecharse como bases para fijar un rótulo de homosexual o heterosexual a la persona en cuestión.

Así como la tipificación sexual se despliega en muchos aspectos del comportamiento, del mismo modo existen muchos tipos de comportamiento que sobrevienen conectados con la excitación sexual. Muchos de estos comportamientos incluyen elección de objeto, así como también elección de expresión o de estilo. En ausencia de un estudio longitudinal del desarrollo de formas del comportamiento sexual y de la elección de objeto, es imposible determinar la relación de acciones específicamente sexuales con las diferentes clases de aprendizajes sexualmente tipificados que ocurren en el mismo periodo. Lo que se necesita desenmarañar es la relación entre los efectos del refuerzo social de la tipificación sexual en todos los comportamientos no sexuales, y la influencia de las experiencias que son directamente sexuales y que implican la excitación sexual.

Unos cuantos estudios dispersos nos han dado claves sobre la relación entre estos dos campos. Un estudio ha revelado que los homosexuales adultos muestran un claro recuerdo en el sentido de haberse desviado en su primera niñez en dirección a la niña hombruna o al niño afeminado. Otro estudio ha mostrado que las lesbianas adultas no tienen recuerdo de fantasías de ser niños, mientras que las mujeres transexuales sí tienen ese tipo de memoria retrospectiva. Las transexuales también recordaron haber considerado repulsivos sus cambios de cuerpo durante la pubertad, mientras que las mujeres lesbianas no recordaban haber tenido ninguna reacción especial hacia esos cambios. Estos hallazgos dispersos sugieren que el género del objeto elegido puede ser prácticamente independiente de otros aspectos del proceso de tipificación sexual.

## Los efectos sobre la experiencia temprana

El anterior estudio se ha dirigido sobre todo a los procesos cognitivos implicados en el desarrollo de la tipificación sexual y del comportamiento sexual, y a la influencia de un conjunto de características del comportamiento sobre otro. También se debe prestar atención a la crianza del niño y a otras experiencias que se valen de los procesos cognitivos y que son hechos causales en el desarrollo sexual. Preferimos, por lo tanto, un enfoque autoconsciente de antecedente-consecuente, o causal, a estas clases de comportamiento.

Existe una buena cantidad de información sobre experiencias de crianza de niños que conduce al desarrollo de los diferentes tipos de comportamiento o agresión (Feshbach, 1970), dependencia (Maccoby y Masters, 1970), y motivación de logros (LeVine, 1970). Existe poca información referida a la experiencia temprana del comportamiento sexualmente tipificado después de los años preescolares, y casi ninguna información sobre las distintas formas de comportamiento sexual o la elección de objeto (Mischel, 1970). La orientación teórica de hace dos o tres décadas, cuando comenzaba la mayoría de los estudios sobre las influencias de la crianza de los niños, era demasiado sencilla para ofrecer una comprensión plena de la secuencia de desarrollo tal como ocurría en un contexto social (cf. Sears, Maccoby y Levin, 1957). La teoría era esencialmente una concepción *tabula rasa* de los efectos del comportamiento de los padres sobre el hijo. Los padres aportaban las contingencias reforzantes que establecían los diferentes tipos de comportamiento infantil puestos en obra por las leyes del aprendizaje. En efecto, la relación causal se concebía como la influencia unidireccional de los padres sobre los hijos.

En los últimos años, se ha reconocido el efecto de una secuencia causal paralela que emana del propio desarrollo espontáneo del niño y los efectos de sus aprendizajes previos sobre su comportamiento posterior. De este modo, para tomar un ejemplo del proceso de tipificación sexual, una niña que manifiesta actividades masculinas en sus años preescolares puede seguir jugando con niños y recibir gratificaciones del grupo de sus compañeros hasta los diez u once años de edad, sin tomar en cuenta si su comportamiento hombruno era producto de una influencia genética o de condiciones de aprendizaje específicas en el núcleo familiar. Del mismo modo, es indiferente que el niño afeminado desarrolle sus características a partir de una fuente o de la otra, o a partir de una combinación de ambas, puesto que termina aislado tanto de los niños como de las niñas a partir más o menos de los seis años de edad. Los efectos del aislamiento para el niño, o la alianza más prolongada de la niña con los grupos masculinos, pueden servir como antecedentes que crean nuevas consecuencias sobre el desarrollo social y sexual del chico.

En la última década se ha llegado a reconocer una cadena causal más precisa: la influencia del hijo sobre los padres como determinante de lo que un padre hará como comportamiento reversible hacia el hijo. Esta relación representa el clásico enredo diádico, reconocido desde hacía mucho tiempo en otros contextos, pero que sólo recientemente se ha visto sometido a un análisis detallado en conexión con el temprano desarrollo infantil. Por ejemplo, una simple comparación de los efectos de la alta o baja intensidad en las respuestas de una madre a su hijo sugiere que las madres intensas producen un chico activo. Pero existe evidencia de que los chicos más activos tienden a producir respuestas más intensas de parte de la madre. La medición concurrente de la intensidad materna y del nivel de actividad de un chico no puede ser considerada independiente de los efectos de intensidad sobre el comportamiento del chico, puesto que los niveles de actividad de los chicos con madres de alta o baja intensidad difieren.

Otro descubrimiento, esta vez no relacionado estrictamente con el comportamiento sexual, es la diferencia en la dirección de las correlaciones entre el comportamiento de la madre y del hijo para los dos sexos; esto es, que una clase dada de tratamiento paterno parece tener un tipo de efecto sobre los niños, y otro distinto sobre las niñas. Más aún, existen pruebas de que lo que parece ser un comportamiento similar de parte del padre y de la madre tiene efectos opuestos sobre los hijos y sobre las hijas (R. Sears, Rau y Alpert, 1965). De todos modos, estas informaciones son mínimas y este tipo de descubrimientos no ha sido confirmado en nuevas investigaciones. Existen diversas hipótesis que merecen investigación: *1)* los distintos sexos pueden responder de manera diferente a un tipo dado de tratamiento. Las diferencias temperamentales básicas pueden tener influencia sobre el umbral en que una clase dada de comportamiento paternal es eficaz para producir un tipo particular de respuesta en el niño. O pueden existir diferencias en la percepción que tiene el hijo de sus dos progenitores, con respecto a variables tales como el poder, la empatía o el modelo a seguir, con el resultado de que la influencia de los progenitores diferirá. A partir de esta maraña de percepciones diferenciales de los padres, **Freud** produjo su concepción de las diferentes consecuencias del complejo de Edipo. *2)* El comportamiento aparentemente similar de los progenitores hacia los niños y hacia las niñas de hecho puede diferir sutilmente. Las expectativas paternas de complicidad o rebelión, que algunas veces se basan en hechos o en la experiencia previa, pueden introducir sutiles diferencias en el tratamiento que se da a los dos sexos.

A pesar de las complejidades de este enredo diádico (o triádico), los factores causales en el desarrollo de la tipificación y del comportamiento sexual deben desenmarañarse. El descubrimiento de los antecedentes de la crianza del niño, referidos a los sentimientos agresivos, ofrece la esperanza de que pueda sobrevenir algún descubrimiento similar sobre las relaciones causales en el desarrollo del comportamiento sexual. Un castigo severo y temprano contra la actitud agresiva parece producir una reducción en las tendencias agresivas antisociales hacia el fin de la prepubertad (R. Sears, 1961). Sería importante descubrir si la no-tolerancia prematura y la supresión del comportamiento sexual tienen efectos duraderos similares, especialmente en la adultez.

Otra fuente más de influencia que entra en la secuencia causal se refiere al conjunto social dentro del cual ocurre la crianza del niño. Incluso si desatendemos la influencia del temperamento específico del hijo sobre el comportamiento paterno, todavía subsisten grandes diferencias en los conjuntos humanos en los cuales crecen los niños. Existen considerables estudios de los efectos de la ausencia del padre en varios aspectos del comportamiento del niño, sobre todo en la agresión. Los niños cuyos padres estaban ausentes durante la segunda Guerra Mundial mostraban una significativa reducción en la fantasía de agresión (P. Sears, 1951). Recientemente se ha cumplido una investigación sobre los efectos de la ausencia del padre en el comportamiento de las niñas, y una comparación con los efectos de la ausencia del padre por divorcio o por muerte (Hetherington, 1972). Un estudio ha mostrado los considerables efectos de la ausencia del padre sobre algunos aspectos del desarrollo de sus hijas; específicamente, las hijas de madres divorciadas tienden a ser precoces en sus intereses heterosexuales, mientras que las hijas de madres viudas parecen inhibidas en sus relaciones con el sexo opuesto. Hasta hoy disponemos de poca información sobre las razones que subyacen en estas diferencias. En promedio, ¿las madres se comportan de manera diferente hacia sus hijos cuando no está presente el padre? Se podrían proponer preguntas similares a ésta con respecto al número de hijos en una familia y al tamaño del espacio habitable.

En resumen, pues, el rápido progreso de los estudios de antecedente consecuente sobre los efectos de la crianza de los niños ha sido muy promisorio. En todo caso, la tipificación sexual y el comportamiento sexual han recibido muy poca investigación, aunque la primera ha merecido más atención y estudio que el segundo. La investigación futura deberá tomar en cuenta, sin lugar a dudas, por lo menos cuatro cadenas causales generales: *1)* los efectos directos de las prácticas de los padres sobre el comportamiento de los hijos; *2)* las características temperamentales o constitucionales iniciales del niño; *3)* los efectos emanados del hijo y que determinan el comportamiento de los padres hacia el niño, y *4)* los grupos sociales que determinan las similitudes y diferencias entre los padres y la manera en que ellos cumplen sus funciones de crianza del hijo.

### RECOMENDACIONES PARA UNA NUEVA INVESTIGACIÓN

Hemos notado una significativa discontinuidad entre dos aspectos del desarrollo sexual: las características de la tipificación sexual y del comportamiento sexual. La primera se refiere a los atributos que aparecen fundamentalmente en el comportamiento de un sexo más que en el del otro, y la segunda a los comportamientos asociados con la excitación sexual, que pueden descubrirse en los seres humanos sea por informes verbales, sea por indicios fisiológicos. El comportamiento sexual y la tipificación sexual tienen un adjetivo común, pero existe escasa referencia proposicional cruzada entre los conjuntos de información que los describen. Hay muchas clases de comportamientos sexuales tipificados, y hay muchas variedades de respuestas a la excitación sexual, pero se desconoce qué conexiones pueden existir entre estos dos campos, y cómo uno influye sobre el otro. La razón de esta separación es que los datos pertinentes a cada campo son muy escasos.

Recomendamos conceder la mayor prioridad a enriquecer estos dos conjuntos de informaciones, descubriendo la relación evolutiva entre ellos, y siguiendo la influencia de las experiencias antecedentes en los comportamientos posteriores.[1] Cuando se consiguen datos sobre estos tres campos de la investigación, existe siempre una gran desigualdad en cuanto a su cantidad y precisión. Generalmente el rango de edad desde los dos hasta los veinte años es el que ha tenido el menor apoyo de parte del conocimiento actual. Las sustanciales contribuciones del grupo de Johns Hopkins han demostrado la importancia de las primeras experiencias y de los caminos del desarrollo. En el campo de la tipificación sexual, existe un cuerpo de conocimientos considerablemente mayor sobre las edades que oscilan entre los tres y los cinco años, más que sobre otro segmento cualquiera de los primeros veinte años de vida. En lo que se refiere a la tipificación sexual y al comportamiento sexual, el periodo entre los seis y los dieciséis años de edad es prácticamente una *terra incognita*. También hay muchas áreas no transitadas en las décadas posteriores a los veinte años de edad; no se debería ignorar el ciclo total de vida, pero dada la gran importancia de los primeros periodos como determinantes del ajuste sexual para toda la vida, se debe conceder prioridad a la investigación sobre las dos primeras décadas.

La investigación de estos problemas será dificultosa. Tanto la tipificación sexual como el comportamiento sexual son campos sensibles, de gran incumbencia política y social. La tipificación sexual implica las diferencias entre los sexos. Para los miembros más militantes del movimiento de liberación feme-

---

[1] Estas recomendaciones se basan en las discusiones que el autor mantuvo con Zella Luria y Eleanor Maccoby.

nina, la mención de tales diferencias evoca la discriminación sexual y todas las desigualdades asociadas al estereotipo de los roles sexuales. El resentimiento justificado contra estos males se proyecta hacia el estudio científico de un fenómeno vecino el de la tipificación sexual.

El comportamiento sexual y la elección de objeto son campos íntimamente relacionados con las metas y objetivos del movimiento de liberación homosexual. Los comprensibles esfuerzos que realiza la comunidad homosexual por obtener respeto y aceptación hacia su particular estilo de elección de objeto, hacen que la búsqueda de causas en la homosexualidad se convierta en elemento sospechoso para esas personas. Queda abierto a la interpretación el hecho de que los investigadores vean la homosexualidad como un comportamiento que debería cambiar y que, intencionalmente o no, estén socavando los esfuerzos para lograr aquella aceptación y terminar con la discriminación.

De hecho, los prejuicios sociales y la discriminación no pueden colocarse bajo el manto de la ignorancia, con la esperanza de que así desaparezcan. La mejor manera de atacar esos males es obtener la más sólida información sobre los fenómenos asociados con ellos. La angustia de la mujer sometida y el rechazo del homosexual son problemas de gran importancia en nuestra sociedad. Cualquiera que sea el costo, estos problemas deben ser atacados abierta y directamente al nivel científico de la comprensión causal, como así también al nivel activista de la reforma social.

## La tipificación sexual

Existen muchos caminos que llevan a la madurez. Lo que se necesita es una historia natural completa sobre las formas en que crecen los dos sexos para parecerse o para ser diferentes. Todavía nadie ha rastreado las muchas dimensiones del comportamiento sexualmente tipificado que pueden variar durante el camino del desarrollo. Aunque la identidad genérica se establece tempranamente, y casi siempre permanece inmodificada durante toda la vida, la fuerza de convicción que tenemos en el sentido de ser básicamente hombres o mujeres puede variar en diferentes grados a lo largo del ciclo vital. Las preferencias por cosas tales como los juegos, el maquillaje, los compañeros sexuales y los intereses, cambia mucho, pero su camino normal por lo general es muy poco entendido. También son importantes las imágenes corporales y las cualidades del gesto y de la postura. En el periodo de la primera adolescencia cobran importancia los intereses vocacionales y recreativos. Entre los más grandes sistemas motivacionales, la agresión, los logros y la afiliación son terrenos en que se observa una considerable diferencia entre los sexos. Una historia natural del desarrrollo a lo largo de estas tres dimensiones será indispensable para que conozcamos cómo estos elementos varían en su mutua relación a través de todo el ciclo vital, y qué tipo y grado de conexión puede haber en sus combinaciones en pautas.

Uno de los mayores problemas de todas las investigaciones evolutivas es el de las características cambiantes del comportamiento a medida que el niño va creciendo. Por ejemplo, la forma de la agresión directa y exógena a los dos años de edad es un poco diferente de la que se adopta a los cinco años, y la agresión adolescente se parece muy poco a estas dos formas. Estamos acostumbrados a suponer que la agresión es, sin embargo, un continuo sistema motivacional a lo largo de toda la vida, y que, a medida que la persona avanza en edad, van sucediendo progresivos cambios en el estilo, intensidad y otros varios atributos de la expresión agresiva. El mismo principio es válido para el comportamiento sexualmente tipificado. Un interés ocupacional por los bomberos y por la aviación a los ocho años comúnmente da paso a otros intereses ocupacionales masculinos y a otras aspiraciones al final de la adolescencia. En las niñas se ha notado a menudo la aparición y disminución del interés por los caballos.

Para descubrir la secuencia en estos comportamientos que crecen y decrecen durante las dos primeras décadas de la vida se requeriría una investigación longitudinal. Sólo siguiendo a los chicos individualmente durante este periodo sería posible descubrir las diferentes manifestaciones del comportamiento sexualmente tipificado que son equivalentes en edades distintas, o que al menos se desarrollan en secuencias. Puesto que existen diferencias individuales muy grandes en la proporción en que se desarrollan potencialmente todas las clases de comportamiento, la edad cronológica es un índice demasiado global —y prácticamente inútil en la primera adolescencia— con el cual correlacionar el desarrollo. Por esta razón, los estudios seccionales cruzados emprendidos sobre chicos, que computan la frecuencia con la cual suceden diferentes tipos de comportamiento a diversas edades, son de muy poco valor, y sólo sirven como fuente global de información sobre las muestras de población. El análisis longitudinal de los casos individuales permite descubrir qué clases de comportamiento se siguen de otras clases de comportamiento, y cuáles son precursoras, a su vez, de otras.

Existen muchos caminos que los chicos pueden seguir para alcanzar la madurez. La mayoría de estos caminos lleva al reconocimiento de la tipificación sexual del joven adulto, pero los criterios que usa la sociedad para juzgar lo que es masculino o femenino son muy amplios, y sería un error suponer que existe algún ideal platónico final para la estructura de la personalidad que supuestamente debe alcanzarse. El reciente énfasis en el desarrollo de la personalidad andrógina arroja luz sobre el reconocimiento de este hecho. Las diferentes dimensiones del comportamiento o de la motivación susceptible de tipificación sexual son, sin duda, independientes unas de otras. En un hombre, por ejemplo, un nivel continuamente alto de agresividad durante la adolescencia no se asocia necesariamente a un alto nivel de virilidad o con un interés ocupacional. Pero se desconoce cuán independientes son estas dimensiones, y hasta qué punto la modificación experiencial de una característica sexualmente tipificada de la personalidad puede influir sobre otra.

La observación clínica hace evidente que los diversos caminos hacia la madurez se asocian con diferentes grados de angustia. Los que representan un grado significativo de desviación de la norma a menudo conllevan el más grande malestar para la persona en desarrollo. La situación actual de nuestros conocimientos no nos permite reconocer qué desviaciones producen severas consecuencias para la tipificación sexual satisfactoria y para la adaptación sexual en la adultez, y cuáles pasan por fases que tienen pocas implicaciones futuras. Un ejemplo considerable de este problema es la virilidad en las niñas y el afeminamiento en los niños. Según el criterio usado para identificar a una niña como "hombruna", del 10 al 50 por ciento de las niñas de nuestra sociedad podrían ser así clasificadas. Los juicios retrospectivos hechos por mujeres jóvenes suelen alcanzar el límite superior. Comúnmente sabemos muy poco o nada acerca de qué comportamientos hombrunos identificatorios indican una inclinación duradera hacia la tipificación sexual masculina, y cuáles indican simples preferencias temporales que desaparecerán hacia el final de la adolescencia.

Es evidente que los casos extremos de tipificación sexual cruzada en la personalidad adulta llevan a resultados que son distintivamente desviados de lo que es la población en general. Siempre que esas desviaciones provoquen angustia, debemos descubrir sus causas. Sería bueno poder reconocerlas tempranamente y dar la oportunidad de una modficación de la personalidad antes de que un camino de desarrollo particular se convierta en causa de dolor y de incapacitación social.

### El comportamiento sexual

La información de que se dispone sobre los efectos de la excitación sexual en las dos primeras décadas de vida es casi tan dispersa como la que tenemos sobre la tipificación sexual. Para los primeros cinco años de vida, no existe una masa de informaciones que se pueda comparar con la que tenemos sobre el comportamiento sexualmente tipificado de los chicos en edad preescolar. Todo lo que se sabe es en su casi totalidad inferencial, o se basa sobre informes retrospectivos de adultos que se han sometido a algún tipo de terapia profunda. El mecanismo de recuerdos por la libre asociación de los adultos neuróticos es un pobre sustituto para el estudio longitudinal directo de los niños normales. Tal recuerdo puede tener validez, pero la naturaleza del proceso terapéutico fue pensada para reactivar recuerdos que han ido unidos a afectos conflictivos o ambivalentes. Lo que hoy se necesita realmente es una historia natural del desarrrollo normal del comportamiento sexual durante las dos primeras décadas de la vida.

Una vez más, es recomendable el estudio longitudinal. La misma secuencia de formas cambiantes del comportamiento abierto sobreviene con respecto al comportamiento sexual y a la respuesta a la excitación, tal como sucede con la tipificación sexual. La masturbación se observa comúnmente en los chicos ya a la edad de dos años, pero prácticamente no sabemos nada sobre la secuencia de desarrollo de esta actividad. El juego sexual mutuo se ha observado frecuentemente ya a los tres años de edad y, al menos entre los niños varones, es una forma corriente de juego desde los seis años de edad hasta la adolescencia. La relación entre una y otra forma de comportamiento sexual todavía hoy es en gran parte un misterio. Ni los cambios secuenciales en las formas del comportamiento ni la influencia de éste en un tiempo sobre los sentimientos y el comportamiento son conocidos. A pesar de la cuidadosa investigación emprendida sobre la sexualidad adulta, no se ha hecho un esfuerzo de igual magnitud para intentar descubrir los caminos del desarrollo durante los primeros años de la vida.

Una de las principales características del desarrollo sexual es su severo aislamiento de toda influencia de los adultos. Incluso en el ambiente superficialmente liberado que vivimos hoy en día, la mayor parte de la educación sexual parece ocurrir entre los grupos de compañeros, no en abierta relación con adultos protectores. Aparte de una lamentable falta de información padecida por los niños y los preadolescentes, el hiato entre las culturas adulta e infantil aporta un terreno fértil para que los niños desarrollen mitos y ansiedades que no son susceptibles de corrección externa.

*Relaciones entre la tipificación sexual y el comportamiento sexual*

Una conexión clara entre la tipificación sexual y el comportamiento sexual es el proceso de elección de objeto. La capacidad diferencial de respuesta a los niños del mismo o de opuesto sexo ha sido observada en ellos ya a los dos años de edad. Hacia los diez años, la elección preferencial de compañeros del mismo sexo es lo bastante intensa y común para que forme parte del proceso de tipificación sexual. Una vez más, sin embargo, existe una gran variabilidad en los límites dentro de los cuales esta elección se acepta con placer o no. Comúnmente hay un desplazamiento a las preferencias por el sexo opuesto en el comportamiento sexual abierto de la pospubertad. El periodo que va desde los diez a los catorce años en las niñas, y de los diez a los dieciséis años en los niños, es de una gran fluctuación; sin embargo, y puesto que éste es el periodo en que se comienzan a tener las respuestas físicas abiertas al despertar sexual, la elección de objeto tiende a caracterizarse como homosexual o heterosexual. Sin un cuidadoso estudio longitudinal de muchachos que varían en sus caminos hacia la madurez, será imposible desenmarañar la relación entre lo que parece ser un comportamiento sexualmente tipificado en el periodo de la prepubertad y el comportamiento sexual abierto a través de la elección de objeto en el periodo de la pospubertad.

El afeminamiento de los niños durante la pubertad, y la masculinidad en las niñas se ligan a menudo, en la creencia popular, con el desarrrollo de la homosexualidad en la elección de objeto. Últimamente se ha hecho un esfuerzo considerable por emplear métodos de modificación del comportamiento en niños afeminados, con el supuesto de que los gestos, posturas y otros indicadores de la tipificación sexual femenina son los precursores de la elección homosexual de objeto. Existe cierta duda sobre la validez de esta creencia. De todos modos, de lo que no quedan dudas es de que tales características sexualmente tipificadas producen indecisión u hostilidad de parte de otros varones hacia el niño afeminado, y de aquí que pueda justificarse el esfuerzo por modificar algunos indicadores externos. Por otro lado, se conoce poco sobre la relación entre la tipificación sexual y la elección de objeto que se hace en la adolescencia y en la adultez. Toda la secuencia de hechos, desde la asignación de rol a los dos años de edad hasta la elección de objeto que se hace en la adolescencia, es de suprema importancia, y se deberían hacer los máximos esfuerzos por estudiar la secuencia entre niños que siguen distintos caminos de tipificación sexual. El interés clínico ha enfocado, naturalmente, los casos más desviados, y por lo tanto existe poca información sobre los caminos menos dolorosos que se toman hacia la madurez.

*Efectos de la experiencia temprana*

Aquí se ha hecho hincapié en la aproximación de la historia natural tanto a la tipificación sexual como al comportamiento sexual. Además de que esta información tiene mucho valor en sí misma, también constituye una base esencial para el estudio de los efectos de la experiencia temprana sobre el sentimiento y la conducta sexual mientras éstos se desarrollan durante la adolescencia y hasta la adultez. Una vez más, resulta claro que la investigación longitudinal es el elemento esencial para el estudio de estos efectos. Cualesquiera que sean las fuentes genéticas inherentes a la continuidad del desarrollo por este camino particular, y sea que éstas se expresen por medio de procesos cognitivos neurológicos, químicos o cognitivos, existe una gran evidencia de que las experiencias que tiene el niño al crecer, en sus relaciones con otros individuos y con las instituciones sociales, son determinantes fundamentales para las reacciones al despertar sexual, tanto en la tipificación como en el comportamiento sexual.

La principal influencia parece provenir de los padres durante los dos primeros años de vida del niño. Las actitudes de crianza del niño y la práctica con respecto a la tipificación y al comportamiento sexual varían considerablemente. Existen suficientes pruebas con respecto al desarrollo de la agresión, la dependencia, y el logro de la motivación, que nos hacen suponer que la tipificación y el comportamiento sexuales también están influidos por esos hechos. Prácticamente no ha habido investigación de los efectos de las actitudes de los padres hacia el comportamiento sexual en la secuencia de desarrollo que aparece incluso en la tardía niñez, y ninguna para la adolescencia o la adultez. El estudio longitudinal de niños cuyas experiencias varían mucho desde el extremo normal hasta el desviado en estos aspectos deberá perfeccionarse.

Idealmente, este tipo de estudios debería comenzar poco después del nacimiento del niño y continuarse hasta los veinticinco años. Las bien conocidas dificultades para mantener un estudio longitudinal en ese periodo de tiempo urgen a que el campo general de la sexualidad se introduzca en otros estudios longitudinales que ya están en curso. Algunos de éstos merecen consideración especial. Tanto los estudios de Berkeley (Jones y otros, 1971) como la investigación Fels (Kagan y Moss, 1962) disponen de amplios informes sobre la experiencia de la primera niñez en la familia y la medición siguiente del trato por parte de los padres. En estos estudios, los sujetos están ahora en la mediana edad, y una investigación retrospectiva arrojaría mucha luz sobre la relación entre las experiencias de crianza de los bebés y el comportamiento del adulto. También existe un conjunto de informaciones igualmente prometedoras en el ejemplo de *Pautas de la crianza del niño* (R. Sears, Maccoby y Levin, 1976). Los casi 400 casos individuales cuyas experiencias de socialización fueron sistemáticamente computadas cuando los sujetos tenían cinco años constituyen una fuente potencialmente valiosa para el estudio de la experiencia temprana como precursora de la sexualidad del adulto, cuando a éste se le evalúa a los treinta años de edad.

Aunque consideramos que el estudio longitudinal es un método esencial para enfrentarse a todos estos problemas, reconocemos su dificultad y su costo. Veinticinco años es un periodo demasiado extenso para que podamos esperar respuestas definitivas a preguntas urgentes. El hecho de capitalizar los primitivos estudios puede ser muy valioso, pero el tipo de investigaciones longitudinales empezados hace veinticinco o cincuenta años no es necesariamente el más eficaz. Para las nuevas investigaciones deberían considerarse los estudios longitudinales de corto plazo y su reconfirmación con grupos separados en el tiempo. Los tiempos cambian como la gente, y las relaciones causales básicas pueden ser aisladas de mejor manera por las repeticiones de análisis secuenciales con grupos de la misma edad considerados al cabo de algunos años de distancia.

En segundo lugar, en importancia para la investigación, está la influencia de los compañeros. Mientras hubo una larga historia en la psicología del estudio de las amistades y sentimientos sobre los compañeros, hubo muy poca investigación sobre la influencia de los grupos de compañeros sobre el desarrollo de la presonalidad. La llamada "cultura de los pares" ha sido reconocida universalmente por los sociólogos y los antropólogos, y por supuesto el trabajo sobre bandas en el campo de la delincuencia presenta una significativa aproximación al estudio de dichos factores. Una vez más, durante mucho tiempo el sexo ha sido dejado de lado en los estudios que representan un enfoque a las influencias de los compañeros aunque, como se observó antes, el grupo de compañeros a menudo es la principal fuente de la educación sexual.

Por último, hay instituciones sociales que tienen repercusión sobre el desarrollo del niño. En ausencia de la historia natural del desarrollo de la tipificación sexual y del comportamiento sexual, es difícil analizar la estructura institucional de la sociedad con relación a su influencia causal en el desarrollo. La proporción diferencial del desarrollo en los niños y en las niñas, particularmente durante el primer periodo adolescente, sugiere la importancia de observar las disposiciones escolares que pueden dar especial trascendencia a un sexo o al otro en diferentes momentos. Para ambos sexos, existen un autoconcepto y una imagen corporal cambiantes durante el periodo de transición. Aunque se ha prestado cierta atención a los efectos de esta discrepancia en la pubescencia con respecto a la motivación de logros, sólo ha habido estudios clínicos de los efectos en los sentimientos y elecciones sexuales. Por su propia naturaleza, el estudio clínico se limita sobre todo a los jóvenes que más se han desviado de la norma, y de aquí que tengamos poca información sobre los efectos de las diferentes instituciones sociales en el niño que no se desvía lo bastante como para ser tratado en un medio clínico.

La importancia de todos estos antecedentes no puede exagerarse. Cualesquiera que sean los caminos genéticos de la variación en el desarrollo, los hechos producidos ambientalmente son los que mejor pueden controlarse. Tanto la educación de los padres como la educación sexual, a través de las escuelas o por medio de los compañeros más maduros, son canales que podrían ser enriquecidos por un conocimiento más sólido en las esferas del comportamiento que aquí hemos considerado.

Algunos caminos hacia la madurez provocan mayor angustia que otros. Allí donde se escogen estos caminos por causa de determinadas actitudes paternas, o experiencias en el grupo de compañeros, o influencias de las instituciones sociales, allí podrían ser modificados en favor de los niños del futuro. También puede ser que algunos tipos de desarrollo —algunos de los caminos— sean genéticamente determinados y no estén sujetos a la modificación a través de la experiencia Muchos otros son aparentemente elegidos por un nexo particular de hechos. Para bloquear los caminos más angustiosos, le damos nuestra prioridad a las áreas de investigación aquí recomendadas.

## REFERENCIAS

Campbell, E. H. 1939. The social-sex development of children. *Genet. Psychol. Monogr.* 21. núm. 4.

Feshbach, S. 1970. Agression. En *Carmichael's manual of child psychology.* vol. 2. ed. P. Mussen, Nueva York. Wiley.

Hamilton, G. V. 1929. *A research in marriage.* Nueva York: A. y C. Boni.

Hetherington, E. M. 1972. Effects of father absence on personality development in adolescent daughters. *Dev. Psychol.* 7:313-326.

Jones, M. C.; Bayley, N.; Macfarlane, J. W. y Honzik, M. P. 1971. *The course of human development*. Waltham, Mass.: Xerox College Publishing.

Kagan, J. y Moss, H. A. 1962. *Birth to maturity*. Nueva York: Wiley.

Kinsey, A. C.; Pomeroy, W. B. y Martin, C. E. 1948. *Sexual behavior in the human male*. Filadelfia: Saunders.

Kinsey, A. C.; Pomeroy, W. B.; Martin, C. E. y Gebhard, P. H. 1953. *Sexual behavior in the human female*. Filadelfia: Saunders.

LeVine, R. A. 1970. Cross-cultural study in child psychology. En *Carmichael's manual of child psychology*, vol. 2, ed. P. Mussen. Nueva York: Wiley.

Maccoby, E. E. y Masters, J. C. 1970. Attachment and dependency. En *Carmichael's manual of child psychology*. vol. 2, ed. P. Mussen. Nueva York: Wiley.

Mischel, W. 1970. Sex-typing and socialization. En *Carmichael's manual of child psychology*. vol. 2, ed. P. Mussen. Nueva York: Wiley.

Money, J. y Ehrhardt, A. A. 1972. *Man and woman, boy and girl*. Baltimore: Johns Hopkins Press.

Sears, P. S. 1951. Doll play aggression in normal young children: Influence of sex, age, sibling status, father's absence. *Phychol. Monogr.* 65, núm. 6.

Sears, R. R. 1943. *Survey of objective studies of psychoanalytic concepts*. Nueva York: Social Science Research Council. Bulletin 51.

––––––. 1961. Relation of early socialization experiences to aggression in middle childhood. *J. Abnorm. Soc. Psychol.* 63:466-492.

––––––. 1965. Development of gender role. En *Sex and behavior*, ed. F. A. Beach. Nueva York: Wiley.

Sears, R. R.; Maccoby, E. E. y Levin, H. 1976. *Patterns of child rearing*. Stanford: Stanford University Press.

Sears, R. R.; Rau, L. y Alpert, R. 1965. *Identification and child rearing*. Stanford: Stanford University Press.

# LAS PERSPECTIVAS SOCIOLÓGICAS

*Cualesquiera que puedan ser los caminos biológicos y psicológicos de la identidad genérica, sus expresiones sólo se despliegan y pueden tener sentido cabal en los contextos sociales. Aunque este contexto es definidamente el área de trabajo de los sociólogos, éstos pocas veces se han dedicado a la sexualidad como objeto de estudio. Una de las más notables excepciones es John Gagnon, autor de la primera colaboración para esta cuarta parte.*

*Gagnon trata de mirar más allá de las simples diferencias entre los hombres y las mujeres en la conducta sexual, y trata de enfocar las formas en que se producen las diferencias observadas y las similitudes, su estabilidad y el modo en que se mantienen. Elude "la inclinación desarrollista y/o biológica" que nota en la mayoría de las explicaciones teóricas sobre la adquisición del género y de las diferencias sexuales, y ofrece una perspectiva distinta en que las relaciones entre el rol genérico y la conducta sexual pueden considerarse como manifestaciones de diferentes historias de aprendizaje social en diversos contextos culturales. Así pues, comparado con la mayoría de los psicólogos evolutivos, Gagnon considera al proceso de desarrollo como menos fijo, más discontinuo y más condicionado ambientalmente. Un corolario es que las diferencias entre el hombre y la mujer, tales como se presentan en las respuestas a los materiales eróticos, se aceptan no fijas, sino sujetas al cambio histórico. La perspectiva sociológica, tal como viene articulada por Gagnon, considera así el comportamiento sexual y el género como mucho más maleables de lo que se ha creído según las ideas más biológicas o tradicionalmente evolutivas.*

*El segundo capítulo de esta parte es una colaboración independiente, más que una respuesta o refutación. Jean Lipman-Blumen, del campo de la sociología, y Harold Leavitt, experto en comportamiento organizacional, han desarrollado una buena tipología y la aplican para la comprensión del comportamiento sexual. Identifican los lazos comunes entre la sexualidad y la*

*realización, y muestran la relación de ambas con los estereoti-
pos genéricos distintivos.*

*En la última colaboración de esta parte, Lee Rainwater
reitera la concepción sociológica sobre la variabilidad y elasti-
cidad en los roles genéricos y en el comportamiento sexual, y
su escepticismo ante supuestas uniformidades en el desarrollo
sexual y genérico, basado en determinantes biológicos y psicológicos. Rainwater prosigue su argumentación para mostrar
manifestaciones de variabilidad en el comportamiento referido
al sexo, en el rol genérico, y en los diferentes significados del
comportamiento sexual para el individuo y para los demás.*

*Ofreciendo sugestivas líneas de trabajo para la futura inves-
tigación, Rainwater recurre a las recomendaciones de otros
autores participantes en esta parte del libro, y a las de los
sociólogos William Simon y Patricia Miller, que participaron
en las discusiones. Las recomendaciones de estos especialistas
parten, sobre todo, del tema central de la variabilidad y el
cambio en el género y en el comportamiento sexual. Creen que
lo más necesario es una investigación social por la cual, a
través de periódicas revisiones, pueda obtenerse información
descriptiva sobre el comportamiento sexual y sus relaciones con
los cambios de estilo de vida, situaciones familiares y otros
aspectos de los roles e instituciones sociales. Estos sociólogos
también ven la necesidad de una mejor comprensión del sentido
de la sexualidad en la vida de la gente, en diferentes momentos
nodales del ciclo vital, y reclaman más amplios estudios históricos e interdisciplinarios para complementar el conocimiento
que tenemos de nuestra cultura actual.*

H.A.K.

# XII. LA INTERACCIÓN DE LOS ROLES GENÉRICOS Y LA CONDUCTA SEXUAL

John H. Gagnon

La elección de una perspectiva teórica o explicativa particular, y su aplicación de manera sistemática, es una decisión significativa en todas las áreas de la investigación científica. Nuestras preferencias teóricas contienen algunas de las reglas de decisión por las cuales decidimos qué son los "hechos", qué significado pueden tener los "hechos", y sus interrelaciones. Las teorías guían nuestra conducta científica, puesto que nos instruyen sobre qué asuntos observar y qué otros ignorar, qué es lo importante y qué lo trivial.

La elección consciente de una perspectiva teórica cobra particularmente importancia en el estudio de la sexualidad. Esto es, en parte, el resultado de la peculiar importancia de la sexualidad tanto colectiva como individualmente en las culturas occidentales. Aun cuando la vida social, que incluye el estudio de la vida social, haya sido secularizada, la sexualidad todavía se las arregla para mantener su *status* ejemplar para mucha gente, en tanto es el margen observable entre lo sagrado y lo profano.[1] Como resultado de la situación problemática de la sexualidad, tanto en las vidas de los individuos (incluyendo a los científicos) como en la vida colectiva de la sociedad, aquéllos que hacen de la sexualidad un objeto profesional a menudo necesitan justificar y defender sus intereses. Como resultado de esto, las teorías que se han congregado alrededor de la sexualidad arrastran a menudo fuertes ideologías —que frecuentemente suponen intentos de usar a la sexualidad para defender

---

[1] "Cualquiera sea la fuerza de ciertos argumentos de naturaleza biológica o filosófica (en el sentido de que la masturbación es común o es parte del desarrollo sexual normal), que algunas veces han sido usados por teólogos, de hecho tanto el magisterio de la Iglesia —en el camino de su permanente tradición— como el sentido moral de los fieles han declarado sin dudar que la masturbación es un acto intrínseca y seriamente desordenado". Tomado de la *Declaración del Vaticano sobre la Ética Sexual*. 29 de diciembre de 1975, citado en Gagnon, 1977.

u oponerse a lo que es el orden social y cultural establecido (Gagnon, 1975).[2]

Incluso con el surgimiento del interés y las representaciones de la sexualidad por parte de los medios de información durante las últimas tres décadas, con especial aceleración en los últimos diez años, la represión sobre la investigación sexual parece haberse aliviado apenas un poco.[3] Como resultado de esto, el conocimiento sobre la sexualidad humana sigue siendo escaso y la mayor parte de la investigación sexual carece de refinamiento metodológico. Dada la ausencia de un poderoso cuerpo de informaciones y datos, la elección de teorías o de sistemas de trabajo interpretativos se hace aún más crítica. Mientras tratamos de esbozar los grandes resúmenes del panorama de la sexualidad, saltando a menudo de un trabajo aislado e inadecuado a otro, son nuestras teorías las que guían nuestras especulaciones. Más aún, mientras tratamos de decidir qué investigación deberemos emprender a continuación, también son a menudo nuestras teorías, más que nuestra información, las que nos guían.

Estos problemas de las relaciones entre teorías e ideologías y entre teorías e informaciones se confunden particularmente cuando la discusión sobre la conducta sexual incluye la consideración de los roles y de las actividades genéricas. Esta confusión se debe, en parte, al hecho de que lo que parecen ser discusiones científicas sobre las diferencias del rol genérico tienen también considerables componentes ideológicos, componentes que acarrean serias consecuencias para la política de la ciencia y de la sociedad. A menudo lo que aprobamos de la sexualidad se basa en lo que aprobamos en la conducta del rol genérico,

---

2 Este uso de lo sexual para simbolizar otros propósitos sociales invierte exactamente el dictamen simbólico freudiano —por ejemplo, que la política es un sustituto de la sexualidad, o que las ideologías políticas son símbolos del conflicto sexual. Una revisión a la vida o a la literatura mostrará igualmente la tendencia opuesta —por ejemplo, el uso de temas y de conflictos sexuales por parte de D. H. Lawrence para simbolizar conflictos políticos y de clase que son de especie más importante. La sexualidad desaprobada se ha empleado a menudo en el siglo xx para atacar o criticar los valores e instituciones no sexuales convencionales.

3 La decisión del director de Estudiantes en Harvard University en 1976, en el sentido de prohibir un estudio de la excitación sexual que suponía mediciones directas de tumescencia penil en los jóvenes subgraduados, es un ejemplo reciente de este tipo de represiones.

y viceversa. Una segunda causa de dificultades es que nuestras concepciones tanto de la conducta sexual como de la conducta del rol genérico (en términos de sus orígenes, su desarrollo, su permanencia, sus propiedades y, no lo olvidemos, su moralidad) han cambiado permanentemente durante el último medio siglo. Esta dinámica cultural hace muy difícil juzgar si es el mismo *nosotros* el que habla sobre los mismos fenómenos, esto es, si *nosotros* hemos cambiado, si los mismos fenómenos han cambiado, o si ocurrieron ambas cosas a la vez.

Como resultado de estos cambios socioculturales, dentro o fuera de la ciencia, lo que parecía uno de los más obvios y coherentes hallazgos en la investigación científica, a saber, que los hombres y las mujeres difieren en un amplio rango de conducta sexual, parece ahora tener un aspecto más problemático. En un tiempo esta diferencia hombre/mujer tenía el mismo *status* en la investigación científica que el que tiene la clase social en la sociología; si no se pudieran encontrar otras diferencias emanadas de un estudio dado, por lo menos se podría encontrar una.

Los revolucionarios sexuales de mediados de siglo (a quienes Paul Robinson ha llamado hace poco con mucha justeza "los entusiastas sexuales") confirmaron lo que registraba el folclor sexual de su tiempo: que los hombres y las mujeres diferían en sexualidad (Robinson, 1976). Desde las impresiones clínicas de los psicoanalistas hasta las investigaciones exploratorias que comenzaron en los Estados Unidos durante los veintes, hasta el trabajo de Kinsey y aún después, eran las diferencias entre los hombres y las mujeres las que atrapaban la atención de los investigadores. Mientras se pensaba que *distintas* diferencias eran importantes, lo que sistemáticamente se observaba eran las diferencias. Incluso el trabajo de Masters y Johnson, que ha enfocado las similitudes entre los hombres y las mujeres en sus respuestas fisiológicas a los estímulos sexuales, deja todavía un amplio espacio para las variaciones en los niveles psicológicos y sociales (Masters y Johnson, 1966).

El tema contemporáneo, de todos modos, no es si las diferencias en la conducta sexual entre los hombres y las mujeres son observables: diferencias en incidencias, frecuencias, sentimientos, preferencias y estímulos han sido todas registradas. Lo que ahora se coloca como tema central es la relación entre las diferencias y las similitudes en la conducta del rol genérico y en la conducta sexual —las formas en las cuales aparecen las diferencias y las similitudes, el grado de fijeza o reversibilidad que tienen en las vidas de los individuos o de las culturas, y las formas como se mantienen.

En general, la mayoría de las teorías o explicaciones de la adquisición y mantenimiento de las diferencias genéricas y sexuales entre hombres y mujeres tienen una inclinación evolutiva y/o biológica. Esta inclinación creció cuando Freud atribuyó la fuente de tales diferencias a la anatomía genital observable (con hipotéticas diferencias "químicas" subyacentes). De estos orígenes biológicos surgiría lo que ahora llamaríamos identidad genérica, roles y actividades, y conducta sexual, todos ellos diseñados, modificados y fijados a medida que pasaban por el horno y la forja de la vida familiar. Lo que se pensaba que eran modelos de salud adulta encontrados en la Europa central a mediados del siglo xix se convirtió así en la meta cultural concreta del desarrollo genérico normal en Occidente. La heterosexualidad y la reproducción siguieron siendo los objetivos del desarrollo sexual genérico, así como también las bases para juzgar la normalidad social y psicológica de los individuos.

La búsqueda de una matriz no cultural para trazar el camino del género y del desarrollo sexual (juzgando su normalidad cultural) sigue siendo una preocupación fundamental, aunque no siempre explícita, en la mayor parte de nuestras investigaciones (Lunde, 1975; Tiger y Fox, 1971). Incluso Kinsey, con el hincapié que hace en la variable de la sexualidad como característica de la especie, a menudo ha considerado la masculinidad y la femineidad casi como ligadas a esencias biológicas fijas (Kinsey, 1953, pp. 642-689). Este tipo de enfoque estaba en sorprendente contraste con su consideración políticamente liberada (y yo creo que científicamente incorrecta) de la heterosexualidad y la homosexualidad, que él veía como los dos extremos de un continuo biológico de potencial sexual (Kinsey, 1948, pp. 610-666). Esta visión latente (y muchas veces no latente) del hombre y de la mujer como miembros de especies sexuales separadas —o, más recientemente, como poseedores de distintas historias internalizadas de aprendizaje genérico que determinan sus pautas de comportamiento sexual— no hace justicia ni a la variabilidad cultural ni a la individual implícita en la adquisición, mantenimiento e interacción de los roles genéricos y la conducta sexual.

Existe una perspectiva distinta a través de la cual se puede examinar y subrayar la compleja relación entre los roles genéricos y la conducta sexual. Es posible considerar estos campos no como resultados de secuencias fijas del desarrollo (sean biológicas o psicosociales), sino como ejemplos de diferentes historias de aprendizaje social en distintos contextos culturales. Esta concepción enfoca el rol de los contextos corrientes de aprendizaje como fuente para la mayor parte de las actuales conductas de aprendizaje que de otra manera podrían ser vistas como resultado de predisposiciones internalizadas. Una segunda dimensión de ese modelo de aprendizaje, tan cargado de ambientación social, podría predecir también una mayor capacidad para el cambio en los roles genéricos y en la conducta, en circunstancias naturalistas.

## ROLES GENÉRICOS Y CONDUCTA SEXUAL

Hasta mediados del decenio de 1960, el modelo común para la adquisición de roles genéricos y de la sexualidad supuso que la matriz para ambos era abandonada tempranamente en la vida, y casi contemporáneamente. Incluso cuando la tradicional concepción freudiana del género y del dimorfismo sexual entre mujeres y hombres como características de la primera niñez fue rechazada, pareció razonable suponer que las diferenciaciones entre hombre y mujer en tal conducta comenzaran tempranamente en la vida y estuvieran estrechamente relacionadas (Money y Ehrhardt, 1972).

Más recientemente, un buen número de investigadores ha sugerido que esta relación, al menos en las culturas occidentales, podría ser mejor concebida como más secuencial y más discontinua en su carácter (Simon y Gagnon, 1969). Así pues, la manifestación de la conducta sexual en la adolescencia se considera como dependiente de (pero no exclusivamente como determinada por) la preexistencia del dimorfismo del rol genérico. Por lo general se estaba de acuerdo en que, en temprana época de la vida, niños y niñas adquirían identidades genéricas y luego acumulaban roles y actividades específicamente genéricos. De todos modos, sólo en la adolescencia la mayoría de los jóvenes se hacían actores sexuales. Puesto que la cultura dominante no estimula abiertamente la cultura sexual entre los jóvenes hasta el final de su adolescencia (aunque apoyos culturales locales y sistemas clandestinos de aprendizaje puedan existir desde mucho tiempo antes), la mayoría de los jóvenes tienen un sentido bien desarrollado de masculinidad o femineidad, de "ser niño" o "ser niña", anteriores a la adquisición de la conducta sexual.

Como resultado de la insistencia cultural en las diferencias relativamente claras en las identidades genéricas y en los roles tempranos en la vida, cuando la conducta sexual (como plan para la conducta y como actividad de hecho) empieza a practicarse, los jóvenes por lo común usan las autorrotulaciones previamente adquiridas, y los materiales cognitivos asociados a las distinciones niño-niña/hombre-mujer. La adquisición de la conducta sexual se basa entonces, en parte, en la codificación de la conducta sexual según las categorías genéricas previamente aprendidas, influidas por el ambiente adolescente, que es codificado en sí mismo en términos dimórficos. En la adolescencia comienza lo que podría llamarse una segunda etapa del dimorfismo hombre/mujer en esta cultura.

De muchos modos, esta reconceptualización de la relación, o al menos la prioridad en la secuencia entre la adquisición de roles genéricos y la posterior adquisición de la conducta sexual es razonablemente satisfactoria. Resulta particularmente útil para organizar nuestra perspectiva del avance de los jóvenes hacia los mundos homosociales genéricamente separados de la primera adolescencia, mundos homosociales que contienen las fuentes interpersonales primarias del aprendizaje sexual. Debería destacarse el hecho de que la segregación genérica todavía permanece relativamente sólida durante este periodo, sin tomar en cuenta las predicciones "unisex". Así pues, la transición a estos mundos separados, y las pautas sexuales que apoyan aparecen relativamente rápido y no son problemáticos para la mayoría de los jóvenes (Gagnon, 1971). La existencia de diferencias del rol genérico previamente internalizadas haría que el reconocimiento y la aceptación de diferentes pautas de la conducta sexual temprana fueran muy razonable.

De todos modos, es importante reconocer que aun esta concepción tiende a sobredeterminar la fuerza de las primitivas diferencias entre mujeres y hombres. Aparte de la fijeza verbal de la sentencia autorrotulante genérica a los tres o cuatro años de edad —"Soy un niño", o "Soy una niña"—, este rótulo de hecho tiene muy poco contenido cultural. Sólo porque las ambientaciones de aprendizaje *posteriores* aparecen codificadas como en niño/niña, de modos específicos, el joven adquiere un mayor sentido de las diferencias. No es que el niño haya sido reorganizado cognitivamente, sino más bien que ha adquirido una autorrotulación volitiva a la que los demás se refieren frecuentemente, y que hace que los siguientes materiales culturales rotulados niño/niña sean más fáciles de asimilar. Esta evidente facilidad de aprendizaje es, claramente, la consecuencia de la rotulación ambiental de conexiones arbitrarias dentro de una cultura. Si la estructura laboral y el mundo de la sexualidad no estuvieran codificados en términos de hombre/mujer, entonces la autorrotulación original como niño/niña sería improcedente en estos dominios de la conducta.

Incluso cuando los jóvenes pueden distinguir adecuadamente (cualesquiera que sean las pruebas del psicólogo o de los padres) entre niños y niñas y entre hombres y mujeres, en lo que parecen ser modalidades culturalmente apropiadas, no queda del todo claro que sepan si los niños pertenecen a la categoría *hombres,* o las niñas a la categoría *mujeres,* o que todos pertenezcan a un conjunto más amplio de categorías: *macho* y *hembra.* Cuando los jóvenes acumulan materiales que juzgamos culturalmente apropiados para su sexo, no siempre estamos seguros de qué conexiones están haciendo internamente entre estas realizaciones externas. La aptitud para desempeñar adecuadamente una tarea culturalmente apropiada, y el compromiso frente a esa tarea asumida como apropiada para sí mismo, son fenómenos muy diferentes, como lo puede asegurar cualquier persona introspectiva. Así aunque los jóvenes puedan cumplir cierto número de actividades genéricas rotuladas, identificables y realizables, las nuevas actividades genéricas (tales como las diferentes pautas sexuales que aparecen en la adolescencia) no tienen una conexión obvia o natural para los jóvenes, a menos que estas actividades sean continua y categóricamente rotuladas como apropiadas para ellos en el momento de su adquisición.

Además, algunas revisiones recientes de la bibliografía sobre la fuerza y potencial direccional de las diferencias psicológicas entre los géneros sugieren que éstas son menores en número, y menos poderosas para determinar la conducta futura de lo que comúnmente creíamos (Maccoby y Jacklin, 1974). En lugar de las grandes diferencias entre los sexos, en una amplia escala

de atributos, los estudios más recientes han descubierto primariamente una buena proporción de variabilidad inter e intra-
genérica. Las diferencias que se mantienen no se relacionan tan
fácilmente con las diferentes pautas genéricas en la adquisición
y la práctica de la conducta sexual. Incluso en los casos en
que las diferencias medias entre los géneros son considerables
(tales como la medición de la agresividad y la aptitud espacial),
es difícil evaluar su interacción con la adquisición diferencial
o con el contenido de la conducta sexual.

El hecho de saber que hay pocas diferencias psicológicas
puede sorprender, porque en el pasado existía una tendencia
exagerada a "descubrir" diferencias, o a desechar los estudios
que no las descubrían, esto es, un prejuicio cultural en favor
de las diferencias genéricas. Al mismo tiempo, empero, una
observación rápida del mundo que nos rodea revelaría que
existe una marcada división de actividades y categorías en la
sociedad entre hombres y mujeres, y comúnmente también entre
niños y niñas. ¿Por qué no se registran estas variedades en las
circunstancias culturales de los experimentos psicológicos?

A diferencia de la mayoría de las circunstancias en que las
desemejanzas genéricas son parte de las respuestas reclamadas
por el ambiente, el experimento psicológico a menudo es una
de las pocas circunstancias en la sociedad en que no se requieren
diferencias entre hombres y mujeres (ni se les vuelve aleatorias).
Bien puede ser que para sostener las diferencias culturales entre
hombres y mujeres, necesitemos crear demandas ambientales
duplicadas que reiteren constantemente las diferencias genéricas. En este sentido, el experimento psicológico no es la manera
de descubrir el peso diferencial que se debe atribuir a los
diferentes factores ligados a lo genérico —y por lo tanto una
guía para lo que es "realmente" distinto y para lo que no lo
es (y como resultado, también una guía para el cambio social
y político). En lugar de esto, el experimento es una ambientación relativamente neutral en lo genérico, y que desemboca en
similitudes entre los sujetos machos y hembras.

El asunto es que la identidad genérica, los roles y las actividades no se vuelven constantes sino que de hecho permanecen
variables y relativamente incoherentes. Un modelo de desarrollo
que haga hincapié en el despliegue secuencial de los atributos
fijos, etapa por etapa, tenderá a oscurecer la gama de la variación de la conducta genérica y sexual alrededor de los promedios

estereotípicos (ingenuos y científicos). La interacción de las diferencias intragenéricas con las pautas de adquisición y realización de la conducta sexual pocas veces se ha examinado y entendido. Como la mayor parte de la teoría evolutiva sigue siendo lineal en su énfasis, lo que viene antes en la historia del organismo determina primariamente a lo que viene después. Tal teoría depende de la continua suposición en el individuo de programas y disposiciones a actuar que son relativamente irrevocables. El envejecimiento del organismo se cree que implica una creciente fijeza de respuestas y una decreciente flexibilidad adaptativa. Así, las diferencias entre hombre y mujer en la conducta sexual son concebidas como consecuencias necesarias de la experiencia genérica previa, y también como componentes caracterológicos o de la personalidad, casi irreversibles. Tales versiones del desarrollo consideran la dificultad del cambio de comportamiento como atributo individual, en lugar de examinar el conjunto de continuas contingencias ambientales que mantienen y cambian una vasta gama tanto de roles genéricos convencionales como de conducta sexual.

La otra perspectiva sobre el desarrollo ofrecida por este trabajo subraya su carácter incoherente, discontinuo e improvisado al nivel colectivo e individual, y diverge considerablemente de los modelos psicológicos tradicionales. La mayoría de los modelos psicológicos se basa en lazos entre lo que es catalogado como hechos molares similares observados durante el tiempo, asignando el mayor peso causal a los anteriores. El desarrrollo se convierte así en un hilo de hechos molares similares conectados entre sí; de tal modo, los factores primeramente definidos y medidos intelectualmente, o los factores genéricos, dan forma a hechos similares pero posteriores en un esquema de trabajo "donde se da cuenta de las variaciones". En oposición a esto, mi punto de vista subraya lo que puede llamarse el carácter relativamente desmemoriado del desarrollo humano —a medida que la persona adquiere nuevos rótulos y reorganiza sus mapas cognitivos del mundo, del pasado, incluso del pasado más reciente, pierde su capacidad de organizar su futuro. Introducirnos en una categoría cultural significativa puede borrar los caminos que conducen a ella —y así, el chico que termina siendo definido como varonil o "mariquita", sin importar de qué manera llega a esa definición, termina con un resultado cultural común. El pasado, en estos casos, es menos importante que las demandas características de esa experiencia común de rotulación, y así se hace menos importante para poder predecir la conducta futura. También, puesto que la nueva categoría ofrece nuevas justificaciones de la conducta pasada, presente y futura, se reconstruyen las memorias del pasado que tiene el individuo. El ingreso en los aspectos sexuales de la adolescencia, la incorporación a la comunidad homosexual, o al casamiento heterosexual, son todas transiciones fronterizas en las cuales las similitudes para el futuro pueden predecirse más desde la pertenencia al nuevo grupo social que desde las formas en que se ha llegado a esa pertenencia.[4]

## La masturbación y los roles genéricos adolescentes

Las proporciones genéricas diferenciales de adquisición (en términos de incidentes y de tiempo) de masturbación entre hombres y mujeres jóvenes, y las diferentes pautas que existen entre quienes se masturban (en frecuencias y fantasías), son apenas una función de las historias del rol genérico en la gente joven. Hasta hoy todavía tienen vigencia los hallazgos básicos de Kinsey: 1) Los hombres jóvenes se masturban en mayor proporción que las mujeres jóvenes; 2) los hombres jóvenes empiezan antes que las mujeres jóvenes; 3) los hombres llegan al pico más alto de incidencia hacia los quince años, mientras que las mujeres siguen descubriendo la masturbación mucho tiempo después; 4) los hombres que se masturban lo hacen, en promedio, en mayores proporciones que las mujeres que lo hacen todo el tiempo hasta la adultez joven; y finalmente, 5) las fantasías de los hombres jóvenes son representaciones más concretas de sexualidad normal o desviada que las de las jóvenes mujeres (Kinsey, 1948, 1953; Gagnon, Simon y Berger, 1970; Clifford, 1975).

Estas diferencias en la masturbación, registradas para los hombres en oposición a las mujeres, son muy difíciles de interpretar

---

[4] Las correlaciones extraordinariamente bajas encontradas en la investigación evolutiva, incluso las más molares, sugieren que sólo deberían esperarse efectos de corto trecho entre un suceso y otro. Cuando se presentan altas correlaciones, éstas son por lo común una función de reconstrucciones individuales del pasado para ajustarse y adaptarse a las condiciones corrientes —las correlaciones se dan entre las construcciones verbales presentadas todas en un contexto común.

si tratamos de localizar alguna conexión directa con el aprendizaje previo del rol genérico. Ninguna de las diferencias entre los niños y las niñas de diez y once años de edad, incluso aquellas diferencias que pueden llegar mucho más atrás en el desarrollo, hace predecir una diferencia de este tipo y potencia. Lo que parece más probable es una secuencia de hechos que dependen ante todo de la incorporación a una cultura adolescente genéricamente segregada de antemano. El simple hecho de ser niño o niña a los diez u once años de edad muchas veces es suficiente para asignar a la mayoría de los jóvenes a estos mundos alternativos.

El sistema clandestino de aprendizaje para los niños pequeños, que ofrece información, mala información, ocasiones de desnudez en compañía y comparación de los genitales, así como también posibilidades de práctica sexual compartida e instruida, no existe para la mayoría de las niñas. No es que exista algún grupo de atributos previamente adquiridos que hagan de la masturbación algo más accesible para los pequeños varones (aunque pueda serlo para alguna gente joven); más bien, es que los ambientes homosociales para los varones pequeños y las niñas contienen oportunidades de aprender diferentes pautas de conducta masturbatoria. De todos modos, hay una proporción de hombres jóvenes que no se masturban (entre el 10 y el 15 por ciento) y una proporción considerable de mujeres que sí lo hacen (cerca de un 40 por ciento hacia la edad de la escuela secundaria). Más aún, existen unas pocas mujeres jóvenes que se masturban en proporciones que son casi similares a las de los hombres que lo hacen en gran proporción. De este modo, existen suficientes casos desviados para sugerir que debemos mirar en detalle todos los ambientes, tanto para los hombres como para las mujeres, de manera que pudiéramos examinar las fuentes de despliegue de las pautas de conducta.

El hecho de que el ambiente haga más accesible la masturbación para los hombres tiene consecuencias sobre el rol genérico. La decisión de masturbarse crea ahora la oportunidad para nuevas dimensiones de la diferencia entre hombres jóvenes y mujeres, y puede contribuir sustancialmente a un cambio en el contenido de los roles genéricos. La frecuente masturbación aumenta la posibilidad de que los hombres tengan un fuerte foco genital en la sexualidad, que vean reforzadas sus fantasías con el orgasmo, que hayan asumido el sexo en ciertas formas estereotípicas que pueden influir en su conducta sexual con las jóvenes mujeres (Gagnon, 1974). Por oposición, muchas de las respuestas que tienen las jóvenes frente a la heterosexualidad pueden ser condicionadas por la ausencia relativa de una sexualidad autoelegida y autónoma que caracteriza, al menos un poco, a la masturbación. De esta manera, la masturbación influye en el contenido de los roles genéricos realimentándolos y cambiando el contenido de las diferencias originales. Más aún, las nuevas diferencias entre las jóvenes y los muchachos en el terreno sexual bien pueden ser algunas de las fuentes más poderosas para el mantenimiento de las viejas diferencias en el rol genérico y para la creación de nuevas.

Esta relativa discontinuidad e independencia de la conducta masturbatoria, a partir del entrenamiento previo del rol genérico, puede darnos una lección ejemplar sobre los peligros de explicar la conducta presente por medio de apelaciones a las "similitudes" con el pasado. Por ejemplo, si las pautas de masturbación de tipo "masculino" hubieran sido ambientalmente accesibles para las mujeres, entonces habríamos visto un conjunto de explicaciones un poco diferente sobre las interacciones entre las "predisposiciones" genéricas y la conducta sexual. Es posible que los investigadores encontraran entonces en el desarrollo genérico femenino un conjunto particular de factores que hace que las mujeres tengan más tendencia a la masturbación. Quizá las características "femeninas" de pasividad, dependencia y sumisión hubieran sido usadas para explicar la práctica pasiva, solitaria y asocial de la automasturbación. Se trata de que *lo que es, no es lo que debe ser.* Si los ambientes están secuencialmente codificados, esto no significa que las personas estén previa e internamente programadas.

## Homosexualidad y roles genéricos

El estudio de las razones "reales" por las que la gente se vuelve homosexual o realiza actos homosexuales es posiblemente una empresa infructuosa, aunque haya ocupado la mayor atención de quienes han estudiado la homosexualidad (Simon y Gagnon, 1967a. 1967b.). Se ha buscado obsesivamente la información que pruebe que existe un único conjunto de caminos o secuencia de experiencias (tipo de familia, tipo de grupo de compañeros, tipo de experiencias escolares, primera experiencia homosexual, etcétera) que determina y produce al homosexual. Pero el significado de ser homosexual no es simplemente una acumulación del pasado; viene de los ambientes que esperan al niño, ambientes en los que los rótulos de la niñez y las experiencias no se relacionan con las preferencias sexuales que los adultos quieren.[5] El "significado" de la sexualidad se desarrolla continuamente a medida que la gente crece en edad; un acto a los quince años es diferente del mismo acto a los veinte; un choque emocional a los catorce años es fundamentalmente diferente de un asunto amoroso a los cuarenta.

La base de la mayoría de las teorías que explican el hecho de volverse homosexual es que algo no ha ido de acuerdo con el proceso de formación de la identidad genérica —que se ha quebrado la conexión entre el desarrollo de la masculinidad y la preferencia por las mujeres en el caso de la homosexualidad masculina, y entre la condición de mujer y la preferencia por los hombres en el caso de la homosexualidad femenina (Bieber y otros, 1962). El argumento subyacente se expresa primitivamente diciendo que los hombres homosexuales son básicamente hombres afeminados y que las mujeres homosexuales son mujeres viriles.

La importancia que puedan tener las pautas contemporáneas del núcleo familiar para el desarrollo de la homosexualidad (y de la heterosexualidad) hoy día (no está claro qué rol puede haber jugado la familia en el desarrollo de la homosexualidad, digamos, en la Grecia Clásica), es la de ofrecer pautas para la diferenciación del rol. La familia contemporánea hace gran hincapié en el dimorfismo del rol genérico, proporcionando como modelos primarios de rol una pareja formada por

---

5 Mi colega William Simon me sugirió una vez que "existen más razones para ser desviado que modos de ser desviado (o convencional)". Destacó el caso de un hombre heterosexual que tenía un gran interés en el sadismo, pero tenía dificultades para conseguir parejas sexuales. Debido a que el masoquismo parece más común entre los hombres homosexuales que entre las mujeres heterosexuales el hombre empezó a frecuentar bares de homosexuales en busca de masoquistas. Era capaz de sustituir el género del objeto sexual si su interés primario en infligir dolor quedaba satisfecho. Su conducta en un bar de homosexuales hubiera dado la impresión de un hombre "homosexual", y efectivamente, con el objeto de encontrar parejas sexuales él "desempeñaba ese papel".

miembros del sexo opuesto (generalmente heterosexual) con diferentes tareas asignadas para los diferentes géneros.

Todos los niños aprenden a observar estas pautas en el hogar o en otras áreas de la sociedad, y se sienten cómodos o incómodos con estos modelos en cuanto a qué les puede deparar el futuro. De todos modos, no está claro que el "marica" o la "hombruna" reaccionen, de hecho, sólo frente a esta constelación familiar. El niño débil, tímido y temeroso puede ser, de hecho, físicamente menos apto o legítimamente temeroso de sufrir daño. La hombruna puede sentirse muy admirada por el grupo de compañeros por sus actividades durante gran parte de su niñez.

Lo que puede ser importante en términos de desarrollo no es si los niños poseen un conjunto particular de estigmas o habilidades o incapacidades, sino si sienten alguna alienación a partir de los roles genéricos convencionales que les ofrecen los padres, los pares, los maestros o la televisión. De este modo, no existe una pauta particular de relaciones padres-hijos que pueda producir a un "homosexual"; sólo existen muchos niños más o menos cómodos con las expectativas usuales del rol genérico. La incomodidad o la alienación pueden dar diferentes resultados, y éstos dependen de otros aspectos del ambiente, presentes o futuros. Dos ejemplos: un muchacho pequeño y físicamente débil es rechazado y a su vez rechaza a su grupo de amigos pertenecientes a una agresiva clase obrera. En la escuela puede encontrar oportunidades para ser sumamente móvil, llegar a la universidad y tener éxito, mientras sus compañeros de clase siguen dando vueltas por la taberna de la esquina. En las mismas circunstancias, el sentido de alienación puede influir en las preferencias del niño hacia sus parejas sexuales. Una niña hombruna, mal vista en una sociedad donde se estereotipa el género por sus intereses en "cosas de niños", puede interesarse por la homosexualidad; pero en una sociedad en que las mujeres atléticas reciben grandes recompensas, podría hacerse famosa y objeto de una considerable atención heterosexual. En ambos ejemplos existen expresiones de valores —entre la heterosexualidad y la homosexualidad, entre la gran movilidad y los estilos de vida de la clase trabajadora, entre la fama y la oscuridad.

La constelación familiar de los modelos del rol prepara al niño no tanto para la "homosexualidad" como para una gran variedad de respuestas cuyos contenidos deben ser especificados en el terreno de la adolescencia. Los niños "mal adaptados" pueden encontrar innumerables oportunidades, así como también problemas, que dependen de las fuentes que tienen a mano, a medida que pasan de un periodo a otro en sus vidas. Las pautas de la socialización pueden producir incomodidad; el hecho de que esta incomodidad sea un potencial para hacerse diferente de lo que se espera (de hecho, mucha gente no se da cuenta de este potencial), no es tan importante como el hecho de que este "diferente" sea definido como bueno o malo.

La joven que se siente incómoda con las expectativas convencionales del rol genérico a menudo se encuentra a sí misma también inconforme con la heterosocialidad y la heterosexualidad de la vida social adolescente. Sólo en unos cuantos de los jóvenes más populares se parece la cultura de los jóvenes a sus versiones de la televisión y la mayoría de los jóvenes, aquéllos que se inclinan a las preferencias heterosexuales y también los que se inclinan hacia las homosexuales, sólo algunas veces encuentran este periodo placentero y gozoso. De todos modos, el periodo es por lo general más cómodo para los que avanzan en dirección heterosexual. Incluso si son heterosocialmente ineptos, es posible que sean llevados por la corriente general hasta alcanzar una mínima adaptación heterosexual.

Hay otra razón por la que resulta fácil comprender el potencial heterosexual. Se trata de entender que la inclinación hacia el sexo opuesto no debe considerarse de la misma manera como la inclinación hacia el mismo sexo. Es posible atravesar los rituales públicos de la heterosexualidad y de la heterosocialidad sin mucho esfuerzo consciente; no existen los mismos rituales para la gente joven que tiene un sentido distinto de lo que desea, emocional y físicamente. Este periodo parece particularmente caótico para los adolescentes que se interesan por su mismo sexo, puesto que no hay indicios públicos que los conformen en lo que piensan o sienten.

La experiencia de ser diferente, o de ser "invisible" o demasiado visible, es profundamente desmoralizadora para mucha gente joven (Brown, 1976). Aldededor de ellos, los demás parecen estar "desarrollándose bien" (no importa aquí cuán infelices puedan ser los otros). Efectivamente, muchos sentimientos similares son compartidos por la gente joven que se conformará posteriormente a la heterosexualidad. Los problemas que tienen estos jóvenes, acerca de su masculinidad o femineidad durante ese periodo, a menudo se relacionan con la creencia del mito cultural según el cual hay una conexión necesaria entre la conformidad del rol genérico y la conformidad sexual.

Algunos homosexuales dicen que ya sabían que eran homosexuales cuando tenían cinco o seis años de edad. No está claro qué significa esto: puede significar sólo que se sentían diferentes en aquel momento; puede significar que se sienten más cómodos localizando su "homosexualidad" en momento tan temprano de la vida; es posible que nos estén diciendo cómo se relacionan hoy, y muy poco sobre su pasado. Lo más probable es que la mayoría de la gente que hace una elección de objeto del mismo sexo lo hace durante la adolescencia, una secuencia de hechos que supone el reconocimiento de que son "diferentes" y de que deberían rotularse a sí mismos como "homosexuales", o "lesbianas"; los comienzos de la asociación con otros que se rotulan a sí mismos de la misma manera; el comienzo de la relación sexual con gente del mismo sexo; y finalmente el hecho de comunicar a la gente que les interesa (sea homosexual o heterosexual) sus propias preferencias. La secuencia de estos hechos no tiene un orden "natural"; alguna gente lo piensa primero, otra lo hace primero, e incluso otra gente lo sabe primero por otros (Dank, 1971).

En cuanto al despertar de las inclinaciones homosexuales, el periodo adolescente puede ser un poco distinto para los hombres que para las mujeres. Aquí es importante la influencia de las expectativas adolescentes acerca de la sexualidad. Muchas jóvenes establecen poderosas relaciones emocionales con otras mujeres jóvenes, pero sin inclinaciones sexuales físicas; algunas tienen experiencias sexuales sin saber cómo llamarlas; unas cuantas ligan la experiencia física con la inclinación emocional hacia una persona del mismo sexo. Estas pautas de autoidentificación emocional y sexual también ocurren entre los hombres, como lo hace la sexualidad sin existir la autoidentificación; de todos modos, los hombres más a menudo tienen acción física, y las mujeres inclinación emocional. Como ocurre con las mujeres jóvenes heterosexuales, el primer periodo para mujeres jóvenes que están desarrollando una inclinación homosexual está menos enfocado físicamente que en los hombres jóvenes. Las mujeres jóvenes también se incorporan francamente a la abierta experiencia homosexual a edades más tardías, y muchas pueden casarse antes de haber cumplido su inclinación final hacia la homosexualidad, que ocurre en algún momento posterior de su vida (Simón y Gagnon, 1967a. 1967b.).

El interjuego entre la sexualidad y los roles genéricos y la complejidad de la relación entre estos elementos se efectúa a medida que las personas jóvenes se encuentran con la comunidad homosexual o con la subcultura homosexual. Históricamente, los roles en la subcultura homosexual estaban alineados siguiendo líneas genéricas muy definidas. La comunidad homosexual masculina, particularmente, aunque también la femenina, tendían a ser modeladas siguiendo estereotipos heterosexuales de hombre/mujer. Esta característica de la subcultura a menudo se confundía con las preferencias de los miembros de esa subcultura. La confusión provenía de parte de los observadores de la subcultura homosexual (incluyendo la mayoría de los investigadores) así como también de parte de muchos miembros de la propia comunidad. Del mismo modo que la subcultura del *Marine Corps* es más machista que los propios infantes de marina, así también la comunidad homosexual está dividida en líneas más rígidas de lo que corresponde a los homosexuales individuales. Esta característica pública de la comunidad tiene dos efectos: primero, ofrece a las personas que se incorporan a la comunidad un conjunto de roles que son más exagerados o diferenciados de lo que de hecho se necesita; segundo, continua una tradición que es cada vez menos adecuada para sus miembros.

Como hemos observado, mucha gente joven que empieza a adoptar una preferencia por objetos sexuales alternativos se siente muy incómoda. Puesto que el estereotipo cultural del hombre homosexual es el afeminamiento, y el de la mujer es la masculinidad, es muy difícil deshacer estas concepciones impuestas. Al mismo tiempo, la persona joven no recibe los refuerzos no sexuales de la identidad del rol genérico que se constituyen en las recompensas automáticas de quienes son heterosociales. La asociación no sexual entre hombres y mujeres probablemente contribuya más a la comodidad del rol genérico que la asociación sexual; si la gente joven es separada de estos apoyos sociales, puede sobrevenir una incomodidad acerca de la estabilidad de su identidad de rol genérico. Los roles exagerados que ofrece la comunidad homosexual son aceptados con más pasión que reflexión por parte de muchos jóvenes, algunos de los cuales encuentran por primera vez un sentido de conexión entre el género y la sexualidad (Gagnon y Simon, 1973).

Lo que nos ofrece el caso homosexual es un sentido más agudo de la dinámica de la interacción entre la conducta sexual y los roles genéricos a lo largo de todo el ciclo vital, una interacción que los ambientes culturales están diseñando constantemente. Puesto que la homosexualidad es un caso de "desviación", estamos invariablemente conscientes de estas interacciones, y de la tensión entre el sexo y el género; de todos modos, estas mismas tensiones existen también para los heterosexuales. Una vez más, el género no es una categoría fija, como tampoco lo es la conducta sexual.

### La respuesta sexual en mujeres y en hombres

Además de la evidencia de que la relación entre los roles genéricos y la conducta sexual está condicionada por el ambiente y es relativamente discontinua y variable durante el ciclo vital, existe un número creciente de pruebas que alteran históricamente lo que se pensaba que eran relaciones fijas entre la varonidad, la hembridad y la conducta sexual. Un ejemplo indica que las condiciones cambiantes del aprendizaje en la sociedad afectan las diferencias genéricas en la capacidad de respuesta sexual a los estímulos eróticos de diferentes clases.

Por ejemplo, las diferencias antes observadas en los hombres y en las mujeres, en cuanto a su capacidad de respuesta a los materiales eróticos, no han sido confirmadas en la investigación más reciente ni en los estudios experimentales. Kinsey, en sus investigaciones emprendidas hacia fines de los años cuarenta y a principios de los cincuenta, descubrió (como lo hicieron otros investigadores) que un número menor de mujeres que de hombres comunicaban haber sido encendidas por materiales eróticos (Kinsey y otros, 1953, pp. 642-689). No se trataba de un cómputo de la intensidad diferencial de la excitación sexual, sino de un cómputo de la incidencia. Como una de las explicaciones más válidas para la desemejanza en la respuesta erótica, Kinsey eligió una diferencia de condicionabilidad en hombres y mujeres, basándose en las disparidades inferidas en el sistema nervioso central. Una explicación ambiental de este género de diferencia de respuesta a los materiales eróticos visuales es la de que la mayoría de las mujeres en los años de 1940 rara vez veía esos materiales, que los materiales estaban preparados sobre todo para los hombres (es decir, que no se conectaban con los registros sexuales de la mujer, aunque sí lo hicieran las películas románticas), y finalmente que las mujeres habían aprendido a hablar sobre estos materiales de modo negativo. Las diferencias entre hombres y mujeres podían entonces descansar en parte sobre el hecho de que 1) algunas mujeres que veían esos materiales no los definían como propiciadores de la excitación sexual (y no existe razón alguna para que así lo hicieran), y 2) algunas mujeres sí sentían la excitación sexual, pero no querían declararlo.

Algunos estudios más recientes sobre la excitación por vía visual, realizados en los años 1960 y 1970, sugieren que las diferencias entre hombres y mujeres son menores que las observadas en los anteriores estudios (Victor, 1977). Un número mucho mayor de hombres se excitaba viendo películas de mujeres desnudas, en comparación con mujeres que lo hacían viendo películas de hombres desnudos, incluyendo a hombres con erecciones. De todos modos, cuando se les mostraban películas de actividad sexual (caricias o coito), o un filme que mostrara en pleno la actividad sexual (las caricias a través del coito), tanto los hombres como las mujeres registraban respuestas casi similares (la erección en los hombres, la lubricación vaginal en las mujeres). Se encontraron también cambios de circulación sanguínea en los genitales de los hombres y de las mujeres, en una alta proporción, cuando todos ellos fueron expuestos a materiales eróticos, sea por vía visual o auditiva —y, casi en la misma proporción, todos comunicaron un grado parecido de excitación en escalas verbales.

Una similar diferencia genérica en la respuesta erótica, que ahora parece estar cambiando es el "descubrimiento" previo de que los hombres parecen relativamente carentes de respuesta al contacto táctil generalizado del cuerpo en la actividad sexual, y que tienen un foco genital de mayor placer, mientras que las mujeres responden menos en todo el cuerpo, sienten el orgasmo más fácilmente por contactos no genitales, y se centran menos en los genitales para lograr el despertar y el orgasmo. Gran parte de lo que se ha comunicado sobre estas diferencias es anecdótico y proviene de fuentes clínicas y terapéuticas, pero parece expresar las diferencias reales en el tipo de respuesta que dan hombres y mujeres.

En el pasado, la falta de un foco genital de parte de las mujeres era vista como fuente posible de la ausencia de orgasmo, y muchos clínicos buscaban la manera de aumentar el foco femenino en sus genitales; en un tiempo la vagina, ahora el clítoris. Recientemente, sin embargo, el foco masculino de los genitales también se ha definido por su carencia —una carencia que podría estar produciendo tanto la eyaculación prematura como, en algunos casos, la impotencia, cuando la capacidad para la erección se vuelve parte de la actividad que exige la pareja. Los ejercicios sobre el foco consisten en técnicas que tratan de aumentar el rango de la respuesta sexual del hombre —para aumentar la sensibilidad al estímulo táctil general (Masters y Johnson, 1970). Hoy día, hay un gran interés en la tetilla y el pecho del hombre como zona erógena recién definida.

## LOS CONTEXTOS CAMBIANTES DEL GÉNERO Y DE LA SEXUALIDAD

Los últimos setenta años no solamente han abarcado la masa de investigación sobre la sexualidad humana, sino que también han sido un periodo en el cual el contenido y el significado tanto de la conducta sexual como de los roles genéricos han cambiado igualmente. La investigación sobre la conducta sexual y sobre las diferencias en el rol genérico, así como también la politización de estos dos aspectos de la conducta humana (hecha tanto por los militantes o entusiastas sexuales como por los integrantes de los movimientos feministas) han cambiado no sólo la percepción científica del fenómeno, sino también las experiencias del público profano. En las sociedades modernas lo que comienza como conocimiento arcano de la comunidad científica pasa rápidamente al vulgo: los medios masivos rápidamente invaden el silencio y el reposo de la ciencia (y los científicos invaden los medios) y promueven a nivel público lo que han elegido.

Así, puesto que los materiales eróticos están más a mano (en parte debido a que los científicos dicen que no son peligrosos), los ambientes de aprendizaje se están haciendo más parecidos para hombres y para mujeres. Los estímulos que excitan a los hombres son ahora más accesibles para las mujeres, y se definen como parte de su repertorio de respuestas deseadas. Del mismo modo, existe una similitud creciente en la experiencia con el cuerpo como fuente de experimento erótico. La masturbación era una de las razones para el foco genital de respuesta sexual en el hombre; por oposición, las mujeres tenían por lo general la inclinación genital mucho menos centralizada. A medida que la masturbación se hace más común, sobreviene un aumento en el foco genital entre las mujeres, particularmente entre aquéllas que se incorporan a la terapia. Por ejemplo, ahora se dispone de una cantidad de libros para mujeres que ofrecen la masturbación como componente central en la terapia sexual para mujeres preorgásmicas (Heiman, LoPiccolo, y LoPiccolo, 1976). Existen nuevas oportunidades para las mujeres jóvenes, en el sentido de aprender más sobre la masturbación, a través de canales diferentes de los de los hombres, pero que pueden producir los mismos ·resultados sexuales. Al mismo tiempo, existe cierta presión hacia los hombres para que reduzcan su centralización en el pene, y para que den una respuesta más sensata y sensual hacia la sexualidad. Aunque la mayor parte de estas innovaciones suceden entre los adultos, existe una tendencia creciente a que se promuevan como parte de la educación sexual y de la información abierta entre los jóvenes.

A medida que la comunidad homosexual se politiza cada vez más (en el sentido de crear una imagen colectiva y concepciones individuales como minoría sexual, más que como una clase de pervertidos), sobrevendrán grandes cambios en la relación entre los roles genéricos y la sexualidad. Los grupos más avanzados de la comunidad homosexual reconocen que no hay relación fija entre la masculinidad y la femineidad y el objeto de elección sexual; cuando este descubrimiento sea universalmente aceptado, habrá menos necesidad de imitar el contenido de los modelos heterosexuales. Con el establecimiento de avanzadas homosexuales en la adolescencia (al menos en los grandes centros urbanos), y con la explosión de información sobre el crecimiento homosexual, habrá una menor cantidad de personas que crezcan, como hoy, alienadas de una dimensión de sus vidas, sólo porque tienen una preferencia por el otro, que es minoritaria.

La relación entre los roles genéricos y la conducta sexual es función de condiciones específicas histórico-culturales, no la realización de un programa biológico o evolutivo. Nuestro dilema es que hemos tomado los procesos de un solo conjunto de ejemplos históricos (los Estados Unidos y la Europa Occidental durante un siglo), y hemos supuesto que tienen validez universal. En este sentido, la mayor parte de la investigación sobre el sexo y el género es antihistórica y anticultural. A menudo se insiste en que los hombres y las mujeres y la conducta sexual no solamente son lo mismo en lugares similares, sino que todas las combinaciones de actividad sexual y genérica también tienen significados transhistóricos. Las pautas del rol genérico y del desarrollo erótico que observamos en las sociedades de Europa occidental y en sus descendientes sólo son unos pocos de los designios potenciales que están a disposición del ser humano.[6]

Más aún, hay pruebas de que incluso después de haber experimentado los procesos convencionales divergentes del desarrollo genérico y sexual, puede existir una notable convergencia en las pautas de la conducta sexual mujer/hombre en los periodos finales de la vida. Lo que hace menos de tres décadas le parecía a Kinsey una diferencia inviolable en el sistema nervioso, parece ser ahora simplemente una diferencia en las contingencias ambientales. La convergencia de pautas entre hombres y mujeres en varios terrenos, y el uso de programas de aprendizaje en la terapia sexual, sugieren la importancia de considerar al sexo y al género no sólo a través de una perspectiva de aprendizaje social, sino también mediante una que atribuya un peso particular a los factores ambientales continuos, tanto para la conservación de la conducta como para su cambio.

Las teorías que empleamos ofrecen los significados para las pruebas que examinamos. Un modelo de aprendizaje social ambiental no sólo afecta interpretaciones específicas de informaciones específicas, sino que tiene un conjunto más significativo de consecuencias. La sexualidad no puede ser concebida como un dominio especial de la conducta con teorías especiales, in-

---

6 Ann Hollander ha destacado que las modas de la vestimenta en los años 50 son vistas ahora como antinaturales, generalmente porque suponían el uso de soportes de metal, fajas y cosas por el estilo. Las modas parecen tener una "vida media" de naturalidad muy corta. Sería muy útil tener noción de cuánto tiempo puede ser sostenida o aprobada una práctica sexual o genérica antes de que asuma su *status* de (o de lo que pensamos que es) fenómeno biológico o evolutivo.

vestigadores especiales, planes de trabajo especiales, sino, más mundanamente, como parte de la vida social habitual. No estoy sugiriendo que este cambio de los roles genéricos y en la conducta sexual sea más *natural*, esto es, que se conforma más estrechamente a lo que necesitan los seres humanos en algún sentido evolucionista, desarrollista o funcional. Todos los medios humanos son *artificiales*, y todos los modos de clasificar los roles genéricos y la conducta sexual son arbitrarios. Nuestras preferencias actuales parecen estarnos llevando en dirección de una cultura que tomará a la sexualidad como una forma de conducta menos especial, y en la que existirá una igualdad mayor entre hombres y mujeres, niños y niñas. Como resultado de esto, tanto nuestras teorías como nuestros hechos sobre el género y la sexualidad también cambiarán.

## REFERENCIAS

Bieber, I. y cols. 1962. *Homosexuality. A psychoanalytic study.* Nueva York: Basic Books.

Brown, H. 1976. *Familiar faces, hidden lives.* Nueva York: Harcourt Brace Jovanovich.

Clifford, R. 1975. *Female masturbation in developmental and clinical application.* Tesis para el doctorado, Department of Psychology, State University of New York-Stony Brook.

Dank, B. M. 1971. Coming out in the gay world. *Psychiatry* 34:3-21.

Gagnon, J. H. 1971. The creation of the sexual in early adolescence. En *Twelve to sixteen: Early adolescence,* ed. J. Kagan y R. Coles. Nueva York: Norton.

——. 1974. Scripts and the coordination of sexual conduct. En *1973 Nebraska symposium on motivation,* ed. J. K. Cole y R. Deinstbier. Lincoln: University of Nebraska Press.

——. 1975. Sex research and social change. *Arch. Sex Behav.* 4: 111-141.

——. 1977. *Human sexualities.* Glenview, Ill.; Scott Foresman.

Gagnon, J. H., y Simon, W. 1973. *Sexual conduct: The social sources of human sexuality.* Chicago: Aldine.

Gagnon, J. H., Simon, W., y Berger, A. J. 1970. Some aspects of adjustment in early and later adolescence. En *The psychopathology of adolescence,* ed. J. Zubin y A. M. Freedman. Lincoln: University of Nebraska Press.

288        LAS PERSPECTIVAS SOCIOLÓGICAS

Heiman, J.; LoPiccolo, L., y LoPiccolo, J. 1976. *Becoming orgasmic: A sexual growth program for women*. Englewood Cliffs, N. J.. Prentice-Hall.

Kinsey, A. C.; Pomeroy, W. R., y Martin, C. E. 1948. *Sexual behavior in the human male*. Filadelfia: Saunders.

Kinsey, A. C.; Pomeroy, W. R.; Martin, C. E., y Gebhard, P. H. 1953. *Sexual behavior in the human female*. Filadelfia: Saunders.

Lunde, D. T. 1975. Sex hormones, mood and behavior. En *Sexuality and psychoanalysis*, ed. E. T. Adelson. Nueva York: Bruner Mazel.

Maccoby, E., y Jacklin, C. 1974. *The psychology of sex differences*. Stanford: Stanford University Press.

Masters, W., y Johnson, V. 1966. *Human sexual response*. Boston: Little, Brown.

———. 1970. *Human sexual inadequacy*. Boston: Little, Brown.

Money, J., y Ehrhardt, A. 1972. *Man and woman, boy and girl*. Baltimore: Johns Hopkins Press.

Robinson, P. 1976. *The modernization of sex*. Nueva York: Harper and Row.

Simon, W., y Gagnon, J. H. 1967a. Homosexuality: The formulation of a sociological perspective. *J. Health Hum. Behav.* 8:177-185.

———. 1967b. Feminity in the lesbian community. *Social Probl.* 15: 212-221.

———. 1969. On psychosexual development. En *Handbook of socialization theory and research*, ed. D. A. Goslin. Chicago: Rand McNally.

Tiger, L., y Fox, R. 1971. *The imperial animal*. Nueva York: Holt, Rinehart and Winston.

Victor, J. L. 1977. The social psychology of sexual arousal. En *Studies in symbolic interaction*, ed. N. Denzin. Nueva York: J. A. L. Press.

# XIII. EL COMPORTAMIENTO SEXUAL COMO EXPRESIÓN DE LA ORIENTACIÓN HACIA EL LOGRO

Jean Lipman-Blumen y Harold J. Leavitt

Los marcos de trabajo conceptuales, como lo sugiere Gagnon, tienden a predeterminar al menos dos fenómenos en la conducta de la investigación científica: *1)* los hechos considerados pertinentes, y *2)* la posible interpretación de estos hechos. Gagnon sugiere muy atinadamente que el comportamiento sexual debe ser entendido en conjunción con los códigos sociales establecidos para los roles sexuales. Su trabajo subraya un proceso a través del cual los niños, hacia los tres o cuatro años de edad, son conscientes de su autorrotulación como "niña" o "niño". A continuación, argumenta Gagnon, un dimofismo secundario, pero omnipresente, se sobreimprime al comportamiento sexual por parte de los códigos sociales que prescriben y proscriben los roles sexuales.

Nos gustaría enfocar los mismos temas ofreciendo una perspectiva vecina, extraída de diferentes dominios conceptuales. Al aplicar esa perspectiva a algunos de los mismos temas que propone Gagnon, quizá podamos diseñar un panorama complementario. El cuadro de trabajo que estamos sugiriendo es una tipología de la orientación hacia el logro, emanada de un interés de las pautas de logro presumiblemente distintas entre hombres y mujeres (Lipman-Blumen y Leavitt, 1976).

## UNA TIPOLOGÍA DE LAS ORIENTACIONES HACIA EL LOGRO

La pertinencia de una tipología de los logros para una comprensión del comportamiento sexual descansa, creemos, por lo menos sobre dos bases: *1)* la sexualidad es a menudo[1] experi-

---

[1] El lenguaje con el cual se describe el comportamiento sexual (por ejemplo, "conquistas sexuales", "éxitos sexuales", "conseguir un orgasmo", "con-

mentada, percibida y expresada como un logro, y viceversa; y
2) tanto los logros como el comportamiento sexual tienden a
ligarse no sólo uno al otro, sino también a estereotipos genéricos más bien distintivos.

De modo general, podemos distinguir por lo menos dos tipos
principales de comportamientos de logro, cada uno de los cuales
probablemente engloba un conjunto mayor de subtipos. A los
primeros los hemos llamado *logros directos*. En este caso, un
individuo toma la iniciativa buscando activa y personalmente
satisfacer sus necesidades de realización actuando directamente
sobre el medio. El segundo tipo lo hemos designado con el nombre de *logro vicario* o *relacional*, en el cual el individuo indirecta o vicariamente satisface sus necesidades de realización
gracias a la relación con otros individuos con los que generalmente se identifica.

Los que tienen logros vicarios hacen ante todo hincapié en
las relaciones y atribuyen importancia secundaria a las tareas
o ejecuciones. Los que tienen logros directos, por contraste,
están primariamente orientados hacia las tareas y ejecuciones,
y secundariamente se orientan hacia las relaciones. El comportamiento del logro vicario supone el uso o la concesión del
éxito a los demás, mientras que el comportamiento directo
tiende a enfocar la confrontación y conformación del medio
propio.

Los códigos sociales para los roles sexuales femeninos y
masculinos a menudo tienden a canalizar a las mujeres (tanto
dentro de la familia como en el marco laboral más amplio)
hacia roles de logro sustituto, y a los hombres hacia pautas de
logro directo. En otro lado (Lipman-Blumen, 1973; Lipman-
Blumen y Leavitt, 1976) hemos descrito un sistema de "punto
sexual fantasma" que vale como mecanismo para conservar los
estereotipos del rol sexual en su lugar. Este sistema de puntuación de logros de sexualidad permite conceder puntos a la
masculinidad y a la feminidad cuando se realizan "correctas"
elecciones del rol sexual. Como lo sugiere la Figura 1, los hom-

seguir una erección" y —de un periodo anterior— "conquistar su mano")
refleja la imaginería del logro. Inversamente, las descripciones del comportamiento del logro a menudo suponen referencias sexuales tanto positivas
como negativas (por ejemplo, "es un/una jodida", "ser cogido", "tiene
pelotas", "es una caliente", "bolas contra la pared"). El poder, asociado a
menudo con tipos específicos de logro, es un reconocido afrodisíaco.

bres que eligen roles de logro directo, tales como el de ser piloto de una compañía aérea, reciben un punto de más por el logro y otro más por la sexualidad. En oposición a esto, a los hombres que asumen roles de logro sustitutos, como el ser enfermeros, se les descuenta dos puntos. No se los ve ni como varoniles ni como triunfadores.

Género de ocupante del rol

| Orientación de realizaciones del rol | Femenino | | Masculino | |
|---|---|---|---|---|
| | Dimensiones de calificación | | Dimensiones de calificación | |
| | Sexualidad | Realización | Sexualidad | Realización |
| Rol de realización directa | − | + | + | + |
| Rol de realización vicaria | + | − | − | − |

Tomado de Lipman-Bluman, J. y Leavitt, H.J., 1976. Pautas de realización vicaria y directa en la adultez, **The Counseling Psychologist** 6:27.

FIGURA 1. *Mecanismos de puntuación en el logro de la sexualidad. Subtipos de orientación directas y vicarias*

Las orientaciones hacia el logro directo y vicario resumen, cada una de ellas, tres tipos identificables: el altruismo vicario, el contribuyente vicario y el instrumental vicario; el directo instrumental, el directo competitivo y el directo intrínseco (véase figura 2). En los párrafos que siguen trataremos de descubrir cada tipo y de indicar su expresión en términos sexuales.

Una orientación vicaria altruista supone "la tendencia a conseguir satisfacción y placer a partir de las actividades de otra persona, de sus cualidades y/o de sus triunfos como si fueran propias", y la capacidad para "lograr placer con sólo tener relación con alguien que lo consigue directamente". "La relación es primaria; es un fin en sí mismo" (Lipman-Blumen y Leavitt, 1976, p. 26). La esposa abnegada, que concibe su rol simplemente como estar a disposición del "gran hombre", es una ilustración estereotípica.

Cuando traducimos la orientación del logro vicario altruista en términos sexuales, tenemos un primer ejemplo en la persona no orgásmica que encuentra satisfacción simplemente participando en una relación con una pareja que sí consigue placer orgásmico. Otro ejemplo es el del padre "macho" que consigue placer en las relaciones sexuales de su hijo.

Quien tiene orientación hacia el logro *vicario contribuyente* se caracteriza por un comportamiento que capacita y facilita, y por actitudes hacia quien tiene logros directos. El individuo contribuyente, como el altruista, obtiene placer en las características y triunfos de los demás individuos como si fueran los propios. Pero en el caso de la persona contribuyente, el placer se deriva primariamente de la creencia de que ha contribuido de algún modo al triunfo del que tiene logros directos, tal vez sólo por mantener la relación (Lipman-Blumen y Leavitt, 1976, p. 26).

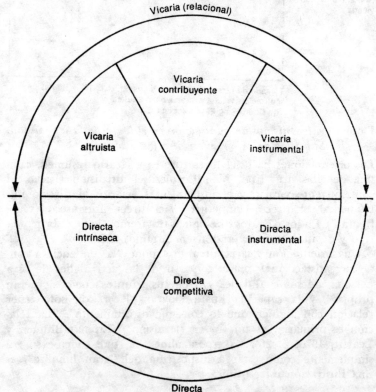

FIGURA 2. *Orientaciones hacia el logro (sexual).*

Los que tienen logros vicarios sexualmente contribuyentes se comprometen en ayudar a sus parejas a conseguir placer sexual, incluyendo el orgasmo. Sienten satisfacción y logro personal cuando sus parejas "triunfan". Los individuos vicarios contribuyentes sienten que son muy responsables. Si no totalmente, por la capacidad de su pareja para conseguir satisfacción sexual. A menudo sienten gran orgullo por sus propios repertorios de habilidades sexuales.

El tipo vicario contribuyente consigue, pues, satisfacción por haber contribuido al placer sexual de otro. El individuo vicario altruista, por oposición, experimenta la satisfacción sexual de su pareja como fuente de placer y como si fuera la suya propia.

En sus casos límites, estos dos tipos probablemente optarían por la satisfacción sexual de sus parejas antes que por la propia. El que tiene logros altruistas extremos, sin embargo, optaría por esto, incluso cuando el placer de su pareja le fuera proporcionado por un tercero. Este caso extremo no es tan difícil de encontrar como se podría suponer. La mujer que acepta casualmente que su marido vaya a los filmes pornográficos o a los "salones de masajes" puede incluirse en esta categoría.

Otra forma de orientación vicaria contribuyente es la del consejero sexual, formal o informal, que da consejos a otros individuos acerca de sus relaciones sexuales, y obtiene placer personal al hacerlo. Otro ejemplo es el de la madre que obtiene satisfacción ayudando a su hija a elegir un vestido de baile sexualmente provocativo. El saber que su ayuda contribuye a la deseabilidad sexual de su hija crea un sentido de logro sexual en la madre.

El que tiene logros vicarios instrumentales suele usar las relaciones como medio para otros logros. Tales logros pueden incluir la seguridad, la posición, el dinero, e incluso otras relaciones. En los límites de estos casos vicarios instrumentales no existe el requerimiento de la identificación con la otra persona, ni siquiera dependencia de la satisfacción del otro. El único requerimiento es que la relación entre los dos sirva como medio para la satisfacción del que tiene logros vicarios. La persona instrumentalmente vicaria puede manipular la relación para lograr otros fines, incluyendo aquellos que el sustituto puede sentirse incapaz de conseguir por sus propios medios. El empleado que se casa con la hija del jefe básicamente por motivos económicos da un ejemplo de este tipo de funcionamiento, tal como lo da también la cortesana esteroeotípica.

En la esfera sexual, el individuo vicario instrumental suele usar la relación para establecer una fuente segura de gratificación sexual. La relación como medio para el sexo es más importante que la relación *per se*. La tradicional táctica masculina de decirle a ella que él la ama, sólo para llevarla a la cama, se incluye en esta categoría de sustituto instrumental.

Hemos descrito al que tiene logros *instrumentales directos* como individuo que usa sus "propios logros como medio generalizado para alcanzar otras metas, incluyendo el poder, la posición social y un éxito mayor. El que tiene logros instrumentales directos usa todos los talentos y éxitos previos para satisfacer sus otras necesidades. En un sentido, este individuo usa sus directas habilidades de logro como medio por el cual relacionarse con la gente. (Lipman-Blumen y Leavitt, 1976, página 28).

No es difícil transferir este tipo de logro al terreno sexual. Está representado por la persona que usa el sexo para asegurar o prolongar una relación. Tal comportamiento instrumental directo sucede a menudo cuando los encuentros sexuales casuales se inician con la esperanza de que conduzcan a relaciones "significativas".

Una variación frecuente del comportamiento instrumental directo es el uso del logro de los otros, particularmente el poder, para obtener relaciones sexuales (y de otra especie).[2]

El que tiene logros *competitivos directos* se caracteriza por su necesidad de superar a un competidor. Este individuo a menudo establece relaciones en términos competitivos y gusta de los logros sólo cuando son mejores que los del otro. "La excitación del logro se acrecienta específicamente por el hecho de que el triunfo se obtiene dentro de un esquema competitivo, lo que prueba que el individuo no solamente está triunfando, sino que lo está haciendo por encima de todos los demás", o por encima del competidor específicamente seleccionado (Lipman-Blumen y Leavitt, 1976, p. 28).

Los individuos competitivos directos gustan del encuentro

---

2 Henry Kissinger reconoció este fenómeno cuando dijo: "Sin un cargo, no se tiene poder, y a mí me gusta el poder porque atrae a las mujeres" (*Washington Post*, 7 de enero de 1977).

sexual sobre todo cuando todo cuando han superado a un competidor. La persona que prefiere parejas sexuales que deben ser arrebatadas a otra relación ejemplifican este tipo. Los individuos competitivos directos necesitan sentir que su capacidad sexual supera y oscurece la que puedan haber tenido los amantes anteriores de su pareja. La necesidad de ser "el mejor" para probar la propia superioridad sexual a menudo los urge a elegir como "blancos" sexuales a aquellas parejas cuya seducción represente una prueba difícil (lo que agrega un condimento especial al hecho).

Una variante del tema competitivo directo es la del individuo que expresa competitividad hacia otro tratando de seducir a la pareja del otro. La esposa que se hace objeto de las proposiciones sexuales del colega de su marido puede ser un juguete en la difusa competencia profesional entre los dos hombres. La competitividad sexual también puede mostrarse *dentro* de la propia relación sexual. (A: "Te llevaré a la cama sea como sea." B: "No podrás.").

El que tiene logros *directos intrínsecos* obtiene satisfacción del logro o de la actividad *per se.* Esta persona está más orientada a la actividad que a las relaciones y juzga su actividad confrontándola con cierto nivel de excelencia, del tipo del gran logro individual $N$ de McClelland (1953) y del "autoactualizador" de Maslow (1954). La naturaleza intrínseca del logro es la que atrae y satisface al tipo intrínseco directo. La gente que usa el modo intrínseco directo puede también mostrar pautas de conducta vicaria altruista, puesto que son capaces de valorar intrínsecamente una relación, así como también un logro directo. A diferencia de la persona competitiva directa, el individuo intrínseco directo compite sólo contra alguna norma impersonal, no contra una persona.

Cuando el rasgo intrínseco directo es llevado al terreno sexual, la actividad sexual se convierte en un fin agradable y gratificante en sí mismo. La satisfacción sexual es el objetivo. La relación es simplemente el medio a través del cual ocurre la actividad sexual, así como el laboratorio es el marco en el cual se cumple el trabajo del científico directo intrínseco.

Los individuos directos sexualmente intrínsecos probablemente se interesen por muchísimos aspectos de la sexualidad. Encuentran que el desarrollo y el crecimiento de la sexualidad es una actividad satisfactoria en y por sí misma. El tipo sexualmente intrínseco directo probablemente aplique la misma perseverancia en la actividad sexual que el tipo intrínseco directo aplica a las esferas no sexuales. Puede pasar un tiempo considerable planeando y ejecutando encuentros sexuales todavía más "interesantes" o "satisfactorios".

### Rasgos sobresalientes, flexibilidad, rango e intensidad

Nuestra tipología no adopta el desarrollo humano uniforme o lineal. Todo lo que hacemos es suponer que las personas que tienen pronto logros más o menos fáciles y la satisfacción en las relaciones, tenderán a preferir y practicar medios relacionales o vicarios para conseguir lo que desean en la vida. Y las personas que pronto en la vida encuentran estímulos menos positivos a través de las relaciones y más positivos por la acción directa sobre su entorno, tenderán a preferir y a practicar estrategias directas de logro.

Sugerimos que los individuos desarrollan así una orientación hacia el logro de características salientes que incluyen uno o más segmentos en nuestro diagrama circular, pero que hay otras orientaciones que les resultan accesibles *situacional* o *simultáneamente*. Algunos ejemplos pueden aclarar un poco más esto que decimos. Una persona que tiene logros competitivos directos en una situación ocupacional, a menudo transformará su orientación hacia el logro en un tipo vicario altruista o contribuyente en el contexto familiar.

En términos sexuales, el mismo individuo puede ser "competitivo directo" en la búsqueda de pareja sexual para sí mismo, pero puede ser "altruista" o "vicario contribuyente" con respecto a las experiencias sexuales de los niños del mismo sexo. De este modo, la activación *situacional* remite a la movilización y uso de diversas orientaciones hacia el logro hechas por los mismos individuos en diferentes situaciones, en diferentes momentos, en diferentes condiciones y con respecto a diferentes individuos.

Además, las orientaciones diversas pueden ser movilizadas *simultáneamente* (al mismo tiempo, en una misma situación, con un mismo individuo, etc.). Por ejemplo, el individuo que sólo "ama el sexo" y que le da mucho valor a su propia satisfacción sexual *simultáneamente* puede conseguir placer contribuyendo a la excitación sexual y a la satisfacción de su pareja, y también puede gozar del logro de satisfacción sexual de parte de su pareja por medio del autoerotismo.

Establecemos una considerable variabilidad individual en cuanto a los rasgos salientes, la flexibilidad y la intensidad de las orientaciones hacia el logro (sexual). Por ejemplo, algunos individuos probablemente abarquen una gama más amplia que otros en el "círculo" de las orientaciones hacia el logro (sexual). Además, es posible que existan diferencias entre los individuos en la intensidad que ponen en cualquiera de estas seis orientaciones sexuales. Creemos que sería posible desarrollar los rasgos de la orientación sexual individual que toman en cuenta las características salientes, la gama, la flexibilidad y la intensidad de las seis orientaciones. Alguna medida de enriquecimiento de la vida sexual (algo análogo a la "personalidad equilibrada") presumiblemente podría derivarse de este tipo de estrategia. Una alternativa para la terapia sexual "tradicional" podría consistir en dedicarse a desarrollar las diferentes características salientes, los rangos, las flexibilidades y las intensidades entre los dos miembros de una pareja.

## RELACIÓN CON LOS ROLES SEXUALES

Hasta hace poco tiempo, los roles sexuales estereotípicamente definidos tendían a encerrar a las mujeres en el comportamiento de logro vicario y a los hombres en las pautas de logro directo. Nuestro diagrama circular sugiere, de todos modos, que existe un punto en el cual probablemente se encuentren las pautas de logro vicario (relacionales) y directos. Con un continuo cambio social en este terreno, esperamos que se incremente el movimiento a través de las barreras sexuales previamente fijadas.

Cuando pensamos en el comportamiento sexual, nos vienen a la mente los estereotipos de la mujer pasiva, altruista y sufrida, y los del hombre agresivo, ególatra y ambicioso. La información disponible no permite evaluar adecuadamente las nuevas tendencias de los límites genéricos en el comportamiento sexual; de todos modos, algunos testimonios recientes (Hite,

1976) indican que hombres y mujeres no caen definidamente en sus respectivas mitades en el círculo de las orientaciones sexuales. Más específicamente, creemos que todavía existen más mujeres que hombres en los segmentos altruistas y contribuyentes, y más hombres que mujeres en los competitivos directos. El segmento intrínseco directo, de todos modos, es probable que sea compartido casi idénticamente por ambos sexos. Para complicar las cosas, tradicionalmente más hombres que mujeres han enfocado el sexo desde una posición vicaria instrumental, mientras que más mujeres han empleado el enfoque instrumental directo. De este modo, pensamos que más hombres que mujeres han usado las relaciones para "conseguir sexo", y que más mujeres que hombres han usado al sexo "para conseguir relaciones".[3] Como resultado de esto, no existe una división clara o compartida (y estereotipada) de las orientaciones sexuales de acuerdo con los roles genéricos.

Deberíamos especular sobre por qué el comportamiento sexual privado está menos ligado al género que otros comportamientos de logro. Reconocemos que existe una creencia histórica general en la "pasividad" sexual de la mujer y en la "agresividad" del hombre. De todos modos, los tabúes que impiden una discusión explícita de los detalles de la sexualidad han obstaculizado el desarrollo de códigos de comportamiento sexual privado sumamente específicos, impidiendo la diversificación en el comportamiento sexual privado del individuo. Esta diversidad está en pronunciado contraste con la especificidad de la socialización no sexual del rol genérico, que ha puesto virtualmente en una camisa de fuerza los modos de comportamiento más públicos y observables.

Los códigos sociales para el comportamiento del hombre y de la mujer, que dejaron una marca histórica en las pautas sexuales, no fueron totalmente eficaces. Como sugiere Gagnon, siempre había algunas mujeres que se masturbaban y algunas que reconocían la exaltación en el contacto con materiales eróticos o pornográficos. Y, sin duda, los que violaban los códigos generales de "mujer pasiva" y de "hombre agresivo" eran por

---

[3] Estamos tratando el sexo y las relaciones como dos entidades conceptualmente distintas, en contradistinción con la idea común de que la interacción sexual necesariamente supone la relación. La prostitución demuestra que el sexo y las relaciones son separables.

lo general considerados (y quizá se consideraban a sí mismos) desviados. A medida que la crítica feminista debilita los estereotipos del rol sexual en los modos de comportamiento más públicos, el comportamiento sexual, practicado fuera de la mirada pública, puede pasar todavía más rápidamente por encima de las barreras rígidas de los géneros. Pero el comportamiento sexual influye, a su vez, en los estereotipos del rol sexual.

El hecho de que las orientaciones sexuales estén menos encerradas en las proscripciones rígidas del rol genérico es señal saludable y promisoria. Sugiere que en nuestro comportamiento más "instintivo" existe una gran posibilidad de romper con los códigos artificiales y ligados al género que describió Gagnon. Quizá se derive algún "resultado" benéfico de nuestra creciente capacidad para discutir abiertamente los detalles del comportamiento sexual. El reconocimiento de que el comportamiento sexual crece menos dependiente de los estereotipos del rol sexual, puede extenderse a otros dominios de la conducta. A la postre, incluso podemos esperar un comportamiento que se encuentre con las necesidades de la situación, el lugar y la persona, un comportamiento liberado de los tradicionales estereotipos del rol sexual.

El esquema conceptual que hemos presentado aquí se deriva de un trabajo sobre el comportamiento del logro. Este sólo es un intento preliminar por aplicar un marco de trabajo conceptual un poco diferente, de manera que se puedan suscitar interpretaciones alternativas o suplementarias sobre "hechos" que hemos registrado bajo el rubro de "comportamiento sexual".

Un paradigma fructífero, de todos modos, no solamente propone algunas viejas preguntas, sino también otras nuevas. Por ejemplo, ¿qué podemos esperar a medida que un mayor número de mujeres se incorpore predominantemente al grupo de los que tienen logros intrínsecos directos, tanto sexual como no sexualmente? ¿Cómo encajará este cambio en las orientaciones de logro sexual de los hombres con los que ellas interactúen? ¿Cómo influirán las orientaciones cambiantes de logro de los hombres y las mujeres en las orientaciones sexuales, y viceversa? Los códigos cambiantes de los roles genéricos, ¿producirán cambios en el comportamiento sexual y en el comportamiento hacia el logro, o, al revés, el comportamiento sexual y de logro cambiará los límties de los roles genéricos? ¿En qué dirección pondremos las flechas causales? Éstas y otras preguntas sobre el comportamiento sexual, el comportamiento de logro, y la matriz de los roles genéricos todavía están por contestarse. Esperamos que la tipología que hemos presentado aquí proponga preguntas útiles y prometa algunas respuestas.

## REFERENCIAS

Hite, Shere. 1976. *The Hite report: A nationwide study of female sexuality.* Nueva York: Macmillan.

Lipman-Blumen, Jean. 1973. The vicarious achievement ethic and non-traditional roles for women. Documento leído en la reunión anual de la Eastern Sociological Asssociation, Nueva York, abril, 1973.

Lipman-Blumen, Jean, y Leavitt, Harold J. 1976. Vicarious and direct achievement patterns in adulthood. *Counseling Psychologist* 6:26-32.

Maslow, Abraham. 1954. *Motivation and personality.* Nueva York: Harper.

McClelland, D. C.; Atkinson, R. A., y Lowell, E. L. 1953. *The achievement motive.* Nueva York: Appleton-Century-Crofts.

# XIV. PERSPECTIVAS SOCIOLÓGICAS SOBRE EL SEXO Y SUS DERIVADOS PSICOSOCIALES

LEE RAINWATER

LOS SOCIÓLOGOS se interesan por las diferentes maneras en que el sexo y sus derivados psicosociales afectan y son afectados por las estructuras sociales y las instituciones, y por los distintos roles sociales que hombres, mujeres, niños y niñas desempeñan en la sociedad moderna. El rol genérico y las metas sexuales y el comportamiento son intereses vitales sostenidos por los miembros de la sociedad, y también factores importantes para la comprensión de otras clases de intereses y de temas de política y control social en las sociedades. Aunque la historia de la atención académica al comportamiento sexual ha sido más bien reducida en cuanto al sexo como tal, los sociólogos tratan de hacer conexiones entre el sexo y otros aspectos de la vida, percibiendo, por ejemplo, la política en el dormitorio y la sexualidad en la sala de convenciones.

Los trabajos presentados en este encuentro por Gagnon, Simon y Miller,[1] y por Lipman-Blumen y Leavitt hacen bien claras estas complejas interrelaciones. Ellos también abordan otro tema.

La perspectiva sociológica sobre el sexo y sus derivados psicosociales vale para arrojar luz sobre temas de variabilidad y apertura en el rol genérico y en el comportamiento sexual, y también en la relación entre éstos y otros aspectos de la vida social. La variabilidad puede observarse en los ciclos vitales de individuos particulares y entre personas de las que se podría suponer que tienen la misma identidad genérica. La perspectiva sociológica es específicamente escéptica en lo que se refiere a algunas de las llamadas uniformidades de género y de desarrollo sexual basadas putativamente sobre factores biológicos y de psicología evolutiva. En las páginas que siguen me propongo

---

[1] Puesto que el trabajo de Simon y Miller no aparece en este volumen, quienes estén interesados en consultarlo pueden pedirlo directamente a Patricia Y. Miller o a William Simon.

subrayar los que me parece que son los temas más importantes propuestos por los trabajos que se presentaron a este Encuentro.

## VARIACIÓN EN EL COMPORTAMIENTO REFERIDO AL SEXO

Los sociólogos que se interesan por el comportamiento sexual están preocupados por mostrar que la variación en el comportamiento que se refiere al sexo no está tan estrechamente asociada con los roles genéricos, como tratamos de suponer por sentido común. La mayor parte de la discusión sobre el desarrollo del rol genérico y el desarrollo psicosocial de la sexualidad implica que los modelos de desarrollo son importantes prácticamente para todas las variantes de comportamiento pertinente. De hecho, sin embargo, la investigación tiende a enfocar las diferencias entre, digamos, niños y niñas o entre jóvenes y viejos, y a materializar estas diferencias-promedio en leyes. En oposición a esto, los sociólogos tienden a proponer la pregunta sobre cuál es la cantidad de la variación en los comportamientos particulares de interés que se liga al género o a las etapas de desarrollo. ¿100%? ¿75%? ¿25%? ¿5%? La variabilidad no es solamente un tema académico, sino que tiene importantes implicaciones para el bienestar de los miembros de la sociedad. Mientras las ideas que conciernen a los roles genéricos "normales" y al desarrollo reciben crédito, el individuo cuyo comportamiento se desvía de esta norma debe pagar un precio por tal desviación.

Hay tres tipos principales de variación que se citan en este volumen: uno tiene que ver con la biografía, el otro con el genéro como elemento que predice el comportamiento, y el tercero se refiere a la conexión entre el comportamiento sexual y su pertinencia personal.

### Variación en una biografía

Gagnon trata la amplitud de las adaptaciones en la biografía sexual de un individuo. Un enfoque histórico a las biografías sexuales no sugiere que las etapas sigan una secuencia ordenada, una detrás de la otra, o que el comportamiento sexual muestra una gran estabilidad, sino más bien que los individuos muestran una gran capacidad de respuesta a sus ambientes inmediatos, y que si esos ambientes se disparan de una etapa a la otra, entonces es posible que la identidad sexual y el comportamiento cambien. Las biografías individuales reflejan complejos cruces de mismidad y de cambio, y no pueden entenderse a través de un enfoque primario a los procesos intrapsíquicos sin prestar atención a las influencias poderosas e inmediatas de los mundos sociales en que se mueven los individuos.

Puesto que la mayor parte de la investigación sobre el comportamiento sexual cubre sólo muy pequeños periodos en las vidas individuales, y puesto que se dedica a establecer diferencias promedio entre los grupos, más que a la cuestión de explicar la variación de comportamiento, es muy difícil saber cuánta coherencia hay en las biografías sexuales de los individuos; pero un muestreo no sistemático de la información biográfica sexual que se dispone a partir de diversas fuentes, demuestra que la coherencia no es tanta como lo sugiere la mayor parte de la literatura sobre el desarrollo sexual.

### El rol genérico neutral

Hay un segundo sentido en el cual, putativamente, los comportamientos referidos al sexo muestran un alto grado de variabilidad, y este sentido tiene que ver con el rol genérico. Aquí, el modo más general de encarar el tema es preguntar, para una gama de comportamientos humanos, cuánto y de qué manera se ligan estos comportamientos al género. ¿Qué rasgos salientes tiene el género para diferentes clases de comportamiento? Ese tipo de discusión parece suponer a menudo que el género es sobresaliente, pero la naturalza de esa característica no siempre es obvia. Mientras que es verdad que la mayor parte del comportamiento está codificada genéricamente del mismo modo que la mayor parte del ambiente, sin embargo esa codificación puede ser o puede no ser un elemento que permita predecir el comportamiento.

Sería útil establecer los límites dentro de los cuales el comportamiento se liga al género, en términos de sus características globales, en términos de sus características más específicas y detalladas, y en términos del estilo con el cual se desarrolla un comportamiento particular.

Durante una época, por ejemplo, el hecho de lavar en familia los platos de la cena estaba muy ligado a los roles genéricos. Ese lazo no es tan fuerte hoy en día. Puede ser que hombres y mujeres laven platos de una manera algo diferente, de manera que aunque alguien diga "Yo lavé los platos esta noche" y este dicho no permita predecir cuál es el género del individuo, la observación de que el individuo ha lavado los platos con mucho cuidado, sin golpearlos y secándolos con extrema dedicación, ésta si podría predecirse conociendo el género —aunque probablemente con no mucha certeza. O puede existir algo intrínsecamente masculino o femenino en el estilo de lavar los platos. La codificación genérica del estilo, sin embargo, no debería confundir u oscurecer la neutralidad genérica de esta actividad. Es muy posible que una gran proporción del comportamiento humano sea genéricamente neutral en un sentido, y que en los tiempos modernos haya proporciones cada vez más altas de repertorios de comportamiento individuales que no estén ligados al género.

Sin embargo, los individuos en la sociedad moderna siguen conociendo su género tanto como en los tiempos pasados. De este modo, la conexión entre el comportamiento del rol ligado al género y el comportamiento del rol relativamente neutral en términos genéricos se convierte en un importante objeto de estudio. Hay otro tema que remite a éste: es el de la variabilidad dentro de las rúbricas globales de los géneros masculino o femenino, es decir, el problema de los modos particulares en que se es hombre o mujer. Una de las razones por las que el género no sea fácilmente deducible del comportamiento es que las sociedades desarrollan diferentes recetas en cuanto a la pertenencia a uno o a otro sexo. Existen suficientes pruebas en el sentido de que las identidades más masculinas o femeninas son parodias, no ideales. El mundo está poblado por una gran cantidad de diferentes tipos masculinos y femeninos igualmente persuadidos de su masculinidad y de su femineidad, y cada uno de ellos rápidamente reconocible por los otros como representante válido de su género particular.

Lamentablemente, la mayor parte de la investigación sobre el desarrollo del rol genérico tiende a simplificar demasiado esta gama de tipos. Deberíamos avanzar un poco más en la comprensión de las llamadas identidades genéricas desviadas —hombres afeminados y mujeres hombrunas— tratando de identificar qué es lo verdadero y qué no lo es en cualquiera de las identidades masculinas y femeninas "apropiadas".

Sería útil observar el género y la sexualidad como fuentes particulares que los individuos se procuran en el trabajo de construir su propio sentido de identidad. Es posible que cada uso individual de las fuentes genéricas culturales y biológicas, y de las fuentes sexuales, sea idiosincrática, tanto en lo que se seleciona de todos los materiales biológicos y culturales disponibles, como en los modos particulares en que tales selecciones se combinan con otros materiales de la identidad. Como lo han subrayado Simon y Miller en su trabajo, la construcción sumamente idiosincrática produce la versión particular de cada individuo sobre la identidad genérica, el papel del rol y la actuación de ese rol. Toda comprensión significativa del desarrollo sexual humano requiere una apreciación de las complejidades, sutilezas y dinámicas de estas construcciones.

Aunque la mayor parte de la investigación ha subrayado los modos en que las relaciones padres-hijos instruyen a los niños en cuanto a sus identidades genéricas, en el seno de las familias los niños a menudo encuentran el mayor grado de aceptación, y quizá de decisión, para el desarrollo de aspectos genéricos relativamente libres de sus repertorios. Del mismo modo, la escuela, pese a todo su "sexismo", en algunos de sus modos de funcionamiento, sistemáticamente disminuye la importancia de la identidad genérica subrayando una variedad de logros para los cuales el género es explícitamente definido como ajeno. Efectivamente, la lucha contra el sexismo en las escuelas está planeada específicamente para extender el área de libertad genérica que ya existe.

### El significado del comportamiento

La tercera manera en la cual la perspectiva sociológica subraya la variabilidad del sexo y sus derivados psicosociales tiene que ver con la conexión entre el comportamiento y su significado para el individuo (y para los otros). Las clases particulares de rol genérico y de comportamiento sexual pueden tener diferentes significados para diferentes personas que parecen hacer lo mismo. La investigación que se dedica muy de cerca al comportamiento en la tradición de Kinsey, y que no pregunta por el significado, puede tergiversar las experiencias humanas que pretende describir. Inevitablemente, se hacen suposiciones sobre el significado a partir de la descripción del comportamiento; pero no existe correspondencia entre el comportamiento y el significado.

Una vez que se introduce el tema del significado en el estudio del comportamiento sexual, la variabilidad de la sexualidad es aún más sorprendente. Simon y Miller han indicado en su trabajo, y la discusión posterior lo ha ilustrado, que la mayor parte del análisis sobre el comportamiento sexual se localiza en un ámbito de trabajo en el que los componentes eróticos aparecen subvalorados. Sin embargo, sabemos que los ricos procesos intrapsíquicos asociados con el comportamiento sexual se erigen alrededor de complejos grupos de significados eróticos. La biografía sexual del individuo debe ser entendida como desplegada en el tiempo. Los escenarios eróticos se construyen a partir de las fuentes culturales disponibles y las posibilidades situacionales de cualquier tiempo dado. La investigación aísla los componentes particulares del comportamiento a partir de un proceso socio-psico-cultural de rica textura. En el proceso de tal abstracción, la comprensión del comportamiento humano implicado puede quedar borrada.

La abstracción de temas, y del género y el sexo, a partir de las relaciones del otro rol del individuo, y de las instituciones en las cuales se desempeñan estos roles, a menudo vicia el esfuerzo para comprender la sexualidad. Los temas del género y del sexo están, por supuesto, íntimamente ligados a los de la familia como institución en la sociedad y a los de las relaciones familiares. Incluso en la época moderna, el comportamiento sexual está supervisado de cerca en términos de sus implicaciones para los roles familiares·y para el comportamiento apropiado de parte de los hijos, de las esposas y de otros.

El impacto de la familia y del sexo sobre cada uno quizá no sea tan grande como en el pasado debido al desarrollo de la tecnología de los anticonceptivos, pero todavía es grande. Las aspiraciones sexuales, maritales y paternales entrelazadas parecen perfilarse todavía mucho en las concepciones norteamericanas sobre cómo se consigue una autosatisfacción y una vida gratificante. No parece posible que en el pensamiento de los miembros individuales de la sociedad estos tres aspectos queden separados, aunque de hecho lo están en la literatura de la ciencia social.

Las conexiones entre los mundos del sexo y del trabajo no son tan penetrantes e influyentes como lo son las del género y el trabajo. Ha ocurrido un cambio histórico en los últimos veinticinco años en la división sexual del trabajo, de manera que la vieja dicotomía entre el trabajador masculino y el ama de casa femenina no se puede sostener más. En los Estados Unidos, sólo una minoría de todas las casas de familia tienen un padre que gana el pan cotidiano y una madre que se queda en la casa, en actividades domésticas. Los cambios en la relación entre los individuos, la familia y el trabajo han tenido y seguirán teniendo importantes efectos sobre el contenido de la identidad genérica, y muy posiblemente sobre el comportamiento sexual.

El tema de los estereotipos genéricos y de la identidad genérica en conexión con la participación femenina en el trabajo de mercado ha recibido últimamente mayor atención. Se sigue sabiendo poco, sin embargo, sobre las interrelaciones de los roles sexuales y los del trabajo. Existe una buena razón para creer que la división cambiante del trabajo debe tener importantes efectos sobre la socialización genérica y sexual de los chicos. Estas conexiones, de todos modos, no tienden a establecerse, en oposición a lo que se supone, al menos mientras la investigación sobre el desarrollo sexual humano siga siendo tan estrechamente definida que no ponga atención en otros aspectos de la socialización de los hijos y de las relaciones de rol de las mujeres y los hombres adultos.

### RECOMENDACIONES PARA LA NUEVA INVESTIGACIÓN

Las recomendaciones para una futura investigación se derivan de los temas del cambio y de la variabilidad en el género y en el comportamiento sexual, de la importancia de lo erótico para la comprensión del significado psicosexual del comportamiento sexual, y de la interrelación de los aspectos sexuales de la vida con otros roles e instituciones.[2]

2 Estas recomendaciones se basan en las discusiones mantenidas con John Gagnon, Jean Lipman-Blumen, Patricia Y. Miller y William Simon.

La mayor necesidad en el área de la investigación es de una contabilidad social. Gran parte de las discusiones sobre el cambio de los roles y del comportamiento de los Estados Unidos se hacen sobre la base de pruebas mínimas o casi inexistentes. Los investigadores y otras personas se confundirán a menudo al tratar de comprender estos temas, puesto que las investigaciones sociales sistemáticas que tienen que ver con la experiencia sexual no se realizan sobre bases regulares, digamos, cada cinco años. Existe una comparación instructiva, dada en los estudios periódicos sobre la fertilidad, el comportamiento anticonceptivo y las expectativas. Estos estudios dan lugar a gráficas muy precisas sobre los cambios en la planificación familiar y en el comportamiento anticonceptivo. El mismo tipo de estudios deberían realizarse sobre el tema de la aspiración y la experiencia sexual. El objetivo de estos estudios debería ser, ante todo, el de proporcionar información descriptiva sobre el comportamiento sexual. Las informaciones referidas al sexo deberían, pues, relacionarse sistemáticamente con la información referida a los cambios de los individuos en el ciclo vital y en su situación familiar, y, del mismo modo, deberían remitirse a las posiciones de los individuos en el sistema de estratificación y en el mercado del trabajo.

Idealmente, tal tipo de estudios sobre la experiencia sexual debería realizarse internacionalmente, en otros países industrializados, puesto que muchos de los cambios que ocurren en el plano del sexo y de los roles familiares tienen lugar en un buen número de diferentes países, y se podría lograr una comprensión mucho mejor de los caminos a partir de un estudio comparativo.

Ese estudio principal debería tener la máxima prioridad. A continuación, las alternativas deberían incluir mayores mediciones de conjuntos escalonados decrecientemente, que podrían agregarse a otros tipos de estudios. Muchas preguntas importantes que remiten a la experiencia sexual podrían contestarse sobre la base de apenas una docena de preguntas, en un estudio que también supusiera la recolección de pertinente información familiar y socioeconómica.

Si ese tipo de información estuviera a disposición de los investigadores, a partir del informe de estudio y de las cintas computadoras, sería posible proporcionar una información mucho más precisa para los investigadores que tienen intereses más especializados, como un contexto para su trabajo, y una guía para las políticas públicas referidas a esos temas, mejor que la que hoy está a mano.

El análisis de este tipo de información de estudio enfocaría la comprensión de las complejas interrelaciones a lo largo de todo el ciclo vital de los roles sexuales, familiares y laborales de los hombres y las mujeres. Para profundizar la comprensión de lo que puede sobrevenir a partir de la investigación observacional, de todos modos, también es necesario planear un tipo de investigación que se apoye en métodos más cualitativos.

En este caso, debería ponerse atención en la comprensión del comportamiento sexual y de lo erótico en las vidas de los individuos, en diferentes momentos del ciclo vital. El interés no se dirigirá hacia el comportamiento fácilmente computable, sino más bien hacia el significado de la sexualidad en las vidas de la gente.

Una estrategia para este tipo de investigación incluiría estudios realizados en momentos específicos de transición en el ciclo vital —digamos, a las edades de diez a catorce años, de dieciocho a veintidós, los años inmediatamente posteriores a la paternidad, etcétera.

Los tradicionales métodos de entrevistas —sean éstos estructurados o no— probablemente serían inadecuados para tales estudios porque los aspectos subjetivos de la experiencia sexual aparecen sujetos a un alto grado de convencionalización, tanto en la memoria como en la expresión verbal. Deberían desarrollarse métodos para evitar este tipo de tendencia. El uso de diarios y de entrevistas repetidas sería una de las formas para desarrollar un cuadro más preciso del rol de la sexualidad en las historias de vida de los individuos. Debería realizarse una diaria cantidad de otros estudios exploratorios de menor escala por parte de diferentes investigadores.

También existe la necesidad de estudios históricos sistemáticos sobre temas referidos al género y a los roles sexuales. Hay un gran interés actual por la "nueva historia social", y en este sentido las cosas han madurado como para que se trabaje en esta línea. Gran parte de lo que pensamos sobre el sexo y sus derivados psicosociales incluye muchas suposiciones sobre lo que ha sido verdadero en el pasado, y sobre cómo han cambiado las cosas. La nueva historia social, sin embargo, ha desbaratado una y otra vez la sabiduría convencional sobre cómo solían ser las cosas. Sería bueno que nuestras suposiciones cotidianas en este terreno se expusieran al estudio sistemático de la investigación histórica.

Finalmente, se necesita que la investigación examine las interrelaciones entre las políticas públicas, el género y los roles sexuales. Hubo estudios, y debería haber aún más, que se dedicaron a la ley y al comportamiento sexual. Los cambios interrelacionados en el campo del sexo y del comportamiento familiar tienen importantes implicaciones para el desarrollo de nuevas políticas públicas. Es importante prestar una atención sistemática a los límites dentro de los cuales las viejas y las nuevas políticas desempeñan un rol constructivo o destructivo en las búsquedas individuales de la realización y el bienestar personales. La amplia gama de políticas pertinentes incluye la escolaridad y preparación laboral, los salarios, los beneficios subsidiarios, los impuestos, el cuidado de los hijos, la seguridad social y las transferencias públicas.

## QUINTA PARTE

# LAS PERSPECTIVAS ANTROPOLÓGICAS

*Es apropiado que este volumen, que comenzó con comparaciones entre las especies, termine con comparaciones interculturales. Mientras que el enfoque evolucionista trata de esclarecer nuestras bases filogenéticas, la aproximación antropológica nos ayuda a comprender nuestra cultura en relación con otras culturas. Nos volvemos hacia los antropólogos para descubrir cómo los contextos culturales forman las expresiones del género y del comportamiento sexual.*

*Los tres colaboradores de esta sección son antropólogos. La colaboración de Judith Shapiro es una revisión de la literatura antropológica más reciente dedicada a temas tales como la posición de las mujeres en la estructura jerárquica de poder, los roles sociales ligados al sexo, las definiciones culturales de la masculinidad y la feminidad, y el reparto diferente del conocimiento entre los hombres y las mujeres. Se enfoca la relación entre los sexos, pero no sus relaciones sexuales. Shapiro ha destacado la importancia de considerar las pautas de diferenciación sexual como sistemas significativos, considerando que la interpretación es un objetivo tan importante como la explicación.*

*Comparada con otras ciencias de la conducta, la antropología ha tenido entre sus filas a muchas y distinguidas mujeres investigadoras, y a muchas líderes. Además, Shapiro destaca que hubo un ímpetu reciente en favor de enfocar todavía más la investigación antropológica de las mujeres de parte de las mujeres, con el fin de corregir lo que se siente que es una inclinación androcéntrica en esta disciplina. Shapiro reitera así para la antropología lo que antes había sido formulado por Jane Lancaster acerca de la investigación sobre los primates: en ambos casos los nuevos enfoques muestran a las hembras —sean primates no humanos o humanos— bajo una luz diferente.*

*Robert LeVine considera que la colaboración de Shapiro y la literatura que investiga es una característica de la reciente escritura etnográfica, que ignora el lado erótico de la vida. Alternativamente, los etnógrafos han descrito meramente algunas facetas del comportamiento sexual, sin intentar análisis teóricos más profundos. El efecto neto es "la ausencia, en la antropología contemporánea, de un ámbito de trabajo teóricamente coherente, en el cual se pueden registrar y analizar las informaciones interculturales que se refieren al comportamiento sexual humano".*

*LeVine ofrece una aproximación que examina los diferentes significados interculturales dados al comportamiento sexual, así como también al género, y se dedica a ver cómo estos significados y las pautas adultas de comportamiento son adquiridas por los niños. La perspectiva de LeVine es, así, evolutiva, y aparece formulada sobre la existencia de principios universales válidos transculturalmente, principios que gobiernan el despliegue del ciclo vital. Es la investigación intercultural la que hace posible la elucidación de estos principios rectores. LeVine también ilustra el modo como la investigación antropológica (en este caso su trabajo con los niños Gusii de Kenia) puede funcionar como control para probar la validez de conceptos como la hipótesis del periodo crítico propuesta y discutida por Luria.*

*Beatrice Whiting también duda del modo en que las fuentes invocadas por Shapiro contribuyen directamente a nuestro aprendizaje sobre la sexualidad. Sin embargo, comprende la pertinencia del trabajo de esta nueva generación de antropólogos que nos permite entender los roles cambiantes de hombres y mujeres durante su vida y la significación de la nueva información específica sobre conceptos de la naturaleza de hombres y mujeres y sus relaciones entre sí.*

*La propia perspectiva de Whiting es más compatible con la de LeVine en su inclinación hacia la comparación intercultural y la predicción. Su trabajo sobre la identidad intersexual realizado en colaboración con John Whiting, es de suma importancia para el tema en este volumen.*

*En sus discusiones sobre las nuevas perspectivas de la investigación, Whiting, LeVine y Shapiro destacan los problemas suscitados por este tipo de investigación sobre la sexualidad en situaciones interculturales. Existe una complicación similar, y mucho más cerca de nosotros, cuando se debe estudiar la vida sexual de diferentes minorías étnicas. Quizá sepamos menos* de estos componentes de nuestra propia cultura que lo que sabemos sobre gente más remota. Sin embargo, ese tipo de investigaciones ha demostrado ser particularmente difícil, y su falta de representación es lamentable en este volumen, aun cuando se haya hecho algún intento por incluir el punto de vista de las minorías étnicas, y aun cuando Chester Pierce haya agregado esa perspectiva a nuestras discusiones en este encuentro.

Tal como resume LeVine los comentarios colectivos de los antropólogos, "La investigación científica sobre el comportamiento sexual humano es una empresa desatendida y vulnerable..." De hecho lo es. Pero esperamos que el compromiso activo de personas del calibre de las que colaboran en este volumen ayudará a propiciar cambios que durante mucho tiempo fueron postergados.

H.A.K.

# XV. PERSPECTIVAS INTERCULTURALES SOBRE LA DIFERENCIACIÓN SEXUAL

EL MOVIMIENTO feminista de los decenios de 1960 y 1970 ofreció un nuevo ímpetu a los estudios de las diferencias sexuales, y la literatura producida por el trabajo reciente de los antropólogos culturales y sociales muestra esta influencia por distintos caminos. Ante todo, el interés de la investigación se centra en las mujeres; las dimensiones sociales y culturales de la varonilidad son a menudo tratadas más implícita que explícitamente. Más aún, gran parte de la reciente investigación intercultural no se produce solamente sobre mujeres, sino que es hecha por mujeres, y en algún sentido, para mujeres. Las antropólogas se han dedicado a corregir la que creen que ha sido una inclinación androcéntrica de su disciplina, y muchas de ellas han intentado hacer de sus investigaciones trabajos de contribución pertinentes a los problemas sociales contemporáneos. Sus trabajos muestran una preocupación por temas como el poder, la categoría y la desigualdad. Algunos estudios subrayan el grado de poder que ejercen las mujeres; otros tratan de enfrentarse a temas como el dominio y la subordinación en las relaciones entre los sexos. Hay intentos de llegar a una comprensión del *status* general de las mujeres en sociedades específicas, y de comparar a las sociedades en este aspecto.

Los estudios que elucidaré aquí se han ordenado en cuatro categorías: *1)* enfoques ecológicos y económicos a la investigación intercultural de la diferenciación sexual; *2)* análisis de la relación entre las diferencias sexuales y los roles sociales; *3)* estudios de la definición cultural de varonidad y hembridad, en donde hay un enfoque al sexo visto como sistema simbólico; *4)* perspectivas de comunicaciones que tienen que ver con el reparto diferencial del conocimiento entre hombres y mujeres.

El término *diferenciación sexual* se usa aquí para referirse a lo que con mayor cuidado debería llamarse *diferenciación genérica.* Los términos *sexo* y *género,* cuando se los usa como opuestos, valen para distinguir diferencias biológicas entre hombres y mujeres a partir de pautas de diferenciación social, cultural y psicológica que guardan alguna relación con tales diferencias biológicas. En la práctica, el término *sexo* es usado por lo general para cubrir estos dos conceptos, y yo lo uso de esta manera, reservándome la definición más estrecha para pasajes que remiten a la relación entre las diferencias biológicas y los atributos genéricos.

### Enfoques materialistas a la diferenciación sexual

Un buen número de estudios recientes tienen por propósito principal el descubrir y explicar las diferencias interculturales y las similitudes en las pautas de actividad y en las posiciones sociales de hombres y mujeres. Todos ellos enfocan aquellos aspectos de la vida social que parecen más sensibles a la descripción objetiva y al tratamiento comparativo, y ven en los roles económicos la clave de la relación entre los sexos en la sociedad. Esta relación es formulada en términos del grado de dominio masculino en ciertas sociedades, o, a la inversa, en términos del *status* de que gozan las mujeres.

Dos de los esfuerzos más comprensivos en este sentido son *Female of the Species,* de M. Kay Martin y Barbara Voorhies, y *Women and Men: an Anthropologist's view,* de Ernestine Friedl. Ambos estudios proponen una cadena causal desde la adaptación ecológica y la tecnología a la división sexual del trabajo, y al reparto diferencial de poder entre los sexos y el *status* general de hombres y mujeres en la sociedad. Toman como punto de partida una clasificación de las sociedades en los tipos de mayor subsistencia reconocidos por la teoría cultural evolucionista; el cazador y el cosechador, el hortícola, el agrícola, el pastoral y el industrial. Friedl se concentra en los dos primeros tipos, mientras que Martin y Voorhies incluyen a todos dentro de la empresa comparativa. Existe alguna diferencia en la forma en que los respectivos autores tratan los roles económicos. Martin y Voorhies hacen principalmente hincapié en la participación en las actividades productivas, aunque creen que también es importante considerar el grado en que los miembros de cada sexo ejercen control sobre los productos de su propio trabajo. Friedl se concentra más directamente en las pautas de intercambio. En su concepción, el grado de dominio masculino en una sociedad varía inversamente a la participación de las mujeres en el intercambio extradoméstico, esto es, en el reparto de bienes fuera de la restringida esfera doméstica.

Ambos libros muestran que hay una variación considerable en los roles económicos de los sexos dentro de adaptaciones de subsistencia tan globalmente definidas como el forrajeo y la horticultura, y de este modo contribuye a disipar los estereotipos familiares que se han desarrollado en este aspecto. Uno de esos estereotipos persistentes y de gran influencia que se empiezan a borrar últimamente, es la visión del hombre como cazador y de la mujer como económicamente dependiente, como visión general de la organización social humana antes del advenimiento de la producción de alimentos. Ahora se reconoce con mayor amplitud que las actividades de cultivo de las mujeres y, en unos pocos casos, sus tendencias a la caza desempeñan un rol central en la subsistencia de los pueblos forrajeros; esto a su vez, ha llevado a una revaluación de las reconstrucciones evolucionistas. Se le ha atribuido al etnocentrismo y a la inclinación masculina en la antropología esta demora en el reconocimiento del rol económico de las mujeres en las sociedades cazadoras y cultivadoras (véase también Slocum, 1975; Gough, 1975).

Friedl propone una tipología de los grupos forrajeros, basada en las siguientes pautas de división del trabajo según el sexo: *1)* hombres y mujeres cosechan plantas separadamente; la caza por parte del hombre es mínima; *2)* los hombres y las mujeres trabajan juntos en tareas comunes para lograr un segmento de subsistencia suficiente; *3)* las mujeres cosechan más de la mitad de las reservas de alimentos; la caza por parte de los hombres proporciona del 20 al 40% de la subsistencia; *4)* la caza por parte del hombre proporciona casi todo el alimento; las mujeres procesan todos los alimentos y las pieles. El dominio masculino, se concluye, es el mayor entre la gente del tipo *4*. Según Friedl, las sociedades de este tipo dan a los hombres la mayor ventaja en las actividades distributivas, debido al monopolio masculino sobre la caza y al alto prestigio atribuido a la carne de animal de caza como fuente escasa o irregularmente conseguible. Según la visión de Friedl, las sociedades del tipo 2 son las que más se caracterizan por la igualdad entre los sexos.

El análisis que hace Friedl de la variación entre las sociedades hortícolas supone similares consideraciones. Ella pone en oposición a grupos en los que los hombres cosechan sólo los alimentos prestigiosos mientras que las mujeres recogen la producción básica, con grupos en los cuales ambos sexos obtienen los productos básicos y no existen alimentos prestigiosos. Martin y Voorhies también hacen hincapié en la importancia de la distinción entre la subsistencia y las esferas de prestigio de la economía en su consideración de los sistemas hortícolas. Conectan el desarrollo del sector de prestigio con la creciente productividad del sistema, y proponen una correlación entre la productividad y la subordinación económica de las mujeres. Ven esta subordinación como función del compromiso de las mujeres en actividades que se refieran a la economía doméstica y al monopolio que tienen los hombres sobre las actividades asociadas con instituciones económicas más generales. Como lo han dicho Martin y Voorhies, "en las situaciones en las que las mujeres son confinadas a actividades económicas estrictamente domésticas, comenzamos a ver el desarrollo de la dicotomía básica del rol femenino-masculino característico de las sociedades más complejas. A saber, la exclusión de las mujeres de los principales sistemas de hechos económicos que ocurren fuera de la casa, señala su creciente aislamiento de los roles centrales también en otras instituciones sociales" (p. 240).

El advenimiento de una intensa agricultura completa el proceso de subordinación, según Martin y Voorhies, quienes consideran que el cultivo intensivo basado en una tecnología de arado y riego se asocia con una pauta sumamente coherente de división del trabajo, en que el trabajo productivo fuera de la casa lo cumplen principalmente los hombres. En los sistemas agrícolas, dicen, "las mujeres fueron separadas de la principal corriente de producción por primera vez en la historia de la evolución cultural"; indican, además, que "(la) distinción conceptual del trabajo doméstico y extradoméstico, o lo que llamamos la dicotomía dentro-fuera, tenía el efecto de aislar a un sexo del otro, y a las mujeres de la vida pública" (p. 290). Debe destacarse que su discusión de las sociedades agrícolas se concentra sobre todo en Europa y el Cercano Oriente, lo cual plantea el problema de Galton referido a la independencia de los casos, propuesto para sostener una hipótesis. (Para una revisión más completa de Martin y Voorhies, véase Shapiro, 1975.)

La relación entre los desarrollos dentro de los sistemas hortícolas y la evolución socioeconómica de los roles sexuales ha sido enunciada también por C. S. Lancaster, en un análisis comparativo de las sociedades del sur del Sahara (Lancaster, 1976). Como Friedl y Martin y Voorhies, Lancaster sostiene la distinción entre actividades de subsistencia y economía de prestigio, y remite el dominio social al dominio en esta última esfera. También insiste en la importancia de distinguir entre los sistemas hortícolas por su productividad, conectando la producción intensificada con la presión demográfica y la competencia por los recursos. Otro punto mencionado por Lancaster, y también por Martin y Voorhies, es la relación entre las reglas de descendencia y la productividad de sistemas hortícolas. Ambos estudios encuentran que la producción intensificada se correlaciona con la línea paterna, mientras que los sistemas con descendencia matrilineal tienden a aparecer en el extremo más bajo de la escala.

Basándose en su comprensión de la variación dentro de la clase de los sistemas hortícolas, Lancaster desarrolla una crítica de toda la relación entre las actividades de subsistencia y la economía política. En su concepto, no existe una conexión necesaria entre ambos elementos en sociedades cuya subsistencia se centra alrededor del forraje o simplemente de la agricultura. El dominio masculino puede ser pauta común en ese tipo de sociedades, pero Lancaster no lo considera necesario; por el contrario, cree que existe una considerable amplitud con respecto a los roles sociopolíticos de hombres y mujeres. Recién con el desarrollo de una horticultura más intensa, que se caracteriza comúnmente como "agricultura incipiente", la subsistencia puede ser analizada por su economía política, y se pueden buscar conexiones directas entre los respectivos roles de los sexos en la subsistencia y las relaciones de poder que se logran entre ellos.

Los argumentos presentados por Lancaster y Martin y Voorhies establecen las condiciones materiales para una pauta general del dominio masculino en un momento relativamente reciente de la historia humana —no tan reciente como lo sugieren los teóricos marxistas, que asocian la división entre dominios públicos y privados con el capitalismo, pero reciente en oposición a las reconstrucciones evolucionistas que relacionan el dominio masculino con la importancia de la caza en las primeras etapas de la vida social humana.[1] El argumento de Lancaster, además, dirige la atención a un problema implícito en los estudios de Friedl y de Martin y Voorhies, a saber, la limitada utilidad de las categorías tradicionalmente basadas en la subsistencia para comprender las pautas de diferenciación del rol sexual. La tipología cultural evolucionista, por cierto, proporciona un modelo de ordenamiento conveniente para la información intercultural, pero si el objetivo es identificar las variaciones significativas en el respectivo compromiso de los sexos en la economía, e interpretar estas variaciones en términos políticos, entonces se necesita un enfoque más complejo al análisis de los sistemas económicos.

Los antropólogos dedicados al estudio intercultural de los roles económicos de hombres y mujeres han tenido que considerar cómo estos roles son afectados por la división reproductiva del trabajo. Judith Brown (1970b) ha demostrado que las mujeres tienden a participar en tipos de actividades productivas que pueden combinarse con el cuidado de los niños; la antropóloga sostiene que la contribución de las mujeres a la producción es más grande cuando este tipo de actividades son centrales para la subsistencia. Lancaster sostiene lo mismo en su discusión de los requisitos económicos del dominio masculino. Sanday (1974), quien sostiene que la mayor participación femenina en las actividades reproductivas coloca a los hombres en posición estratégica para obtener control sobre los recursos, ha tratado de descubrir factores que mitiguen esta situación. La relación entre los roles reproductivos y económicos de las mujeres ha sido examinada desde otro punto de vista por Nerlove (1974) y por Friedl, quienes destacan que las pautas reproduc-

---

[1] Algunos antropólogos han atribuido pautas de dominio masculino de base económica en algunas zonas del Tercer Mundo al impacto del colonialismo y a la incorporación a los sistemas económicos capitalistas (Boserup, 1970; Bossen, 1975; S. Brown, 1975; Rubbo; Remy, 1975). Véase también Murphy y Murphy, 1974, para analizar cómo la participación de un grupo indígena sudamericano en la economía regional de Brasil, ha llevado a una mayor dependencia económica de las esposas en sus maridos, y LeVine, 1966, para un estudio comparativo de los efectos del cambio socioeconómico en los respectivos roles de los sexos en el África Oriental y Occidental.

tivas pueden verse afectadas por las actividades económicas de las mujeres. La investigación de Talmon (1965, 1972) sobre el *kibutz* israelí ofrece uno de los análisis más detallados de la interacción entre los roles reproductivos de las mujeres y las demandas de un sistema socioeconómico específico. (Para una discusión del intento de Talmon y otros por explicar la diferenciación del rol sexual en el *kibutz*, véase Shapiro, 1976c.)

## El significado del status

En las teorías materialistas o económicas de la diferenciación del rol sexual, comúnmente se hace referencia al *status* de cada sexo en la sociedad. El término *status*, sin embargo, no es usado de manera coherente y clara en la literatura. En algunos casos, las diferencias en los roles económicos son tomadas como indicadores de un *status* diferencial, la posición de las mujeres es considerada por lo tanto fuerte, en tanto que desempeñan un rol central en la producción o ejercicio de la autoridad sobre el reparto de recursos. Otros estudios suponen una noción separada del *status*, que es considerado en correlación con los roles económicos o de subsistencia. De hecho, lo que se encuentra es un continuo ir y venir entre dos tipos de enfoques dentro de un mismo trabajo. También es común encontrar al *status* tratado como variable dependiente sin definición explícita.

Sanday (1974) ha tratado de operacionalizar el concepto de *status*, enumerando los siguientes cuatro componentes que, según ella, puede ser estudiados objetivamente dentro de la tradición de la investigación observativa intercultural de gran escala: *1)* control material femenino, definido como la aptitud de ubicar cosas más allá del ámbito doméstico; *2)* la demanda de producción femenina —otra vez, más allá del ámbito familiar; *3)* la participación política femenina; *4)* los grupos de solidaridad femenina dedicados a los intereses políticos o económicos femeninos (p. 192).[2] Sin embargo, hay otros tipos de consideraciones evidentes que, en otros intentos, tratan de evaluar intercultural-

---

[2] Este análisis del *status* femenino es un desarrollo posterior de trabajos anteriores, en los que Sanday proponía una correlación entre el *status* femenino elevado y una contribución equilibrada de los dos sexos para la subsistencia (Sanday, 1973).

mente el *status* de las mujeres. Estos tienen que ver, por un lado, con el valor respectivo acordado a los sexos en las diferentes culturas y, por otro lado, con cuán "acomodadas" se sienten a sí mismas las mujeres en diferentes sociedades. El problema consiste en que tales asuntos no pueden ser manejados satisfactoriamente con los útiles analíticos y las estrategias metodológicas características de la investigación observativa intercultural en grande escala.

Hasta ahora no han triunfado los intentos hechos por correlacionar la estructuración de roles económicos con concepciones culturales de varonidad y de hembriedad. En la literatura encontramos afirmaciones como la observación de Martin y Voorhies según la cual en las sociedades agrícolas se estructuraba "una elaborada mitología acerca de inferioridad natural de las mujeres" (p. 277); esas mitologías, sin embargo, no se limitan de ningún modo a las sociedades que se apoyan en esta actividad básica de subsistencia. Un examen de la experiencia subjetiva que las mujeres tienen de sus propias vidas incluiría una amplia investigación psicológica, lo que han solido descuidar los antropólogos que trabajan con paradigmas materialistas.

Puesto que no existe una norma explícita y aceptada para comparar el *status* general de los sexos en las diferentes sociedades, las interpretaciones tienden a ser *ad hoc*, y una misma sociedad puede ser evaluada de diferentes maneras por diferentes autores. Friedl observa, por ejemplo, que los esquimales presentan claramente el caso de dominio masculino (una sociedad forrajera de etapa *4*, como fue definida antes), mientras que Jean Briggs, etnógrafo que realizó trabajos de campo entre los esquimales, hace hincapié en el equilibrio y la complementariedad entre los sexos (Briggs, 1974). Los bemba de África Central, a los que Friedl se dedica para ilustrar el tipo de sociedad hortícola en que el *status* de la mujer es alto, en otro lugar son colocados en oposición a los *iroqueses* para demostrar que la posición de las mujeres bemba deja mucho que desear si se la compara con la de las norteamericanas (Brown, 1970a.). Martin y Voorhies concluyen que el *status* de la mujer en las sociedades matrilineales es casi universalmente alto, pero Alice Schlegel (1972) ha tratado de revisar y explicar las que ella considera como variaciones significativas en las pautas de autoridad y en la autonomía femenina en las sociedades con descendencia matrilineal.

Los juicios sobre los respectivos *status* de los sexos en otras sociedades tienden a ser desvirtuados por las preocupaciones corrientes y los objetivos de las antropólogas y, más comúnmente, por nuestras propias concepciones culturalmente influidas sobre qué produce la superioridad y la inferioridad social. Sacks (1976) ha sostenido que la aplicación de conceptos de desigualdad a pautas de diferenciación sexual puede ser incorrecta e inapropiada para sociedades preestatales. Ella imputa a sus colegas antropólogos lo que llama "inclinación estatal" al concebir las diferencias sociales entre hombres y mujeres en términos jerárquicos; "separados pero iguales" puede ser una mistificación ideológica en el contexto de nuestro propio orden social, pero no ocurre necesariamente en otros tipos de sociedades. Friedl, en su discusión comparativa sobre las sociedades forrajeras, conecta el alto *status* femenino con la mínima división sexual del trabajo; ese tipo de conexión, ¿está teóricamente motivado, o es el resultado de una tendencia a ver la paridad entre los sexos sólo de una manera? Mientras que la dicotomía sostenida por Sacks entre las sociedades estatales y preestatales no es suficiente para cortar el nudo gordiano de la comparación intercultural del *status* de los sexos, sin embargo su punto de vista general es muy aceptable y aceptado.

Los intentos por llegar a generalizaciones sobre los roles sexuales a través del estudio de las actividades económicas convergen por lo común en la distinción entre la economía doméstica y las instituciones socioeconómicas más vastas, lo que se formula a menudo por la oposición entre las esferas "privada" y "pública". Los universales en la diferenciación del rol sexual se conectan con la mayor participación femenina en la economía doméstica; la variación tiene que ver con el grado que alcanza la dicotomía público/privado en sistemas socioeconómicos específicos, y con el grado de participación de los respectivos sexos en los dos campos. El *status*, a su vez, generalmente significa *status* en el dominio público, un elemento que queda bien explícito en la definición de Sanday. Lo que se necesita, de todos modos, es una teoría más definitiva sobre las relaciones de dependencia y determinación entre la economía doméstica y las instituciones socioeconómicas más vastas.

En resumen, un enfoque económico satisfactorio a la diferenciación sexual necesitaría una más profunda descripción económica, y un análisis más completo que el que comúnmente se encuentra en los escritos antropológicos sobre los roles sexuales. También es importante ser cuidadoso acerca de las conclusiones que se sacan del análisis de la dimensión económica de las relaciones hombre-mujer, para ver con más precisión hasta dónde los enfoques económicos pueden permitirnos entender cosas tales como los conceptos culturales de la diferenciación sexual, las relaciones de poder en la vida cotidiana, y las autoconcepciones de hombres y de mujeres.

## EL SEXO Y LOS ROLES SOCIALES

En la sección anterior, los términos *status* y *rol* se usan para designar, respectivamente, la posición general en la sociedad, vista por lo general a lo largo de un continuo, desde lo alto a lo bajo, y la parte que desempeñan el individuo o el grupo de individuos en un sistema económico. En esta sección, sin embargo, el *status* y el *rol* se definen generalmente dentro de la tradición sociológica: *status* se usa para indicar una posición reconocida dentro de un orden social dado; *rol* se refiere a la pauta de acción social relacionada con un *status* particular, considerado tanto por sus expectativas normativas como por sus comportamientos típicos.

Una manera de enfocar la relación entre el sexo y los roles sociales es determinar qué roles son diferencialmente repartidos de acuerdo con los sexos, y contrastar las propiedades de tales roles sociales ligados al sexo. Deberíamos concentrarnos en los *status* complementarios particulares, como el de marido o esposa, y en los *status* comparables pero diferenciales, como el de padre y madre. También se pueden hacer comparaciones entre los diferentes roles que desempeña el individuo. Los estudios de este tipo, que son comunes en la literatura sociológica sobre los roles sexuales, incluyen los que oponen los roles ocupacionales a los roles familiares, enfocando a menudo el tema del conflicto de rol. En un nivel más general, la pauta social de las diferencias sexuales puede ser concebida por oposiciones entre los repertorios del rol característico de los hombres y las mujeres.

Otro lado del tema tiene que ver con la naturaleza de la relación entre el sexo y los roles sociales, esto es, cómo sirve el sexo como principio de reclutamiento para los *status* sociales. Debemos considerar como caso extremo el concepto de un *status* que sostiene una relación natural con las diferencias biológicas en términos tanto del reclutamiento como de la realización del rol, un "rol sexual" en el sentido más estricto del término. Algunos han considerado el rol de la madre bajo esta luz, sosteniendo que las mujeres son aptas para la maternidad no sólo por sus capacidades reproductivas, sino también por virtud de las propensiones de un comportamiento genéticamente determinadas hacia la crianza, el altruismo y otras cualidades apropiadas para el rol del cuidado. Para otros, la base natural de una relación entre el sexo y los roles de los padres es, ante todo, cuestión de consecuencias prácticas de la preñez y la lactancia; la realización, en los hechos, de los roles del cuidado, por la lactancia y otras cualidades similares, no se cree que esté genéticamente determinada. Es este tipo de conexión práctica el que explora Brown (1970b) en su estudio intercultural de la diferenciación sexual en los roles de trabajo. Se necesita un enfoque diferente para tomar en cuenta el hecho de que ciertos roles están sexualmente estereotipados, pero no asociados con el mismo sexo en todas las culturas. Aquí es el principio fundamnetal de la diferenciación sexual el que está en juego, más que alguna conexión intrínseca entre la naturaleza del rol y el sexo de la persona que lo desempeña.

La relación entre el sexo y el reclutamiento de los roles sociales puede tomar múltiples formas. En nuestra propia sociedad, los *status* de padre, de sacerdote y de cirujano están relacionados con el sexo, pero cada uno de diferente manera: el padre por nuestra definición biológica de los *status* de parentesco; el sacerdote por nuestra ideología religiosa, y el cirujano por diversos factores tales como la duración e intensidad de su preparación. Y cada *status* se ve afectado por nuestras creencias sobre los requisitos temperamentales y caracterológicos ligados al sexo y referidos a los roles laborales. Puesto que no sólo estamos interesados en descubrir pautas de asociación entre los roles y el sexo de los involucrados, sino también en comprender cómo se ordena ese tipo de asociaciones, cómo se las piensa y cómo se las racionaliza en diferentes sociedades, un estudio de los roles sexuales nos lleva a un examen de las concepciones culturales sobre la diferenciación sexual. La distinción entre el sexo y el género es importante en este contexto, puesto que las diferencias socialmente pertinentes entre hombres y mujeres no son consecuencias simples y directas de las diferencias biológicas entre hombres y mujeres. Más aún, la identidad genérica no siempre es asunto de adscripción basado en el sexo; los roles genéricos, de tal modo, no necesitan ser restringidos a los miembros de un sexo.

Puesto que el análisis antropológico de los roles sociales se ha concentrado predominantemente en el campo de los estudios sobre el parentesco, y puesto que la diferenciación sexual es básica en la estructuración de los *status* de parientes (aunque no tan invariables, como ya veremos), los estudios sobre el parentesco constituyen una importante contribución para la sociología comparativa del sexo, del género y de los roles. Una estrategia comparativa consiste en ver particulares *status* de parientes complementarios, por ejemplo el de marido y esposa, en una perspectiva intercultural.[3] Estos *status* pueden estudiarse con respecto a los derechos y obligaciones explícitos que les son inherentes, incluyendo aquellos delineados en los códigos legales donde están presentes, y también por las normas y expectativas menos formales y las pautas de comportamientos típicos asociados con la relación.

Donde los enfoques jurídicos a los *status* familiares están mejor representadas es en la tradición social antropológica británica que se desarrolló en el marco de la investigación sobre sociedades tribales africanas. Los estudios de las dimensiones jurídicas de la relación entre marido y mujer en las sociedades africanas, proponen interesantes temas para la investigación comparada. Por ejemplo, comúnmente se hace la distinción entre los derechos del marido sobre los servicios sexuales y domésticos de su mujer (derechos *in uxorem*) y sus derechos sobre la capacidad reproductiva de la mujer (derechos *in genetricem*); la dote que da en pago la familia del marido a la familia

---

3 El término *parentesco* aparece usado en diferentes formas y a diferentes niveles de generalidad en la literatura antropológica. Yo lo uso aquí en el sentido más amplio, para incluir relaciones de afinidad (por ejemplo, las que se basan en el matrimonio) y también relaciones de consanguinidad.

de la mujer garantiza todos los derechos de este último tipo, esto es, permite al marido incorporar a su propio grupo familiar los hijos de su mujer. Kathleen Gough, en su reexamen del clásico trabajo de E. E. Evans-Pritchard sobre los nuer del Nilo (Evans-Pritchard, 1940), considera cómo los sistemas de ese tipo permiten a las mujeres una cierta latitud en el modo en que se arreglan sus vidas. Una mujer puede vivir con un hombre distinto de su marido, y aun tener hijos de él, siempre que estos hijos sean entregados a su padre legal. Puede ofrecérsele algo al hombre que vive con ella para dar compensación a su marido por haberlo privado de los servicios *in uxorem* de su mujer. Algunas mujeres incluso logran desbaratar los intentos de sus maridos por obtener a los chicos sobre los que legalmente tienen derecho (Gough, 1971).

El problema de la desigualdad jurídica entre los maridos y las esposas también ha sido trabajado en la literatura africanista. En un informe resumido, A. R. Radcliffe-Brown (1950) sugirió que mientras que los derechos que los hombres ejercen sobre sus mujeres y también sobre otras mujeres parientes pueden ser caracterizados como derechos personales y como derechos de propiedad (derechos *in personam* y derechos *in rem*), los de las mujeres sobre los maridos, y en general los de las mujeres sobre los hombres, caen casi exclusivamente en la categoría de derechos *in personam*; esto es, que los hombres no constituyen para las mujeres algo que pueda ser controlado y retenido ante los posibles reclamos de terceros, como son las mujeres respecto de los hombres.

La relación entre el marido y la esposa en cualquier sociedad depende de cierto número de factores. Es particularmente importante el sistema de propiedad o rango dentro del cual se celebra el contrato matrimonial. La posición de una esposa puede ser fuerte si ella incorpora valiosas propiedades a la unión, o si se casa con alguien más bajo que ella en la jerarquía social de un sistema que no le provoque, como consecuencia, ser desclasada (véase Friedl, 1967; Silverman, 1967; Albert, 1963; D. Jacobson, 1974). La edad de la pareja es otro factor, especialmente en sociedades con una fuerte inclinación gerontocrática; entre los aborígenes australianos, una gran diferencia de edad entre los esposos contribuye al dominio de los maridos sobre las mujeres (véase, por ejemplo, Warner, 1937 y Hart y Pilling, 1961). La división sexual del trabajo también debe ser considerada. El estereotipo sexual de las tareas, incluido en la producción de alimento y en la preparación de comidas, contribuye al poder de la esposa, si es que ella puede expresar ira hacia su marido negándose a alimentarlo. Por otra parte, la falta de una esfera bien definida y exclusiva de control femenino en las actividades de subsistencia puede contribuir a la debilidad de la posición de la esposa frente a su marido (Shapiro, 1971, 1976b).

La comparación intercultural de los *status* familiares particulares debe ser complementada con la consideración de los repertorios de *status* más amplios, de los cuales son una parte. Si el objetivo es entender pautas de autoridad entre hombres y mujeres, se debe prestar más atención a todo el rango de relaciones en las que participan. Como lo ha destacado Jane Goodale en su reexamen de una sociedad de aborígenes australianos previamente descrita en términos de dominio masculino y subordinación femenina, las cosas se muestran un poco diferentes cuando se recuerda que la esposa de un hombre es la suegra de otro (Goodale, 1971). El asunto aparece claramente definido en la siguiente caracterización de los roles familiares de una mujer entre los bamileke de África: "En la medida en que ella sea descendiente de una mujer, es respetada y aun temida por su parentesco maternal; pero en su rol como hija es manipulada, intercambiada o entregada por su padre sin que éste considere más que sus propios intereses, y en su rol de esposa debe guardar una estricta disciplina impuesta por su marido" (J. Hurault, parafraseado en Paulme, 1963, p. 14). Un tema recurrente en los estudios sobre los *status* familiares de las mujeres es que las mujeres sufren el más alto grado de dominio masculino en el contexto de sus roles como esposas (véase, por ejemplo, Strathern, 1972 y Dole, 1974).

Puesto que los roles que desempeña un individuo son diferentes y algunas veces conflictivos, es interesante ver si se pueden emitir juicios sobre las características relativas de los diferentes *status* mantenidos por una misma persona. Strathern (1972), en su estudio de los roles de parentesco conflictivos de las mujeres en una sociedad de Nueva Guinea, dice que las mujeres son vistas primariamente como esposas, esto es, que su *status* de afinidad es más prominente que su pertenencia al grupo de descendencia en el cual nacieron; más aún, sus obligaciones conyugales reciben mayor hincapié cultural que sus obligaciones maternales. En otras sociedades, particularmente en las que son de descendencia matrilineal, el *status* de una mujer como miembro del grupo de descendencia puede valer y pesar más que las relaciones establecidas por el matrimonio. El carácter saliente del rol de la madre está bien documentado en sociedades de zonas como África y el Lejano Oriente. Quizá debido a la influencia de la tradición africanista en la antropología social, las mujeres han solido ser vistas ante todo y sobre todo como madres en todas las sociedades, pero es importante tener en cuenta que existe una significativa variación en el grado de énfasis cultural y de prestigio asociado con la maternidad, y en el papel que desempeña en la actitud de un hombre hacia su esposa.

Las investigaciones de las características relativas de las diferentes relaciones sociales han demostrado una preocupación por el peso de los vínculos sociales del mismo sexo, en oposición a los del otro sexo. Una especial dedicación a la relación entre mujeres puede verse, en parte, como una reacción a los escritos etnológicos que insisten en la importancia social de los lazos masculinos, y que proponen una explicación genética de ese hecho (Tiger, 1969; Tiger y Fox, 1971). En algunas sociedades, los lazos entre mujeres parientes con los vínculos centrales en la organización del grupo doméstico (véase, por ejemplo, Lamphere, 1974, sobre los navajos, y Murphy y Murphy, 1974, sobre los indios mundurucú de Sudamérica). El grado de separación social entre los sexos algunas veces es tal que las relaciones entre mujeres son mucho más importantes en el curso de la vida cotidiana que las relaciones de mujeres con los hombres, hecho que debe entrar en la evaluación de cualquier pauta cultural de dominio masculino que pueda encontrarse en estas sociedades (Murphy y Murphy, 1974; Fallers y Fallers, 1976). La importancia de los vínculos femeninos se ha subrayado en muchos estudios de las sociedades del África Occidental, en que las asociaciones de mujeres son muy amplias tanto en número como en rango territorial (véase, por ejemplo, Leis, 1974, y Hoffer, 1974).

Los roles sociales pueden estudiarse desde una perspectiva diacrónica y también desde una sincrónica, esto es, por los roles que desempeña concurrentemente un individuo. Este enfoque nos permite comparar y contrastar las típicas transiciones que experimentan hombres y mujeres en sus respectivas carreras sociales. La vasta literatura antropológica social sobre el ciclo evolutivo de los grupos domésticos (véase Goody, 1958, para una recopilación de trabajos sobre este tema) proporciona un punto de vista sobre !os roles familiares cambiantes. Lamphere (1974), notando la orientación masculina de muchos de esos estudios, ha adoptado una perspectiva evolucionista similar hacia los roles familiares de las mujeres. Los *status* domésticos cambiantes de las mujeres en las sociedades con descendencia patrilineal y residencia virilocal han sido documentados en muchos y diferentes contextos etnográficos; un cuadro común es aquel en que una mujer se desplaza de una posición de subordinación a otra de autoridad doméstica. En algunos casos, esta autoridad se logra por el fortalecimiento de su relación con el marido; a menudo, se trata de la influencia que ejerce sobre sus hijos y sus nueras.

El elemento que ha recibido la mayor atención es la transición social que sucede por lo común durante la adolescencia, en la cual un individuo se inicia en los roles familiares y laborales que caracterizarán su vida como adulto. Tales transiciones vienen a menudo marcadas por elaborados ritos de pasaje. Young (1965) ofrece una revisión de la literatura sobre los ritos de iniciación, y desarrolla una teoría para explicar la variación del grado de elaboración de los ritos de iniciación en diferentes sociedades, así como también las diferencias entre la iniciación masculina y femenina.[4] Las ceremonias de iniciación son una rica fuente de información en la manera en que la identidad genérica es concebida en culturas particu!ares, puesto que éstas por lo general incluyen la supervisión explícita en las cualidades y en el comportamiento asociado con la varonidad y la hembridad.

Las transiciones clave en las carreras sociales de los individuos son frecuentemente traumáticas, y por lo tanto se dice de ellas que son "crisis vitales". Los ritos de pasaje se considera que

---

4 Véase también Whiting, Kluckhohn y Anthony, 1958, y J. Brown, 1963. Para una descripción clásica del rito de iniciación de una niña, véase el relato de Richard (1956) sobre la ceremonia *chisungu* entre los bemba de África Central.

cumplen una importante función tanto para los individuos que sufren una transición como para otros que se verán afectados por el cambio; de hecho, se ha argumentado que el dolor provocado por muchas transiciones sociales en nuestra propia sociedad se debe en parte a la ausencia de rituales para enfrentarse a ellas. La adolescencia ha recibido mucha atención como periodo de crisis en la sociedad norteamericana. Una perspectiva comparativa sobre las causas de la crisis adolescente la ofrece el estudio de Schlegel (1973) sobre las niñas hopi. Otras transiciones reconocidas como crisis vitales en la sociedad norteamericana son la experiencia de la menopausia en las mujeres, o cuando el último hijo deja la casa, y la experiencia de los hombres frente a la jubilación. La naturaleza traumática de tales transiciones es reveladora de la centralidad del rol de la madre para las mujeres y del rol ocupacional para los hombres, y también de las maneras en las que la maternidad y el trabajo son definidos en nuestra sociedad. La relación entre las crisis vitales y los roles sociales cambiantes es analizada por el estudio de Silverman (1967) sobre las mujeres en una comunidad de la Italia central. Silverman explora la variación entre mujeres de diferentes clases sociales y también ofrece algunas observaciones generales sobre los contrastes entre los dos grupos de mujeres italianas y sus análogas norteamericanas.

Puede considerarse que los *status* de parentesco que hemos estado elucidando abarcan un claro principio de reclutamiento basado en el sexo. Efectivamente, en el curso normal de los hechos, las mujeres se hacen esposas y madres, mientras que los hombres se hacen maridos y padres, como quiera que estén definidos estos roles en una sociedad particular. Pero existen excepciones, incluso a esta regla general, que proponen interesantes preguntas sobre las relaciones entre el sexo, el género y el rol social.

En cierto número de sociedades africanas, una mujer puede adquirir una esposa para sí por medio del pago de una dote y también, en algunos casos, puede llegar a ser el padre legal de los hijos de su mujer (Krige, 1974). El esposo-mujer o bien consigue amantes para su mujer o bien permite que ella los elija por sí misma; sin embargo, estos hombres no tienen derechos legales sobre los hijos. Esta opción depende generalmente de la capacidad de la mujer para adquirir fortuna. Sirve como estrategia política en sociedades donde las posiciones de jefatura están al alcance de las mujeres. Entre los nuer, era una carrera social a disposición de las mujeres estériles, aunque no queda claro si sólo las mujeres estériles podían tomar esposas (Gough, 1971; Krige, 1974). La institución en sí misma debe comprenderse en términos de principios tales como la centralidad del sistema de parentesco para definir el lugar de un individuo en la sociedad (si una mujer va a transformar su *status* es posible que esa transformación suceda dentro del dominio del parentesco); una definición del matrimonio basada en las transacciones de bienes, más que en la relación sexual; la importancia del *status* de una mujer como miembro de un grupo de descendencia, y la posibilidad de que este *status* pueda pasar por encima de su sexo como criterio para el reclutamiento de los roles de parentesco (una mujer puede obtener el derecho de incorporar a sus hijos a su propia ascendencia patrilineal, y en este aspecto se encuentra en relación de equivalencia con sus hermanos).

Un interesante caso comparativo se encuentra en el estudio de Aswad (1967) sobre los roles de las mujeres nobles en una sociedad del Medio Oriente. Aquí, las viudas pueden asumir los roles sociales de sus esposos muertos, y las hermanas pueden remplazar a sus hermanos. Cuando una mujer hace algunas de estas cosas, se dice de ella que se está volviendo "como un hombre'" (p. 145); puede no casarse o, si es viuda, volver a casarse. Su situación difiere de los casos africanos por el hecho de que una mujer puede mantener sus roles como esposa y madre mientras adquiere los *status* adicionales de esposo y padre. Krige (1974, 19-20) discute tal pauta entre los lovedu. También observa que muchos casos de matrimonio entre mujeres en la comunidad lovedu, son cuestión de los derechos de la mujer a los servicios domésticos de una niña tomada de la casa de su hermano, basada en el hecho de que su dote se empleó para pagar por la esposa de su hermano. En el curso normal de los hechos, este servicio toma la forma de una nuera, la hija de un hermano que se casa con el hijo de la mujer; donde esto no es posible, la mujer puede tomar a la hija de su hermano como su propia esposa o como esposa para su propia hija (Krige, 1974, 17-18, 24-25).

Que una persona pueda colocarse en el lugar de otra en el

contexto de la organización del grupo doméstico, que una persona pueda, de hecho, tener que hacer eso para mantener el funcionamiento del grupo doméstico, es un fenómeno lo bastante difundido para inducirnos a reexaminar cualquier interpretación demasiado rígida sobre la naturaleza de los roles de parentesco ligados al sexo. Lo que es de interés en los casos africanos y del Medio Oriente es que las mujeres avanzan hacia tipos de *status* que generalmente pensamos que están asociados a los hombres, no sólo implícita sino también explícitamente. De manera que estamos tentados a describir la situación diciendo que las mujeres en estas sociedades pueden hacerse sociológicamente varones. Un africanista, en el curso de una discusión informal, observó que en África "los hombres son tan importantes que hay que convertir a las mujeres en hombres". Para poner esta fórmula en términos más claros habría que decir que los vínculos del rol sexual normales pueden cruzarse en la medida en que la relación entre el sexo y el *status* sea determinada por factores sociológicos, más que por factores biológicos.

Es importante recordar que la capacidad de una mujer para transformar su parentesco y su posición en el grupo doméstico es, a menudo, función de su posición en un sistema de rango de estratificación. El lugar del sexo como factor determinante del rol de un individuo debe ser valorado frente a otros principios de diferenciación sexual: edad, rango, clase, casta, pertenencia a un grupo de descendencia, relación con lo sobrenatural, para nombrar sólo unos pocos, de modo que se vea cuáles tienen prioridad en qué contextos sociales. También deben considerarse las posibilidades de la segregación del rol, elemento que es importante en algunos de los casos africanos. En nuestra propia sociedad, la segregación del rol parece constituir una especie de problema cultural. La frase "desempeñar un papel" se emplea para indicar desaprobación; desempeñar un rol se asocia comúnmente con la artificialidad, con la fragmentación del ser. Si sentimos nuestro género como una dimensión central de la identidad que tenemos como personas, no queda claro si existen roles sociales o contextos situacionales en que el género es totalmente ajeno. Un tipo de consideraciones de esta especie puede ayudarnos a comprender cómo las mujeres han asumido posiciones de autoridad pública en países que aparentemente tienen mayor dominio masculino que el nuestro. Parte de la explicación puede recaer en el grado de separación entre los dominios públicos y domésticos en esos países, y en el hecho de que los roles que desempeñaron las mujeres en una escena no choca con sus roles en la otra (para los ejemplos de Turquía y Egipto, véanse respectivamente Fallers y Fallers, 1976, y Mohsen, 1974).

## Esferas sociales públicas y privadas

Un punto fundamental derivado de la investigación de los roles sociales de hombres y mujeres se refiere a las dimensiones relativas de los mundos sociales de hombres y mujeres. Comúnmente se encuentra que los roles de las mujeres se restringen a una esfera social estrecha, que puede caracterizarse como "doméstica" o "privada", mientras los hombres predominan en los círculos más amplios de la vida "pública". Esta diferencia emana del estudio comparativo de Young (1965) sobre los ritos de iniciación, en los cuales concluye que los hombres por lo general son iniciados en la comunidad en conjunto, mientras que las iniciaciones de las mujeres se enfocan alrededor de la incorporación a grupos domésticos más restringidos.

Algunos antropólogos han visto la dicotomía público/privado como una dimensión central en la subordinación social de las mujeres, sosteniendo que los roles en el dominio público tienen inevitablemente más prestigio que los roles en el dominio privado (véase, por ejemplo, Rosado, 1974, y Rosaldo y Lamphere, 1974). Otros antropólogos han adoptado una actitud crítica hacia esta dicotomía (Stack y otros, 1975).

La misma Friedl, en una publicación anterior a su teoría general de la diferenciación del rol sexual, destaca que las sociedades varían con respecto al grado de separación entre las esferas domésticas y públicas y la relativa importancia de cada una de ellas (Friedl, 1967). Siguiendo una línea de razonamiento que parece contradecir su tesis posterior sobre la relación entre las actividades de intercambio extradomésticas de las mujeres y su *status* general, ella observa que en algunas sociedades (por ejemplo en la Grecia rural, donde ella hizo su propio trabajo de campo) el sector doméstico es el centro del reparto de recursos y de significativas decisiones de hecho. La dominación del hombre en la esfera pública es, por lo tanto. una "apariencia" que oculta la "realidad" del importante rol que las mujeres desempeñan en la familia, que es pragmáticamente... la unidad social más significativa (Friedl, 967, p. 97; véase también Sweet, 1967, 1974).

Otra perspectiva sobre la dicotomía doméstico/público, y su significado para la respectiva experiencia social de los sexos, la ofrecen Murphy y Murphy (1974), quienes centran su atención no sobre el poder y la capacidad de decisión, sino sobre la solidaridad social, y sugieren que mientras los vínculos masculinos pueden extenderse más, los de las mujeres son más duraderos y cohesivos.

Las diferencias entre los roles de hombres y mujeres también han sido analizadas por su grado de formalización. Shapiro (1972, 1976b), en un estudio de los indios yanomama, de Sudamérica, ha demostrado que los roles que desempeñan los hombres son estructuralmente más diferenciados y ritualizados que los de las mujeres. La oposición entre roles "formalizados" y "no formalizados" ha sido desarrollada más sistemáticamente por Beverly Chiñas (1973) en su estudio de las mujeres zapotecas del istmo de Tehuantepec. La idea de que los roles de las mujeres suelen estar menos formalmente definidos, así como también menos públicos que los de los hombres, ha sido usada por un antropólogo para computar la orientación masculina de la mayoría de los escritos antropológicos sociales (Ardener, 1972). Esta crítica es apropiada para algunas tradiciones dentro de la antropología —especialmente, para aquellas que pueden ser llamadas "estructuralistas"—, pero la importancia de estudiar las dimensiones menos formales de la vida social no ha dejado de ser reconocida por los antropólogos en general. Lo que se puede decir es que el estudio de los roles sexuales ha llamado la atención sobre este tema (Sweet, 1967; Friedl, 1967; Riegelhaupt, 1967).

Con referencia a la categorización de los roles, en términos de cómo éstos están formalizados, hay que tener en consideración los tipos de control sobre el comportamiento de los demás. Las distinciones habituales se establecen entre la autoridad (el ejercicio del control de una manera que culturalmente se reconoce como legítima), el poder (el ejercicio del control que no es tan reconocido, o que recibe su legitimación a niveles más ocultos de su modelización cultural), y la influencia (concebida comúnmente como medio de afectar el comportamiento de los demás, convenciéndolos de que el comportamiento en cuestión va en su propio interés). Se dice que los roles femeninos difieren a menudo de los masculinos por los límites dentro de los cuales se asocian con el ejercicio del poder o la influencia, más que con la autoridad abierta o legitimada (Sweet, 1974; Lamphere, 1974; Collier, 1974; Dole, 1974). También se ha destacado que el ejercicio del poder en las mujeres frecuentemente toma la forma de subversión, de sabotaje a los planes de los que detentan la autoridad sobre ellas, sometiéndolas a un comportamiento alterado (véase, por ejemplo, Friedl, 1967; Shapiro, 1972; Dole, 1974). Las mujeres, con mayor frecuencia que los hombres, están en situación de tener que conseguir sus fines a través de medios indirectos; deben trabajar a través de otros (por ejemplo: de sus hijos o sus maridos), y como resultado de esto deben aprender el arte de la manipulación (Collier, 1974, Lamphere, 1974).

La noción de "manipulación" es tratada en sí misma de dos modos diferentes en la literatura antropológica actual sobre los roles sexuales; por un lado, connota un estilo indirecto, y por el otro, iniciativa. Dadas las orientaciones de valor de la mayoría de los autores cuyo trabajo se expone aquí, la manipución en el segundo sentido despierta admiración. Las dos aproximaciones pueden ser combinadas dentro de un mismo sistema de análisis (Collier, 1974). La visión negativa de la manipulación se representa en la colección de ensayos titulada *Many sisters* editada por Carolyn Matthiasson, en que los ensayos de los colaboradores han sido ordenados en tres secciones según si las mujeres de la sociedad que cada autor considera son vistas como subordinadas, iguales o superordinadas respeto de los hombres; estas sociedades, en las cuales la posición de las mujeres se juzga inferior, reciben el calificativo de "sociedades manipulativas". En una vena similar, Lamphere (1974) opone sociedades en las que las mujeres son capaces de lograr sus objetivos sociales directamente, con sociedades en las que las mujeres deben trabajar por medio de los hombres; se vale de los navajos para ilustrar el primer tipo, y varios grupos tribales africanos y poblaciones campesinas le sirven para ilustrar el segundo tipo.

Una actitud positiva hacia el ejercicio de las cualidades manipuladoras en la vida social aparece asociada con ciertos intentos para considerar a los individuos no meramente desempeñando roles sociales, tales como son definidos por las normas dominantes en el sistema sociocultural, sino como diseñando estos roles para lograr sus propios fines personales. Esta perspectiva es evidente en *Woman, Culture, and Society*, conjunto de ensayos editado por Michelle Rosaldo y Louise Lamphere. En algunos de estos ensayos, las mujeres son vistas como un grupo de interés cuyos objetivos, en conflicto con los de los hombres, deben ser alcanzados sin un tipo de apoyo institucional del que gozan éstos. Jane Collier, en su ensayo sobre la política doméstica en las sociedades patrilineales, analizó cómo los intereses de las mujeres surgen de su posición estructural en los grupos domésticos, cómo sus intereses son contrarios a ciertos principios abiertos de la organización patrilineal, y cómo las mujeres pueden prevalecer a pesar del hecho de que la base de los derechos jurídicos y las pautas legitimadas de la autoridad van en su contra. Aquí se enfocan las estrategias empleadas generalmente por las mujeres en determinadas sociedades en particular, o en ciertos tipos de sociedad. Un análisis de mayor orientación individualista, sobre cómo una mujer excepcional puede alcanzar una posición destacada explotando con habilidad especial las posibilidades estructurales del orden social en que se encuentra, lo presenta la descripción que Carol Hoffer hace de Madam Yoko, jefa de la Confederación Kpa Mende en el África Occidental.

Al considerar si es apropiado (o cuándo) interpretar la diferenciación del rol sexual por la superioridad y la inferioridad social, los antropólogos han tenido que enfrentarse al tipo de temas propuestos antes, en conexión con los enfoques económicos, a la desigualdad sexual. Muchos antropólogos han sentido la necesidad de mostrar que las diferencias de los roles sociales de los sexos no implican necesariamente jerarquía, sino que más bien pueden suponer una complementariedad, en la cual ningún aspecto es más importante que otro. Este tema es desarrollado en muchos de los artículos aparecidos en la recopilación de Matthiasson (H. Jacobson, Ebihara, Sweet, Richards), una de cuyas secciones, titulada "sociedades complementarias", está dedicada a sociedades en que los sexos aparecen como socialmente iguales. También se ha prestado atención a similitudes generales en los objetivos y valores culturalmente determinados que hombres y mujeres tratan de alcanzar y sostener, cada uno por la vía más apropiada para su sexo (Albert, 1963). Sin embargo, existen casos en que parece justificado y, de hecho, necesario, hablar de la diferenciación del rol sexual como gradación o rango. Un modo de enfocar este tema es mediante las asimetrías en las reacciones hacia la imbricación y cruce de los límites del rol sexual. Si las mujeres que asumen roles masculinos son admiradas, aunque con cierta ambivalencia, mientras que los hombres que asumen roles femeninos o bien son ridiculizados o bien discretamente ignorados, ¿no sería ésta una señal de que estamos frente a un sistema jerárquico? La investigación psicológica social y psiquiátrica en nuestra propia sociedad ha revelado una doble norma en que los atributos sexualmente tipificados como hombre, pero no los tipificados como mujer, son considerados como cualidades personales ampliamente deseadas cuando no está en juego ninguna referencia explícita al sexo. Lo que tenemos aquí, en términos semióticos, es un caso de demarcación en que la varonidad, en la medida en que sus características constituyen también la categoría más general de la humanidad, no está definida con respecto a las características más limitadas y demarcadas de la hembridad. En términos sociopolíticos, una tolerancia diferencial para las dos direcciones en que pueden cruzarse las líneas de los roles sexuales puede significar que un sistema se ve amenazado no cuando los individuos se esfuerzan por ascender dentro del sistema, sino cuando prefieren descender.

## EL SEXO COMO SISTEMA CULTURAL

Los estudios que estoy considerando tienen que ver con las difiniciones culturales de la varonidad y la hembridad. En un sentido, se colocan en el extremo opuesto de los que aparecen en la primera sección, dentro del espectro antropológico, puesto que tratan de entender otras culturas desde adentro, por el conjunto de valores compartidos y de los conocimientos por los cuales se constituyen. No tienen la dimensión conductista del análisis de rol; las estructuras mentales con que se relacionan no son reglas pensadas para conectarse con la acción de modo directo, como las normas que estudian los sociólogos, sino más bien ideas que sirven para que la acción sea significativa en un sentido más amplio y participe en la construcción de la propia realidad social.

El estudio de las definiciones culturales del sexo incluye una investigación de ideas sobre el modo de cómo son hombres y mujeres, y la comprensión del lugar que ocupa la sexualidad en la concepción general que tiene del mundo la gente estudiada. Como poderoso símbolo natural, y como oposición binaria, el sexo puede proporcionar una metáfora para todo un sistema cosmológico (Reichel-Dolmatoff, 1971). El estudio de Michelle Rosaldo y Jane Atkinson (1975) sobre cómo los sexos están metafóricamente ligados al mundo de las plantas entre los ilongot de las Filipinas, y el análisis de Anthony Seeger (1974) de cómo los indios suyá, del centro de Brasil, comparan a hombres y mujeres con diversos animales del bosque, permite ver cómo se conceptualizan las diferencias sexuales y cómo se refieren al ordenamiento de otras zonas de la experiencia cultural. En el caso de los ilongot, aparece una oposición decisiva entre las propiedades dadoras de vida de las mujeres y las propiedades supresoras de vida de los hombres. Entre los suyá, las diferencias entre hombres y mujeres incluyen la oposición entre el mundo cultural del pueblo y el mundo natural (y también sobrenatural) del bosque.

La asociación simbólica de los hombres con la cultura y de las mujeres con la naturaleza surgió como tema central a partir de los influyentes escritos de Claude Lévi-Strauss sobre el grupo de sociedades indígenas sudamericanas a las que pertenecen los suyá, y figura entre las reflexiones generales más teóricas de Lévi-Strauss sobre la posición asimétrica de hombres y mujeres en la sociedad (1949) y el significado de la oposición sexual en el mito y la cosmología (1962, 1964, 1966, 1967, 1971). Sherry Ortner (1974) ha examinado esta ecuación de Lévi-Strauss, considerando las razones de su posible universalidad y sugiriendo que, en la medida en que la oposición entre cultura y naturaleza es invariablemente jerárquica, la identificación simbólica de los hombres con el primer término y de las mujeres con el segundo supondrá conceptos de inferioridad femenina. Esta línea de razonamiento también ha sido desarrollada por Rosaldo (1974), quien conecta la oposición entre naturaleza y cultura con la dicotomía entre privado y público.

Un tema común en los complejos culturales alrededor de las diferencias sexuales es que la sexualidad femenina representa una fuerza peligrosa que debe controlarse. Una variación de este tema, que ha recibido gran atención en la literatura antropológica, es el llamado complejo de "honor y vergüenza" encontrado en las sociedades mediterráneas (véase Peristiany, 1966, para una revisión general, y estudios de ejemplos que se refieren a este tema). Aquí, las elaboradas precauciones que se toman para asegurar la castidad premarital y la fidelidad marital de las mujeres se refieren a creencias sobre la debilidad y susceptibilidad sexual de las mujeres y la violenta agresividad sexual de los hombres. Puesto que el honor de los hombres reside en la pureza de sus parientas y de sus esposas, los hombres deben vigilar que las mujeres se mantengan aisladas del contacto con otros hombres fuera del círculo familiar. En las tradiciones musulmanas de muchas sociedades del Medio Oriente y del Norte de África, el control masculino sobre la sexualidad femenina se justifica por la idea de que las mujeres son más sensuales y menos capaces que los hombres para controlar sus deseos sexuales, mientras que los hombres poseen una mayor conciencia y racionalidad ('aqel, en árabe). La imposición de limitaciones sobre la sexualidad de las mujeres encuentra su expresión más extrema en la mutilación genital, conocida como infibulación o circuncisión farónica, que se puede encontrar entre ciertos grupos musulmanes en el norte de África (la operación es descrita por Hayes, 1975).

Una versión distinta de los peligros inherentes a la sexualidad femenina queda expresada en las creencias sobre la polución, características de las sociedades de toda la Melanesia. Tales creencias, que se asocian con pautas ritualizadas de antagonismo sexual, se retratan en el siguiente pasaje tomado de una etnografía de los mae enga, de la altiplanicie de la Nueva Guinea:

Los hombres consideran que la sangre menstrual es verdaderamente peligrosa. Creen que el contacto con una mujer en periodo de menstruación provocará, a falta de una contra-magia, la enfermedad del hombre y un vómito persistente, hará que su sangre se ponga negra, corromperá sus fluidos vitales de manera que su piel se oscurezca y se arrugue mientras su carne se gasta, se obnubile su inteligencia, y lo conduzca por fin a una lenta declinación y a la muerte. La sangre menstrual introducida en el alimento de un hombre, dicen, lo mata rápidamente, y las mujeres jóvenes despechadas algunas veces buscan venganza de esta manera. La sangre menstrual derramada en algunas plantas como la *Acorus calamus*, que los hombres usan como elementos mágicos para obtener riqueza, o para hacer la guerra, los destruye; y un hombre se puede divorciar y aun quizá matar a la esposa que haga esto (Meggitt, 1964, p. 204).[5]

Los resúmenes antropológicos de las clases de sistemas de creencias que hemos venido analizando pueden ser descriptivos en sus metas, tratando de penetrar otro mundo de ideas y de comprenderlo de la manera más rica y menos deformada posible; o también puede ocurrir que esos resúmenes busquen explicaciones para conjuntos particulares de creencias que aparezcan en sitios particulares. Una explicación del complejo de honor y vergüenza en las sociedades del Mediterráneo ha sido ofrecida por Jane Schneider (1971), quien analiza las restricciones sobre las mujeres en cuestiones de competencia entre grupos de parientes por el dominio de los recursos, uno de los cuales son las mujeres. Rose Oldfield Hayes (1975), que ha tratado de explicar por qué la infibulación sigue practicándose en el Sudán, observa que la práctica se cumple para asegurar y mantener la integridad de los grupos de descendencia patrilineal. Harriet Whitehead (1976) presenta una discusión comparativa de las exigencias de castidad y la mutilación genital femenina, tratando de establecer aproximaciones distintas pero relacionadas con un cuadro de trabajo más general. Destaca que lo común en todos los casos es el intento, de parte de los grupos sociales, por evitar la pérdida de *status* limitando el acceso a las mujeres.

Tanto Hayes como Whitehead también tratan de explicar por qué las propias mujeres tendrían interés en perpetuar este

---

[5] Pueden encontrarse algunos casos adicionales en Goodale y Chowning, 1971, y los ensayos en Brown y Buchbinder, 1976. Goodale y Chowning destacan, como también lo hace Faithorn (1975), que no se deberían interpretar tan estrechamente las creencias sobre la polución, puesto que los hombres también pueden ser considerados como agentes de contaminación para las mujeres.

tipo de prácticas. Ambas destacan que, dentro del universo social definido por estas construcciones culturales, las mujeres quieren ser ejemplares propios de su sexo y elevar el *status* del grupo social que defina su propio puesto en la sociedad. Además, Hayes observa que las mujeres que cumplen la operación de la infibulación ocupan una posición de considerable prestigio social; el abandono de esta práctica pondría fin a uno de los roles más importantes alcanzados por la mujer. Whitehead toma una dirección distinta: sugiere que si la actividad sexual se define culturalmente como forma de la dominación del hombre sobre las mujeres, las mujeres pueden usar cualquier limitación de sus capacidades para dedicarse a la actividad sexual como protección, o aun como arma, contra los hombres.

Las creencias melanesias sobre la polución han sido interpretadas en términos demográficos por Lindenbaum (1972), quien las considera como factor considerable para el control de la natalidad. Las perspectivas demográficas también se han aplicado a la explicación de las prácticas que incluyen la mutilación genital, entre éstas la infibulación y también diversas operaciones masculinas tales como la subincisión. El control de la natalidad puede ser un factor de tomar en cuenta, toda vez que consideramos los efectos de estas costumbres en sociedades que carecen de los indicios tecnológicos que hacen del control de la natalidad una cuestión segura y relativamente fácil; de todos modos, también debería recordarse que el control de la población también se puede realizar por una variedad de vías, entre las cuales las creencias elaboradas sobre la polución y la reestructuración radical y dolorosa de los genitales no parecen ser precisamente las menos elaboradas.

Explicaciones sociológicas sobre las creencias de la polución y el antagonismo sexual en Nueva Guinea fueron propuestas por Meggitt (1964) y Allen (1967). Meggitt trata de mostrar que el mayor desarrollo de miedo y hostilidad ritualizados entre los sexos sucede entre la gente del altiplano que se casan con sus enemigos. Allen se concentra en la descendencia más que en la alianza, y sostiene que la hostilidad sexual y la distancia varían directamente con la fuerza del grupo de descendencia patrilineal localizado. La monografía de Strathern (1972) sobre los pueblos de Mt. Hagen constituye un valioso estudio acerca de cómo las ideas sobre las diferencias sexuales, incluyendo las creencias en la polución, se adaptan dentro del contexto de una estructura social en una sociedad particular de Nueva Guinea. Es de mucho interés su análisis sobre cómo el *noman* (traducido por "mente", "disposición" o "voluntad") de las mujeres es considerado como diferente del de los hombres por el hecho de ser menos dirigido, menos predecible y más vacilante, creencia que Strathern relaciona con la posición intersticial de las mujeres entre los grupos de descendencia patrilineal y las lealtades divididas de las mujeres.

El hecho de que las creencias sobre las diferencias sexuales, y los rituales a través de los que se comunican no solamente reflejen el orden social sino que también formen parte del sistema que crea y mantiene ese orden, es considerado en el análisis que L. L. Langness (1974) hace de los cultos secretos masculinos en el altiplano de la Nueva Guinea. En el muy difundido culto *nama*, por ejemplo, "los hombres consideran a las mujeres, y las mujeres tienden a considerarse a sí mismas, como (relativamente) débiles, más sexuales, menos inteligentes, más incoherentes, más sucias, e inferiores en casi todos los sentidos" (p. 191). Langness cree que el culto debe interpretarse en términos ideológicos, esto es, como medio simbólico para la afirmación del control social —en este caso, el control de las mujeres por hombres que quieren asegurarse a sí mismos tanto el acceso al poder laboral de las mujeres como los derechos sobre los hijos. La interpretación de las construcciones culturales en términos ideológicos supone, ante todo, la idea de que las creencias en cuestión benefician a un segmento de la sociedad más que a otro, y segundo, que son una mistificación, un enmascaramiento de los hechos sociales que sería inconveniente reconocer, puesto que representan un problema para las abiertas estructuras de dominación.

Para los hombres que participan en él y hasta donde sabemos, también para las mujeres el culto *nama* es considerado como necesario para el bienestar de la sociedad en conjunto. Podría esperarse que un antropólogo adoptara un punto de vista similar, puesto que los enfoques antropológicos a la interpretación del ritual han estado fuertemente influidas por el funcionalismo, en la tradición de Durkheim. Sin embargo, Langness nos previene contra la aceptación acrítica de las perspectivas aborígenes; dado que una práctica contribuye a la sobrevivencia del grupo o a la solidaridad social, de allí no se sigue que a todos los miembros del grupo social les vaya exactamente igual dentro del sistema. El culto *nama*, dice, "promueve la solidaridad de los hombres a expensas de las mujeres" (p. 200). Ahora bien, las mujeres comparten estas creencias sobre la inferioridad femenina y consideran que la práctica va en su propio beneficio. En la concepción de Langness, esta paradoja ilustra la forma en que las ideologías operan para racionalizar la subordinación a los que están abajo, y también a los que están arriba.

Si las ideologías de la superioridad masculina cumplen su función social a través de un proceso de mistificación, deberíamos preguntarnos por la naturaleza de los hechos que enmascaran. En términos generales, uno de los propósitos que logran es darle a un sistema social dado el aura de un sistema natural o sobrenatural inmutable, escondiendo el hecho de que la gente podría (y a propósito, algunas veces de hecho lo hace) comportarse de otras maneras. Langness destaca que los hombres posiblemente podrían estar más ligados a sus madres que lo que se considera seguro para las reglas de descendencia patrilineal, o ser más leales a sus esposas que lo que se considera adaptativo en un sistema social en que la lealtad del hombre debe configurarse inequívocamente en función de sus parientes masculinos. Langness dice que "dada la necesidad de fuerza y de cooperación entre los hombres", tales lazos deberían crear "una situación intolerable" (p. 208). Lo que la ideología de los cultos masculinos secretos en Nueva Guinea trata de ocultar es que resulta perfectamente razonable para un hombre sentirse muy cercano a su madre o a su esposa. Si vamos un paso más allá de Langness y cuestionamos lo "dado" de toda la estructura de lazos sociales masculinos y de las actividades en las sociedades de Nueva Guinea, entonces los sistemas simbólicos del tipo que considera Langness valen para un propósito más profundo y poderoso que el que él mismo ha indicado. Si no es inevitable que los individuos desarrollen los sentimientos sociales apropiados para un orden dado, tampoco es inevitable que el orden social tome la forma que ha adoptado.

Langness describe una situación en que los hombres establecen con éxito una base simbólica para su poder social. Otros análisis de las dimensiones ideológicas de las creencias sobre la superioridad masculina llegan a una conclusión diferente. Conciben tales creencias, y los rituales por medio de los cuales ellas se desarrollan, como ilusiones que contradicen la realidad del poder de las mujeres, un silbido cultural en la oscuridad donde los hombres ocultan a sí mismos y esperan que a las mujeres, su propio sentido de insignificancia. Este es el enfoque adoptado por S. Ardener (1973) en su análisis de las creencias sobre la polución femenina, y por Friedl (1967) y Rogers (1975) en sus exploraciones de la discrepancia entre los conceptos culturales de la superioridad masculina y las realidades del poder social de las mujeres en las sociedades campesinas. Michaelson y Goldschmidt (1971), en una visión panorámica de los roles sexuales y las ideologías de la dominación masculina entre los campesinos, conectan el complejo de *machismo* con las pautas de herencia que amenazan las bases económicas del predominio masculino. Otros antropólogos han visto la fuerza de las mujeres como marcada y guiada por sus capacidades reproductivas, y han hecho hincapié en las dimensiones psicológicas de la inseguridad masculina.

Murphy y Murphy (1974) presentan una combinación de perspectivas sociales y psicológicas en su análisis de los indios mundurucú del Brasil central. En la concepción de los Murphy, las mujeres gozan del poder natural de ser creadoras de nueva vida, así como también del poder social que proviene de su independencia respecto de los hombres en sus actividades cotidianas, y de los lazos de solidaridad que tienen unas con otras; la inseguridad de los hombres viene del hecho de que éstos efectivamente no pueden ejercer control social sobre las mujeres, y de sus propias ansiedades respecto de la castración. Los Murphy ven estas inseguridades como lo que subyace al culto masculino secreto de los mundurucú y al mito de la reversión del rol asociado con aquél, el cual las mujeres en una época controlaban el culto a través de la posesión de las flautas sagradas en las cuales se enfocaba ese culto. Los hombres, en el análisis de los Murphy, gobiernan simbólicamente por medio de la flauta (y naturalmente, por medio del pene), pero la flauta (¿como el pene?) estuvo en una época en posesión de las mujeres, y tal vez se podría perder de nuevo su control.[6] Bamberger (1974)

---

[6] Para una discusión más detenida del libro de los Murphy, *Women of the Forest*, véase Shapiro, 1976a. Netting presenta un análisis similar al de los

presenta un análisis de éstos y de otros mitos de la reversión del rol asociados con los cultos de los hombres, diciendo que proporcionan una vía mítica para el dominio social de los hombres, mostrando que las mujeres, por una u otra razón, resultan ineptas para la regla. De tal modo su aproximación es esencialmente similar a la de Langness.

Una conexión ideológica recurrente entre las mujeres y el desorden, evidente en los mitos de la inversión del rol y en otras diferentes construcciones culturales, puede ser interpretada como representación de las tensiones inherentes a un orden social de un modo estructuralmente conveniente. Las mujeres, después de todo, a menudo se comportan de manera incoherente. Este tipo de comportamiento fue analizado antes como táctica importante de la que disponen, dada su posición en la sociedad; trasmutándolo en una propiedad de sus naturalezas, se desvía la atención hacia el sistema en general, y en su lugar se echa la responsabilidad a un subgrupo subordinado dentro de la sociedad. La función de culpar a las mujeres por los conflictos y las discordias es particularmente evidente en las sociedades patrilineales, puesto que conserva la ficción social de que las relaciones entre los parientes masculinos son siempre armoniosas (Wolf, 1968, especialmente la introducción de Maurice Friedman; Collier, 1974; Denich, 1974). También representa un intento por enfrentarse a la posición estructuralmente anómala de las mujeres en una sociedad organizada alrededor de la descendencia a través del hombre, a lo que hace referencia Denich cuando habla del "misterio patrilineal" (Denich, 1974, p. 260).

Una interpretación más coherentemente marxista de las ideologías de las diferencias sexuales viene presentada por Bridget O'Laughlin (1974) en un análisis de los tabúes de alimentación femeninos entre los mbum de Chad. Según Bridget O'Laughlin, el sistema social mbum se caracteriza por una pronunciada asimetría sexual en las relaciones de producción, y por la siguiente "contradicción central": que "las mujeres tienen una responsabilidad primaria tanto con respecto a la reproducción biológica

---

Murphy en su discusión de un mito Kofyar (africano) en que la esposa de Dios se representa teniendo pene. El hombre Kofyar, dice Netting, cree que "al menos él tiene lo que ninguna mujer puede aspirar a poseer, su masculinidad, su pene. Pero detrás de esta fuerte aserción respira la psique de la sociedad, el presentimiento mítico de que tal vez ella también tenga un pene" (Netting, 1969, p. 1045).

como con respecto a la socialización de los niños, pero el control sobre los derechos reproductivos entre las mujeres del linaje, y la autoridad que se deriva de ese control, se depositan totalmente en los hombres mayores" (p. 311). Las estructuras ideológicas que "median" esta contradicción se asocian con un sistema de tabúes de alimentación que, según O'Laughlin, ante todo significa una conexión metafórica entre las mujeres y algunos animales domésticos, y luego implican la sanción de la esterilidad y otros desórdenes reproductivos. Estas creencias valen para dar lugar a una transposición simbólica del sitio de las mujeres en un sistema social de producción y reproducción en un nivel que es a la vez sagrado y natural, y sobre el que no se admiten, por lo tanto, dudas. En las palabras de O'Laughlin "aquello que es arbitraria y culturalmente determinado se liga moralmente a aquello que es biológicamente necesario: que las mujeres críen eficazmente a los niños" (p. 316).

Mientras las ideologías de las diferencias sexuales pueden valer para sostener un sistema de dominación, también es importante ver cómo las mujeres pueden torcer esas creencias en su propio beneficio. Goodale y Chowning (1971) muestran cómo las creencias sobre la polución pueden ser aprovechadas por las mujeres como fuente de poder contra los hombres. S. Ardener (1973) explica cómo las mujeres en los camerunes occidentales movilizan ideas sobre la sexualidad femenina en despliegues militantes de sus derechos. Antes se sostenía que los individuos no se adaptan meramente a los roles sociales, sino que los conforman activamente; del mismo modo, las creencias culturales sobre la sexualidad constituyen fuentes que pueden ser moldeadas y aprovechadas para una variedad de propósitos en el curso de la vida social. Y puesto que los sistemas simbólicos que llamamos culturales no son monolíticos, sino que presentan alternativas, contradicciones, y fines inciertos, existe espacio para maniobrar por el modo como los individuos se definen a sí mismos y definen sus relaciones con los demás.

## HOMBRES, MUJERES Y CONOCIMIENTO

En el análisis precedente, las concepciones culturales de la diferenciación sexual fueron tratadas como sistemas compartidos de creencias. Ahora será necesario mirar más de cerca la noción de lo compartido, y considerar cómo las diferencias sexuales constituyen no sólo un objeto para la elaboración cultural, sino también una base para la distribución diferencial del conocimiento. ¿Los sexos pueden ser vistos, de algún modo, como "subculturas"? Esta pregunta encaja dentro de la investigación transcultural, que se ha vuelto asunto de máximo interés a medida que los antropólogos han salido de la concepción tradicional de los sistemas culturales como conjuntos de creencias y entendimentos que pueden encontrarse esencialmente de idéntica manera en la mente de cada miembro de una sociedad dada.[7]

Las diferencias entre lo que saben los hombres y lo que saben las mujeres (o, como muy bien puede ser el caso, entre lo que los hombres y las mujeres tienen permitido mostrar que saben) son básicas para la distribución del poder y del prestigio en la sociedad. En la mayoría de las sociedades, los hombres parecen tener acceso más amplio a la información socialmente estratégica, permitiéndoles operar en un rango más extenso dentro de los cuadros sociales. Riegelhaupt (1967) ha analizado un caso en el cual la reversión se hace verdadera, en su estudio de las mujeres campesinas portuguesas; aquí son las actividades económicas de los hombres las que hacen que la experiencia de las mujeres se limite a una estrecha esfera, mientras que la participación de las mujeres en el mercado las saca de la comunidad local y les permite establecer contactos de los que dependen la sobrevivencia y el bienestar de sus familias.

Lo que es significativo no es sólo las diferencias entre lo que saben los hombres y lo que saben las mujeres, sino el prestigio diferencial concedido al conocimiento del hombre y al conocimiento de la mujer. En las sociedades en que los hombres tienen un monopolio virtual de las actividades y la información consideradas sagradas, la posesión de un conocimiento sumamente valorado es un componente central de la superioridad masculina. En las sociedades sudamericanas tales como la de los

---

7 El interés cultural antropológico en las variaciones se relaciona con corrientes similares en el campo de la lingüística. En el área de la antropología lingüística, se han realizado algunos trabajos interesantes sobre las diferencias entre el habla del hombre y el habla de la mujer. Edward Sapir (1929) y Mary Haas (1944) han realizado trabajos pioneros sobre este tema. Se puede encontrar información más exhaustiva sobre trabajos recientes en este terreno en Stack y otros, 1975, pp. 153-156. Véase también Lakoff, 1975.

yanomama, donde se consigue acceder al mundo de los espíritus vivientes con la ayuda de drogas alucinógenas, las puertas de la percepción que conducen al mundo sagrado permanecen cerradas para las mujeres, puesto que las drogas son ingeridas sólo por los hombres (Shapiro, 1972, 1976b). El acceso privilegiado a la esfera de lo sagrado confiere autoridad y prestigio tanto por el valor que se atribuye a lo aprendido como porque los secretos sirven para definir la pertenencia a un grupo y lo mantienen intacto frente a los extranjeros o advenedizos. La forma por la que el control masculino sobre lo sagrado sirve para definir las respectivas posiciones de los sexos ha sido observada en registros etnográficos producidos en diferentes partes del mundo (Warner, 1937; Langness, 1974; Murphy y Murphy, 1974; Shapiro, 1976b).

Un intento controvertido por encarar de modo global las diferencias en las concepciones generales de hombres y mujeres ha sido presentado en un ensayo de Edwin Ardener, titulado "La creencia y el problema de las mujeres" (E. Ardener, 1972, reimpreso en S. Ardener, 1975). Ardener, quien se preocupa primariamente por el modo como las sociedades son concebidas por sus miembros, sugiere que, por razones de estructura social, los hombres suelen ver a la sociedad como una entidad cerrada y separada de la naturaleza, a diferencia de las mujeres. Son los hombres los que proporcionan a los etnógrafos modelos que se usan para caracterizar la sociedad en conjunto, mientras que las mujeres constituyen un "problema" para la antropología social por el hecho de que no logran articular las clases de perspectivas sobre la sociedad que los antropólogos consideran intelectualmente coherentes y analíticamente manejables. El registro de Ardener, que incorpora las ideas de Levi-Strauss sobre la oposición entre naturaleza y cultura y su relación con el sexo, propone así una base epistemológica para la tendencia masculina en la antropología.

La concepción de Ardener, en el sentido de que las mujeres han sido descuidadas porque ellas son más descuidables, parece ser un enfoque muy claro y casi autosuficiente a la asimetría sexual en los escritos antropológicos sociales. También deberíamos cuestionar la elevación a la categoría científica de la creencia popular en que las mujeres piensan de una manera básicamente distinta, menos formal y articulada con respecto al modo como piensan los hombres. Al responder a las críticas sobre su obra, Ardener (1975) enfatiza su preocupación por la naturaleza de la opresión, y por la consecución de un progreso analítico para una comprensión más justa del lugar de las mujeres en la sociedad.[8] Ardener habla de la necesidad de reconocer cómo "las estructuras socio-intelectuales... asignan regularmente puntos de vista opuestos al *status* no-real; haciéndolas 'exageradas', 'mutantes', 'indivisibles': simples agujeros negros en el universo del otro" (E. Ardener, 1975, p. 25; algunos podrían encontrar intrigante la imagen de esta última frase, a partir de una perspectiva freudiana). Lo que es más valioso en el enfoque de Ardener es su insistencia en que la dominación no siempre debe ser entendida en términos económicos, como función de los "modos de producción". Al enfocar lo que él llama "un sistema comunicativo dominante" (1975, p. 22), Ardener relaciona la desigualdad entre hombres y mujeres con un acceso diferencial y una diferente manipulación de los recursos simbólicos. Este enfoque, así como los discutidos en la sección precedente, subrayan la necesidad de considerar las diferencias sexuales a la luz de la actividad única y característica de nuestra especie: la creación de significado y la imposición de valor.

ANTROPOLOGÍA CULTURAL Y PSICOLÓGICA

Los estudios antropológios de la diferenciación sexual que han sido revisados y discutidos aquí proporcionan varias perspectivas sobre el problema de la desigualdad entre los sexos, lo que nuevamente ha sido foco de atención y preocupación en nuestra propia sociedad en los últimos años. Las relaciones de dominio y subordinación entre hombres y mujeres han sido definidas por factores tales como el acceso diferencial y el control sobre los recursos materiales; las diferencias en los conjuntos de roles y en los campos sociales; la instalación relativa en las jerarquías simbólicas; la relación diferencial con las ideologías dominantes; el acceso diferencial al conocimiento. Los antropólogos se han referido a la cuestión de la variación en la pauta

8 El propio Ardener se remite específicamente a los comentarios de Mathieu (1973).

sociocultural de la diferenciación sexual, algunos con una concepción que trata de explicarla y otros en el marco de un empeño relativista por comprender otras culturas en sus propios términos, y también han considerado características universales en la forma en que las diferencias sexuales son estructuradas en los sistemas sociales y culturales.

Como conclusión de esta investigación, me gustaría llamar la atención sobre la discontinuidad entre el trabajo que aquí he discutido y el que han realizado los antropólogos-psicólogos. La antropología psicológica, incluyendo la fase de su desarrollo conocida como el movimiento de "cultura y personalidad", hasta hace poco constituía la mayor contribución para el estudio del sexo y el género dentro de la antropología norteamericana y, más aún, ha representado y sigue representando la colaboración de la antropología al tema, según como la conciben los científicos de otras disciplinas. Por lo tanto, es necesario explicar por qué este cuerpo bibliográfico no fue incorporado a las investigaciones de aquellos antropólogos cuyo trabajo ha sido comentado aquí.

Los diferentes investigadores proponen diferentes clases de preguntas, pero este hecho no basta como respuesta. Más aún, parece que los enfoques económicos, sociológicos, simbólicos y comunicacionales antes subrayados a veces se han basado de manera solapada en principios psicológicos que podrían ser mejor desarrollados abierta y sistemáticamente. La relación entre los roles sociales y las características de la personalidad es tratada en estudios escritos tanto desde la perspectiva económica como desde la sociológica. Sweeth, por ejemplo, caracteriza a la mujer del Medio Oriente, cuyos roles analiza, como "intrépida, franca, competente y discutidora" (1974, p. 391); Paulme describe a las mujeres africanas por "su vivacidad, su espíritu independiente y su inagotable energía" (1963, p. 16) y sugiere que las mujeres en una sociedad patrilineal ganan independencia y fuerza de carácter por los viajes y adaptaciones que se les exigen (p. 7). Los enfoques simbólicos culturales se beneficiarían considerando cómo las construcciones que describen tropiezan con la experiencia de vida de los individuos, tanto en la forma de estrategias de acción como en las de ingredientes de identidad; más aún, su dedicación a la función simbólica humana constituye un importante lazo con las preocupaciones de la psicología. Una observación reciente efectuada por Langness merece ser mencionada en este contexto: aparece en el curso del último capítulo de una colección de ensayos sobre los hombres y las mujeres de las sociedades del altiplano de la Nueva Guinea, y se refiere a la relación entre los artículos de este volumen y anteriores trabajos de los mismos autores aquí incluidos.

Aquéllos que ayer eran antropólogos sociales y ecólogos culturales se han hecho hoy, sin la menor duda, antropólogos-psicólogos. La anterior concentración sobre la estructura social se ha transformado en un interés por la cultura. Aunque estos trabajos son más bien considerados comúnmente como "antropología simbólica", y su carácter psicológico fundamental es claro, la última consideración parece ignorarse. Esto es terriblemente desafortunado, puesto que hasta que la relación entre la antropología simbólica y la psicología sea explícita, no será posible comprender su potencial (en Brown y Buchbinder, 1976, p. 102).

Detrás de la crítica de Langness aparece la historia de las actitudes negativas expresadas hacia la antropología psicológica de parte de antropólogos que se han especializado en áreas como la ecología cultural y el estudio de la estructura social; su argumento es que estos antropólogos siguen evitando la psicología aun donde sus nuevos intereses les dificultan evitarla. Mirando el tema desde otro lado, la desconfianza de las aproximaciones psicológicas era comprensible como reacción al enfoque intuitivo y *ad hoc* emprendido por la cultura anterior y por los estudios de la personalidad, y como reacción a la aplicación acrítica de las construcciones psicológicas occidentales, especialmente las de Freud, a otras culturas. Muchos antropólogos siguen sintiéndose alienados por la antropología psicológica, en parte porque los antropólogos-psicólogos tienden a reaccionar contra los excesos de su propio campo, operando y objetivizando sus teorías y métodos hasta el punto de que su trabajo carece precisamente del elemento de interioridad que deberíamos esperar de cualquier enfoque psicológico. En la medida en que los antropólogos-psicólogos opten por las estrategias conductistas, tiene poco sentido asegurar que ellos y los antropólogos interesados por el estudio del simbolismo tengan algo que decirse mutuamente.

Si las perspectivas psicológicas y culturales deben converger, como lo considera necesario Langness, el terreno en el cual habrán de encontrarse es una preocupación común hacia la acción humana como proceso comunicativo, incluyendo las pautas de los niveles tanto conscientes como inconscientes. Tal integración, o reintegración, debería orientarse hacia la comprensión de que el comportamiento interpretativo es una meta tan importante como su predicción. La contribución resultante para el tema que nos ocupa sería la de mostrar cómo los conceptos culturalmente formados sobre la sexualidad entran en los mensajes que los individuos se transmiten unos a otros, y en sus intentos por hacer de sus vidas algo que tenga significado para ellos.

## REFERENCIAS

Albert, Ethel M. 1963. Women of Burundi: A study of social values. En *Women of tropical Africa,* ed. D. Paulme. Berkeley: University of California Press.

Allen, M. R. 1967. *Male cults and secret initiations in Melanesia.* Melbourne: Melbourne University Press.

Ardener, Edwin, 1972. Belief and the problem of women. En *The interpretation of ritual,* ed. J. S. LaFontaine. Londres: Tavistock.

———. 1975. The 'problem' revisited. En *Perceiving women,* ed. S. Ardener. Nueva York: Wiley.

Ardener, Shirley G. 1973. Sexual insult and female militancy. *Man* (n.s.) 8:422-440.

———. ed. 1975. *Perceiving women.* Nueva York: Wiley.

Aswald, Barbara C. 1976. Key and peripheral roles of noble women in a Middle Eastern plains village. *Anthropol. Quart.* 40:139-152.

Bamberger, Joan. 1974. The myth of matriarchy: Why men rule in primitive society. En *Woman, culture and society,* ed. M. Z. Rosaldo y L. Lamphere. Stanford: Stanford University Press.

Boserup, Ester. 1970. Women's role in economic development. Londres: G. Allen and Unwin.

Bossen, Laurel. 1975. Women in modernizing societies. *Am. Ethnol.* 2:587-601.

Briggs, Jean. 1974. Eskimo women: Makers of men. En *Many sisters: Women in cross-cultural perspective,* ed. C. J. Matthiasson. Nueva York: Free Press.

Brown, Judith K. 1963. A cross-cultural study of female initiation rites. *Am. Anthropol.* 65:837-853.

Brown, Judith K. 1970a. Economic organization and the position of women among the Iroquois. *Ethnorhistory* 17:151-167.

———. 1970b. A note on the division of labor by sex. *Am. Anthropol.* 72: 1073-1078.

Brown, Paula, y Buchbinder, Georgeda, eds. 1976. *Man and woman in the New Guinea highlands.* American Anthropological Association special publication núm. 8.

Brown, Susan E. 1975. Love unites them and hunger separates them: Poor women in the Dominican Republic. En *Toward an anthropology of women,* ed. R. R. Reiter. Nueva York: Monthly Review Press.

Chiñas, Beverly. 1973. *The isthmus Zapotecs: Women's roles in cultural context.* Nueva York: Holt, Rinehart and Winston.

Collier, Jane Fishburne. 1974. Women in politics. En *Woman, culture and society,* ed. M. Z. Rosaldo y L. Lamphere. Stanford: Stanford University Press.

Denich, Bette S. 1974. Sex and power in the Balkans. En *Woman, culture and society,* ed. M. Z. Rosaldo y L. Lamphere. Stanford: Stanford University Press.

Dole, Gertrude E. 1974. The marriages of Pacho: A woman's life among the Amahuaca. En *Many sisters: Women in cross-cultural perspective,* ed. C. J. Matthiasson. Nueva York: Free Press.

Ebihara, May. 1974. Khmer village women in Cambodia: A happy balance. En *Many sisters: Women in cross-cultural perspective,* ed. C. J. Matthiasson. Nueva York: Free Press.

Evans-Pritchard, E. E. 1940. *The Nuer: A description of the modes of livelihood and political institutions of a Nilotic people.* Oxford: Oxford University Press.

Faithorn, Elizabeth. 1975. The concept of pollution among the Kafe of the Papua New Guinea highlands. En *Toward an anthropology of women,* ed. R. R. Reiter. Nueva York: Monthly Review Press.

Fallers, Lloyd A., y Fallers, Margaret G. 1976. Sex roles in Edremit. En *Mediterranean family structures,* ed. J. G. Peristiany. Cambridge: Cambridge University Press.

Friedl, Ernestine. 1967. The position of women: Appearance and reality. *Anthropol. Quart.* 40:97-108.

———. 1975. *Women and men: An anthropologist's view* Nueva York: Holt, Rinehart and Winston.

Goodale, Jane. 1971. *Tiwi wives: A study of the women of Melville Island, North Australia.* Seattle: University of Washington Press.

Goodale, Jane, y Chowning, Ann. 1971. *The contaminating woman.* Paper read at the American Anthropological Association annual meeting, Noviembre, 1971, Nueva York.

Goody, Jack, ed. 1958. The development cycle in domestic groups.

*Cambridge papers in social anthropology*, núm. 1. Cambridge: Cambridge University Press.

Gough, Kathleen. 1971. Nuer kinship: A re-examination. En *The translation of culture: Essays to E. E. Evans-Pritchard*, ed. T. O. Beidelman. Londres: Tavistock.

———. 1975. The origin of the family. En *Toward an anthropology of women*, ed. R. R. Reiter. Nueva York: Monthly Review Press.

Haas, Mary R. 1944. Men's and women's speech in Koasati. *Language* 20:142-149.

Hart, C. W. M., y Pilling, Arnold. 1961. *The Tiwi of North Australia*. Nueva York: Holt, Rinehart and Winston.

Hayes, Rose Oldfield. 1975. Female genital mutilation, fertility control, and the patrilineage in modern Sudan: A functional analysis. *Am. Ethnol.* 2:617-633.

Hoffer, Carol P. 1974. Madam Yoko: Ruler of the Kpa Mende confederacy. En *Woman, culture and society*, ed. M. Z. Rosaldo y L. Lamphere. Stanford: Stanford University Press.

Jacobson, Doranne. 1974. The women of North and Central India: Goddesses and wives. En *Many sisters: Women in cross-cultural perspective*, ed. C. J. Matthiasson. Nueva York: Free Press.

Jacobson, Helga E. 1974. Women in Philippine Society: More equal than many. En *Many Sisters: Women in cross-cultural perspective*, ed. C. J. Matthiasson. Nueva York: Free Press.

Krige, Eileen Jansen. 1974. Woman-marriage, with special reference to the Lovedu: Its significance for the definition of marriage. *Africa* 44:11-37.

Lakoff, Robin. 1975. *Language and woman's place*. Nueva York: Harper Colophon.

Lamphere, Louise. 1974. Strategies, cooperation, and conflict among women. En *Woman, culture and society*, ed. M. Z. Rosaldo y L. Lamphere. Stanford: Stanford University Press.

Lancaster, C. S. 1976. Women, horticulture, and society in Sub-Saharan Africa. *Am. Anthropol.* 78:539-564.

Langness, L. L. 1974. Ritual, power, and male dominance. *Ethos* 2: 189-212.

Leis, Nancy B. 1974. Women in groups: Ijaw women's association. En *Woman, culture, and society*, ed. M. Z. Rosaldo y L. Lamphere. Stanford: Stanford University Press.

LeVine, Robert A. 1966. Sex roles and economic change in Africa. *Ethnology* 5:186-193.

Lévi-Strauss, Claude. 1949. *Les Structures élémentaires de la parenté*. París. Presses Universitaires de France.

———. 1962. *La pensée sauvage*. París: Plon. Ed. en español F.C.E.

Lévi-Strauss, Claude. 1964. *Mythologiques I: Le cru et le cuit.* París: Plon. Ed. en español F.C.E.

———. 1966. *Mythologiques II: Du miel aux vendres.* París: Plon. Ed. en español F.C.E.

———. 1967. *Mythologiques III: L'origine des manières de table.* París: Plon.

———. 1971. *Mythologiques IV: L'Homme nu.* París: Plon.

Lindenbaum, Shirley. 1972. Sorcerers, ghosts, and polluting women: An analysis of religious belief and population control. *Ethnology* 11:241-253.

Martin, M. Kay, y Voorhies, Barbara. 1975. *Female of the species.* Nueva York: Columbia University Press.

Matthiasson, Carolyn J., ed. 1974. *Many sisters: Women in cross-cultural perspective.* Nueva York: Free Press.

Mathieu, N. C. 1973. Homme-culture, femme-nature? *L'Homme* 13: 101-113.

Meggitt, M. J. 1964. Male-female relationships in the highlands of Australian New Guinea. *Am. Anthropol.* 66:204-224.

Michaelson, E. J. y Goldschmidt, W. 1971. Female roles and male dominance among peasants. *Southwest. J. Anthropol.* 27:330-352

Mohsen, Safia K. 1974. The Egyptian woman: Between modernity and tradition. En *Many sisters: Women in cross-cultural perspective.* Nueva York: Free Press.

Murphy, Yolanda, y Murphy, Robert F. 1974. *Women of the forest.* Nueva York: Columbia University Press.

Nerlove, Sara B. 1974. Women's workload and infant feeding practices: A relationship with demographic implications. *Ethnology* 13:207-214.

Netting, Robert. 1969. Women's weapons: The politics of domesticity among the Kofyar. *Am. Anthropol.* 71:1037-1046.

O'Laughlin, Bridget. 1974. Mediation of contradiction: Why Mbum women do not eat chicken. En *Woman, culture, and society*, ed. M. Z. Rosaldo y L. Lamphere. Stanford: Stanford University Press.

Ortner, Sherry B. 1974. Is female to male as nature is to culture En *Woman, culture, and society*, ed. M. Z. Rosaldo y L. Lamphere. Stanford: Stanford University Press.

Paulme, Denise, ed. 1963. *Women of tropical Africa.* Berkeley: University of California Press.

Peristiany, J. G., ed. 1966. *Honour and shame: The values of Mediterranean society.* Chicago: University of Chicago Press.

Radcliffe-Brown, A. R. 1950. Introduction. En *African systems of kinship and marriage*, ed. A. R. Radcliffe-Brown and Daryll Forde. Oxford: Oxford University Press.

Reichel-Dolmatoff, Gerardo. 1971. *Amazonian cosmos: The sexual and religious symbolism of the Tukano Indians.* Chicago: University of Chicago Press.

Reiter, Rayna R., ed. 1975. *Toward an anthropology of women.* Nueva York: Monthy Review Press.

Remy, Dorothy. 1975. Underdevelopment and the experience of women. A Nigerian case study. En *Toward an anthropology of women.* ed. R. R. Reiter. Nueva York: Monthly Review Press.

Richards, Audrey, 1956. *Chisungu: A girl's initiation ceremony among the Bemba of Northern Rhodesia.* Londres: Faber and Faber.

Richards, Cara E. 1974. Onondaga women: Among the liberated. En *Many sisters: Women in cross-cultural perspective,* ed. C. J. Matthiasson. Nueva York: Free Press.

Riegelhaupt, Joyce F. 1976. Saloio women: An analysis of informal and formal political and economic roles of Portuguese peasant women. *Anthropol. Quart.* 40:109-126.

Rogers, Susan Carol. 1975. Female forms of power and the myth of male dominance: A model of female/male interaction in peasant society. *Am. Ethnol.* 2:727-756.

Rosaldo, Michelle Zimbalist. 1974. Woman, culture, and society: A theoretical overview. En *Woman, culture, and society,* ed. M. Z. Rosaldo and L. Lamphere. Stanford: Stanford University Press.

Rosaldo, Michelle, y Atkinson, Jane. 1975. Man the hunter and woman: Metaphors for the sexes in Ilongot magical spells. En *The interpretation of symbolism,* ed. Roy Willis. Nueva York: Halstead Press.

Rosaldo, Michelle Zimbalist, y Lamphere, Louise, eds. 1974. *Woman, culture and society.* Stanford: Stanford University Press.

Rubbo, Anna. 1975. The spread of capitalism in rural Colombia: Effects on poor women. En *Toward an anthropology of women,* ed. R. R. Reiter. Nueva York: Monthly Review Press.

Sacks, Karen. 1976. State bias and women's status. *Am. Anthropol.* 78:565-569.

Sanday, Peggy R. 1973. Toward a theory of the status of women. *Am. Anthropol.* 75:1682-1700.

———. 1974. Female status in the public domain. En *Woman, culture, and society,* ed. M. Z. Rosaldo y L. Lamphere, Stanford: Stanford University Press.

Sapir, Edward. 1949. Male and female forms of speech in Yana (originalmente publicado en 1929). En *Language, culture and personality,* ed. David Mandelbaum. Berkeley: University of California Press.

Schlegel, Alice. 1972. *Male dominance and female autonomy: Domestic authority in matrilineal society.* New Haven: HRAF Press.

———. 1973. The adolescent socialization of the Hopi girl. *Ethnology* 12:499-462.

LAS PERSPECTIVAS ANTROPOLÓGICAS

Schneider, Jane. 1971. Of vigilance and virgins: Honor, shame, and access to resources in Mediterranean society. *Ethnology* 10:1-24.

Seeger, Anthony. 1974. *Nature and culture and their transformations in the cosmology and social organization of the Suya, a Ge-speaking tribe of Central Brazil.* Tesis para el doctorado, Department of Anthropology, University of Chicago.

Shapiro, Judith R. 1972. *Sex roles and social structure among the Yanomama Indians of Northern Brazil.* Tesis para el doctorado, Department of Anthropology, Columbia University.

———. 1975. Crítica de *Female of the species* por M. Kay Martin y Barbara Voorhies. *Science* 190:874-875.

———. 1976a. Crítica de *Woman of the forest* por Yolanda Murphy y Robert F. Murphy. *Am. J. Sociol.* 81:981-983.

———. 1976b. Sexual hierarchy among the Yanomama. En *Sex and class in Latin America*, ed. June Nash y Helen Icken Safa. Nueva York: Praeger.

———. 1976c. Determinants of sex role differentiation: The kibbutz case. *Rev. Anthropol.* 3:682-692.

Silverman, Sydel. 1967. The life crisis as a clue to social function. *Anthropol. Quart.* 40:127-138.

Slocum, Sally. 1975. Woman the gatherer: Male bias in anthropology. En *Toward an anthropology of women*, ed. R. R. Reiter. Nueva York: Monthly Review Press.

Stack, Carol; Caulfield, Mina Davis; Estes, Valerie; Landes, Susan; Larson, Karen; Johnson, Pamela; Rake, Juliet; and Shirek, Judith. 1975. Anthropology. *Signs* 1:147-159.

Strathern, Marilyn. 1972. *Women in between: Female roles in a male world: Mounth Hagen, New Guinea.* Nueva York: Seminar Press.

Sweet, Louise. 1967. Introduction to special issue on Appearance and reality: Status and roles of women in Mediterranean societies. *Anthropol. Quart.* 40:95-96.

———. 1974. In reality: Some Middle Eastern women. En *Many sisters: Women in cross-cultural perspective*, ed. C. J. Matthiasson. Nueva York: Free Press.

Talmon, Yonina. 1965. Sex-role differentiation in an equalitarian society. En *Life in society*, ed. Thomas Lasswell, John Burman, y Sidney Aronson. Glenview, Ill.: Scott, Foresman.

———. 1972. *Family and community in the kibbutz.* Cambridge: Harvard University Press.

Tiger, Lionel. 1969. *Men in groups.* Nueva York: Random House.

Tiger, Lionel, y Fox, Robin. 1971. *The imperial animal.* Nueva York: Holt, Rinehart and Winston.

Warner, W. Lloyd. 1973. *A black civilization: A social study of an Australian tribe.* Nueva York: Harper and Brothers.

Whitehead, Harriet. 1976. *The dynamics of chastity and the politics of mutilation*. Documento leído en el Simposio sobre estructura social, ideología y elecciones de las mujeres. Reunión anual de la American Anthropological Association 17-21. Noviembre, 1976. Washington, D. C.

Whiting, J. W. M.; Kluckhohn, R., y Anthony, A. S. 1958. The function of male initiation ceremonies at puberty. En *Readings in social psychology*. 3a. edición, ed. E. E. Maccoby, T. M. Newcomb, y E. I. Hartley. Nueva York: Wiley.

Wolf, Margery. 1968. *The house of Lim*. Nueva York: Appleton-Century Crofts.

Young, Frank W. 1965. *Initiation rites: A cross-cultural study of status dramatization*. Indianapolis: Bobbs-Merrill.

# XVI. ANTROPOLOGÍA Y SEXO: ASPECTOS EVOLUTIVOS

EL ENFOQUE común de la antropología psicológica a la comprensión del dominio de la conducta en el desarrollo humano funciona de la siguiente manera: *1)* se citan casos etnográficos que muestran que el comportamiento en ese dominio es más variable transculturalmente de lo que lo han supuesto los psicólogos y los psiquiatras. *2)* Una revisión de diferentes pruebas etnográficas lleva a la identificación de algunas características universales. *3)* Los universales son atribuidos a algunas constantes biosociales para la especie humana, mientras que las variables se relacionan (en comparación estadística o informal) con las variaciones en la ecología cultural, en la estructura social y en los valores. *4)* Se muestra que los aspectos variables del dominio requieren, para mantenerse en una cultura específica, su introducción en la ontogenia sociológica en un periodo temprano de la vida del individuo. *5)* Los estudios, entonces, se realizan para tratar de demostrar cómo las variaciones transculturales en los ambientes de la niñez influyen sobre el desarrollo psicológico y producen variaciones del comportamiento en ese dominio.

En el caso de la sexualidad y los roles sexuales en el desarrollo humano, nos enfrentamos a esta paradoja: por un lado, parece que hemos recorrido el proceso anterior hace mucho tiempo, empezando (digamos) en 1935 con *Sexo y temperamento en tres sociedades primitivas,* de Margaret Mead, y concluyendo en 1966 con el artículo de Roy D'Andrade "Diferencias sexuales e instituciones culturales". Sería redundante dedicarse nuevamente a ese terreno. Por otro lado, casi ninguno de los temas propuestos durante esos treinta años han sido resueltos empíricamente, y en la última década se han acumulado todavía más problemas que información. Una revisión de las evidencias transculturales referidas a los aspectos psicológicos y evolutivos de la sexualidad y de los roles sexuales revelaría un cuerpo de información inadecuado para contestar las urgentes preguntas de los científicos de la conducta. La discusión que sigue trata de llamar la atención sobre temas que merecen una mayor investigación.

### Comportamiento erótico y reproductivo

Como lo señala el trabajo de Judith Shapiro, se han hecho agregados recientes al registro etnográfico sobre los roles y relaciones de los hombres y las mujeres en diferentes sociedades. Excluyendo de su trabajo la consideración del comportamiento erótico y reproductivo, Shapiro se conforma muy estrechamente a la literatura que ella misma revisa, literatura que se dedica a temas tales como el trabajo, el *status*, el dominio, el antagonismo y la comunicación simbólica en las relaciones entre hombres y mujeres —pero no en cuanto a sus relaciones sexuales. Este enfoque representa los puntos de vista de los antropólogos de escuelas específicas de persuasión teórica (marxistas, estructuralistas, simbolistas, feministas), pero no representa necesariamente los puntos de vista de los pueblos sobre los que escriben los autores.

Cuando los antropólogos omiten los objetivos eróticos y reproductivos y los intereses derivados de sus recuentos sobre los roles sexuales y las relaciones, no lo hacen porque tales objetivos e intereses estén ausentes de la experiencia de los roles sexuales y las relaciones entre los pueblos que se describen. Por el contrario, los factores eróticos y reproductivos desempeñan papel importante en el modo en que la mayoría de los pueblos experimentan y reaccionan al sexo y al género (como se les defina). La omisión sólo sobreviene cuando el etnógrafo decide omitir el aspecto del sexo y del género.[1] Mi impresión es que la literatura reciente cae dentro de dos categorías: una (cubierta por Shapiro) en la cual el etnógrafo, con una marcada posición teórica que no concede lugar al aspecto erótico

[1] La profesora Shapiro destaca que esta explicación no toma en cuenta las dificultades que deberían enfrentar las jóvenes mujeres antropólogas solteras si debieran emprender la investigación sobre el comportamiento erótico en la mayoría de los marcos de trabajo de campo, y los problemas más generales de la falta de apoyo institucional y preocupación sobre la legitimidad que rodea a ese tipo de trabajo. [E.]

de la vida, prefiere pasarlo por alto (en esto, el radicalismo puritano y el esteticismo sociológico coinciden); la otra (mucho más reducida) en la que el etnógrafo describe algunos aspectos del comportamiento y de la experiencia sexual pero sin un análisis teórico coherente. Ambas categorías de la literatura reflejan la ausencia de un marco de trabajo teóricamente coherente en la antropología contemporánea, en el cual se puedan recoger y analizar informaciones transculturales referidas al comportamiento sexual humano.

## DIFERENCIAS SEXUALES EN EL DESARROLLO

Existe por lo menos un estudio comparativo de importancia sobre las diferencias sexuales en el desarrollo del comportamiento. Whiting y Edwards (1973) compararon el comportamiento social observado en niños pertenecientes a siete comunidades (dos en África, tres en Asia, una en México y una en Estados Unidos). Trataron de hallar los límites dentro de los cuales las diferencias sexuales se conformaban a los estereotipos actuales, si esas diferencias eran reconfirmadas por los siete ejemplos en diferentes niveles de edad (lo que sugiere la universalidad), si las diferencias universales estaban presentes al primer nivel de edad (lo que sugiere la influencia genética), o si las diferencias de edad para un sexo en una muestra pudieran referirse a los factores ambientales distintivos de la comunidad de la que se tomó la muestra. Los hallazgos se resumen de la siguiente manera:

*a*) Existen diferencias universales en el comportamiento de los niños de 3 a 11 años de edad, pero las diferencias no son tan grandes como lo sugerirían los estudios sobre niños de Norteamérica y de la Europa Occidental. *b*) La presión de socialización, en la forma de asignación de tareas, y la frecuencia derivada de la interacción con diferentes categorías de individuos —por ejemplo, niños, adultos y compañeros—, pueden muy bien explicar muchas de estas diferencias. *c*) La agresión, quizá especialmente los juegos rudos y violentos, parece el principal candidato para la génesis biofísica. *d*) Todos los comportamientos que son característicos de hombres y mujeres parecen marcadamente maleables bajo el impacto de las presiones de socialización, que parecen ser definidamente coherentes de una sociedad a otra. Y *e)* La diferencia en muchos tipos de comportamiento parece ser de estilo más que de intención —por ejemplo, buscar ayuda ("femenino") más que atención ("masculino"), y justificar la dominación apelando a las reglas ("femenino") más que al comportamiento de dominio directamente egoísta ("masculino") (Witing y Edmards, 1973, p. 188).

### Estereotipos culturalmente definidos

Una manera de conceptualizar la contribución potencial de la antropología a la comprensión científica del sexo y del género consiste en mostrar cómo los elementos psicosociales que forman parte de un estereotipo sexual influyente en nuestra cultura están separados y reunidos de modo diferente en algunas otras culturas. Un ejemplo está dado por el estereotipo sexual del *macho* o *machismo,* que se reconoce masivamente como característico de la cultura norteamericana, así como también de los latinos más expresivos que generaron este mismo término empleado para definir el fenómeno. El estereotipo se integra así:

Primero, una preocupación constante por proyectar un aspecto masculino, el que a su vez consta de diferentes partes: *a)* el deseo de desplegar características sexuales secundarias (fuerza muscular psíquica y física; pilosidad en la cara, en el pecho y en los brazos); *b)* la altanería u otra manera de andar característica para mostrar fuerza masculina o autosuficiencia; *c)* la decisión "dura" e inquebrantable de ser públicamente desafiado, incluso en cuestiones triviales, de manera que se pueda exhibir una belicosidad feroz cuando se presente la ocasión; *d)* preocupación por mostrar capacidad en la actividad sexual, lo que remite conceptualmente a la fuerza física; *e)* orgullo en la paternidad biológica como prueba de virilidad; *f)* miedo de ser considerado femenino, lo que se manifiesta por el rechazo de actividades, emociones o vestimentas aun remotamente asociados con la apariencia femenina.

Segundo, existe la creencia de que la buena proyección del aspecto masculino hace que un hombre sea sexualmente atractivo para las mujeres; esta creencia es un motivo consciente para conservar el aspecto masculino.

Tercero, existe una actitud de explotación sexual hacia las mujeres, viéndolas como "objetos sexuales" y tratando de probarse que uno puede arrebatárselas a otros hombres y "conquistar" el mayor número posible de mujeres.

Cuarto, existe una protectividad celosa que se remite a las mujeres que están bajo el control de uno por motivos de consanguinidad o matrimonio.

Y, finalmente, existe la preocupación por mantener el dominio masculino en relación con las mujeres.

Este estereotipo, tal como lo he resumido, puede ser una apropiada caracterización de un estilo psicosocial que es legitimado con variantes en los cuadros sociales de la cultura occidental, desde la sociedad italiana hasta las películas de *cowboys*, y que afecta campos tan diferentes como la socialización de los niños y el rechazo a las leyes de control de armas. Por otro lado, puede ser una descripción inadecuada, a lo sumo una caricatura de la realidad psicosocial, construida por las feministas para ridiculizar a ciertos adversarios y atacar el *status-quo* sexual. En cualquier caso, el estereotipo es una organización de ideas que funcionan en conjunto de modo mutuamente coherente y que remiten a una coherencia ideológica dentro de los límites de nuestra cultura. Pero el estereotipo del macho no coincide con el concepto de masculinidad en otras culturas, tales como las africanas con las que he trabajado. Una razón importante de esto parece residir en un conjunto diferente de relaciones entre la estructura social, las apariencias sociales y los motivos sexuales de los individuos.

En muchas sociedades africanas, por ejemplo, el dominio masculino y el acceso sexual a las mujeres se establecen como aspectos de la estructura social, como propiedades generales del *status* sexual y como prerrogativas de una alta posición. En todos los casos, no se incluyen en el campo de la actividad visiblemente competitiva entre los hombres, y es prácticamente inconcebible que un hombre tratara de proyectar una apariencia de mayor virilidad frente a otros para conseguir el respeto de las mujeres o atraerlas sexualmente. Entre algunos de estos pueblos, los hombres están preocupados ante todo por mostrar las armas distintivas del *status* de edad y de la riqueza, dejándose crecer la barba cuando el cabello se les vuelve gris, y haciéndose gordos para mostrar su capacidad de ocio y la abundancia de alimentos de que disponen. Cuando la edad y la gordura conducen al prestigio, los hombres más viejos y más gordos tienen un trampolín en su competencia por las mujeres, a las que implícitamente les ofrecen compartir sus riquezas, en lugar de ofrecerles romanticismo. La atractividad sexual, la capacidad sexual y la paternidad biológica son asuntos de menor importancia y no son motivo de comparación ni envidia entre los hombres. Las creencias etnobiológicas no ligan al físico masculino con la actividad sexual y la fertilidad, y las creencias etnopsicológicas no relacionan la actividad sexual con la belicosidad o la autosuficiencia.

Aunque el síndrome del macho no existe como tal, sin embargo ninguno de estos elementos está totalmente ausente de las sociedades africanas; están enclavados en diferentes estilos culturales y desempeñan diferentes roles en la estructura de los objetivos del individuo, en el concepto de sí mismo y en el desarrollo psicosocial. Estas conexiones variables entre las pautas culturales, la experiencia individual y los hechos biológicos en el desarrollo sexual de los niños y de los adultos son precisamente las conexiones que la antropología debe y puede dilucidar.

## Masculinidad de protesta

Aunque los estilos culturales de la masculinidad y la femineidad varían considerablemente, existen notables recurrencias entre pueblos remotos en la distancia y en su base histórica. Una pauta recurrente que ha sido estudiada comparativa y evolutivamente es la de la "masculinidad de protesta" entre los jóvenes que participan en la violencia, de cualquier tipo, como exhibición exagerada de la agresividad masculina (sin tener necesariamente implicaciones eróticas). John W. M. Whiting y sus colaboradores han estado investigando este fenómeno transcultural durante muchos años, empezando por un estudio de la función de las ceremonias de iniciación masculina (Whiting, Kluckhohn y Anthony, 1958).

El último y más general estudio de esta serie es el de Whiting y Whiting (1975). Su teoría es que, en las sociedades con dominio masculino, los niños varones cuyos padres han tenido poca relación con ellos en la primera niñez se forman una identificación inconsciente con sus madres, que luego contractúa en la primera adultez por medio de un comportamiento hiperagresivo, el cual puede ser legitimado en el rol militar del soldado, o expresado en delitos de violencia. Los Whiting sostienen esta formulación con pruebas correlacionales tomadas de una amplia muestra de diferentes sociedades, con especial atención en las consecuencias psicológicas de los establecimientos de vivienda institucionalizada en que los hombres comen y duermen separados de sus esposas y de sus hijos, dejando que los niños se críen en un mundo de mujeres. Aunque no existe prueba evolutiva directa, y todavía deben explicarse los lazos con la sexualidad, la "masculinidad de protesta" sigue siendo la hipótesis más intrigante, referida a los aspectos psicosociales, de la masculinidad que han sido explorados en la investigación transcultural.

Todavía queda muchísima investigación por delante. Los pueblos del mundo tienen mucho por enseñarnos sobre la integración cultural del desarrollo sexual con otros aspectos de la adaptación psicosocial, si los dejáramos. Aquí, por ejemplo, se reproducen las observaciones de un misionero sobre el pueblo asmat en el Irán Ocidental (antes llamado la Nueva Guinea de los Países Bajos):

La caza de cabezas es necesaria para el desarrollo físico de los jóvenes y para su maduración sexual. Los asmat se inclinan a considerar esas cosas como similares en su forma, y de algún modo relacionadas... La cabeza decapitada de la víctima se coloca entre las piernas abiertas del iniciado, casi tocando los genitales del joven que debe madurar sexualmente. Se me ha dicho repetidamente que después de esta ceremonia los niños crecen rápidamente... [Como] la cabeza humana aparece asociada con la fruta, los asmat esperan que el poder germinativo de la cabeza [fruta] se transfiera a los genitales del niño por medio del ritual de colocarla entre sus piernas, y de este modo él estará en condiciones de tener poder reproductivo (Zegwaard, 1959, p. 1039).

...todo el prestigio en la sociedad asmat, y por lo tanto toda la autoridad, se deriva finalmente de las conquistas en la guerra. Es imposible ser hombre de influencia social si no se han cortado unas cuantas cabezas. Un racimo de calaveras colocado en la puerta de entrada de la casa es un símbolo de *status* (Zegwaard, 1959, p. 1040).

...Un asmat se puede casar sin haber cazado todavía una sola cabeza, incluso sin haber sido iniciado, pero siempre se le reprochará su insignificancia. No se tomarán en cuenta sus opiniones en las asambleas de la comunidad; su propia esposa le prestará muy poca atención... No es considerado realmente hombre; pertenece a la categoría de las mujeres o de los niños... Como resultado, puede elaborar su conflicto asumiendo la violencia o el frenesí y saliendo a matar. Después de eso podrá mirar de frente a los demás hombres y contar con la admiración de las mujeres y de los niños, puesto que de esta manera ha probado que también él tiene un alma... También existe una vaga relación entre la caza de cabezas y la actividad sexual, que parece derivarse de la manera en que la caza de cabezas contribuye a la masculinidad. Se ha mencionado repetidas veces el grito que los cazadores de cabezas emiten al principio de su ataque: "Yo soy tu marido de Sijuru." Me parece que al enemigo se lo trata como mujer por muchas razones. Pero, sin duda, el hecho de cazar cabezas tiene que ver con el mundo sexual. Existe una historia que refiere cómo algunos hombres fueron decapitados y cómo sus cabezas fueron milagrosamente repuestas, pero este secreto no lo podían conocer las mujeres. Cuando el secreto fue propalado por un niño, los hombres fueron castrados y transformados en delfines (que tienen un agujero en el borde del cuello y una calavera que se parece sorprendentemente a la humana) (Zegwaard, 1959, p. 1041).

Frente a este tipo de información, las mayores prioridades para una antropología psicológica del sexo son: 1) comprender los diversos significados que las culturas dan a los universales del sexo y del género, 2) encontrar cómo estos significados funcionan en la capacidad de respuesta y regulaciones de hombres y mujeres cuando organizan sus relaciones interpersonales y sus conductas sexuales, y 3) descubrir cómo estos significados, y las pautas de respuesta y regulación observadas en los adultos se incorporan a los niños. En los archivos de los antropólogos existe, de hecho, una cantidad mayor de información (que se refiere a los dos primeros puntos mencionados) con respecto a la que ha aparecido publicada, y Robert Edgerton y Robert Stoller han tratado de compilar un volumen que saque a luz esa información para su examen científico.

Además de profundizar la pertinencia psicológica de la información etnográfica sobre el sexo y el género, que es lo que Edgerton y Stoller están haciendo, los antropólogos tienen la oportunidad de aprovechar su acceso a los fenómenos del cambio social —lo que por lo general afecta los roles sexuales, las identidades genéricas y la conducta sexual— para desenmarañar algunos de los elementos que inevitablemente se confunden en el análisis sincrónico, con el objeto de identificar los factores ambientales que influyen sobre el desarrollo sexual. Los lazos causales que de otro modo escaparían de la observación deberían ser entonces identificados comparando a individuos de diferentes grupos generacionales dentro de una misma comunidad, individuos cuyos primeros ambientes de aprendizaje contuvieran diferentes normas culturales de comportamiento femenino, masculino y erótico, o una exposición diferencial a los modelos del rol masculino y femenino.

### El sexo y sus derivados psicosociales

Los estudios de otras culturas proporcionan información que puede emplearse profusamente para comprobar nuestras hipótesis sobre la identidad genérica, el comportamiento sexual y los roles sexuales. La importancia de los estudios transculturales puede ilustrarse por medio de muchos temas que surgieron durante la reunión sobre el sexo y sus derivados psicosociales: *1)* el comportamiento abierto vs. el significado subjetivo en el estudio de la sexualidad humana; *2)* los periodos críticos en la formación de la identidad genérica, y *3)* la política de la investigación científica sobre el comportamiento sexual humano.

### Comportamiento y significado

No existe una oposición necesaria entre el enfoque a la sexualidad humana como comportamiento abierto por sus significados subjetivos; ambos aspectos se requieren en las investigaciones comparativas y evolutivas. Podemos construir categorías transculturales basadas en actividades humanas universales que son recurrentes, aunque en diversas proporciones y en distintas situaciones, a lo largo del ciclo vital:

1) La excitación sexual y el orgasmo.
2) Las actividades de reproducción (incluyendo la concepción, la anticoncepción, la preñez y el parto).

*3)* Las relaciones interpersonales (tales como las estables y las de corto plazo; las heterosexuales y las homosexuales, las asociacionales y las basadas en el parentesco).

*4)* Las actividades económicas, etcétera.

Cada una de estas categorías representa un aspecto de la historia de vida en que una actividad profesional de toda la vida podría decribirse por el comportamiento abierto, sea para un individuo, sea para grupos o conjuntos de individuos.

Cada cultura, como sistema colectivo de creencias y valores, supone una organización conceptual de estas actividades e ideales que la afectan en diferentes fases de las vidas del hombre y la mujer. Diferentes culturas ofrecen creencias que difieren sobre cómo el sexo, la reproducción y las relaciones interpersonales se relacionan entre sí, y con respecto al comportamiento del rol genérico específico, e ideales que difieren sobre cómo estas actividades deben relacionarse. Describir las creencias y valores de una cultura dada sobre estos temas es explicar los significados culturales del sexo y del género que se representan en la experiencia subjetiva del individuo.

Las formas variables en que las culturas combinan o segregan el sexo, la reproducción y las relaciones maritales pueden ilustrarse considerando algunas de las sociedades polígamas de África, en que las relaciones sociales y sexuales entre marido y mujer se organizan en función de objetivos de reproducción, a tal punto que prácticamente se interrumpen cuando la mujer llega a la menopausia, después de la cual ella se dedica a la actividad económica independiente y a ser abuela (con su capacidad sustituta de reproducción), mientras que el esposo se dedica a esposas más jóvenes.

En algunos casos, los significados en este tipo de relaciones se hacen evidentes para un observador externo sólo cuando son examinadas desde la perspectiva de todo un ciclo vital que incluya también los últimos años de vida. Al trazar las trayectorias de las actividades profesionales a través de historias de vida ideales y concretas, tanto los significados personales como los culturales del comportamiento abierto sexual y genérico pueden convertirse en objetos de estudio empírico.

## La hipótesis del periodo crítico

En su revisión de la investigación clínica y de los estudios evolutivos sobre la formación de la identidad genérica, Zella Luria halló pruebas para sostener la noción de un periodo crítico para el desarrollo de la identidad del núcleo genérico entre las edades de 18 a 36 meses. Luria destaca, como aspectos de este desarrollo, el uso lingüístico de los rótulos genéricos, la elección de compañeros de juegos del mismo sexo y de juguetes genéricamente codificados, y las expectativas (y presiones) de los padres y de los compañeros. Mis colegas y yo hemos completado hace poco un estudio longitudinal de veintiocho niños africanos (catorce de cada sexo) por encima de ese límite de edad. Nuestra información plantea muchas preguntas y dudas respecto a las hipótesis sostenidas por Luria.

Realizamos nuestro estudio entre los pueblos gusii de la Kenia sudoccidental, cuyos ambientes iniciales de aprendizaje para los niños tienen las siguientes características, de importancia para las hipótesis referidas a la formación de la identidad genérica:

*1)* Los gusii hablan un lenguaje bantú que, como todos los lenguajes bantúes no posee el género en su sentido lingüístico; es decir, que no tiene formas pronominales codificadas según el sexo. De este modo, cuando los niños gusii aprenden a usar los pronombres de la tercera persona, no están aprendiendo simultáneamente a asignar rótulos genéricos a las personas y objetos que los rodean. ¿Provoca esta ausencia de rótulos genéricos alguna diferencia en la edad y etapa en la que los pequeños se dan cuenta de que son niños o niñas?

*2)* Los niños gusii son criados en pequeños grupos mixtos de hermanos y medios hermanos, por lo general sin posibilidad de elegir compañeros de juegos cercanos a su edad según el sexo. Sea posible o no esta opción, ellos no parecen mostrar las preferencias por el mismo sexo a las edades de dos y de tres años, elemento que puede ser empíricamente confirmado en nuestras informaciones observacionales. Este descubrimiento puede descansar sobre la universalidad de las preferencias por el mismo sexo entre los compañeros de juego a esa edad.

*3)* Los niños gusii tienen pocos juguetes, y existen pocos testimonios de que los juguetes estén sexualmente codificados, o que los niños y las niñas expresen diferentes preferencias. ¿Es la cultura la que produce esta diferencia?

*4)* Aunque los roles genéricos de hombres y mujeres gusii están bien diferenciados, y aunque los padres gusii consideran de distinta manera el valor potencial de los niños y el de las niñas, hemos visto pocos indicios de tratamiento o de actitud diferenciada hacia los niños y hacia las niñas en la infancia y en la primera niñez. Más aún, el ambiente inicial de los niños parece mucho menos cargado de presiones hacia la conformación del rol sexual, o de estigmas por desviación, que el maestro. Será interesante ver cuántas de las diferencias sexuales que nosotros atribuimos a la presión del medio se manifiestan entre los niños gusii.

La colaboración de Luria me proporcionó de este modo diferentes temas evolutivos y me los planteó en términos comparativos, y espero que pronto podamos analizar nuestra información de manera que arroje alguna luz transcultural sobre los temas que hemos tratado antes. En cualquier caso, las preguntas propuestas por los ejemplos gusii ilustran la pertinencia continua de la información de otras culturas para probar las hipótesis evolutivas referidas a los roles sexuales.

## REFERENCIAS

LeVine, R. A. 1959. "Gusii sex offenses: A study in social control." *Am. Anthropol.* 61:965-990.

Whiting, B,, y Edwards, C. 1973. "A cross-cultural analysis of sex differences in the behavior of children aged three through eleven". *J. Social Psychol.* 91:171-188.

Whiting, J.; Kluckhohn, R., y Anthony, A. 1958. The function of male initiation ceremonies at puberty. En *Readings in social psychology*, ed. E. Maccoby, T. Newcomb, y E. Hartley. Nueva York: Holt.

Whiting, J., y Whiting, B. 1975. Aloofness and intimacy of husbands and wives: A cross-cultural study. *Ethos* 3:183-207.

Zegwaard, G. 1959. "Head-hunting practices of the Asmat of Netherlands New Guinea." *Am. Anthropol.* 61:1020-1041.

# XVII. CONTRIBUCIONES DE LA ANTROPOLOGÍA AL ESTUDIO DE LA IDENTIDAD GENÉRICA, EL ROL GENÉRICO Y EL COMPORTAMIENTO SEXUAL

BEATRICE B. WHITING

JUDITH SHAPIRO ha presentado una revisión general de las monografías antropológicas recién publicadas que analiza el estado jerárquico de las mujeres, especialmente su posición relativa en la estructura de poder frente a los hombres; ha repasado la diversidad de las definiciones del rol relacionadas con el sexo; ha resumido algunos de los más recientes estudios de las creencias sobre la naturaleza de hombres y mujeres, sus mutuas relaciones y sus relaciones con el universo. Su resumen es esencialmente una versión moderna del relativismo cultural. Los trabajos considerados son descriptivos e interpretativos. Existe nueva información, particularmente en la esfera de la etnopsicología, e innumerables hipótesis nuevas, y ya no tan nuevas, referidas a las interrelaciones entre la economía, la estructura social, la política y la ideología.

La obra de Shapiro es estimulante, y nos recuerda la ductilidad de los seres humanos; pero su pertinencia o su posible contribución al estudio de la sexualidad es oblicua. Los autores que ella presenta se han conformado con mostrar sus tesis apoyándose sólo en una verdad que reside en la coherencia; evitan la labor comparativa. Emplean teorías psicológicas para apoyar sus interpretaciones pero, como lo destaca Shapiro, no hacen un escrutinio de estas teorías ni las consideran en el contexto de las alternativas. Demasiado frecuentemente caen en el error de sacar conclusiones a partir de la comparación entre dos casos naturales que se presenten.

Reconociendo que ese relativismo cultural ensancha nuestras concepciones sobre el tema, ¿qué revelaciones nos proporciona esta nueva generación de antropólogos? Existen dos áreas de trabajo discutidas por Shapiro que son especialmente pertinentes frente a otras ponencias presentadas por otros autores participantes en este volumen. La primera es el análisis de los roles cambiantes de los hombres y las mujeres durante el ciclo vital, y la presencia o ausencia de rituales y sentimientos de angustia durante las transiciones. La segunda es una revisión de la nueva información detallada recogida de los antropólogos y referida a los conceptos de la naturaleza de hombres y mujeres y sus mutuas relaciones.

El enfoque de LeVine es de particular pertinencia para las aspiraciones investigativas expresadas por Sears y otros. Él se interesa por la psicología en todo el ciclo vital, por las pautas del ciclo vital tomadas en un individuo desde la infancia hasta la vejez. Junto con los psicólogos que se interesan por el curso de toda una vida, LeVine intenta relacionar las experiencias de la infancia con las emociones registradas y observadas en la vida posterior. Observa los rituales que se cumplen en sus culturas africanas en los momentos de transición de ciertas etapas de la vida, y trata de mostrar cómo estas experiencias secuenciales conforman los cursos posteriores de la vida marital y reproductiva de los hombres y las mujeres. LeVine adopta un enfoque esencialmente clínico, tomando a cada cultura como un caso específico y analizando las experiencias secuenciales de hombres y mujeres.

A diferencia de muchos de los antropólogos descritos por Shapiro, LeVine cree que existen categorías transculturales para líneas de cursos de vida, principios universales que subrayan la progresión a través del curso vital, y que éstas pueden ser descubiertas por comparaciones transculturales. Tales comparaciones requieren que los investigadores estén de acuerdo en recoger información comparativa, lo que es anatema para la mayoría de los antropólogos más humanistas quienes, como lo destaca Shapiro, no están interesados en la predicción.

## La identidad genérica

Mi obra y la de John Whiting se parecen más a la de LeVine en el hecho de que nos inclinamos hacia la predicción y a la comparación transcultural detallada. De nuestro trabajo, la investigación de John Whiting sobre la identidad entre los sexos es el que tienen más pertinencia para el tema en este volumen (Whiting, Kluckhohn y Anthony, 1958; J. Whiting, 1960; Burton y Whiting, 1961; Whiting, 1965). Es válido presentar este trabajo de un modo algo más detallado, puesto que se refiere a la investigación en la edad en la cual se establece la identidad genérica y en que es posible la reasignación.

La investigación de John Whiting sugiere que en algunas sociedades existe un desplazamiento radical en la identidad genérica entre la infancia y la edad adulta, la que se acompaña a menudo por rituales elaborados. Como lo ha mencionado LeVine, en muchas sociedades, especialmente en aquellas que son polígamas y que están en los trópicos, el padre está alejado de las tareas domésticas y muy pocas veces se encarga de los hijos. Hasta los cuatro o cinco años de edad, los niños pasan la mayor parte del tiempo con las mujeres y con otros chicos. A menudo no existe un término genérico de parentesco tal como el de *padres*, que incluya al mismo tiempo al padre y a la madre, y por lo general niños y niñas son rotulados con un término que incluye a las mujeres adultas. Usando la teoría de la envidia del *status*, John Whiting (1960) ha presentado la hipótesis de que los niños varones criados en estas condiciones tienen una identificación inicial con las mujeres. Este autoconcepto, que las hace sentirse como mujeres, se asocia con rótulos y formas gramaticales que no distinguen claramente el género de los niños. En sociedades de este tipo, tales como las de África Oriental, donde hemos observado el comportamiento social de niños y niñas entre dos y siete años de edad, existen comparativamente pocas diferencias sexuales (Whiting y Edwards, 1973; Whiting y Whiting, 1975). En este tipo de sociedad, los bien conocidos ritos de iniciación sexual de los hombres, que incluyen "la novatada", las operaciones genitales y la compañía a otros hombres, sirven al propósito reconocido de cambiar el *status* del niño, desplazándolo de su categoría de "niño-mujer" a la de hombre adulto. Si se acepta esta teoría aborigen, esto implica que la identidad genérica inicial de un niño concebido como "niño-mujer" se establece antes de que él pueda darse cuenta del *status* jerárquico de los hombres de su sociedad, y antes de que pueda darse cuenta de que algún día se incorporará a ese grupo de *status*.

En muchas de estas sociedades, hacia los cinco o seis años, los niños son estimulados a salir de las habitaciones de sus madres y a juntarse con sus padres y sus hermanos mayores. En algunas sociedades de Nueva Guinea, los primeros ritos de transición ocurren en ese momento; el niño varón se coloca entre las piernas de su madre y luego lo saca de allí un hombre adulto. Hay una segunda transición marcada por una ceremonia de renacimiento que sucede a los ocho o nueve años de edad, momento en el cual el varón gatea a lo largo de una canasta en forma de vagina.

Esta información transcultural sugiere que ciertos rituales pueden funcionar como forma de "lavado de cerebro" terapéutico que ayuda a los jóvenes varones a elaborar su transición hacia una nueva identidad genérica que supone nuevas expectativas del rol. En las sociedades en que el padre permanece ajeno durante la infancia y no existen rituales de transición, la cultura puede permitir que los varones desarrollen y muestren una identidad femenina latente por medio de prácticas tales como la *couvade* (Munroe, Munroe y Whiting, 1973; Munroe y Munroe, 1971; Munroe, Munroe y Nerlove, 1973).

Si una investigación posterior viene a validar estos descubrimientos, podremos inferir que la identidad genérica puede establecerse en temprana edad, como lo sugiere Luria, pero la identidad genérica no corresponde necesariamente con la identidad sexual; en oposición a los testimonios presentados por Luria, la identidad genérica inicial puede ser obligada a cambiar en un momento posterior del ciclo vital. En tales casos, de todos modos intervienen normas y rituales de grupo, más que individuos aberrantes o desviados. Como lo sugiere Maccoby, la posibilidad de **reasignación** de la identidad genérica es definidamente una zona en la cual sería indispensable una mayor investigación transcultural.

Los estudios sobre los efectos sobresalientes del padre en la identidad genérica en nuestra propia sociedad han caído en desprestigio, puesto que la información se ha empleado para estereotipar y calumniar a las familias negras. La nueva investigación de los efectos del divorcio sobre los chicos de diferentes edades, y el crecimiento del número de familias blancas encabezadas por mujeres, pueden hacer posible reanudar la investigación para explorar los efectos de la importancia de hombres y mujeres en el desarrollo de la identidad genérica.

En la investigación que sobre los efectos de la ausencia del padre llevó adelante el Laboratorio para el Desarrollo Humano de Harvard durante los años sesentas, a cargo de Roy D'Andrade y Lyn Kuchenberg Carlsmith, la edad de dos a tres años fue la crítica para predecir diferencias en el comportamiento genérico pertinente (D'Andrade, 1973; Carlsmith 1973).

Ligada a esto tenemos la investigación transcultural que John Whiting y yo hemos estado realizando sobre las dimensiones de alejamiento e intimidad en las relaciones entre esposo y esposa, y su conexión con las pautas de crianza de los hijos y de alianza entre hombre y mujer adulta (Whiting y Whiting, 1975). La intimidad se localiza en las sociedades más simples y en las más complejas, mientras que el alejamiento se da entre los pueblos pastoriles y agricultores de azada y pala. Asociado con el alejamiento entre esposo y esposa aparece el vínculo fortalecido entre miembros del mismo sexo.

Una relación similar entre el alejamiento de esposos y esposas y los vínculos del mismo sexo aparece en recientes estudios realizados en Inglaterra (Bott, 1972; Young y Willmott, 1957). El efecto de los vínculos entre miembros del mismo sexo sobre el autoconcepto masculino y femenino, sobre el comportamiento del rol y el comportamiento afectivo y heterosexual parece ser un campo de trabajo promisorio para la investigación.

### Comportamiento sexual

Aunque existe poca información nueva etnográfica sobre el comportamiento sexual —por las razones expuestas por Judith Shapiro—, Gwen Broude (1975), George Goethals (1971), John Whiting (manuscrito inédito) y George P. Murdock (1964), usando la información publicada ya existente, han explorado la correlación de la tolerancia sexual premarital con otros aspectos de la cultura. Las primitivas correlaciones ligaban la existencia de castas y clases sociales a las prácticas restrictivas, ostensiblemente para prevenir que las muchachas fueran embarazadas por hombres de una clase social más baja. Un trabajo de Broude (1975) da cuenta de una fuerte correlación entre la gran proximidad física con los cuidadores en la infancia y la tolerancia en las relaciones premaritales, y sugiere que la mayor preocupación por las relaciones sexuales íntimas puede ser entre los adultos cuyas primeras experiencias han sido las de un bebé "abandonado", que pasó horas en "corralitos" y carriolas, durmiendo solitario, sin cercanía física de otras personas durante el día.

Otros estudios transculturales pertinentes para la sexualidad incluyen la obra de Barbara Ayers (1967) sobre los tabúes de la preñez y sus posibles relaciones con normas premaritales de comportamiento sexual y de angustia sexual, así como también los estudios de Stephens (1967) sobre la relación de los tabúes menstruales y los tabúes sexuales posteriores al parto con actitudes y reglas concernientes al comportamiento sexual.

Se dispone de dos tipos de investigación transcultural para el estudio del comportamiento sexual y su asociación con la identidad genérica y el comportamiento del rol genérico. El primer tipo se basa en la información etnográfica publicada. Además de un cuerpo creciente de testimonios detallados sobre las costumbres de vida en cientos de sociedades, cierta información sociológica y cultural ha sido codificada y publicada en el *Atlas Etnográfico* (Murdock, 1967). Existen códigos para variables económicas, tipos de grupos sociales, formas de matrimonio, tipos de contratos de matrimonio, reglas de residencia y muchas otras variables de base, así como también algunos rituales y prácticas de preparación infantil. Cuando se emplea con límites metodológicos tales como la selección de muestras, el control de calidad y el conocimiento detallado del desarrollo de los códigos, este cuerpo de información es útil para explorar las hipótesis sobre la interrelación de hechos identificables en el ciclo vital, como las relaciones entre la importancia del padre en la infancia, el dominio masculino culturalmente prescrito en el mundo adulto, los vínculos entre miembros del mismo sexo, y los ritos de iniciación masculina. Aunque estos estudios están limitados por la naturaleza de la información etnográfica, son útiles para plantear hipótesis y para explorar nuevas predicciones. Como son correlacionales, sólo pueden sugerir relaciones causales.

Una segunda estrategia es la planificación y realización de la investigación de campo que sondee la relación entre variables que otras investigaciones consideran interrelacionadas. Es de particular importancia la selección de sociedades que puedan compararse sobre la base de la presencia o bien de la ausencia de variables predictoras o de la variación de puntos en un cuadro de medición delineado de variables independientes y/o dependientes. En estas sociedades, como lo ha destacado LeVine, se pueden seguir las líneas del curso vital de hombres y mujeres y probar la aplicabilidad de categorías transculturales para sus descripciones.

A lo largo de los años, los sociólogos han establecido bases de investigación en diferentes partes del mundo, en que los científicos del comportamiento locales han sido o bien directamente comprometidos o bien preparados como aprendices, trabajando en colaboración con europeos y norteamericanos (para una descripción de uno de esos tipos de proyecto, financiado por la Carnegie Corporation, véase J. Whiting, 1970). El estudio del comportamiento sexual debe aprovechar el trabajo emprendido en estos lugares mediante la colaboración de una persona que no sea ajena y que comprenda las sutilezas de lenguaje, símbolos y lenguaje del cuerpo, con un observador externo que ofrezca una perspectiva comparada.

Los objetivos de tal investigación son recoger información comparativa y estimular a los jóvenes investigadores a confirmar estudios en diferentes contextos culturales. Un ejemplo de este tipo de investigación es un "archivo cerrado" de informaciones financiado por la Ford Foundation. Dieciséis antropólogos y psicólogos se han puesto de acuerdo para codificar información que ha sido recopilada usando similares concepciones, y para analizar esta información de un modo similar, de manera que se prueben las hipótesis referidas a las diferencias sexuales en las actividades de los niños y al comportamiento social, confirmando las comparaciones en cada sociedad. Tenemos información comparativa sobre niños de dos a once años de edad en dieciocho ejemplos, incluyendo familias del África Occidental, Oriental y Meridional, de México, Guatemala, la India, las Filipinas, Okinawa y los Estados Unidos.

Lamentablemente, ninguno de nosotros ha tratado de codificar el comportamiento sexual en los niños. Mi opinión, de todos modos, es que dos categorías de interacción social, las cuales suponen contacto corporal, tienen componentes sexuales: juegos rudos y búsqueda y oferta de contacto físico. La primera, que prevalece entre los niños, se relaciona con la sociabilidad, pero puede terminar en intercambios agresivos. La búsqueda y oferta de contacto físico es más frecuente en las niñas, y se asocia con la búsqueda y oferta de *confort* y tipos de comportamiento que a menudo han sido rotulados como "de dependencia". Si fuera posible desenmarañar los componentes de estos comportamientos observados, estaríamos en condiciones de explorar los parámetros del temprano desarrollo sexual.

El aprendizaje sexual en estas sociedades ha sido tristemente descuidado por los investigadores. Jane Lancaster ha mencionado la preparación de las niñas entre los goba de Zambia. Existe información publicada sobre las escuelas rurales de los kpelle en Liberia, y alguna otra información, en registros detallados, sobre la iniciación masculina y femenina en Melanesia y África. *Patterns of Sexual Behavior*, de Ford y Brach, ofrece un excelente resumen de esta información.

Aunque los jóvenes aprenden sobre el comportamiento sexual en todas las sociedades, a menudo los miembros de la generación de abuelos, más que los padres, son los instructores, y existe una prevención culturalmente proscrita acerca de la discusión del sexo entre generaciones adyacentes. Suponiendo la sabiduría de las culturas, es válido explorar cómo otras sociedades han transmitido información sobre el comportamiento sexual y sus creencias, valores y apetitos sexuales.

### CAMINOS DE LA NUEVA INVESTIGACIÓN

Puesto que en nuestra sociedad la investigación sobre la sexualidad se basa indudablemente en normas y valores sobre lo que es un apropiado comportamiento específicamente genérico y sexual, se hace claro, como lo han advertido Shapiro, LeVine y otros, que deberíamos buscar información pertinente de otras culturas.[1] Por desgracia, esta información no es muy abundante. Esta escasez se debe en parte a la edad y reticencia de los etnógrafos, pero también en gran parte a los tabúes culturales universales que rodean la elucidación de asuntos sexuales. No conozco ninguna sociedad donde la cópula sea pública. Aunque algunas sociedades son más abiertas que otras tanto en el grado de despliegue sexual mostrado en público como en la discusión de lo erótico, probablemente siempre habrá un muro de reserva y aun de desconfianza que haga que el intercambio de

---

[1] Estos comentarios se basan en las discusiones que el autor ha sostenido con Robert LeVine y Judith Shapiro.

información entre los miembros de diferentes grupos sociales sea dificultoso.

Por estas razones sugiero que pidamos la ayuda de los científicos sociales de otros países. Existen, por ejemplo, mujeres educadas de diversas partes del mundo que, conscientes de los problemas sexuales y maritales originados por la industrialización, podrían muy bien unirse a nosotros como colaboradoras en esta investigación. Las mujeres de países en desarrollo, del Tercer Mundo están preocupadas por la relación cambiante entre los hombres y las mujeres, y se están cuestionando las costumbres sexuales existentes. Podrían ser excelentes colegas para nuestra exploración de los ciclos sexuales y reproductivos, aportando información proveniente de sus respectivos grupos sociales.

Chester Pierce nos ha estimulado para aproximarnos a este tipo de investigación con mucha sensibilidad hacia el hecho de que, excepto la clase media blanca de los Estados Unidos, pocas sociedades están en condiciones de dar prioridad a estos temas.[2] Para los negros y otras minorías, existen otras cuestiones mucho más importantes que requieren investigación y políticas concretas. Destaca el *status* económico de los negros y otras minorías. La capacidad diferencial de los negros para obtener trabajos prestigiosos es de gran importancia y tiene un poderoso efecto sobre la relación entre los sexos. Las mujeres negras están logrando mucho más fácilmente que los hombres acceder a las proposiciones de *status*. La advertencia de Pierce debería ponernos alerta ante el hecho de que las costumbres sociales no pueden estudiarse en el vacío, sino considerarse en relación con los sistemas de mantenimiento, las instituciones políticas y económicas, y los códigos culturales que, a primera vista, no remiten al comportamiento sexual.

Respondiendo a la precaución de Pierce en el sentido de que la publicación de investigaciones sobre el comportamiento sexual puede desencadenar intrincados problemas de preocupación popular y suscitar agitaciones políticas, LeVine sugiere que la investigación debería recibir apoyo institucional, y ser legitimada por la comunidad científica internacional. Dado que el rápido cambio social afecta las costumbres del matrimonio y los hábitos

---

² Comentarios hechos en la reunión sobre Sexo y sus derivados psicosociales, enero 30 de 1977, Stanford, California.

sexuales en muchos países, y que la preñez premarital entre adolescentes y el control de la natalidad se están convirtiendo en problemas de alcance mundial, posiblemente alguna rama de algún instituto internacional interesado en tal tipo de problemas podría dedicarse al estudio del comportamiento erótico y a los cursos vitales reproductivos y sexuales.

"La investigación científica sobre el comportamiento sexual humano sigue siendo una empresa descuidada y vulnerable, carente de personal, de actividad continua, de fondos y de apoyo público", comenta LeVine.

Existen sólo unos pocos destacados investigadores que han dedicado partes considerables de sus carreras al tema. Las investigaciones de mayor escala sólo se llevan a cabo esporádicamente y nunca son debidamente confirmadas, dejando así, durante décadas, preguntas sin contestar. Los jóvenes investigadores hacen unas pocas contribuciones y luego se desplazan a zonas de investigación menos delicadas, dejando que el campo sea invadido por la explotación comercial. Nuestra sociedad todavía no ha decidido si la investigación sobre la sexualidad humana es buena, al menos lo bastante buena para ser legitimada, como aspecto de la ciencia, campo de estudio del que se puedan esperar muchos beneficios. Aunque toda la investigación psicosocial es potencialmente ofensiva para algunos individuos y grupos, nuestras agencias públicas, en su compromiso con la libre expresión y la expansión benéfica de la ciencia, han dado una sanción institucional a la investigación social y psicológica sobre muchos temas, pero la investigación sexual sigue desprotegida. Si (y cuando) los directores de la política pública decidan que la investigación sexual humana debe ser estimulada, tendrán que reconocer su naturaleza polémica y dar entonces garantías para facilitar su desarrollo.

Dado el tipo de sostén propuesto por LeVine, ¿a qué campos de la investigación se debería conceder la prioridad? Primero y más importante, para asegurar que la información comparativa se obtenga de una diversidad de sociedades, necesitamos el delineamiento de las dimensiones transculturales que describan el comportamiento sexual y el comportamiento apropiado al género durante todo el ciclo vital. Dentro de ese ciclo vital deberíamos explorar: *1)* cambios en la concepción de, rótulos para, y símbolos de la identidad genérica; *2)* la posibilidad de una edad crítica para establecer la identidad genérica; *3)* las tempranas influencias ambientales sobre la formación de la identidad genérica, tales como la posibilidad de conseguir apropiados modelos del rol y el crecimiento de la percepción del niño sobre la estructura de poder, dos cosas que pueden variar a lo largo del ciclo vital; *4)* los tabúes culturales sobre la discusión del sexo entre generaciones adyacentes; *5)* instituciones que funcionen para enseñar el comportamiento sexual apropiado o para reestructurar o subrayar la identidad genérica, y *6)* cambios durante el ciclo vital en el comportamiento sexual y en el comportamiento genérico específico, y su relación con los ciclos reproductivos y económicos. Tanto LeVine como Shapiro han destacado la importancia de estudiar los símbolos sexuales. Shapiro ha descrito la interiorización que se adquiriría analizando conceptos de varonidad y de hembridad.

Si la investigación se limita a las culturas norteamericana y europea occidental, que comparten muchas de las creencias y valores comunes sobre el género apropiado y el comportamiento sexual, nunca sabremos hasta qué punto nuestros hallazgos son específicos culturales, más que universalmente humanos. Tratando de registrar las diferencias sociales observadas en el curso de la vida sobre la formación de la identidad y las normas y comportamientos sexuales, podemos obtener esa interiorización en las experiencias que modelan los cursos vitales del género y del sexo.

La profesora Shapiro cree que la aproximación antropológica cultural tiene importantes implicaciones para la investigación sexual en los Estados Unidos. Estos son sus comentarios:

Uno de los beneficios más importantes de la investigación practicada en diferentes asentamientos humanos es que nuestra propia cultura se hace menos transparente, algo que ya no puede tratarse fácilmente como un orden "natural". Así pues, con una perspectiva antropológica, el estudio de la sexualidad en nuestra propia sociedad debe convertirse realmente en el estudio de una forma de sexualidad particular y culturalmente formulada —algo que los investigadores del sexo suelen descuidar. No estoy de acuerdo con el profesor Whiting en el sentido de que el concepto de la variación cultural, o el del relativismo cultural, es algo que ya hayamos entendido y sobre lo que no necesitemos dedicarnos *per se*. Al contrario, me parece que el significado y las implicaciones de este concepto por lo general no son bien entendidos. Si lo fueran, habría mayor número de investigadores del sexo comprometidos en la interpretación del sexo y otros tipos de comportamiento referidos al género de acuerdo con el conjunto de convenciones que hacen que ese comportamiento sea significativo, así como también el intento de explicar tal comportamiento en términos característicos de las ciencias naturales.

Para dar un ejemplo de cómo podría contribuir esa perspectiva a la investigación sobre la sexualidad en la sociedad norteamericana, es importante tener una comprensión más sistemática de cómo el concepto de valor del "logro" está dentro de las ideas y los sentimientos norteamericanos sobre el comportamiento erótico y reproductivo, sobre la identidad genérica y los roles sexuales. Podríamos, por ejemplo, esperar que el sexo, en la medida en que es atribuido, presente una contradicción con la noción de la libertad individual que debe ser adquirida; de este modo, el problema de los *status* imputados o atribuidos, contra los adquiridos, en relación con el sexo, se vuelve no sólo un problema de preocupación sociológica general, sino problema para toda la cultura norteamericana. La importancia de considerar la sexualidad en el contexto de los conceptos de logro ha sido propuesta en este volumen por Jean Lipman-Blumen y Harold Leavitt. De todos modos, mientras Lipman-Blumen y Leavitt comienzan por ofrecer información cultural sobre la conexión entre el sexo y el logro en la sociedad norteamericana, dan un paso más y construyen una tipología abstracta de las orientaciones hacia el logro, esfuerzo legítimo y encomiable, pero que difiere de lo que se está sugiriendo aquí. A saber: una investigación sobre cómo funcionan las comunicaciones en una sociedad particular con respecto al sexo, y cómo son interpretables por los conocimientos que comparten o, por la misma razón, por aquellos en los que no concuerdan. Tal enfoque, que aparece en la colaboración del profesor LeVine en este volumen, podría dar relieve adicional al problema.

## REFERENCIAS

Ayers, Barbara. 1967. Pregnancy magic: A study of food taboos and sex avoidances. In *Cross-cultural approaches*, ed. Clellan S. Ford, New Haven: HRAF Press.

Bott, Elizabeth. 1972. *Family and social network*, 2a. ed. Nueva York: Free Press.

Broude, Gwen. 1975. Norm of premarital sexual behavior: A cross-cultural study. *Ethos* 3:381-402.

Broude, Gwen, y Greene, Sarah J. 1976. Cross-cultural codes on twenty sexual attitudes and practices. *Ethnology* 15:409-429.

Burton, Roger V., y Whiting, John W. M. 1961. The absent father and cross-sex identity. *Merrill-Palmer Quart.* 7:85-95.

Carlsmith, Lyn. 1973. Some personality characteristics of boys separated from their fathers during World War II. *Ethos* 1:466-477.

D'Andrade, Roy G. 1973. Father absence, identification, and identity. *Ethos* 1:440-445.

Ford, Clellan S., y Beach, Frank A. 1951. *Patterns of sexual behavior.* Nueva York: Harper and Brothers.

Goethals, George W. 1971. Factors affecting rules regarding premarital sex. En *Studies in the sociology of sex,* ed. James M. Hauslen. Nueva York: Appleton-Century. Crofts.

Munroe, R. L. y Munroe, Ruth. 1971. Male pregnancy symptoms and cross-sex identity in three societies. *J. Social Psychol.* 84:11-25.

Munroe, R. L.; Munroe, R. M., y Nerlove, Sara B. 1973. Male pregnancy symptoms and cross-sex identity: Two replications. *J. Social Psychol.* 89:147-148.

Munroe, R. L.; Munroe, R. M., y Whiting, J. W M. 1973. The couvade: A psychological analysis. *Ethos* 1:30-74.

Murdock, G. P. 1964. Cultural correlates of the regulation of premarital sexual behavior. En *Process and pattern in culture: Essays in honor of Julian H. Stuard,* ed. Robert A. Manners. Chicago: Aldine.

———. 1967. Ethnographic atlas: A summary. *Ethology* 6:109-236.

Stephens, W. N. 1967. A cross-cultural study of menstrual taboos. En *Cross-cultural approaches,* ed. Clellan S. Ford. New Haven: HRAF Press.

Whiting, Beatrice. 1965. Sex identity and physical violence: A comparative study. *Am. Anthropol.* 67:123-140.

Whiting, Beatrice, y Edwards, Carolyn. 1973. A cross-cultural analysis of sex differences in the behavior of children aged 3-11. *J. Social Psychol.* 91:171-188.

Whiting, Beatrice, y Whiting, John W. M. 1975. *Children of six cultures: A Psycho-cultural analysis.* Cambridge: Harvard University Press.

Whiting, J. W. M.; Kluckhohn, Richard y Anthony, Albert S. 1958. The function of male initiation ceremonies at puberty. En *Readings in social psychology,* ed. E. E. Maccoby, T. Neucomb, y E. Hartley. Nueva York: Holt, Rinehart y Winston.

———. 1960. Resource mediation and learning by identification. En *Personality development in children,* ed. I. Iscoe y H. Stevenson, Austin, Texas: University of Texas Press.

———. 1970. *Progress report.* Child Development Research Unit. Harvard University y University College, Nairobi, Kenya (folleto).

Whiting, J. W. M. y Whiting, B. B. 1975. Aloofness and intimacy of husbands and wives: A cross-cultural study. *Ethos* 3:183-207.

Young, M, y Willmott, P. 1957. *Family and kinship in East London.* Londres. Routledge y Kegan Paul.

# APÉNDICE: CONGRESO SOBRE LOS DERIVADOS PSICOSOCIALES DE LA SEXUALIDAD

28-30 de enero, Stanford, California

## LISTA DE PARTICIPANTES

Richard D. Alexander, Profesor de Zoología, University of Michigan.

Frank A. Beach, Profesor de Psicología, University of California at Berkeley.

Julian M. Davidson, Profesor adjunto de Fisiología, Stanford University.

Anke A. Ehrhardt, Instituto Psiquiátrico, división de Psiquiatría Infantil, Columbia University.

John H. Gagnon, Profesor visitante, 1978-1979. Escuela para graduados de Educación. Harvard University, Profesor de Sociología, State University of New York at Stony Brook.

Richard Green, Profesor de Psiquiatría, Ciencias de Comportamiento y Psicología, State University of New York at Stony Brook.

Albert H. Hastorf, Profesor de Psicología, Stanford University.

Herant A. Katchadourian, Profesor de Psiquiatría y Ciencias del Comportamiento, Vice Director y Decano de Estudios de Subgrado, Stanford University.

Jane B. Lancaster, Profesor asistente, Departamento de Antropología, University of Oklahoma.

Robert A. LeVine, Profesor de la cátedra Roy E. Larsen de Educación y Desarrollo Humano. Decano, Laboratorio de Desarrollo Humano, Harvard University.

Harold J. Leavitt, Profesor de la Cátedra Kilpatrick de Comportamiento Organizacional y Psicología, Escuela para Graduados de Negocios, Stanford University.

Jean Lipman-Blumen, Director de Investigación de las Mujeres, Instituto Nacional de Educación.

Zella Luria, Profesora de Psicología, Tufts University.

Eleanor E. Maccoby, Profesora de Psicología, Stanford University.

John A. Martin, Estudiante graduado, Departamento de Psicología, Stanford University.

Patricia Y. Miller, Directora adjunta de Investigación, Instituto para los Estudios Urbanos, University of Houston.

Chester M. Pierce, Profesor de Educación y Psiquiatría, Harvard University.

Lee Rainwater, Profesor de Sociología, Harvard University.

Robert R. Sears, Profesor Emérito de la cátedra de Psicología David Starr Jordan, Stanford University.

Judith R. Shapiro, Profesora asistente de Antropología, Bryan Mawr College.

William Simon, Director del Instituto para Estudios Urbanos, University of Houston.

Beatrice B. Whiting, Profesora de Educación y Antropología, Harvard University.

PARTICIPANTES-OBSERVADORES PROVENIENTES DEL PROYECTO SOBRE
EL DESARROLLO HUMANO

Barbara D. Finberg, Funcionaria de Programa, Carnegie Corporation of New York.

Ann Gillis, encargada de Proyecto.

Marie Harleston, miembro de la Junta Directiva de Population Education, Inc.

William Houlton, miembro del Grupo del Proyecto.

David Kent Kline, Profesor asociado de Educación, Harvard University.

Philip R. Lee, Director del Programa de Política de Salubridad, University of California, San Francisco. Presidente de la Junta Directiva de Population Education, Inc.

Valarie Munden, miembro del Equipo del Proyecto.

Elizabeth J. Roberts, Directora ejecutiva, Proyecto para el Desarrollo Sexual Humano, Presidenta de Population Education, Inc.

Alberta E. Siegel, Profesora de Psicología, Departamento de Psiquiatría y Ciencias del Comportamiento, Stanford University, miembro de la Junta Directiva de Population Education, Inc.

Faustina Solis, Directora suplente, Departamento de Salubridad, Estado de California, miembro de la Junta Directiva de Population Education, Inc.

Gwill York, Vice-decano, Cuerpo de Directores, The Cleveland Foundation.

# JUNTA DIRECTIVA DE POPULATION EDUCATION, INC.

# ÍNDICE

*Tercera Parte*

LAS PERSPECTIVAS PSICOLÓGICAS

## Cuarta Parte

### LAS PERSPECTIVAS SOCIOLÓGICAS

### Quinta Parte
#### LAS PERSPECTIVAS ANTROPOLÓGICAS

Este libro se terminó de imprimir y encuadernar en el mes de julio de 1993 en Impresora y Encuadernadora Progreso, S. A. de C. V. (IEPSA), Calz. de San Lorenzo, 244; 09830 México, D. F. Se tiraron 2 000 ejemplares.

Hesnard, A. *La obra de Freud y su importancia para el mundo moderno.*

Horney, K. *El nuevo psicoanálisis.*

Jung, Carl Gustav. *Respuesta a Job.*

Klineberg, Otto. *Psicología social.*

Kolteniuk Krauze, Miguel. *El carácter científico del psicoanálisis.*

Laing, R. D., y A. Esterson. *Cordura, locura y familia.*

Laing, R. D. *El yo dividido.*

Laing, R. D. *El yo y los otros.*

Lefrançois, Guy R. *Acerca de los niños.*

Levi-Valensi, E. A. *El diálogo psicoanalítico.*

Levy, Leon Harris. *La interpretación psicológica.*

Lurçat, Liliane. *El niño y el espacio.*

McNeil, Elton Burbank. *La naturaleza del conflicto humano.*

Moreno, F. *Hombre y sociedad en el pensamiento de Fromm.*

Moreno, Jacob L. *Psicoterapia de grupo y psicodrama.*

Mueller, F. L. *Historia de la psicología.*

Neill, A. S. *Autobiografía.*

Neill, Alexander Sutherland. *Summerhill. Un punto de vista radical sobre la educación de los niños.*

Odier, Charles. *La angustia y el pensamiento mágico.*

Odier, Charles. *El hombre, esclavo de su inferioridad.*

Park, C. C. *Ciudadela sitiada.*

Piaget, Jean. *El desarrollo de la noción de tiempo en el niño.*

Piaget, Jean. *La formación del símbolo en el niño.*

Powell, M. *La psicología de la adolescencia.*

Sampson, Ronald. *Igualdad y poder.*

Sechehaye, M. A. *La realización simbólica. Diario de una esquizofrénica.*

Singer, Erwin. *Conceptos fundamentales de la psicoterapia.*

Spitz, René A. *El primer año de vida del niño.*

*Summerhill: pro y contra.*

Suzuki, Daisetz Teltaro, y Erich Fromm. *Psicoanálisis y budismo Zen.*

Warren, H. C. *Diccionario de psicología.*